Charlotte Kerner, geboren 1950 in Speyer. Studium der Volkswirtschaft und Soziologie, Studienaufenthalte in Kanada und China. Sie lebt in Lübeck und arbeitet als freie Journalistin und Buchautorin.
Im Programm Beltz & Gelberg erschienen von ihr bisher die Bücher *Kinderkriegen. Ein Nachdenkbuch*; *Seidenraupe, Dschungelblüte. Die Lebensgeschichte der Maria Sibylla Merian* (Auswahlliste Deutscher Jugendliteraturpreis); *Geboren 1999. Eine Zukunftsgeschichte* (Auswahlliste Deutscher Jugendliteraturpreis); *Lise, Atomphysikerin* (Deutscher Jugendliteraturpreis); *»Alle Schönheit des Himmels«. Die Lebensgeschichte der Hildegard von Bingen* sowie der Roman *Blueprint*.
Der zweite Band mit Porträts der restlichen Nobelpreisträgerinnen, *Madame Curie und ihre Schwestern*, ebenfalls von Charlotte Kerner herausgegeben, erschien 1997 und kam auf die Auswahlliste zum Deutschen Jugendliteraturpreis.
Charlotte Kerner wurde mit dem GEDOK-Literaturpreis ausgezeichnet.

Nicht nur Madame Curie … kam auf die Auwahlliste zum Deutschen Jugendliteraturpreis.

Neuausgabe 1999
© 1990, 1999 Beltz Verlag, Weinheim und Basel
Programm Beltz & Gelberg, Weinheim
Alle Rechte vorbehalten
Fotonachweis im Anhang
Lektorat Susanne Härtel
Einband von Dorothea Göbel
Neue Rechtschreibung (außer Zitaten)
Gesamtherstellung
Druckhaus Beltz, 69494 Hemsbach
Printed in Germany
ISBN 3 407 80862 3
1 2 3 4 5 6   04 03 02 01 00 99

Charlotte Kerner (Hrsg.)

Nicht nur Madame Curie ...

Frauen, die den Nobelpreis bekamen

Charlotte Kerner (Hrsg.)
Nicht nur Madame Curie …

Inhalt

Vorwort

Nicht nur Madame Curie – erhielt einen Nobelpreis, sie hat sechsundzwanzig Nachfolgerinnen. Aber nur wenige wurden oder blieben so bekannt wie die französische Physikerin, die als erste Frau mit dem Nobelpreis ausgezeichnet wurde und ihn gleich zweimal erhielt, 1903 und 1911. Bis heute gingen achtundzwanzig Nobelpreise – das sind umgerechnet vier Prozent – an Frauen. Die »Nobel-Frauen« sind eine Minderheit geblieben und das ist kein Zufall.

Was besonders die Naturwissenschaftlerinnen, aber auch die Schriftstellerinnen und Friedenskämpferinnen erleben mussten, war nicht selten »eine Verschwörung der Entmutigung«. Die Nobelpreisträgerinnen schafften es trotzdem. Die dreizehn für dieses Buch nachgezeichneten Lebenswege gehen dem Warum nach, spüren Unterschiede und Gemeinsamkeiten auf. Es sind Lehrstükke über das Frauenleben am Ende des 19. und in diesem, dem 20. Jahrhundert.

Nicht nur Marie Curie – musste noch für ihre Ausbildung kämpfen. Auch die Frauen, die nach ihr kamen, hatten noch lange nicht das gleiche Recht auf Bildung wie die Männer. Viele konnten das Abitur nur in Privatkursen erlangen. Als Alfred Nobel im Jahre 1895, ein Jahr vor seinem Tode, ein Testament machte und die Nobelpreise ins Leben rief, durften Frauen in Deutschland noch nicht auf die Universitäten. Als im Jahre 1901 zum ersten Mal die Preise verliehen wurden, die aus dem Privatvermögen Alfred Nobels finanziert werden, engten immer noch gesellschaftliche Schranken und persönliche Vorurteile wissbegierige und begabte Frauen ein.

Doch im ersten Viertel dieses Jahrhunderts öffneten sich die Universitäten allmählich für Studentinnen, 1921 konnten Frauen in Deutschland zum ersten Mal den Professorentitel erwerben. Langsam eroberten sie sich alle gesellschaftlichen Bereiche. Das machte die vier Prozent Nobelpreisträgerinnen erst möglich und erklärt sie auch.

Nicht nur Madame Curie – hatte eine wichtige Vorbildfunktion in den Anfängen der Frauenbildung. Die erste Trägerin des Literaturnobelpreises im Jahre 1909, Selma Lagerlöf, war ebenfalls das Idol vieler junger Frauen bis weit in dieses Jahrhundert hinein. Sie ermutigte auch einige der späteren Nobelpreisträgerinnen, die begeistert ihre Bücher lassen. Und Bertha von Suttner, die den befreundeten Alfred Nobel dazu brachte, einen Friedensnobelpreis zu stiften, und diese Auszeichnung dann 1905 als erste Frau erhielt, zeigte, dass das konsequente Eintreten für den Frieden oft »Frauensache« sein muss. Viele ihrer Nachfolgerinnen – auch zahlreiche Naturwissenschaftlerinnen und Schriftstellerinnen – arbeiteten für eine internationale Verständigung und gegen den Rüstungswettlauf, bezogen öffentlich Stellung gegen die Atombombe und den Rassenwahn. Fast alle waren

Irène Joliot-Curie im Radium Institut, 1922

politisch und forderten gleiche Rechte für Mann und Frau.

Nicht nur Madame Curie – alle, die es bis zum Nobelpreis schafften, brauchten Selbstbewusstsein und Durchhaltevermögen. So verwundert es nicht, dass die Mehrheit schon als Mädchen im Elternhaus sehr gefördert wurde, und zwar eher durch den Vater, in dessen berufliche Fußstapfen einige traten, als durch die Mutter. Oft hatten sie privaten Unterricht und wuchsen in einem liberalen geistigen Klima auf, das sie nicht in die übliche Frauenrolle zwängte. Sehr früh konnten sie so ihre ureigensten Interessen erkennen und weiterverfolgen, wenn nötig, dann auch gegen den Willen der Eltern.

Den Konflikt Beruf oder Familie, Karriere oder Kinder leugnete keine der Nobelpreisträgerinnen. Fünf der vorgestellten Frauen verzichteten auf Ehe und Familie, einige bewusst, andere zwang das Schicksal, allein zu leben. Die Mehrheit heiratete und hatte Kinder, aber immer auch Haus- und Kindermädchen. Keine gab den Beruf wegen der Familie auf. Die meisten Schriftstellerinnen mussten sich als Lehrerin das tägliche Brot sichern. Vier Frauen forschten oder arbeiteten mit dem Ehemann; mit ihm zusammen erhielten außer Madame Curie noch zwei weitere Frauen den Nobelpreis. Das Bekenntnis der Biochemikerin Gerty Theresa Cori passt auf alle in diesem Buch vorgestellten Nobel-Frauen, gleichgültig, welches Lebensmodell sie wählten: »Die Liebe zur Arbeit und die Hingabe an sie scheinen mir die Basis des Glücks zu sein.«

In den sechs Bereichen, für die Nobelpreise vergeben werden, erreichen die Nobel-Frauen folgende Anteile: Literatur 8,8 Prozent, Frieden 8,2 Prozent, Medizin/Physiologie 3,6 Prozent, Chemie 2,5 Prozent und Physik 1,3 Prozent; nur in der Ökonomie schaffte es noch nie eine Frau. In den Fächern, die traditionell als »männlich« oder als »harte Naturwissenschaft« gelten, gibt es also auch die wenigsten Nobelpreisträgerinnen. Die Prozentzahlen spiegeln nur gesellschaftliche Verhältnisse wider. Bei den Wissenschaftlerinnen entsprechen sie in etwa der Anzahl der hohen Posten und Professorenstellen, die Frauen heute an Universitäten und in der Forschung besetzen.

So unumstritten die Tatsache ist, dass es sich beim Nobelpreis um die höchste Auszeichnung handelt, die sich jemand vorstellen kann, so umstritten waren und bleiben viele Nobelpreisentscheidungen, die immer auch politische Akte sind. Auch das zeigen die dreizehn Porträts.

Für diesen ersten Band wurden eher unbekannte Preisträgerinnen ausgewählt, die aus verschiedenen Ländern kommen sollten. Die Preise, besonders in einem Fachgebiet, sollten außerdem zu unterschiedlichen Zeiten verliehen worden sein, da sie immer auch den »Zeitgeist« repräsentieren. Bei notwendigen Entscheidungen zwischen Nobel-Frauen gewann das heute noch wichtigere Forschungs- oder Arbeitsgebiet oder die persönliche Vorliebe. Der zweite Band *Marie Curie und ihre Schwestern* enthält vierzehn weitere Porträts, so dass jetzt eine zweibändige Sammlung der Nobel-Frauen von 1903-1998 vorliegt.

Die Schriftstellerin Pearl S. Buck erklärte 1938 während der Nobelpreisverleihung: »Sie können vielleicht nicht ermessen, was es in vielen Ländern bedeutet, ... daß ausgerechnet eine Frau in diesem Augenblick hier steht.« Es bedeutet auch heute noch etwas, deshalb dieses Buch. Denn Nobelpreisträgerin war ... nicht nur Madame Curie.

Lübeck, Dezember 1989
Charlotte Kerner

»Es genügt, das innere Leben zu leben«
Grazia Deledda (1871–1936),
Nobelpreis für Literatur 1926

Von Irene Ferchl

»Unsere Geschichte ist von Frauen geprägt«, behauptet die sardische Sängerin Elena Ledda, »die größten Männer waren bei uns immer die Frauen.«

Sicher hat sie dabei auch an Grazia Deledda gedacht, die wichtigste und berühmteste Dichterin Sardiniens. Vor hundert Jahren, als Grazia Deledda mit Schreiben anfing, war eine solche Äußerung noch undenkbar, und doch erschuf gerade diese Schriftstellerin in ihren Romanen wahrhaft große Frauengestalten, die in ihren Leidenschaften, in ihrem Stolz und ihrem Hass viel unerbittlicher als die Männer sind. Solche Heldinnen hatte es in der italienischen Literatur vorher nicht gegeben.

Grazia Deledda wurde am 27. September 1871 als viertes von sechs Kindern in der kleinen Stadt Nuoro im Inneren der Insel Sardinien geboren, im Schatten des »sehr sanften« Ortobene, jenes nackten Berges, der sich dicht über der Stadt erhebt. Wenn manche Biographien 1875 als Geburtsjahr nennen, geht das »auf eine sehr menschliche und sehr weibliche Schwäche« zurück – angeblich hat Grazia Deledda sich selbst die vier Jahre geschenkt.

Ihre Kindheit und die Familie hat sie in dem autobiographischen Buch *Cosima. Die Jugend einer Dichterin* beschrieben. Cosima war tatsächlich ihr zweiter Taufname, weshalb sie die Hauptperson manchmal auch enthüllender »Cosima, quasi Grazia« nennt.

Grazia Deledda selbst beschreibt den Weg des Mädchens aus der Provinz zur berühmten Autorin als völlig natürlich und Cosima, quasi Grazia von Anfang an als eine sehr zielgerichtete Persönlichkeit.

Ihr Vater, Giovantonio Deledda, gehörte zu den angesehensten und einflussreichsten Bürgern des Landes. Er hatte das Anwaltsdiplom erworben, und obwohl er diesen Beruf nicht ausübte, wurde er doch von vielen um Rat und juristische Auskunft gebeten.

»Ohne es zu wollen und ohne es selbst gewahr zu werden, übte er auf alle, die mit ihm in Berührung kamen, einen wohltuenden Zauber aus«, erinnert sich Grazia Deledda liebevoll an den Vater. »Und doch war seine Rede einfach und schmucklos; aber der Klang seiner Stimme glich einer Musik, die das Unaussprechliche zum Ausdruck brachte; sie entquoll der Tiefe seiner durchaus wahrhaften und edelmütigen Seele. Im übrigen besaß er eine gewisse Bildung und war im Grunde ein Dichter. Er hatte in Cagliari studiert, damals, als man noch zu Pferde von einer Stadt zur anderen reiste; dabei hatte er seine Bücher und sonstigen Sachen in Mantelsäcken verstaut, gleich einem Hirten oder einem Bauersmann, der sich zur Aussaat an weit entfernte Orte begibt.«

Der Handel hatte ihn reich gemacht, aber nebenbei pflegte er – wie ein echter Humanist – seine poetischen Studien. Er schrieb in der sardischen Mundart, dem so genannten Logudoro-Dialekt, und war ein besonders begabter Stegreifdichter. Er richtete auch eine kleine Druckerei ein, verlegte eine eigene kleine Zeitung, seine Dichtungen und die seiner Freunde. Das Unternehmen wurde ein geschäftlicher Fehlschlag.

In den Mußestunden saß Grazias Vater besonders in der schönen Jahreszeit gerne im Schatten des Hauses vor der Tür und las die Zeitung. »Wenn eine arme Frau vorüberging, zog er schweigend ein Geldstück aus der Tasche und reichte es ihr; zugleich machte er ihr mit dem Finger auf seinen Mund ein Zeichen, nichts davon verlauten zu lassen. So gingen alle getröstet von ihm fort.«

Dieser sensible Mensch, der die junge Grazia sichtlich geprägt hat, entbehrte jedoch einer gewissen Lebenskraft. Der Kummer über seine missratenen Söhne, die sich trotz bester äußerer Bedingungen dem Alkohol und Spiel hingaben und auch vor kleinen Gaunereien nicht zurückschreckten, machte ihn krank. Nach Monaten tiefster Verzweiflung, so schreibt Grazia Deledda in ihrem Buch *Cosima*, starb »der gütige, weise und gerechte Mann … So blieb denn die Familie allein zurück, gleich dem unscheinbaren, zitternden Gras im Schatten einer vom Blitz getroffenen Eiche.« Mit dem Tod des Vaters schien einer der Söhne zur Vernunft zu kommen, er übernahm die Verwaltung des Erbteils, während sich die weiblichen Familienmitglieder zu monatelanger Trauer ins Haus zurückzogen.

Die Mutter Chiscedda erlebte Grazia als eine ernste und schweigsame Frau, die schön und »gut gebaut« war, wenn auch von kleiner Gestalt. Sie sorgte für die Kinder und den Haushalt »mit einer gleichsam mechanischen Pflichterfüllung … Zuweilen sah sie alt, gebeugt und müde aus. Vielleicht rührte das Geheimnis ihrer Traurigkeit aus der Tatsache her, daß sie sich ohne Liebe verehelicht hatte; zudem war ihr Mann zwanzig Jahre älter als sie. Zwar umhegte er sie sorglich und lebte nur für sie und seine Familie, vermochte ihr aber nicht die Befriedigung und Freude zu geben, deren doch alle jungen Frauen so sehr bedürfen. Auch außerhalb des häuslichen Bezirks verstand sie es nicht, Liebe und Freude um sich zu verbreiten.«

Grazias Mutter war – wie 95 Prozent der Bevölkerung – Analphabetin und schon aus diesem Grund den Schreibversuchen der dritten Tochter gegenüber eher misstrauisch. Doch diese wurde vom »Handwerkszeug des Schreibens« unwiderstehlich angezogen: »Von der Piazza aus führte eine breite Straße, die Via Maggiore, durch das Dorf. An ihr lag ein langer, herrschaftlicher Palast, der mit seinen Loggien und Gesimsen für Cosima ein Wunderwerk darstellte. Weiter entfernt war ein Café mit Glastüren, mit Spiegeln und Diwanen, die für Cosima ein weiteres Wunder bedeuteten. Dazwischen waren hie und da Kauf- und Kramläden, Geschäfte für Webwaren und Lebensmittel. Was aber am meisten die Aufmerksamkeit unserer kleinen Schülerin erregte, war die Buchhandlung Signor Carlinos, wo selbst Hefte, Tinte und Stahlfedern verkauft wurden, alle die magischen Dinge insgesamt, durch die das gesprochene Wort, mehr noch die Gedanken des Menschen in Zeichen übertragen werden.«

Grazia hatte schon vor ihrer Einschulung mit Hilfe ihres Onkels Sebastiano, eines Priesters, »diese außergewöhnlichen Zeichen« gelernt, und weil sie schon schreiben konnte, durfte sie die erste Klasse sogar überspringen. Sie war eine gute Schülerin mit einem großen Wissensdurst, die »den Heften den Vorzug vor dem Spielzeug« gab. Die beschriebene Schiefertafel erschien ihr wie »ein offenes Fenster im blauen Dunkel einer bestirnten Nacht«.

Sehr viel Wissen kann sich Grazia Deledda in der Dorfschule von Nuoro nicht angeeignet haben, denn sie durchlief nur drei Schuljahre, »da die vierte Klasse nur wiederholt wurde und Cosima mit Leichtigkeit den ersten Preis erhielt und von der Wiederholung befreit wurde. Der Preis bestand in einem Buch von Tommaseo in weißem Einband mit Goldschnitt.«

Sie las viel in jenen Jahren, Bücher der Brüder und alles, was sich im Hause fand, auch die ersten Romane, von denen, wie sie schreibt, Chateaubriands *Die Märtyrer* die tiefste Spur in ihrer Phantasie hinterließ. Doch sie las nicht nur alles, was ihr in die Hände fiel, sondern schrieb bereits, »angetrieben gleichsam von einer unterirdischen Macht«, ihre ersten Verse und Erzählungen. »Cosima saß frierend in ihrem hohen Zimmer, von dessen Fenstern aus der Berg Ortobene zu sehen war, der sich nun aber auch durch eine Nebelhülle den Blicken entzog. Das Gekrächze der Raben war Vorbote des Winters; noch aber gab es für Cosima Augenblicke, da der Himmel sich weit auftat und eine frühlingshafte, linde Wärme ihr Blut in Wallung brachte. Sie schrieb; indes ihre Schwestern die Mutter beschäftigten, Andrea draußen auf dem Feld war und Santus seinen gewohnten schrecklichen Schlaf schlief, saß Cosima über ihr Heft gebeugt und stürzte sich in die Welt ihrer Phantasien. Sie schrieb und schrieb aus einem inneren natürlichen Bedürfnis, so wie andere junge Menschen sich auf breiten Parkalleen ergehen oder sich an einen verbotenen Ort, wenn möglich zu einem Stelldichein, begeben.«

Diese Textpassage verweist auf Grazias Fähigkeit, sich von der Umwelt völlig abkapseln zu können, und auf den prägenden Einfluss der sardischen Landschaft. Ein Leben lang blieb ihre Auffassung von Natur und Menschen durch ihre Heimat Sardinien geprägt und fast alle ihre Bücher spielen vor dem Hintergrund dieser Insel. Schon als Kind war Grazia Deledda fasziniert von den Erzählungen der Mägde und den Liebesliedern der jungen Mädchen, die sie später zum Stoff ihrer Romane und Novellen verdichtete.

In einem Brief schrieb die jugendliche Grazia bereits:

»Ich muß stark und ruhig sein, um die Aufgabe zu erfüllen, nämlich die nicht unbedeutende: meinem, unserem Sardinien Gutes zu tun.« War sie also von einer Art Mission erfüllt? Oder war sie einfach nur von einer tiefen Liebe zu ihrer Heimat durchdrungen, wie sie es an einer anderen Stelle formulierte? »Meine Stärke liegt in meinen menschlichen Kenntnissen des Wirklichen, der sardischen Charaktere und Leidenschaften und in meiner Liebe zu diesem unbekannten Fleckchen Erde.« Fest steht, dass sie Sardinien in die europäische Literatur einführte. Wer wusste um die Jahrhundertwende schon Näheres von dieser italienischen Mittelmeerinsel? Es ist das bleibende Verdienst Grazia Deleddas, ihr Geburtsland einem zunächst italienischen, dann größeren internationalen Lesepublikum bekannt gemacht zu haben.

Vom Vater und von den Großeltern väterlicherseits, die Bauern und Hirten waren und daher mit der Erde und Natur patriarchalisch verbunden, habe sie – so schreibt sie in *Cosima* – ein »Kapital an Güte, Klugheit und Lebensweisheit geerbt und ein tiefes Gefühl der Lebensfreude«.

Dieser Selbstcharakterisierung fügt sie ein Porträt an, das anschaulicher als jede Fotografie ein Bild der Vierzehnjährigen vermittelt:

»Obwohl zart und mager, war sie doch gesund und verhältnismäßig behend und stark. Sie war klein von Gestalt mit einem fast dicken Kopf; auch ihre Hände und Füße waren sehr klein; sie wies alle die charakteristi-

Grazia Deledda

schen Merkmale einer sitzenden Lebensweise der Frauen ihrer Rasse auf, einer Rasse, die vielleicht libyschen Ursprungs war; mit ihnen teilte sie das gleiche stumpfnasige Profil, die groben Zähne und die weit überhängende Oberlippe; doch war ihre Haut weiß und samtartig; ihre schwarzen Haare waren leicht gelockt; ihre großen mandelförmigen Augen waren von einem goldenen, zuweilen grünlichen Schwarz mit großer Pupille, gerade wie bei den Frauen der hamitischen Rasse, einer Pupille, die von einem lateinischen Dichter ›doppelte Pupille‹ genannt wurde und die von leidenschaftlicher, unwiderstehlicher Anziehungskraft war.«

Allerdings scheint die kokette Weiblichkeit noch unter Schüchternheit verborgen zu sein, denn sie nennt sich gleichzeitig »scheu wie ein junges Hirschkalb«. Aber ganz im Gegensatz dazu beschreibt sie sich auch als »aufsässig gegen alle herkömmlichen Gewohnheiten, Überlieferungen und sogar Familiengebräuche, denn sie begann, Erzählungen und Verse zu schreiben«.

Ihre Umgebung betrachtete diese Aktivitäten mit Verwunderung und Misstrauen. Grazia wurde verspottet und manche sagten ihr eine schlimme Zukunft voraus, denn eine Frau hatte sich natürlich zwischen Kochtopf und Wiege zu bewegen. Auch wenn Grazias Erfahrungswelt vergleichsweise beschränkt war, so zeigte sich schon früh eine bemerkenswerte Beobachtungsgabe. Es wird überliefert, dass sie mit einer ihrer frühen Erzählungen den Zorn eines buckligen Kaufmannes auf sich gezogen habe, der sich in einer Gestalt wiedererkannte.

Wohl unter dem Einfluss eines studierenden, literaturbegeisterten Freundes – der, wie sie bekennt, ihr heimlicher Schwarm war – machte ihr älterer Bruder sich Gedanken um die Bildung der Schwester und versuchte ihr in wirksamer Weise zur Seite zu stehen. Er schickte sie zu einem Professor des Gymnasiums, damit sie Italienischstunden nehme, denn sie schrieb zu der Zeit mehr in Mundart als in der Schriftsprache.

»Die Unterrichtsstunden indes vermehrten nur das Gefühl der unbewußten Feindschaft, das die kleine Schriftstellerin gegen jede Art von Bücherstudium empfand, es sei denn, daß es sich um Romane oder Dichtungen handelte«, schreibt Grazia Deledda und fügt sogleich hinzu, wie sie lieber lernte: »Die praktischen Unterrichtsstunden hingegen, die der bereitwillige Bruder ihr verschaffte, zeitigten größere Wirksamkeit; denn er machte sie sozusagen mit Urbildern alter Hirten bekannt. Diese erzählten ihr weit wunderlichere Geschichten, als sie in den Büchern zu lesen waren. Überdies entführte er sie in die Umgegend, in die charakteristischsten Dörfer der Umgebung, zu den ländlichen Festen und zu den zerstreuten Schafherden auf den einsamen, gleich Vogelnestern versteckten Triften der waldigen Gebirgskessel.«

An solchen Ausflugstagen, bekennt sie in *Cosima*, lernte sie mehr als in zehn Unterrichtsstunden bei dem Literaturprofessor: »Sie lernte das gezahnte Blatt der Eiche von dem lanzettförmigen Blatt der Steineiche unterscheiden, die duftende Taxusblume von der Winde. Über dem Kastell der Felsen tummelten sich die Falken, die von der Sonne angezogen zu werden schienen wie die Nachtschmetterlinge von dem Lampenlicht. Und von dem Kastell aus sah sie ein großes, blinkendes Schwert zu Füßen eines Felsenriffs, gewissermaßen zum Zeichen, daß die Insel vom Festland getrennt war und in Ewigkeit getrennt bleiben mußte. Es war das Meer, das Cosima zum ersten Male erblickte.« Der Anblick des Meeres hinterließ einen tiefen Eindruck, ja sie bezeichnet ihn als einen Traum, dessen Erinnerung sie nie wieder verließ.

Die Fotografien in Zeitschriften nährten einen Traum ganz anderer Art: Rom wurde das Ziel ihrer Sehnsucht, und obwohl sie sich nicht vorstellen konnte, jemals dorthin zu gelangen, hatte sie doch das »bewußte Gefühl«, dass dieser Wunsch einmal erfüllt werden würde.

Die bebilderten Kinderzeitschriften und Modehefte enthielten auf den letzten Seiten immer Erzählungen. So kam Grazia auf den kühnen Gedanken, einen eigenen Text an diese Zeitungen zu schicken. Sie fügte einen Brief mit einem Lebenslauf bei und formulierte die für eine Siebzehnjährige zumindest überraschende, nachdrückliche und beherzte Versprechung für eine literarische Zukunft. Diese beigefügten Zeilen müssen den Redakteur der Zeitschrift *L'ultima moda* wohl überzeugt haben, denn er druckte nicht nur die Erzählung ab, sondern stellte dem Publikum die junge Schriftstellerin mit lobenden Worten vor und forderte Grazia auf, weitere Arbeiten einzusenden.

Das Dorf Nuoro stand Kopf: »Die Nachricht, daß ihr Name unter zwei Kolonnen harmlos mundartlicher Prosa gedruckt zu lesen war, sowie die Tatsache, daß man zur Vergrößerung des Skandals von gewagten Abenteuern sprach, erregten im Ort einmütige und unversöhnliche Ablehnung. Und schon stürzten die Tanten, die beiden alten Jungfern, die des Lesens unkundig waren und dennoch stets in den Heften mit den Abbildungen der Sünder und der vermaledeiten Weiber blätterten, in das unheilvolle Haus und verbreiteten dort den Schrecken ihrer Kritik und ihrer noch schlimmeren Prophezeiungen.«

Selbst der Bruder begann sich Sorgen zu machen und gab der Schwester den Rat, um ihres guten Rufes willen wenigstens keine Liebesgeschichten mehr zu verfassen. Natürlich schrieb Grazia weiter, und die Geschichte, die sie schrieb, war ihre eigene. Sie gab ihr den Titel *Die Buschrose* und wandte sich wieder an den Herausgeber der Modezeitschrift, der sogleich Interesse zeigte und das Manuskript anforderte.

In *Cosima* erzählt Grazia Deledda, wie sie sich nur schmerzlich, doch voller Stolz von den ihr so vertrauten Gestalten trennen konnte und sie in die weite Welt schickte: »Sie verpackte das Manuskript sorgfältig in Leinen und Papier und umwickelte es mit einem Netz von Bindfaden, damit es die lange Reise über Land und Meer gut überstehe; auch ließ sie es einschreiben. Alle diese Ausgaben konnte Cosima freilich nicht von ihren persönlichen mageren Einkünften bestreiten, die ja nur aus den wenigen Centesimi bestanden, die ihr die Mutter

23

jeden Sonntag gab. Aber da es nun einmal notwendig war, um jeden Preis voranzukommen, ließ sich die Schriftstellerin, die Dichterin, die Schöpferin von Wolkenkuckucksheimen dazu herab, in den Keller hinunterzugehen und einen Liter Öl zu entwenden.«

Dieser kleine Diebstahl zeigt die Entschlossenheit des jungen Mädchens, seine Karriere als Schriftstellerin um jeden Preis zu befördern. Deren Freuden und Sorgen lernte sie dann auch bald kennen: Sie erhielt die Druckbogen zur Korrektur zurück und wusste erst gar nicht, was damit zu tun sei. Sie hatte sich auch noch um eine repräsentative Fotografie für das Vorsatzblatt zu kümmern. Am Ende bekam sie ein Paket mit hundert Exemplaren des Buches als Gesamtentschädigung. Bei einem Verwandten, der in seinem Barbierladen auch Zeitungen und Zeitschriften feilbot, legte Cosima, quasi Grazia ihre Bücher zum Verkauf aus.

Das wurde ein Skandal! Romane galten als unmoralisch und das ganze Dorf war über das junge Mädchen empört. Dass sie nun nie mehr im Leben einen Mann finden würde, war innerhalb ihrer Familie die größte Sorge.

Das Buch hatte einen gewissen Erfolg, und Grazia mag als einen gerechten Ausgleich für die Demütigungen in ihrer Umgebung empfunden haben, dass bald Post von weiblichen und männlichen Bewunderern eintraf. Außerdem wurde ein junger Dichter aus der Nachbarschaft auf sie aufmerksam, aber er scheint ihr eher mit seinen eigenen Liedern den Hof gemacht, als sich mit ihrem Werk auseinander gesetzt zu haben.

Ins Jahr 1888, Grazia Deledda war also knapp siebzehn, kann man den Anfang ihrer Karriere setzen: Auf die Erzählung *Sulla montagna* in einer Kinderzeitschrift folgten die Veröffentlichungen von *Sangue Sardo* (Sardisches Blut) und *Remigia Helder* in dem Frauenjournal *L'ultima moda*. In derselben Zeitschrift druckte Edoardo Perino in den folgenden Monaten außerdem ihren ersten Roman *Memorie di Fernanda* in Fortsetzungen ab.

Im Jahr 1890 brachte der Mailänder Verleger Trevisini das erste Buch von Grazia Deledda heraus. Es hieß *Nell'azzurro* und enthielt einfache, konventionell erzählte Kindergeschichten, deren lyrische Landschaftsbeschreibungen jedoch eine originelle Begabung erkennen lassen. Ihren Roman *Stella d'oriente*, den die sardische Tageszeitung *L'avvenire* abdruckte, unterzeichnete sie mit dem Pseudonym »Ilia di Saint-Ismael«, um negativen Reaktionen der Nachbarn vorzubeugen.

Seit 1888 verging kein Jahr mehr, in dem nicht ein Roman oder wenigstens ein Erzählband von Grazia Deledda erschien. Unter dem Druck der Zeitschriftenverleger, die nach ihren Novellen verlangten, schrieb sie ihr ganzes Leben lang mit einer Regelmäßigkeit, die der Qualität ihrer Arbeiten eher schadete. Es wird berichtet, dass sie insgesamt etwa vierhundert Novellen und Erzählungen und fünfunddreißig Romane verfasste. Sie blieb immer ihrem Grundsatz treu, im Jahr wenigstens einen Band zu veröffentlichen. Novellen und Romane wurden zuerst in Fortsetzungen auf der Literaturseite der größten Zeitschriften und dann in Buchform veröffentlicht. Ihre sehr rationelle Arbeitsweise schloss, wenn auch ungewollt, die Ausbeutung der eigenen Arbeit ein.

Bei der Vielzahl ihrer literarischen Arbeiten lassen sich Wiederholungen kaum vermeiden. Eine gewisse Begrenztheit ihrer Themen ist nicht zu übersehen. Die Autorin schöpft vorwiegend aus dem, was sie in ihren ersten dreißig Lebensjahren an Erzählungen gehört und selbst erlebt hat. Sicher gingen ihre literarischen Anfänge auf Lektüre zurück, aber ihr Werk entstand völlig abseits des literarischen Betriebs, keiner Mode, keiner zeitgenössischen Richtung ihrer Epoche verpflichtet. Manche Biographen nennen lange Listen angeblicher Lektüre, die von französischen über die englischen bis zu russischen Klassikern reichen, von Hugo und Balzac bis zu George Sand, von Byron und Scott über Gogol und Tolstoi bis zu Dostojewski.

Andere begründen Deleddas mangelnde Bildung mit Briefstellen, die sie als Neunzehnjährige schrieb: »Im Moment mache ich nichts. Das heißt, ich studiere nur … und habe mir Manzoni, Boccaccio und Tasso und viele andere Klassiker vorgenommen, bei denen ich gähnen muß und einschlafe.« Ein paar Jahre später gesteht sie in einem anderen Brief: »Sehr oft passiert es mir, daß ich einschlafe über den gelehrten Büchern. Ich fühle aber, daß Phantasie, Mut und guter Wille das, was mir fehlt, ersetzen.«

Sicher darf man bei Grazia Deledda keine literarischen Anspielungen, keine geistreichen kulturellen Bezüge oder gar stilistischen Raffinessen erwarten, das war nicht ihr Interesse und passte wohl auch kaum zu ihren sardisch-regionalen Themen und Motiven. »So instinktiv wie ihre Gestalten – Hirten, Fischer, Kleinbauern und einfache Leute – fühlen und handeln, so schrieb sie, ohne literarische Pose, ganz spontan, intuitiv fabulierend und naiv kombinierend«, schreibt ihre Übersetzerin Ute Stempel. »Wie eine alte sardische Bäuerin am offenen Herdfeuer, so erzählte sie ihre Geschichten von Liebe und Schuld, voller Anteilnahme am Geschick der anderen, gleichsam, als identifiziere sie sich mit ihnen. Und dabei geriet ihr alles zum Gleichnis – des Wesentlichen, des Eigentlichen.«

Deleddas dichterische Kraft zeigt sich zum einen in den äußerst einprägsamen Schilderungen der Landschaft und der Natur, aber genauso in ihrer Fähigkeit, die Psyche ihrer Heldinnen und Helden in einfache, fast schlichte Worte zu fassen. Das Denken und Tun der Menschen ist dabei aufs Engste mit der Natur verflochten. Das heißt, sie setzt nicht mit künstlerischem Griff auf Lokalkolorit und Atmosphäre, sondern: »Diese Landschaft ist aus demselben Stoff, der auch Grazia Deleddas Sensibilität in ihrem allem Heldischen aufgeschlossenen Kindesalter formte, in jenen Jahren, da die

Menschenkinder sehen, hören und sprechen lernen, hier ist die Quelle ihrer Erinnerungen, die sich in ihr ganzes Werk ergoß«, sagt der italienische Kritiker Francesco Flora.

Wie sie ihre Anregungen auch ganz direkt aus dem Kontakt mit der Bevölkerung bezog, beschreibt Grazia Deledda in *Cosima*.

Im Alter von zwanzig war sie zum Beispiel oft gezwungen, während der Abwesenheit des Bruders die Arbeiten auf dem Feld zu überwachen oder in der Olivenpresse nach dem Rechten zu sehen und die Vergütungen für das Pressen in Listen einzutragen. »So kam sie in Berührung mit dem Volk, mit dem wirklichen, arbeitsamen und gutmütigen Volk ... mit achtbaren, ernsten und klugen Hausfrauen und Männern, die mit der undankbaren und öden Erde, mit den Winden, den Vögeln und den Füchsen kämpfen mußten ... Cosima beobachtete sie, lernte ihre Sprache, ihren Aberglauben, ihre Flüche und ihre Gebete. Von ihrem Beobachtungsposten aus sah sie auch das Bild und die Gestalten der Olivenpresse, sie hörte die Geschichten, die dort erzählt wurden, sie vernahm die Lieder des Betrunkenen, und das Herz tat ihr weh. ... Zwischen den verschiedenen Eintragungen in die Liste erzählten die Kunden der Olivenpresse Cosima ihre Sorgen und ihre Nöte. Manch einer bat sie, ihm einen Brief oder ein Gesuch zu schreiben. So kam ihr der Einfall zu einem neuen Roman, geschöpft aus der Wirklichkeit, geschöpft wie die schwarze Olivenmasse aus der Kufe der Olivenpresse, die sich in Öl, Balsam, in Licht verwandelte.«

Dieser Roman war *Anime oneste*, der 1895 mit einem lobenden Vorwort des neapolitanischen Politikers und Essayisten Ruggiero Bonghi im Mailänder Verlag Cogliati erschien und – wie sie in *Cosima* weiter schildert – von einer großen ausländischen Zeitschrift gegen eine annehmbare Summe übersetzt wurde. Unter dem Titel *Ehrliche Seelen* wurde dieser Familienroman schon 1911 in Deutschland publiziert.

Ihren literarischen Durchbruch hatte sie bereits ein Jahr früher, 1894, mit der Novellensammlung *Racconti Sardi* (Sardische Geschichten) geschafft, doch der große Erfolg kam 1896 mit dem Roman *La via del male* bei Publikum und Kritik gleichermaßen. Dieser Roman wurde nie ins Deutsche übersetzt. Ein Literaturtheoretiker und Schriftstellerkollege, Luigi Capuana, verfasste eine begeisterte Rezension, in der er riet, »dieses richtige Erzählkonzept nicht aufzugeben und ihr Sardinien nicht zu verlassen und weiterhin in dieser kostbaren Mine zu graben, wo sie schon ein starkes, originelles Element gefunden hat: Wenn der Leser das Buch geschlossen hat, bleibt in ihm die lebhafte Erinnerung an diese charakteristischen Figuren, diese grandiosen Landschaften zurück, und seine Eindrücke sind so stark, daß sie fast unvermittelt wirken und nicht wie aus zweiter Hand, nicht wie aus einem Kunstwerk …«

Diese Nähe zur Realität, Wahrhaftigkeit von Figuren

und Handlungen in einer Atmosphäre alter sardischer Tradition, diese Mischung aus Wirklichkeit und Romantik hat wohl die Popularität ihrer Werke ausgemacht. Hierin stand Deledda den Volksschriftstellerinnen nicht nach. Zwar ist über die Höhe ihrer Auflagen nichts bekannt, aber ihr Name war den Leuten geläufig, wenn man der kleinen Anekdote glauben darf, die sie am Schluss ihrer Autobiographie erzählt: Bei der Ankunft auf dem Bahnhof von Cagliari rief Contessa Maria Manca »das Mädchen bei seinem Vor- und Zunamen, und zwar so laut, daß Cosima in Verlegenheit geriet. Die Leute schauten auf sie, manch einer mußte wohl den Namen bereits kennen und grüßte sie, halb aus Achtung vor ihr, halb aus Spott vor ihrer lauten Gastgeberin.«

Die »Drangsale der Berühmtheit«, die sie hier zum ersten Mal zu spüren bekam, setzten sich noch fort: Weiß gekleidete Kinder und junge Mädchen standen mit Blumensträußen zu ihrem Empfang bereit und stimmten einen Chor auf die Schriftstellerin an. Auf Derartiges scheint Grazia Deledda zu keinem Zeitpunkt ihres Lebens viel Wert gelegt zu haben.

Es gab natürlich auch negative Urteile über Grazia Deleddas Werk. Besprechungen wie jene, die sie in *Cosima* zitiert und in der die Späne nur so flogen: »Ja, alles wurde in Späne verwandelt, die gerade gut genug seien, um mit ihnen den Ofen anzuzünden, in dem Cosimas Mutter das Brot backte. Kehre um, kehre um, kleine Schreibwütige, in den Bezirk des väterlichen Gemüsegärtchens, um dort Nelken und Geißblatt anzupflanzen. Kehre um, um Strümpfe zu stricken, um heranzuwachsen und einen tüchtigen Mann zu erwarten und sich auf eine gute Zukunft der Familienfreuden und Mutterschaft vorzubereiten.« Selbstverständlich fühlte sich Grazia von diesem Urteil gedemütigt, aber es konnte sie nicht mehr vom Schreiben abbringen.

Entgegen allen Prophezeiungen fand Grazia Deledda sogar einen Ehemann, mit dem sie offenbar eine recht glückliche Ehe führte. Ihre Autobiographie *Cosima* endet mit dem ersten Besuch der Schriftstellerin – sie ist zu dem Zeitpunkt immerhin schon achtundzwanzig – in der sardischen Hauptstadt Cagliari, wohin sie von der Herausgeberin der Zeitschrift *Donna Sarda*, der oben erwähnten Maria Manca, eingeladen worden war. Dort begegnete sie ihrem zukünftigen Gatten im Oktober 1899 in einer überaus poetischen Weise. Jedenfalls beschreibt sie es folgendermaßen:

»Als der Zug im Bahnhof, der mit seinem Palmengarten und der Wölbung des leuchtenden, smaragdenen Himmels im Hintergrund einer gepflegten Oase glich, anhielt, da war die erste Person, die Cosima erblickte, ein junger Mann von goldbrauner Hautfarbe mit einem wundervollen Schnurrbart von derselben Farbe und langen orientalischen Augen. Er betrachtete sie, als ob er sie bereits kenne, und auch ihr schien es, als habe sie ihn schon irgendwo gesehen. Wo, das wußte sie nicht. Und nach vielen Jahren noch empfand sie jenes geheimnisvolle Gefühl des Schwindels, das ihr in ihrer Kindheit und weniger oft in ihren Mädchenjahren die Anwesenheit der Großmutter erweckte. Auf dem Bahnsteig jedoch entstand ein kleines Gedränge, und der junge Mann verschwand in der Menge.«

Am nächsten Tag brachte der Laufjunge eines Blumenhändlers einen großen Strauß roter Rosen. Sie wusste zwar nicht, von wem er geschickt worden war, und verrät auch nur zwischen den letzten Zeilen des Buches, um wen es sich gehandelt haben könnte. Sie traf den jungen Mann mit dem Schnurrbart einige Tage später im Theater wieder und er wurde ihr als Palmiro Madesani vorgestellt, der wohl ursprünglich auch aus Sardinien stammte, jedoch als Finanzbeamter in Rom lebte. Er soll groß, schlank und ein wirklich gut aussehender Mann gewesen sein. Grazia Deledda, die sich für nicht besonders schön hielt, war später stolz darauf, dass er bei der ersten Begegnung noch nichts von ihr gelesen hatte und sich also in ihre Person verliebte und nicht etwa in die Aura der Schriftstellerin. Zwei Wochen nach dem ersten Zusammentreffen verlobten sich Grazia und Palmiro und heirateten am 11. Januar 1900. Sie zogen nach Rom, wo sie die nächsten sechsunddreißig Jahre bis zu ihrem Tod lebte.

Eine Fotografie zeigt sie mit ihrem ersten im Jahr 1900 geborenen Sohn auf dem Arm, eine andere beim familiären Sonntagsspaziergang mit Ehemann und den beiden Söhnen, Sardus und dem vier Jahre älteren Franz. Aber darüber hinaus erfährt man sehr wenig über ihr Privatleben. An den Kollegen und Freund Marino Moretti schrieb sie in einem Brief 1914: »Die Zeit, die Jahre und die Tage existieren nur dank der Schwingungen unseres Inneren. Es genügt, dieses innere Leben zu leben. Alles, was draußen ist, existiert nicht.« Nur einmal, 1908, nahm sie am ersten italienischen Frauenkongress teil, den die bekannte Pädagogin Maria Montessori einberufen hatte. Später blieb Grazia Deledda politischen Debatten immer mit dem Argument fern, sie gehöre mehr der Vergangenheit an.

In der Großstadt Rom hielt sie sich abseits der mondänen und literarischen Zirkel, teilte ihre Zeit zwischen den Aufgaben als Hausfrau und Mutter und ihrem Beruf als Schriftstellerin: »Was gibt es von mir zu berichten? Ich arbeite und arbeite und bräuchte einen Tag von mindestens sechsunddreißig Stunden, um all das zu tun, was ich tun möchte; aber so vergeht die Zeit besser, ohne unnütze Träume … Mein Leben gefällt mir immer mehr so, wie es ist«, bekannte sie in einem Brief an Masetti, »und ich glaube, daß man sehr gut, ja vielleicht sogar viel erfüllter leben kann, wenn man Kunst nur aus sich selbst heraus schafft.«

Nach wie vor gingen in ihre Romane und Erzählungen fast nur die sardischen Erfahrungen ihrer ersten drei Lebensjahrzehnte ein. Was sie als Ehefrau und Mutter erlebte, taucht in ihrer Literatur nicht auf. Erst im Zusammenhang mit der Verleihung des Nobelpreises für Literatur, als sich Journalisten aus aller Welt um Interviews mit Grazia Deledda bemühten und hinter der Literatin die Frau aufspüren wollten, erfährt man einige Details aus ihrem Leben.

Ehemann Palmiro, der inzwischen vom Finanz- zum Kriegsministerium gewechselt hatte, betätigte sich nebenbei als ihr Agent und Manager. Die beiden Söhne machten viel versprechende Karrieren, Sardus als promovierter Philologe und Autor, Franz als Professor für Chemie an der römischen Universität.

Die Familie lebte zurückgezogen am Rande Roms in einem Haus, das aus einem Garten mit Palmen, Feigenbäumen, Liguster und Glyzinien herausragte. Von der Terrasse aus konnte Grazia Deledda die Albaner Berge und die gezackte Silhouette der Zypressen des Zentralfriedhofs von Rom sehen. Sie zog sich täglich für mindestens zwei Stunden in ihr Arbeitszimmer zurück und schrieb, während eine zahme Krähe auf ihrer Schulter oder der Stuhllehne saß.

Trotz dieser disziplinierten und professionellen Tätigkeit als Schriftstellerin wurde sie nicht müde, die Mutterschaft als ihre eigentliche Passion hinzustellen: »Kreativität findet ihren edelsten Ausdruck im Kindergebären«, behauptete sie gegenüber einer Journalistin. Hier liegen auch die heute befremdlichen Berührungspunkte zur Ideologie des Faschismus. »Ich gehöre keiner Partei an, denn ich bin Künstlerin«, antwortete sie auf die Frage, ob sie Faschistin sei, »aber ich liebe und verstehe den Geist des Faschismus. Das, wofür er jetzt kämpft, ist als Schriftstellerin immer mein Ziel gewesen: Reinheit des Familienlebens, Liebe zu Heimat und Scholle, die einfache Lebensweise. Ich selber glaube an die Güte und an das Recht der Liebe. Man muß sich nur nach der Stimme seines Herzens richten«, sagte sie im Jahre 1927.

Deutlich formuliert hat sie ihre Menschenliebe, aber auch ihre oftmals pessimistische Einstellung zur Welt in folgenden Worten: »Das Schicksal hat mich im Herzen des einsamen Sardinien zur Welt kommen lassen. Aber auch, wenn ich in Rom oder Stockholm geboren worden wäre, hätte ich wahrscheinlich mein Wesen nicht verändert und wäre geblieben, wer ich bin: ein Gemüt, das sich für die Fragen des Lebens begeistert und den Menschen auf den Grund ihres Herzens blickt; ich sehe sie, wie sie sind, und glaube doch, daß sie besser werden könnten und daß nichts anderes dem Kommen des Gottesreiches auf Erden im Weg steht als sie selbst. Überall ist nur Haß, Blut und Schmerz. Aber vielleicht kann alles durch die Liebe und den guten Willen überwunden werden.«

Was sich hinter diesen fast naiv klingenden Sätzen verbirgt, wird deutlicher, wenn man ihre Religiosität betrachtet. In *Cosima* bekennt Deledda, dass sie sich oft die Frage gestellt habe, ob sie nun »religiös« oder »abergläubisch« sei. Sie kommt zu dem Schluss, nur »redlich«

zu sein, und aus dieser Redlichkeit entspringt ihre Art der Sozialkritik. Sie deckt die Missstände in der Gesellschaft nicht einfach auf, sondern erklärt Ungerechtigkeiten aus den Lebensformen, den Lebensumständen und -gewohnheiten der Menschen. Sie zeichnet stets Einzelschicksale nach, ihre Helden und Heldinnen – fast immer von starken Gefühlen geprägt – nehmen Abhängigkeiten und sogar Armut mit einem erstaunlichen Fatalismus hin.

Zur Zeit Grazia Deleddas zählte Sardinien zu den zurückgebliebensten Gegenden Europas. Weide, Sumpf und Buschwald prägten die Landschaft und brachten die drei charakteristischen Elemente der sardischen Gesellschaft hervor: die Schafe, die Mücken und die Banditen. »Die Schafe, das Wahrzeichen der ärmsten und primitivsten Wirtschaft, ein Gegenstand unendlicher Streitigkeiten zwischen den Hirten, die, in Felle gekleidet und sich nur von Milch, Brot und Käse ernährend, vergessen haben, was sie von Schafen unterscheidet. Die Mücken – aus dem Wasser hervorgegangen, das verfault, weil der Mensch es nicht nutzt, um die trockene Ebene zu bewässern, die den Hunger des Bauern stillen könnte, der, vom Elend und der Malaria zermalmt, sein Dasein fristet. Die Banditen – in den Busch geflohen, weil sie sich selbst Recht verschafft haben, nachdem die Justiz des Staates unwirksam blieb oder, falls sie es nicht blieb, sich gegen die Armen richtete; auch mußte man, wollte man leben,

Nahrung und Geld sogar mit Gewalt dort nehmen, wo man sie fand. So sind in dem armen Hirtenland Sardinien die Probleme so groß wie Berge, sie schimmern deutlich an jeder Seite durch, die Grazia Deledda schrieb«, behauptete Mario Losano, einer ihrer Biographen.

Es mag sein, dass Deleddas Sympathie für Mussolini auch daher rührte, dass zu seiner Zeit in Sardinien eine in ihren Augen »bewundernswürdige« wirtschaftliche Entwicklung begann. »Sümpfe werden trockengelegt, Industrien geschaffen, Elektrizitätswerke gebaut, das Volk gesunde und besinne sich auf seine so lange nur lässig und triebhaft dahintändelnde Kraft. Das alles – so sagte sie – hätte Italien dem Duce zu verdanken«, fasst das *Wiener Journal* ein Gespräch zusammen, das die italienische Schriftstellerin auf der Durchreise nach Stockholm gab, wo sie den Nobelpreis überreicht bekam.

Deleddas eigenes Denken trifft sich nicht nur in diesen Formulierungen mit der Forderung Alfred Nobels, die Autoren sollten ihrer Mit- und Nachwelt den Stoff zur Gesundung und Stärkung des sittlichen Lebens bieten. Folgerichtig heißt es in der Begründung der Preisverleihung: Grazia Deledda werde der Preis zuerkannt »für ihre von hohem Idealismus getragene schriftstellerische Kraft, mit der sie das Leben, wie es sich auf der Insel ihrer Väter abspielt, in plastischer Anschaulichkeit nachbildet und allgemeine menschliche Probleme mit tiefem und warmem Anteil behandelt«.

War es Gedankenlosigkeit, gerade hier von der »Insel

der Väter« zu sprechen? Eher komisch wirkt heute der Schlusssatz, mit dem der Kulturattaché die Übergabe des Preises an Deledda einleitet. »So reiste also Grazia Deledda nach Stockholm, um den goldenen Lorbeer mit eigenen Händen zu pflücken. Sie wurde dort mit allen Ehren empfangen, die ihren vielseitigen Gaben als Musterbild einer Gattin, als Hausherrin und ehrenswerter Romanschreiberin gebührten.«

Diese Reihenfolge – Gattin, Hausherrin und erst dann Schriftstellerin – hat Grazia Deledda sicher nicht gestört. Sie sah sich so. Jedenfalls muss sie den hausfraulichen Alltag bewundernswert gemeistert haben. Denn als ihre wichtigste Schaffensphase gelten die Jahre zwischen 1903 und 1915, als ihre beiden Söhne noch kleine Kinder waren. In dieser Zeit erschienen die wichtigen, großen Romane *Elias Portolu* (Die Maske des Priesters, 1903) und *Cenere* (Asche, 1904), der 1916 mit Eleonora Duse verfilmt wurde. Sie schrieb *L'edera* (Der Efeu, 1906) und den Roman *Canne Al Vento* (1913), der sowohl unter dem Titel *Schilf im Wind* wie *Schweres Blut* ins Deutsche übertragen wurde, und schließlich *Marianna Sirca* (1915).

Alle Romane variieren die Motive von Leidenschaft und Verzicht in Gestalten großer unbeugsamer Frauen. Marianna Sirca ist eine solche starke Figur, die sich

Grazia Deledda
Offizielles Nobelpreisfoto 1926

durch nichts und niemanden von ihrem Gefühl abbringen lässt und weder Taten noch Opfer scheut, um den Mann, den sie liebt, zu retten. Annesa, die Heldin in *Der Efeu*, wird sogar aus Liebe zur Mörderin, während die Mutter in dem gleichnamigen Buch stellvertretend für den Sohn seine Schuld mit ihrem Leben sühnt. Grazia Deledda geht es um tief empfundene Leidenschaften und das unentrinnbare Schicksal, um Schuld und Sühne. »Die große Dichterin der moralischen Qualen« nannte sie der Kritiker Momigliano.

Ihre Literatur, angesiedelt in der archaischen Landschaft Sardiniens, spielt unter armen Knechten, Hirten und reichen Bauern, unter Priestern und Banditen. Grazia Deledda entführt ihre Leserinnen und Leser in eine fremde Welt voller Faszination, die aber keineswegs heil ist. Die Sarden allerdings waren mit ihren Darstellungen manchmal unzufrieden: Sie habe die Insel und ihre Bewohner schlechter dargestellt, als es der Wirklichkeit entspräche. Was an den Romanen bis heute fasziniert, ist die archaische Welt mit ihren Geheimnissen, mit ihren magischen Vorstellungen und der mystischen Einheit von Mensch und Natur, mit ihren ursprünglichen Weisheiten.

Liebe ist bei Grazia Deledda niemals ein einfaches Glücksgefühl, sondern eine übermächtige Passion, die gegen jede Vernunft in Versuchung führt. Der Preis dafür ist unter Umständen eine lebenslange Buße. Dennoch verurteilt sie die Gewalt der Gefühle nicht, sie billigt jedem das Recht auf Liebe zu, als ein instinktives, elementares, den Menschen zugehörendes Element.

Bei der ihr eigenen Diskretion ist es unmöglich zu sagen, ob und welche leidenschaftlichen Erfahrungen Deledda selbst machte – die kreative Phantasie einer Schriftstellerin geht da oft weit über ihr äußerlich ruhiges Leben hinaus.

Von großer Bedeutung ist für Grazia Deledda die Treue, eine Tugend, die unter anderen die Romanheldin Marianna Sirca auszeichnet: Diese liebt mit fataler Leidenschaft den Banditen, doch sie steht bis zum bitteren Ende zu ihren Gefühlen. Oder der Knecht Efix in Deleddas eigenem Lieblingsbuch *Canne Al Vento*, der seinen drei Herrinnen wegen einer lange zurückliegenden Schuld treu ergeben dient, bis er selbst unter dem Glanz des Mondes ins Reich der Toten gelangt.

1913, als dieser Roman mit seinen einerseits ganz handfesten Sorgen und andererseits phantastischen Visionen von überirdischen Wesen erschien, war die einundvierzigjährige Grazia Deledda zum ersten Mal für den Nobelpreis vorgeschlagen worden. Als es 1927 dann endlich so weit war und sie die ihr 1926 verliehene Ehrung entgegennehmen konnte, gab es wie bei jeder derartigen Wahl Lob und Tadel. In Begleitung ihres Ehemannes reiste sie nach Stockholm, eine sechsundfünfzigjährige, bereits weißhaarige Dame »mit gütigen braunen Augen«.

Sie besuchte auch Selma Lagerlöf, um der Kollegin

und ersten Nobelpreisträgerin für Literatur ihre Verehrung zu bezeugen.

Einige Monate nach der Preisverleihung wurde ein Tumor festgestellt und trotz zweier Operationen breitete die Krebskrankheit sich in den nächsten Jahren weiter aus. Die Villa, die die Familie seit einigen Jahren in Cervia besaß, wurde in den Sommermonaten zu ihrem Sanatorium, in dem sie von einer Krankenschwester, der Schwiegertochter und ihrer ersten Enkelin, die auch Grazia hieß, gepflegt wurde. Sie wusste schon um die Endgültigkeit ihrer Krankheit, als sie zwei autobiographische Romane schrieb: *La Chiesa della Solitudine*, die Geschichte einer krebskranken Frau, und die Autobiographie *Cosima*, deren Manuskript erst nach ihrem Tod in ihrer Schreibtischschublade entdeckt wurde. Sie wollte zu ihren Lebzeiten als Person niemals im Mittelpunkt stehen: »Warum von mir sprechen? Ist das so wichtig? Besser, man schlösse die Bücher und spräche vom Schnee, der meine Haare gebleicht hat – ein Zeichen für das Herannahen des Tages, an dem nur noch ein Buch erzählen wird: das Hauptbuch unseres Lebens mit Soll und Haben, wenn es denn wahr sein sollte, daß wir etwas zuwege brachten …«

Grazia Deledda starb am 15. August 1936 im Alter von sechzig Jahren. Ihre Schwester Nicolina, die mit dem Ehemann Palmiro am Sterbebett gewacht hatte, schrieb einem Freund, es sei ein heiliger Tod gewesen, den Grazia mit Ruhe erwartet habe. Ihr Ableben wurde auf eigenen Wunsch erst nach der Beerdigung im engsten Familienkreis der Öffentlichkeit bekanntgegeben.

Nach dem Zweiten Weltkrieg bat die Bevölkerung ihres Geburtsortes Nuoro die Familie Madesani, die sterblichen Überreste der berühmten Landestochter nach Sardinien zu überführen. Das geschah. Ihr Sarg wurde in die Kirche »della Solitudine« gebracht und ihr Geburtshaus zu einem Museum eingerichtet – eine würdige Heimkehr.

»Das Gefühl, die Welt ein Stück weiterbringen zu müssen«

Jane Addams (1860–1935), Friedensnobelpreis 1931

Von Irene Stratenwerth

Als Kind träumte sie Nacht für Nacht denselben Traum. Mutterseelenallein war sie in einer ausgestorbenen Welt zurückgeblieben. Und während sich all die vertrauten Menschen ihres Dorfes »auf dem Friedhof hinter dem Hügel« zur Ruhe gelegt hatten, lastete auf ihr allein die Aufgabe, ein eisernes Rad zu schmieden, um damit den Lauf der Welt wieder in Gang zu bringen. Nacht für Nacht stand Jane hilflos und ohnmächtig vor dieser Anforderung. Tagsüber war das sechsjährige Mädchen dann oft in der Dorfschmiede anzutreffen, wo es dem Mann, der im roten Hemd an der glühenden Esse hantierte, fasziniert und ängstlich zusah. »Mußt du das Eisen immer erst in Wasser tauchen, damit es so zischt?«, fragte das Kind. Doch alle so erworbenen Fachkenntnisse halfen ihr nicht, dem nächtlichen Alptraum eine andere Wendung zu geben.

Das »merkwürdige Verantwortungsgefühl, die Welt ein Stück weiterbringen zu müssen«, wie sie es später selbst nannte, hat Jane Addams ein Leben lang begleitet. Als die Einundsiebzigjährige 1931 Friedensnobelpreisträgerin wurde, hatte sie mehr als vierzig Jahre lang in den Slums von Chicago für ein besseres Leben der Arbeiterfamilien gekämpft. Ein Vierteljahrhundert war sie in der Friedens- und Frauenbewegung engagiert. Sie genoss die Achtung des amerikanischen Präsidenten genauso wie die des italienischen Arbeiters aus ihrem Stadtteil, man nannte sie die »beliebteste Frau Amerikas«. Doch auch die andere, dunkle Seite ihres Traumes hat sich in ihrem Leben bewahrheitet: Jane Addams stand, obwohl stets von Menschen umgeben, oft ganz allein und einsam im Leben.

Am 6. September 1860 wurde Laura Jane Addams in dem 300-Seelen-Dorf Cedarville im amerikanischen Bundesstaat Illinois geboren. Sie war die jüngste von vier Schwestern und hatte noch einen Bruder. Zwei Jahre nach Laura Janes Geburt starb ihre Mutter Sarah. Während sich eine Kinderfrau namens Polly um die praktischen Belange der Kinderbetreuung kümmerte, wurde John Huy Addams zur bestimmenden Identifikationsfigur, zum großen moralischen Vorbild seiner kleinen Tochter, die bald nur noch Jane gerufen wurde. Er war ein amerikanischer Selfmademan, seine Karriere war typisch für seine Zeit. Vom einfachen Müller, der nur die Volksschule besucht hatte, stieg er zum wohlhabenden Landbesitzer auf, wurde Bankpräsident und ein bedeutender Regionalpolitiker. Zusammen mit Abraham Lincoln, der ihn gern als »Doppel-D-Addams« ansprach, war er Gründungsmitglied der republikanischen Partei von Illinois. Er bezeichnete sich selbst als »Quäker«, als

Mitglied einer christlichen, aber antikirchlichen Bewegung, die vor allem gegen die Sklavenhaltung und den Kriegsdienst, für eine verbesserte Volksbildung und für die Rechte der Frauen kämpfte. In dem großen Landhaus in Cedarville, in dem Jane aufwuchs, baute er seine erste Dorfbibliothek auf und sonntags unterrichtete er in der Kirche regelmäßig eine Klasse der Sonntagsschule.

Jane Addams liebte und verehrte ihren Vater über alle Maßen, obwohl er neben seinen vielen Verpflichtungen nicht viel Zeit für seine Kinder gehabt haben kann. Zu ihm schlich sie mitten in der Nacht, wenn ihr schlechtes Gewissen sie quälte, weil sie gelogen hatte – getrieben von der Furcht, sie selbst oder der Vater könne sterben, bevor sie ihre Verfehlung gebeichtet hätte. Und wenn er sonntags in der Kirche unterrichtete, erschien er ihr so bewundernswert, dass sie sich selbst abseits hielt, um nicht als seine Tochter erkannt zu werden. Das Kind, das infolge einer frühen Knochentuberkulose ein lebenslanges Rückenleiden davongetragen hatte und sich nicht gerade halten konnte, glaubte, dass sich der Vater seiner schämen würde. Und es zeugt von der moralischen Unerbittlichkeit des Mannes, dass er seine kleine Tochter, als sie einmal besonders stolz in einem schönen, neuen Kleid zum Kirchgang antrat, aufforderte, sich umzuziehen: »Ein altes Kleid wird dich genausogut warm halten, und es hat darüber hinaus den Vorteil, daß es andere Mädchen nicht neidisch macht.«

Als Jane, in der Kindheit auch Jennie genannt, acht

Jahre alt war, heiratete John H. Addams ein zweites Mal. Anna Haldeman brachte noch zwei Söhne in die Familie. Der jüngere, George, war etwa gleich alt wie Jane und er trug viel zu ihren unbeschwerten Kindheitserinnerungen bei. Mit ihm verbrachte Jane die langen, heißen, schulfreien Sommermonate in Cedarville. Die Kinder sammelten Walnüsse oder töteten Schlangen, um sie auf einem selbst gebauten Altar am Fluss einer imaginären Gottheit zu opfern. Gemeinsam schmökerten sie in den schweinsledernen Bänden der Bücherei in ihrem Elternhaus. Und ihre Phantasie entzündete sich an den Schauspielen, die die Natur ihnen bot: Jane Addams erinnert sich später, dass sie sich als Kinder lange Geschichten über die Herkunft besonders schöner Blumen und Schmetterlinge ausdachten und am Ende des Regenbogens einen Topf voll Gold vermuteten.

Die Erziehung und Ausbildung der Addams-Töchter ging einen geregelten Gang. Wie bereits ihre drei älteren Schwestern trat Jane mit siebzehn Jahren ins »Rockford Female Seminary« ein, eine Art Internat für höhere Töchter, Vorläufer der heutigen Collegeausbildung. Ihr Vater gehörte zum Kuratorium der Schule, in der ein strenges Regiment herrschte. Alle Hausarbeiten wurden von den Mädchen selbst erledigt. Die Schulleiterin Anna P. Sill sah ihre Aufgabe darin, möglichst viele Mädchen für eine Zukunft als Missionarin zu gewinnen. Jane Addams, die als Tochter eines Quäkers keiner religiösen Gemeinschaft angehörte, war über die vier Jahre ihrer

Schulzeit ein ständiges Objekt von Bekehrungsversuchen, doch sie widersetzte sich standhaft einer Taufe.

Empfänglicher war Jane gegenüber der in der Schule ständig gepredigten Botschaft, selbstlose Pflichterfüllung über jedes andere Lebensziel zu stellen: »Die Kühe, die uns Milch geben, die Hühner, die für uns Eier legen, erfüllen uns mit stiller Dankbarkeit. Über jede von euch soll einmal gesagt werden: Sie hat getan, was sie konnte.« Diese Lebensweisheit wurde im Rockford-Seminar häufig wiederholt.

Viel wichtiger aber war für die Mädchen das Gefühl, in einer Zeit zu leben, in der sich neue Möglichkeiten für Frauen auftaten, jenseits der Festlegung auf die Hausfrauen- und Mutterrolle.

Jane Addams, die Klassensprecherin und Herausgeberin der Schulzeitung wurde, schloss sich einem ehrgeizigen kleinen Diskussionszirkel von Klassenkameradinnen an. Die jungen Frauen lasen sich quer durch die philosophische und historische Weltliteratur und fragten sich das neu erworbene Wissen in regelrechten Wettkämpfen gegenseitig ab. Neugierig auf jede neue Lebenserfahrung experimentierte die Gruppe auch mit Opium herum, bis ein Lehrer sie dabei ertappte und das Treiben unterband. Viele dieser Schulfreundinnen leisteten später Außergewöhnliches in neuen Arbeitsfeldern: Eine wurde eine berühmte Blindenlehrerin, eine andere ging als Ärztin nach Korea, eine wurde zur Initiatorin von Volksbüchereien in Amerika, eine andere baute eine Schule für amerikanische Kinder in Japan auf. »Ungeheuer leidenschaftlich waren sie als junge Mädchen. Viele gaben sich gegenseitig das Versprechen, niemals zu heiraten. Sie wollten ihrer Sache nicht untreu werden. Der Boden, auf dem diese Leidenschaft wuchs, war ein ausgesprochener Rationalismus, verbunden mit unbändiger Menschenliebe, verbunden mit dem Glauben, die Welt müsse sich bessern lassen – guten Willen vorausgesetzt: Und die Frau werde den Hauptanteil haben müssen an dieser Arbeit.« So beschreibt das *Berliner Tageblatt* in einem Nachruf auf Jane Addams 1935 die Generation amerikanischer Frauen, der sie angehörte.

Jane und einige ihrer Freundinnen hatten als erste Absolventinnen des Rockford-Seminars die Möglichkeit, durch die Belegung zusätzlicher Kurse die Zulassung zum Universitätsstudium zu erlangen. Die endgültige Entscheidung darüber fiel erst im Sommer 1881, in dem Jane Addams auch das Seminar erfolgreich abschloss. Obwohl damit der Weg frei war zum Medizinstudium und damit zu Janes Lebensziel, »als Ärztin unter den Armen zu leben«, begann mit diesem Sommer die schwierigste Phase ihres Lebens. Im August 1881 starb John H. Addams und ließ seine Tochter in einem Gefühl von Leere und Sinnlosigkeit zurück. Es waren seine Ansprüche und sein Ehrgeiz gewesen, die sie bisher zu Spitzenleistungen angetrieben hatten, seine Idee von Unabhängigkeit, die sie allen Missionierungsversuchen hatte widerstehen lassen.

Eher deprimiert und zweifelnd nahm sie ihr Studium auf. Bereits nach zwei Semestern musste sie die Anatomiebücher vorläufig beiseite legen, weil ihr chronisches Rückenleiden sich stark verschlechtert hatte. Mit einer Operation sollte das verkrümmte Rückgrat korrigiert werden. Der extrem schmerzhafte Eingriff, nach dem sie monatelang ans Bett gefesselt blieb, wurde von Dr. Harry Haldeman durchgeführt, ihrem älteren Stiefbruder, der eine der Addams-Schwestern geheiratet hatte und somit zugleich ihr Schwager war. Bei ihrer Schwester Alice verbrachte Jane dann auch die langen Monate nach der Operation. Nach dem Tod des Vaters in sich zu gehen und in Ruhe über die eigenen Lebensziele nachzudenken war Jane Addams in dieser engen Abhängigkeit von ihrer Familie kaum möglich.

Zur Erholung von den körperlichen und seelischen Strapazen dieses Jahres rieten die Ärzte zu einer längeren Bildungsreise nach Europa. Und so kam es, dass die dreiundzwanzigjährige Jane in Begleitung ihrer Stiefmutter zunächst in Richtung England und Deutschland aufbrach und in den nächsten zweieinhalb Jahren auch Italien, Frankreich und Spanien kennen lernte, wobei sie im Sommer immer wieder nach Amerika zurückkehrten, auch um geschäftliche Angelegenheiten zu regeln.

Solche ausgedehnten Bildungsreisen waren als Bestandteil der Erziehung höherer Töchter damals durchaus üblich. Das Leben dieser behüteten jungen Frauen bestand im Wesentlichen in Opern- und Galeriebesuchen, Musik- und Sprachunterricht. Für Jane Addams war die Reise gleichermaßen faszinierend wie erschreckend, denn neben diesem »süßen Leben« lernte sie in Europa zum ersten Mal das Elend in den Arbeitervierteln der Großstädte, insbesondere im Londoner Osten, kennen. Sie sah Menschen, die Gemüse von der Straße auflasen und roh verschlangen. Was anderen Mitreisenden als abschreckende »Sehenswürdigkeit« präsentiert wurde, ließ Jane Addams am Sinn einer Bildung zweifeln, die Frauen zwar neue geistige Welten eröffnete, sie aber von ihrer »eigentlichen Aufgabe«, der Fürsorge und Pflege des menschlichen Lebens, fern hielt. Für sie, die zeit ihres Lebens gelernt hatte, den Dienst am Nächsten über das eigene Wohlbefinden zu stellen, war es fast unerträglich, angesichts von Armut und Krankheit in den Slums weiterhin vor allem kulturelle Genüsse zu suchen.

Gleichzeitig interessierte sich die junge Amerikanerin für die europäischen Kulturgüter wohl mehr und ernsthafter als viele ihrer Zeitgenossinnen. So nötigte sie einer Gruppe von Mitreisenden, mit der sie abends mit der Eisenbahn in Rom eingetroffen war, am nächsten Morgen einen langen Fußmarsch in glühender Hitze auf, um die Stadt noch einmal durch die Porta del Popolo zu betreten, wie es die Pilger Jahrhunderte vor ihr getan hatten. Sie entdeckte für sich die klassische Musik, begann Kunstreproduktionen zu sammeln und war berauscht von der Schönheit Italiens. Doch niemals wurde sie in diesen Jahren frei von dem Gefühl, für das es auch im

Amerikanischen nur das deutsche Wort »Weltschmerz« gibt.

Als Jane 1885 nach Amerika zurückkehrte, war sie noch immer nicht ganz gesund. Das Verhältnis zu Anna Addams blieb angespannt. Die Stiefmutter versuchte nach der Verehelichung ihres ältesten Sohnes mit Janes Schwester Alice nun auch die jüngste Stieftochter mit ihrem zweiten Sohn George zu verheiraten. Doch mehr als geschwisterliche Zuneigung sollte sich zwischen den beiden nicht einstellen. Zwei lange Winter verbrachte Anna Addams mit Jane in Baltimore, wo George Haldeman sein Medizinstudium an der Universität abschloss. In dieser Zeit, so berichtet Jane Addams später selbst, habe sie ihren absoluten seelischen Tiefpunkt erreicht – eine wahrscheinlich eher zurückhaltende Beschreibung der Bedrängnis, in die sie durch die Versuche ihrer Stiefmutter geriet, sie endlich standesgemäß zu verheiraten und in »gesellschaftliche Kreise« zu integrieren. Noch immer suchte sie nach einem Platz, an dem ihr Leben sinnvoll und nützlich sein könnte.

Mit großem Interesse arbeitete sie in einer von Universitätsangehörigen und Studenten gegründeten karitativen Organisation in Baltimore mit, die sich um farbige Waisenkinder kümmerte. Und sie trat in die presbyterianische Kirche ihres Heimatortes ein, weil sie hoffte, dort eine Gemeinschaft Gleichgesinnter zu treffen. Doch Jane Addams war viel zu pragmatisch und realitätsbezogen, um sich wirklich für religiöse Fragen zu interessieren.

Geblieben war ihr der Kontakt zu einigen Schulfreundinnen, allen voran Ellen Gates Starr, der sie über all ihre Fragen und Zweifel lange Briefe schrieb. Mit ihr brach Jane im Jahre 1887 erneut zu einer Europareise auf. Der Auftrag, Kunstreproduktionen für das Rockford-Seminar einzukaufen, war ein willkommener Anlass, dem familiären Druck zu entfliehen. Außerdem hatte die karitative Arbeit ihr Interesse an der Sozialarbeit geweckt, die sie nun in den europäischen Großstädten genauer studieren wollte. Den Wunsch, »unter den Armen zu leben«, hatte sie mit ihrem Medizinstudium nicht aufgegeben – nicht nur aus edlen Motiven. Die engen Grenzen, in denen sich das Leben einer amerikanischen Mittelstandsfrau bewegte, vertrugen sich einfach nicht mit ihrem Hunger nach »wirklichem Leben«.

Es war ein Tag im April 1888, der die endgültige Entscheidung brachte. Voller Faszination hatte sich Jane Addams in Madrid einen Stierkampf angesehen, während ein großer Teil ihrer Mitreisenden bleich und empört das Spektakel vorzeitig verließ. Erst durch die Vorwürfe ihrer Mitreisenden, berichtet sie später, sei ihr bewusst geworden, dass sie völlig ungerührt zugesehen habe, wie fünf Stiere und sogar einige Pferde getötet wurden. Und mit der Scham über die eigene Abgestumpftheit reifte in ihr der Entschluss, ihr Leben als Bildungsreisende endgültig zu beenden.

Zum ersten Mal sprach sie in Madrid mit Ellen Starr über den Plan, den sie schon seit längerer Zeit in ihrem

Herzen bewegte. Sie hatte im Armenviertel von London Toynbee Hall gesehen, eine Niederlassung, die vor Ort eine neue Art der Fürsorge versuchte, die in immer mehr Großstädten Anhänger fand. Jane Addams wollte im Elendsviertel von Chicago ein Haus wie Toynbee Hall gründen, ein *settlement*, wo die Armen Hilfe, aber auch Kultur- und Bildungsangebote finden könnten. Junge Mädchen aus der Mittelschicht sollten dort ihre menschlichen Qualitäten im Umgang mit den Unterprivilegierten ausbilden und etwas lernen, das in der rein geistig ausgerichteten Collegeerziehung nicht vorkam. Spontan und zur großen Freude Janes sagte Ellen Starr ihre Mitarbeit zu.

Am 18. September 1889 wurde »Hull-House« in der Halsted-Street in Chicago eröffnet. Jane Addams hatte sich in das Haus spontan verliebt, das sie bei einem ihrer Streifzüge durch Chicago entdeckt hatte und das nach seinem ursprünglichen Bauherrn benannt wurde. Nachdem sie ihre Absichten dargelegt hatten, war es den Frauen von seiner Besitzerin mietfrei überlassen worden. Voller Enthusiasmus statteten Jane Addams und Ellen Starr die dreistöckige Stadtvilla mit Fotos und Reproduktionen von ihren Europareisen aus, mit Möbelstükken aus dem Familienbesitz und neu erworbenen Einrichtungsgegenständen. Alles sollte einfach, aber stilvoll sein und zum Flair des Gründerzeithauses passen.

Jane Addams steckte einen größeren Teil ihres Erbes in die Einrichtung von Hull-House; für einen anderen

Teil hatte sie Anteilscheine an einer Farm in Illinois erworben, die ihren Lebensunterhalt sicherten. Denn obwohl sich die Frauen bei kirchlichen und karitativen Organisationen um Unterstützung die Füße wund liefen, wollten die Hull-House-Gründerinnen selbst unabhängig von solchen Zuwendungen sein. Neben Ellen Starr und Jane Addams gab es in Hull-House übrigens noch eine dritte Bewohnerin der ersten Stunde: Mary Keyser, die sich zunächst um den Haushalt kümmern sollte, bald aber eine wichtige Rolle im Kontakt zur Nachbarschaft übernahm.

Die Situation in den Arbeitervierteln von Chicago war chaotisch. Über fünf Millionen Menschen waren allein zwischen 1880 und 1890 in die Vereinigten Staaten eingewandert. Die meisten von ihnen suchten Arbeit in den aufblühenden Industriezweigen der Großstädte, in Chicago vor allem in der Maschinenbau-, Textil- und Glasindustrie. Der Konkurrenzkampf war hart. Zwischen 1870 und 1880 war das Durchschnittseinkommen von 400 auf 300 Dollar jährlich gesunken; eine Familie brauchte aber mindestens 720 Dollar zum Leben. Ohne die Mitarbeit von Frauen und Kindern ging es nicht.

Die Gesellschaft, die bislang vom Geist der Pioniere und vom Mythos gezehrt hatte, dass in Amerika jeder sein Glück machen könne, war auf soziale Probleme wenig vorbereitet. Es gab weder ein »soziales Netz« noch irgendwelche Arbeitsschutzmaßnahmen. In diesem mörderischen Existenzkampf blieben viele auf der Strecke. Die wohlhabenden Bürger fühlten sich von den »neuen Armen« bedroht. Voller Zynismus schreibt die *Chicago Tribune* in jenen Tagen: »Der einfachste Plan ist, den Arbeitslosen anstatt Butter Arsen aufs Brot zu streuen. Das bewirkt in kürzester Frist den Tod und ist anderen Bettlern eine Warnung, sich in respektvoller Entfernung zu halten.«

Die Arbeiterklasse war kaum organisiert. Eine wichtige Rolle in den ersten Arbeitskämpfen spielten die Anarchisten, oft emigrierte Deutsche, deren »Lehr- und Wehrverein« allein in Chicago dreitausend Mitglieder zählte. Sie kämpften nicht nur um höhere Löhne, sondern auch um die Einführung des Achtstundentages – an sechs Tagen der Woche. Als Hull-House gegründet wurde, lagen die blutigen Auseinandersetzungen zwischen Polizei und Demonstranten auf dem Haymarket in Chicago gerade drei Jahre zurück. Die Anarchisten hatten dort am 3. Mai 1886 eine große Arbeiterversammlung organisiert; in den Tagen davor war es immer wieder zu Streiks und Ausständen in den Fabriken gekommen, in denen die Maschinen zu dieser Zeit oft rund um die Uhr liefen. Die Polizei beobachtete die Lage argwöhnisch. Ein bis heute unbekannter Mann warf dann aus der bis dahin friedlichen Versammlung eine Bombe in die Reihen der Polizisten. Diese eröffneten sofort das Feuer in die Menge. Sieben Polizisten und mindestens ebenso viele Arbeiter starben an diesem Tag und die Verantwortung dafür wurde den Anarchisten in die Schuhe geschoben. Ohne dass ihnen konkret etwas nachzuweisen gewesen wäre, wurden sieben stadtbekannte Anarchisten unter dem allgemeinen Jubel der Öffentlichkeit wenig später zum Tode verurteilt und hingerichtet.

Solche gesellschaftlichen Stimmungen konnten Jane Addams nicht schrecken, im Gegenteil. »Jane dürstet regelrecht nach Kontakt zu den Anarchisten. Sie ist dabei, ihre Sonntagsschulen aufzuspüren«, berichtet Ellen Starr 1889 in einem Brief an eine Freundin. Schließlich nimmt ein Zeitungsreporter Jane Addams mit in eine anarchistische Sonntagsschule und sie beobachtet, wie ein rotbackiger deutscher Student mit Feuereifer dabei ist, den Einwandererkindern ein patriotisches deutsches Lied beizubringen. Der Zeitungsmann bittet Jane Addams um eine Übersetzung des »bedenklichen Zeugs«, das da gesungen wurde. »Meiner Übersetzung der einfachen Worte schien er nicht zu trauen und deutete an, das hier wäre eine ›gerissene Sorte‹ , die mich wahrscheinlich ›zum besten hielte‹ … Dort und damals wurde mir zum ersten Mal klar, daß es hieß, sich selbst nicht unerheblichem Verdacht auszusetzen, wenn man in Chicago jemand, der als Anarchist galt, behandelte wie andere Menschen.«

Diese Erfahrung sollte sich ein Jahrzehnt später wiederholen. Nach dem Mordanschlag auf den amerikanischen Präsidenten William McKinley, der von einer aufgebrachten Öffentlichkeit wiederum mit den Anarchisten in Verbindung gebracht wurde, wurde auch ein deutscher Buchhändler festgenommen, den Jane Addams im Hull-House kennen gelernt hatte. Sie tat, was sie ihrer Meinung nach tun musste, und besuchte den Mann im Gefängnis. Als sie nach Hause zurückkehrte, wurde sie bereits von einer Meute von Zeitungsreportern erwartet – und erfuhr, was es bedeutet, die versammelte amerikanische Presse gegen sich zu haben.

In welchem Gegensatz Hull-House zu den Wohnverhältnissen seiner Nachbarn stand, wird anhand eines Berichtes des Chicagoer Bürgervereins von 1884 vorstellbar. »Der Zustand der Mietskasernen, wohinein die ausländischen Arbeiterfamilien zu Tausenden gepfercht werden, ist mehr als elend«, heißt es dort. »An der Tagesordnung sind grobe Verstöße gegen die Vorschriften für Abwässer, Wasserleitungen, Licht, Entlüftung und Sicherheit. Der Zustand der Kloaken und Außenaborte ist ekelerregend. Schmutzig und schäbig sind auch die Räume. Ist die Nahrung, die bei diesen Familien auf den Tisch kommt, gesundheitsschädlich, so ist es erst recht ihre Umgebung, wo auf den Straßen, Gassen und Hinterhöfen die Abfälle faulen und die Pfützen stinken.«

In der Tat brachten die ersten Kontakte der neuen »Siedlerinnen« mit der Nachbarschaft immer wieder erschreckende und auch erstaunliche Einblicke in die Lebenssituation der Einwandererfamilien. So wunderte sich eine Italienerin über den Rosenstrauß, den sie auf

Jane Addams' Schreibtisch stehen sah, weil sie dachte, die Blumen hätten in diesem Zustand die lange Reise von Italien überstanden. Die Frau konnte kaum glauben, dass auch in Amerika, wo sie bislang nur überfüllte Wohnblöcke und dreckige Straßenzüge kennen gelernt hatte, Rosen wuchsen.

Als Hull-House ein erstes Weihnachtsfest für die Nachbarschaft ausrichtete, mussten seine Bewohnerinnen erleben, wie die kleinen Mädchen aus der Umgebung angebotene Süßigkeiten angewidert zurückwiesen. Sie hatten die letzten sechs Wochen von morgens um sieben bis abends um neun in der Bonbonfabrik gearbeitet und konnten den Anblick von *candies* einfach nicht mehr ertragen.

Die drei Frauen packten in den ersten Wochen und Monaten an, wo immer sie gebraucht wurden. Jane Addams erinnert sich: »Sechs Wochen lang betreuten wir in einem unserer drei Schlafzimmer ein kleines Kind, das seiner Mutter wenig willkommen war, weil es mit einer Gaumenspalte geboren worden war, und das wir nach einer Operation aufpäppelten. Und wir waren entsetzt, als wir erfuhren, daß es eine Woche nachdem es nach Hause zurückgekehrt war, an den Folgen von Vernachlässigung starb. Eine kleine italienische Braut von fünfzehn Jahren fand bei uns Unterschlupf – auf der Flucht vor einem Ehemann, der sie eine Woche lang jeden Abend verprügelte, nachdem sie ihren Ehering verloren hatte. Zwei von uns halfen bei der Geburt eines unehelichen Kindes, weil der Arzt sich verspätete und keine der ehrbaren irischen Großmütter bereit war, die Verruchte zu berühren. Und wir saßen am Sterbebett eines jungen Mannes, der im Laufe einer Tuberkuloseerkrankung von seinen Freunden mit zu viel Whisky versorgt worden war und immer wieder in Wahnzustände fiel.«

Rasch kristallisierte sich ein fester Tagesablauf heraus. Morgens leitete eine freiwillige Helferin einen Kindergarten für die Kleinkinder berufstätiger Mütter. Nachmittags füllten größere Kinder das Haus. In *boy clubs* oder *girl clubs* spielten sie oder machten Handarbeiten. Neben der miserablen Volksschulausbildung und der anstrengenden Fabrikarbeit fanden sie so zumindest kleine Lern- und Entwicklungsmöglichkeiten. Abends kamen die Erwachsenen zu Kultur-, Sprach-, Näh- und Kochkursen und zu Debattierclubs ins Haus. Außerdem hatten sie hier die Möglichkeit, mit den Angehörigen ihrer Volksgruppe traditionelle Feste zu feiern, Tänze und Musik zu pflegen.

Für die ersten Bewohnerinnen war es selbstverständlich, dass sie keine eigentliche Privatsphäre hatten. Das Herzstück des Hauses, die große Halle mit offenem Kamin, war zugleich das gemeinsame Wohnzimmer der Frauen. »Natürlich konnten wir uns nur langsam an die unablässige Tätigkeit und an die Unruhe im Hause gewöhnen, das sich so und so oft am Tag mit neuen Menschen füllte. Man mußte alle Lebensgewohnheiten daran anpassen, und etwas wie die Neigung, voll Wissensdurst

mit einem neuen Buch am Kamin zu sitzen, mußte natürlich aufgegeben werden«, schreibt Jane Addams über
die Anfangszeit. Die Chefin des *settlement* wurde re-
spektvoll Miss Addams gerufen, nur wenige sprachen sie
mit Vornamen an. Im Hull-House bewies Jane Addams,
dass sie eine tüchtige Geschäftsfrau und geschickte Spen-
densammlerin war und auch die Öffentlichkeitsarbeit im
Griff hatte.

Als einziger Treffpunkt der Bevölkerung wurde Hull-
House rasch zu einem Zentrum der organisierten Arbeiterbewegung. Hier trafen sich streikende Arbeiter, hier
gründeten Textilarbeiterinnen die erste Frauengewerk-
schaft Chicagos. Hier entstand die Idee zu mancher
Selbsthilfeinitiative: So verkaufte zum Beispiel eine an
Hull-House angegliederte Kooperative Kohlen an die
Arbeiterfamilien und nahm dabei auf besondere soziale
Notlagen Rücksicht. Das Unternehmen musste allerdings bald wieder aufgegeben werden, weil es sich finanziell nicht trug. Viel besser funktionierte ein mit Hilfe
von Hull-House gegründetes und selbst verwaltetes
Wohnheim für Textilarbeiterinnen, das die jungen Frau-
en in Bezug auf Kost und Logis unabhängig von ihren
Arbeitgebern machte.

Die Zahl der Hull-House-Bewohnerinnen und -Be-
wohner wuchs in den ersten zehn Jahren auf insgesamt
fünfundzwanzig an. Sie machten sich im politischen Bereich vor allem für die Einführung von Arbeitsschutzbe-
stimmungen stark. Jane Addams lag dabei ein Verbot der

Kinderarbeit besonders am Herzen. Dabei hatte sie nicht nur gegen die Fabrikanten anzukämpfen, die zum Teil behaupteten, ohne Kinderarbeit sei ihre Produktion nicht durchführbar. Auch viele Eltern, die sich an diese Einnahmequelle gewöhnt hatten, musste sie überzeugen. Ein italienischer Vater zum Beispiel, der seine zwölfjährige Tochter durch einen Arbeitsunfall verloren hatte, schüttete Jane Addams sein Herz aus: »Sie war das älteste Kind, das ich hatte. Nun werde ich wieder arbeiten müssen, bis das nächste in der Lage sein wird, für mich zu sorgen.« Der Mann war gerade dreiunddreißig Jahre alt.

Aber Jane Addams erinnert sich auch daran, dass es die »schwer arbeitenden Witwen, deren angeblich durch dieses Gesetz zum Verbot der Kinderarbeit vermehrte Not die reichen Leute so beredt zu schildern wußten, nie an Einsicht fehlen ließen.« Schließlich beschloss die Regierung des Staates Illinois ein Gesetz zum Verbot der Kinderarbeit, und eine der Hull-House-Bewohnerinnen wurde beauftragt, die Einhaltung in den Fabriken von Chicago zu überwachen. »Man führte das Gesetz natürlich auf das Betreiben des Hull-House zurück, und da auch seine Anwendung von dort aus überwacht wurde, mußte sich unvermeidlich auf uns aller Haß richten, den dieser erste Versuch hervorrief.«

Jane Addams spürte die veränderte Stimmung gegenüber Hull-House, dem die wohlhabenderen Schichten Chicagos recht wohlwollend gegenübergestanden hatten, solange sie es für ein rein mildtätiges Unternehmen hielten. Jetzt wurde Jane Addams sogar Ziel eines regelrechten Bestechungsversuches. Im Rahmen eines gepflegten Mittagessens erklärte ihr ein Vertreter der Textilfabrikanten, dass er und seine Freunde bereit seien, 50 000 Dollar für die Aktivitäten von Hull-House zur Verfügung zu stellen, wenn seine Bewohner dafür den »Unsinn eines Schutzgesetzes für Heimarbeiterinnen« fallen ließen. Es ist typisch für Jane Addams, dass sie weniger empört war über dieses Schmiergeldangebot, als entsetzt und beschämt darüber, dass »die Tochter meines Vaters« offenbar irgendeine Schwachstelle gezeigt hatte, die solch einen Bestechungsversuch überhaupt aussichtsreich erscheinen lassen konnte. Kühl und freundlich erklärte sie ihrem Gesprächspartner, dass sie nicht beabsichtige, mit seinem Geld Hull-House zur größten Institution des amerikanischen Westens zu machen, und dass sie gern bereit sei, »ein Te Deum auf den Trümmern unseres Hauses zu singen, wenn dies für die Durchsetzung der Schutzgesetze notwendig« sei.

Die Aktivitäten von Hull-House weiteten sich immer weiter aus. Zu Anfang des 20. Jahrhunderts war es auf eine Ansammlung von dreizehn Gebäuden angewachsen, darunter eine Kunsthalle, ein Gymnasium und ein Theater. Im »Museum der Arbeit« zeigten Immigranten traditionelles Frauenhandwerk aus ihren Heimatländern Italien, Russland, Böhmen oder Griechenland. Neuntausend Menschen der verschiedensten Nationalitäten gingen im Verlauf einer Woche in Hull-House ein und aus. Politiker und Wissenschaftler quartierten sich wochenweise ein, um die soziale Realität in ihrem Lande kennen zu lernen. Alte Menschen konnten hier einen Erholungsurlaub vom eintönigen Alltag im Armenhaus machen, Prostituierte fanden Zuflucht vor Zuhältern oder Mädchenhändlern. Rechtshilfe und Beratung wurden angeboten, um »verlassenen Frauen Unterstützung zu verschaffen, verschüchterten Witwen zu ihrer Versicherung und verunglückten Arbeitern zu Schadensersatz zu verhelfen und Möbel den Klauen der Teilzahlungsgeschäfte zu entreißen«.

Jane Addams wurde zur Inspektorin der städtischen Müllabfuhr ernannt, nachdem sie auf die Zusammenhänge zwischen der schlechten Müllentsorgung und immer wieder grassierenden Krankheiten wie Typhus aufmerksam gemacht hatte. Wenn sie »mit weicher Stimme« Vorträge hielt, soll sie ihre Hände gerne hinter dem Rücken verschränkt und etwas gebeugt dagestanden haben. Wenn sie ins Publikum sah, wirkte ihr Gesicht fast traurig, trotz der leuchtenden Augen und einem Mund, der rasch das Lachen anderer erwiderte.

Hull-House initiierte den ersten Spielplatz im Stadtteil. Man bemühte sich um alkoholfreie Tanzvergnügen für die Jugend und kämpfte gegen den Verkauf von Kokain an Kinder durch die Apotheken. Was nach unseren heutigen Begriffen Altentagesstätte und Volkshochschule, Jugendzentrum und Frauenhaus, Sozialstation und

Beratungsstelle, Verbraucherzentrale und Kinderhort heißt, Hull-House war alles in einem.

Trotz der vielen Aufgaben und der Anerkennung, die sie erlebte, plagten Jane Addams wieder Zweifel. Im harten Winter 1895, in dem sie selbst monatelang mit einer Typhuserkrankung darniederlag, grübelte sie über die Frage nach, »ob wir wirklich mit den Armen leben, solange wir nicht wie sie schwer arbeiten und uns wie sie mit karger Kost begnügen müssen«. Sie fühlte sich stark angesprochen von den Werken Leo Tolstois. Der russische Schriftsteller und Gutsbesitzer war angesichts der Hungersnöte in Moskau zu dem Schluss gekommen, dass ein Leben in materiellem Wohlstand nicht mehr vertretbar war. Er praktizierte und propagierte den Lebensstil der einfachen, bäuerlichen Bevölkerung Russlands und lehnte jeden Luxus ab.

Im Frühjahr 1896 reiste Jane Addams nach Europa, um sich dort von den Folgen ihrer Krankheit zu erholen, und besuchte dabei Tolstoi auf seinem Landgut. Doch der Dichter, der sich weniger für die Arbeit von Hull-House als für die Weite von Jane Addams Ärmeln interessierte, aus denen man, wie er vorwurfsvoll bemerkte, »ein ganzes Kinderkleid schneidern könnte«, überzeugte sie nicht.

Obwohl sie weiterhin mit großem Interesse seine Werke studierte, konnte sich Jane Addams des Eindrucks nicht erwehren, dass dem Grafen ein »Fluch der Lächerlichkeit« anhaftete. Einmal mehr hatte sie sich –

dank eines kritischen und unbestechlichen Geistes – ihre innere Unabhängigkeit bewahrt.

Versuche gab es mehr als genug, Jane Addams und ihr Werk für bestimmte politische oder religiöse Ideen zu vereinnahmen. Die unterschiedlichsten Gruppen und Parteien warben um ihre Mitarbeit. Die Sozialisten behaupteten gar, Jane Addams sei eine von ihnen, ohne es selbst zu wissen. Doch die Gründerin von Hull-House wollte ein offenes Haus für Angehörige unterschiedlichster Weltanschauungen und Religionsbekenntnisse führen. Ihr Ruf der Unabhängigkeit und Unbestechlichkeit führte dazu, dass sie immer häufiger Mitglied von Schiedsgerichten und Schlichtungskommissionen besonders in Arbeitskonflikten wurde. Dennoch sah sie immer deutlicher, dass eine starke politische Organisation zur Durchsetzung ihrer Ziele notwendig wäre.

Im ersten Jahrzehnt des 20. Jahrhunderts waren ihr mit dem Kampf um Frieden und Abrüstung und um das Frauenstimmrecht zwei weitere politische Themen zugewachsen. Beides hing für sie eng miteinander zusammen. Sie verstand sich nicht als radikale Feministin, aber sie war der Ansicht, die politische Gleichberechtigung der Frauen sei notwendig, »seitdem traditionelle Frauenbereiche zum Gegenstand von Regierungspolitik geworden sind«. Und sie war überzeugt, dass Frauen, die sich von jeher besonders für das Leben einsetzten, besser in der Lage sein würden, Kriege zu verhindern. »Wir Frauen können klarstellen, daß die Völker ohne männlichen

Kampfgeist, ohne Wettbewerb und ohne den Geist von Rivalität zusammenarbeiten können«, rief sie den Teilnehmern eines amerikanischen Friedenskongresses im Jahre 1909 zu.

Drei Jahre später wurde sie Mitglied der »Progressiven Partei«. Die Partei, entstanden aus einer Bewegung von sozial Engagierten unterschiedlichster parteipolitischer Herkunft, wurde im August 1912 beinahe überstürzt mit dem Ziel gegründet, dem ehemaligen amerikanischen Präsidenten Theodore Roosevelt zu einer Wiederwahl zu verhelfen. Roosevelt hatte sich in seiner Regierungszeit von 1901 bis 1909 durch eine reformfreudige Politik ausgezeichnet und war daraufhin von der republikanischen Partei nicht mehr als Kandidat aufgestellt worden. Die Progressive Partei forderte in ihrem Wahlkampfprogramm durchgreifende Arbeitsschutzmaßnahmen und die volle politische Gleichberechtigung von Frauen – ein Programm, das Jane Addams wie auf den Leib geschnitten war.

Doch sie musste auch eine bittere Pille schlucken. Als sie mit Roosevelt als Wahlhelferin durch die Lande zog, fiel es ihr besonders schwer, ein Programm zu vertreten, in dem auch der Bau von zwei Kriegsschiffen pro Jahr gefordert wurde. Das Thema Friedenspolitik war immer wieder Gegenstand hitziger Debatten zwischen ihr und Roosevelt, wobei der ehemalige Präsident niemals versäumte, darauf hinzuweisen, dass er Träger des Friedensnobelpreises und damit Experte in diesen Sachen sei.

Zum Präsidenten wurde am Ende nicht er, sondern der demokratische Kandidat Woodrow Wilson gewählt. Die Progressive Partei bröckelte rasch auseinander.

Wieder einmal stand Jane Addams vor der Frage, auf welchem Platz sie »die Welt ein Stückchen weiterbringen« könnte. In Hull-House lebte sie zwar weiterhin, doch war sie dort entbehrlicher als früher. Das Haus war inzwischen eine funktionierende Institution, in der viele bereits die Aufbruchstimmung der Gründerjahre vermissten.

Viel Zeit für eine Neuorientierung blieb Jane Addams nicht. Im August 1914 brach der Erste Weltkrieg aus, für die überzeugte Pazifistin ein Schock. Welchen Sinn hatte ihre Sozialarbeit, der Kampf um sichere Arbeitsplätze und eine bessere Gesundheitsversorgung noch, angesichts der Tatsache, dass tausende junger Menschen täglich in den Tod geschickt wurden? Solange Amerika nicht am Krieg beteiligt war, versuchte sie verzweifelt, den amerikanischen Präsidenten zu einer Friedens- und Vermittlungsmission zwischen den Krieg führenden Ländern zu bewegen. Während sie in Amerika Friedenskongresse und Kundgebungen organisierte und Unterschriften sammelte, hatten deutsche und holländische Frauenrechtlerinnen schon mit den Vorbereitungen für eine internationale Friedenskonferenz der Frauen begonnen. Sie kannten sich aus der Frauenstimmrechtsbewegung, hatten noch im Sommer 1913 auf der internationalen Frauenstimmrechtskundgebung in Budapest den »unzerstörbaren Friedenswillen der Frauen« beschworen. Doch der »alles zersetzenden Kriegspsychose«, so erinnert sich die deutsche Frauenrechtlerin Lida Gustava Heymann in ihren Memoiren, hatte sich nicht die gesamte Frauenbewegung entziehen können. Viele Frauen in Deutschland sahen es als ihre Aufgabe an, die kämpfenden Soldaten psychologisch zu unterstützen, an der »Heimatfront« so gut wie möglich in die Bresche zu springen und die Männer zu ersetzen. Sie hielten es für Vaterlandsverrat, mit Frauen aus »feindlichen« Ländern zusammenzuarbeiten.

Jane Addams wurde von den europäischen Frauen gebeten, die Leitung der großen Internationalen Frauenkonferenz gegen den Krieg zu übernehmen, die vom 28. bis 30. April 1915 im niederländischen Den Haag stattfinden sollte. Zusammen mit 41 weiteren amerikanischen Delegierten erhielt sie mitten im Ersten Weltkrieg eine Schiffspassage auf einem Getreidefrachter, der Rotterdam ansteuerte. Doch die »Noordam« kam zunächst nur bis auf die Höhe von Dover an der Küste Großbritanniens. Direkt vor den malerischen Kalkfelsen ging der Frachter vor Anker und rührte sich mehrere Tage nicht mehr von der Stelle. Die Frauen durften das Schiff nicht verlassen. Sie schickten Telegramme an Botschafter und Politiker, erfuhren aber nicht einmal den Grund für die Unterbrechung der Reise – war es Schikane oder eine Schutzmaßnahme? In letzter Minute und ebenso rätsel-

Jane Addams, ca. 1915

haft, wie sie aufgehalten worden war, setzte sich die
»Noordam« wieder in Bewegung und erreichte am
Nachmittag des 28. April Rotterdam. Am Abend zog
eine abgehetzte Gruppe von Amerikanerinnen pünktlich

in die Eröffnungssitzung der Konferenz ein. Weniger Glück hatten die englischen Delegierten. Nur zwanzig von ihnen hatten eine Ausreisegenehmigung erhalten, obwohl insgesamt hundertachtzig Frauen zu der Konferenz nach Den Haag reisen wollten. Letztendlich aber konnte keine von ihnen teilnehmen, weil für die Dauer der Konferenz der Schiffsverkehr zwischen England und Holland eingestellt wurde – ob aus politischen Gründen oder aus Angst vor Angriffen, blieb unklar.

Trotz Grenzschwierigkeiten und Anfeindungen in den Heimatländern, trotz finanzieller Probleme und unterbrochener Verkehrsverbindungen in Europa waren es tausendfünfhundert Frauen aus achtundzwanzig Ländern, die schließlich in Den Haag zusammenkamen. »Der Kongreß verlief in größter Eintracht, kein Mißklang störte ihn. Umsonst erwartete die Presse mit gespannter Aufmerksamkeit, daß die ›Bombe endlich zum Platzen käme‹. Männern schien es undenkbar, daß Frauen aus kriegführenden Ländern in Kriegszeiten friedlich miteinander über die Beendigung des Krieges und eine bessere Zukunft beraten konnten. Täglich begruben sie ihre Hoffnung aufs neue, die von ihnen so sehnlichst erhoffte Sensation blieb aus«, so berichtet Lida G. Heymann.

Die Frauen waren gut vorbereitet, sie arbeiteten intensiv an der Einigung auf insgesamt zwanzig Beschlüsse, die zur Grundlage eines dauerhaften Weltfriedens werden sollten. In einer gemeinsamen Entschließung forderten sie das Selbstbestimmungsrecht der Völker, die demokratische Kontrolle der Außenpolitik, die volle politische Gleichberechtigung der Frauen, die Ausschaltung von Privatinteressen in der Rüstungsindustrie und eine Freiheit und Gleichheit aller Völker im Handel und auf Schifffahrtsstraßen der Welt. Außerdem rief der Kongress die neutralen Länder auf, alles zu tun, um Verhandlungen zwischen den Krieg führenden Ländern zu ermöglichen.

Zwei Delegationen sollten diese Forderungen an die Regierungen der Länder überbringen: Jane Addams und die Niederländerin Aletta Jacobs wurden beauftragt, die Regierungen der Krieg führenden Staaten aufzusuchen; eine zweite Gruppe unter der Leitung von Emily Balch besuchte die neutralen Staaten. Emily G. Balch, die über Jahrzehnte in der Frauenfriedensliga engagiert blieb, wurde 1946 Friedensnobelpreisträgerin. Abgesehen von nervenzerrenden Grenzformalitäten und Visaproblemen verlief die Reise von Jane Addams und Aletta Jacobs durch Europa recht problemlos. Die Politiker nahmen sie meist freundlicher auf als erwartet. Der österreichische Premierminister Stuergkh empfand das Gespräch mit ihnen sogar als »die ersten vernünftigen Worte, die seit zehn Monaten in diesen Räumen gesprochen wurden«. Und der amerikanische Präsident Wilson zeigte Jane Addams später ein stark abgegriffenes Exemplar der »20 Forderungen« aus Den Haag zum Beweis, dass er es gründlich studiert habe. Doch auf die mörderische

Logik des Kriegsgeschehens hatte das alles keinen Einfluss. Erst nachdem Millionen Menschen im Ersten Weltkrieg gestorben waren, präsentierte Präsident Wilson Anfang 1918 seine »14 Punkte« als Vorschlag zur Wiederherstellung des Weltfriedens – die Ähnlichkeit mit den Den Haager Beschlüssen der Frauen war unübersehbar.

Jane Addams war während der Kriegsjahre zu einer einsamen Gestalt geworden. Als sie im Sommer 1915 von ihrer Friedensmission nach Amerika zurückkehrte, wurde der »Engel von Chicago« zu einer umstrittenen Person, die angeblich die Kampfmoral der Soldaten anzweifelte. Ihr bedingungsloser Pazifismus stieß in einem Land auf Verständnislosigkeit, das Kriege für patriotisch und ehrenvoll hielt.

Zwar war Amerika noch nicht am Krieg beteiligt, aber die Öffentlichkeit hatte klar Partei für die Alliierten ergriffen. Auch die meisten Bewohner von Hull-House wollten Deutschland und Österreich-Ungarn als Kriegsverlierer sehen. Viele meldeten sich freiwillig zu den Waffen, als Amerika 1917 den Krieg erklärte. Soldaten aus dem Stadtteil nahmen ihre letzte Mahlzeit vor der Abreise in Hull-House ein und verabschiedeten sich dort von ihren Liebsten.

Für Jane Addams war es selbstverständlich, dies alles zu tolerieren. Doch sie spricht vom »zerstörerischen Effekt der Einsamkeit«, den sie in den Kriegsjahren erlebte. Ihr Rückenleiden machte ihr wieder zu schaffen, wochenlange Schmerzzustände und Bettlägerigkeit waren die Folge. Diesmal sah sie selbst einen Zusammenhang zwischen ihrer Krankheit und der persönlichen Krise, die sie während der Kriegsjahre durchmachte.

Im Jahre 1919 trafen sich die Frauen, die in Den Haag zusammengekommen waren, zum ersten Mal wieder, diesmal in Zürich. Sie nannten sich jetzt Internationale Frauenliga für Frieden und Freiheit (I.F.F.F.) und wählten Jane Addams zu ihrer Präsidentin. Die Ausstrahlung der bald Sechzigjährigen, die selbst so leidvolle Jahre hinter sich hatte, beschreibt Helene Scheu-Riesz in der *Neuen Freien Presse* in Wien: »Sie bat die Anwesenden, sich zu erheben und in einer Minute schweigender Trauer der Kriegsopfer aller Länder zu gedenken. Da standen Frauen von Nord und Süd, von Ost und West, die Norwegerin neben der Russin, die Australierin neben der Farbigen aus Südafrika, die Ungarin neben der Jugoslawin ... Und wie sie dastanden, senkte sich manch ein aufgerichtetes Haupt und Tränen stürzten über erbleichende Wangen ... Jane Addams aber richtete ihre gütigen Augen ins Weite, als sehe sie in eine ferne Zukunft; und ein Funken der Liebe schien aus diesen Augen in alle Herzen zu springen und die gebeugten Köpfe hochzureißen.«

Noch während der Kongress in Zürich tagte, wurden die Ergebnisse der Versailler Friedensverhandlungen bekannt. Die Frauen waren entsetzt: Präsident Wilson hatte sich mit seinen vierzehn Punkten nicht durchsetzen können. Die Siegermächte hatten die Aufteilung der Welt zu ihren Gunsten verhandelt und die einseitige Entwaffnung Österreichs und Deutschlands beschlossen. Die Vereinbarungen widersprachen nach Ansicht des 2. Kongresses der I.F.F.F. dem Selbstbestimmungsrecht der Völker, sie bedeuteten Armut und Elend für hunderte Millionen Menschen und trugen bereits den Keim zum nächsten Krieg in sich.

Jane Addams blieb nach der Konferenz zunächst in Europa. Sie begleitete eine Gruppe amerikanischer Quäker nach Deutschland, um dort Geld- und Nahrungsmittelspenden an die hungernde Bevölkerung zu verteilen. Die Bilder der ausgehungerten Kinder im Nachkriegsdeutschland ließen sie nicht mehr los. Sie kehrte nach Amerika zurück, um dort weitere Spendensammlungen für die deutsche Bevölkerung zu organisieren. In der amerikanischen Öffentlichkeit traf sie damit zunächst auf wenig Verständnis. Deutschland galt als besiegtes Feindesland und schon damals standen Pazifisten häufig im Verdacht, »von Moskau gesteuert« zu sein. Jane Addams, die sich zeit ihres Lebens jedem Dogmatismus verweigert hatte, wurde Zielscheibe antikommunistischer Hetzkampagnen, galt als unpatriotisch und als gefährliche Frau. Die feindselige Stimmung in Amerika hielt lange an.

Das zeigt die Rede, mit der Jane Addams die Teilnehmerinnen des 4. Internationalen Kongresses der I.F.F.F. 1924 in Washington begrüßte: »Ich bitte Sie, die Lage nicht zu ernst zu nehmen. Die amerikanische Sektion tut es auch nicht, sie weiß nur zu gut, wie Zeitungsangriffe entstehen und wie kurzlebig die Erfolge dieser Angriffe sind ... Ich würde es tief bedauern, wenn Sie sich in Ihrer Rede beschränkt und in Ihren Gefühlen gehemmt fühlen würden, so daß wir statt eines wirklichen Kongresses mit ernsten Debatten eine Salonparade mit Scheindiskussionen von halben Überzeugungen hätten. Die Welt hat genug von dieser Art Geplätscher, und unsere Liga ist zu ernst und zu lebensfroh, um sich darin zu ergehen.«

Doch auch innerhalb der I.F.F.F. hatte sich die Stimmung verändert. Immer wieder kam es zu endlosen und schwierigen Debatten, die sich vor allem um die Frage drehten, wie viel Vertrauen man in die »Friedenspolitik« der Regierungen setzen könne. Jane Addams gehörte zu der Gruppe von Frauen, die sich lieber auf ihre eigene Kraft als auf die Absichtserklärungen von Politikern verlassen wollten. Auch als Präsidentin der I.F.F.F. zeigte sie immer wieder ihre außergewöhnliche Befähigung als Integrationsfigur.

Aber es war Jane Addams, die ewig Zweifelnde, die schon 1924 in Amerika die Frage aufwarf, »ob es nicht ratsamer wäre, die Frauenliga aufzulösen. Es war spät in der Nacht, tiefe Erschütterung ergriff alle: stumm ging man auseinander ... die Auflösung erfolgte nicht. Wie

Jane Addams (rechts), ca. 1930

häufig haben viele von uns in späteren Jahren, als die
Verhältnisse innerhalb der Frauenliga sich mehr und
schärfer zuspitzten, an diesen Abend zurückgedacht und
sich gefragt: Wäre es nicht vielleicht doch besser gewesen, in Kraft und Schönheit zu sterben?« So erinnert sich

Lida G. Heymann an diese Tage in Amerika. Jane Addams blieb der I.F.F.F. ab 1929, drei Jahre nach ihrem ersten Herzinfarkt, als Ehrenvorsitzende verbunden.

Ende der zwanziger Jahre setzte die Weltwirtschaftskrise ein und die Geschichte begann, der Kritik der Frauen an den Versailler Verträgen in trauriger Weise Recht zu geben. Die Angriffe auf Jane Addams waren nun weitgehend verstummt. Sie wurde geehrt und mit Preisen ausgezeichnet, von denen der Friedensnobelpreis 1931 nur der bedeutendste war. Sie konnte nicht mehr nach Oslo fahren. Jane Addams lag in einem Krankenhaus in Baltimore, als Halvdan Koht auf der Nobelfeier »ihre weiblichen Qualitäten« lobte, »die uns helfen werden, Frieden auf der Erde zu entwickeln«.

In ihren letzten Lebensjahren verlor Jane Addams viele ihrer früheren Mitstreiterinnen. Sie selbst schrieb weiter, erledigte ihre umfangreiche Korrespondenz, nicht zuletzt, um weiter Spenden aufzutreiben.

Als die Internationale Frauenliga für Frieden und Freiheit im Mai 1935 ihr zwanzigjähriges Bestehen feierte, nahm auch Jane Addams noch einmal teil. Rundfunkstationen in Paris, London, Moskau, Tokio und Washington sendeten eine Laudatio auf die Verdienste der Ehrenpräsidentin. Zehn Tage später verschlechterte sich ihr Gesundheitszustand, sie musste operiert werden. Am 21. Mai 1935 starb Jane Addams im Alter von vierundsiebzig Jahren an Krebs. Während der Trauerfeierlichkeiten, die in Hull-House stattfanden, sagte der Priester:

»Wenn Sie ihre Denkmäler sehen wollen, schauen Sie sich um.« Beigesetzt wurde Jane Addams im Familiengrab in Cedarville.

Jane Addams hinterließ der Nachwelt tausende von Druckseiten über ihr Leben, ihre Erfahrungen, ihre Ideen – insgesamt mehr als fünfhundert Publikationen. Doch erschöpfende Auskunft über den Menschen Jane Addams geben sie alle nicht. Zeit ihres Lebens wurde ihre Güte, ihre Tatkraft und ihre unbändige Menschenliebe beschrieben. Aber schon das Foto der etwa Fünfzigjährigen, aufgenommen noch vor dem Ersten Weltkrieg, zeigt eine weniger strahlende und energiegeladene als erschöpfte und deprimierte Frau.

Wer ihr im Leben wirklich nahe stand und wen sie vielleicht auch nicht leiden konnte, welche schwarzen Gedanken und Gefühle sie quälten, wenn sie mit Schmerzzuständen manchmal wochenlang ans Bett gefesselt war, ob sie jemals geliebt hat oder geliebt wurde und ob die Frau, die ein Leben lang für die Zukunft der Kinder kämpfte, sich manchmal eigene Kinder gewünscht hat – darüber schwieg Jane Addams.

»Ein Element des Erfolges, egal in welchem Beruf, ist die Lust am Handwerk«

Irène Joliot-Curie (1897–1956),
Nobelpreis für Chemie 1936

Von Sabine Seifert

Hinter dem Panthéon, im ruhigen Teil des Pariser Quartier Latin, befindet sich das kleine »Institut du Radium«. Die dreigeschossige Villa aus gelbem Backstein, die in dem Viertel zwischen den ehrwürdigen Gemäuern der alten Sorbonne und dem Wissenschaftsturm der neuen Universität Jussieu steht, ist im Jahre 1914 fertig gestellt worden. Irène Curie wird gerade siebzehn Jahre alt. Sie hilft ihrer Mutter Marie beim Umzug der technischen Apparate, wissenschaftlichen Zeitschriften und Proben radioaktiven Materials, die aus dem alten Laboratorium in der Rue Cuvier in das neue Radium-Institut transportiert werden müssen. Wenige Tage später bricht der Erste Weltkrieg aus.

Noch heute stehen die alten Möbel aus dunkelbraunem Holz an ihrem Platz, sind die veraltet wirkenden technischen Apparaturen unangetastet geblieben. Nur gelegentlich kommt Hélène Langevin in das alte Radium-Institut, wo einst ihre Großmutter Marie Curie und Mutter Irène chemisch-physikalische Experimente durchführten. Die Tochter von Irène Joliot-Curie ist selbst Physikerin geworden und arbeitet in einem modernen Institut in Orsay. In dem Labor, das inzwischen in ein winziges Museum verwandelt wurde, erinnert sie sich: »Meine Mutter Irène hat ihre Berufung zur Wissenschaft nie in Frage gestellt.«

Als andere Mädchen und Frauen sich Anfang dieses Jahrhunderts den Zugang zum Studium der Naturwissenschaften – gegen Vorurteile und Verbote, gegen elterliche und männliche Widerstände – noch hart erkämpfen mussten, war der Weg von Irène Joliot-Curie geebnet. Sie hatte eine ganz andere Erbschaft anzutreten.

Schon 1903 waren ihre Eltern, Marie und Pierre Curie, mit einem Nobelpreis für die Entdeckung der natürlichen Radioaktivität geehrt worden. Und Marie Curie, die erste Nobelpreisträgerin der Welt, stand im Jahre 1911 ein zweites Mal auf der Bühne im Saal der Königlichen Musikakademie von Stockholm, um einen weiteren Nobelpreis entgegenzunehmen. Unter den Zuschauern saß die damals vierzehnjährige Irène. Sie ahnte nicht, dass man sie am gleichen Ort fast ein Vierteljahrhundert später ebenfalls mit einem Nobelpreis für Chemie ehren würde.

Marie Curie, die als Maria Sklodowska im Jahr 1891 aus Polen zum Studium nach Paris kam, wo sie 1895 den Franzosen Pierre Curie heiratete, ist eine aufmerksame Mutter, die in Tagebüchern sorgfältig die Fortschritte ihrer Kinder notiert. Aber sie ist auch eine beruflich engagierte und erfolgreiche Naturwissenschaftlerin, hart mit sich, anspruchsvoll gegenüber anderen.

Der frühe Tod von Pierre Curie, der im Jahr 1906 unglücklich vor einen Pferdewagen fällt, lässt Irène näher an die Mutter heranrücken. Da sich Marie Curie häufig auf Kongressen im Ausland aufhält oder Vortragsreisen unternimmt, schreibt ihr die Tochter während der Trennung viele zärtliche Briefe. Irène schildert darin der Mutter ihren Alltag, und der handelt bereits früh von physikalischen Formeln.

Hat sich Irène zu stark mit ihrer Mutter identifiziert? Irènes Tochter Hélène Langevin verneint die Frage. »Sie liebte einfach das Laboratorium und die wissenschaftliche Arbeit auch dann, wenn sie zu keinen großartigen Entdeckungen führte. Sie hat nie unter der Vorstellung gelitten, sich mit ihren Eltern messen zu müssen. Vom Wettbewerbsgeist war sie viel weniger angesteckt als ihre Mutter Marie, die sich unter ganz anderen Konditionen gegen Männer hatte durchsetzen müssen.«

Das Vorbild der Mutter führt bei Irène zu keiner psychologischen Blockade, wie es oft bei Kindern berühmter Eltern der Fall ist. Dennoch steht sie zunächst im Schatten der Mutter.

Die Physikerin Lise Meitner trifft die einunddreißigjährige Kollegin 1928 in England: »Bei unserer Begegnung in Cambridge hatte ich den Eindruck, daß sie – um ein Wort von Thomas Mann sinngemäß zu variieren – nicht frei war von der Schwierigkeit des ›Tochterseins‹ . Sie schien Angst zu haben, mehr als Tochter ihrer Mutter statt als selbständige Wissenschaftlerin betrachtet zu werden.«

Kurz vor ihrem eigenen Tod schreibt Irène Joliot-Curie über ihr Verhältnis zur Mutter: »Ich stand sehr unter dem Einfluß meiner Mutter, die ich liebte und zutiefst bewunderte, und während meiner ganzen Kindheit habe ich mir nicht vorstellen können, daß sie eine menschliche Schwäche haben könnte. Dennoch war ich ganz anders als sie, ich ähnelte mehr meinem Vater, und das ist vielleicht einer der Gründe dafür, warum wir uns so gut verstanden, obwohl wir die Sachen manchmal ganz verschieden sahen.«

Kurz nach der Geburt ihrer Tochter Irène am 12. September 1897 stürzt sich Marie Curie bereits wieder in ihre wissenschaftlichen Untersuchungen und beginnt, ihre Doktorarbeit vorzubereiten. Als Ausgangsbasis dienen die Entdeckungen von Wilhelm Conrad Röntgen, der 1895 erstmals die künstlichen X-Strahlen (seitdem Röntgenstrahlen genannt) erzeugte, sowie die von Antoine Henri Becquerel, der ein Jahr später auf die natürliche Strahlung in Salzen des Schwermetalls Uran stieß. Bereits im darauf folgenden Jahr können Marie und Pierre Curie die Entdeckung zweier neuer radioaktiver Elemente bekannt geben: Polonium und Radium, Substanzen, die aus Uran entstehen. Marie Curie wagt eine Definition der Radioaktivität (von *radiare* = strahlen): die Eigenschaft bestimmter chemischer Elemente, von sich aus und ohne äußere Beeinflussung Energie in Form von Strahlung abzugeben.

Im Jahr 1900 zieht die Familie Curie aus der Wohnung in der Rue de la Glacière in ein kleines Haus am Boulevard Kellermann. Im Haus Curie arbeiten stets polnische Hausmädchen, damit Irène und ihre sieben Jahre jüngere Schwester Eve neben Französisch auch die Muttersprache Maries erlernen. Der Schwiegervater Maries, Dr. Eugène Curie, kümmert sich den ganzen Tag um die kleine Irène. Bis zu seinem Tod im Jahr 1910 bleibt er Irènes engster Vertrauter, besonders nach dem Tod des Vaters im Jahr 1906 wird er immer wichtiger. Er begeistert sie ebenso für Botanik wie für Victor Hugo und prägt grundlegend, wie sie später zugibt, ihre politischen Sympathien, ihre antikirchliche Haltung und ihren ausgeprägten Realitätssinn.

Nach dem tödlichen Unglück ihres Mannes mietet Madame Curie ein Haus in Sceaux, im Süden von Paris, wohin die Familie samt Schwiegervater umsiedelt. Den Vater dürfen die Mädchen ihrer Mutter gegenüber nicht erwähnen, die selbst so gut wie nie über den Verstorbenen spricht. Eve Curie beschreibt in der Biographie ihrer Mutter ausführlich die freigeistige Erziehung, die diese ihren Töchtern angedeihen lässt. Beide sind nie getauft worden. Jeden Morgen haben sie eine Stunde lang irgendeine manuelle oder geistige Arbeit zu verrichten. Danach werden die Mädchen an die frische Luft geschickt, wo sie Sportübungen und lange Spaziergänge machen. Marie Curie erzieht ihre Töchter zu größtmöglicher Selbständigkeit, bereits mit zwölf Jahren reisen sie alleine. Nie steht in Frage, dass sie einmal selbst ihren Lebensunterhalt verdienen sollen.

Auf soziale Etikette wird kein Wert gelegt, die Kinder wachsen im Freundschafts- und Familienkreis der Kollegen von Marie Curie auf: die Physiker und Mathematiker Jean Perrin, Paul Langevin, André Debierne. Erst zwanzig Jahre später, behauptet Eve Curie, habe sie feststellen müssen, dass das gesellschaftliche Leben durchaus seine Anforderungen stellt und dass man »Guten Tag« zu sagen hat. Gerade Irène Curie, die sehr viel verschlossener ist als ihre Schwester Eve, tut sich zeitlebens schwer mit den Konventionen.

Als Irène das Alter erreicht, um auf das Gymnasium zu gehen, gründet ihre Mutter eine kleine private Schulkooperative. Marie Curie hält die Schulausbildung der Zeit für unzureichend und die Kinder durch unnötige Anwesenheitspflicht für überfordert. Sie möchte, dass Irène wenig, aber sinnvoll lernt. Zwei Jahre währt das Schulexperiment, und während dieser Zeit genießt Irène das Privileg, die größten Wissenschaftler der Zeit zu ihren Lehrern zu zählen. Die kleine mobile Klasse von Kollegenkindern zieht morgens in das Laboratorium der Sorbonne, wo ihnen Jean Perrin die chemischen Prozesse erklärt, fährt am nächsten Tag nach Fontenay-aux-Roses, wo Paul Langevin Mathematikstunden gibt, und gewinnt jeden Donnerstagnachmittag bei Marie Curie neue Einsichten in die Grundlagen der Physik. Aber auch Literatur, Sprachen und Zeichnen stehen bei befreundeten Professoren und Künstlern auf dem Unterrichtsplan.

Nach zwei Jahren geben die strapazierten Eltern das Unterrichtsprojekt auf, zumal sich ihre Zöglinge auf die offiziellen Schulprüfungen vorbereiten müssen. Irène Curie kommt auf das Collège Sevigné, eine Privatschule, wo sie Abitur machen wird. Das kleine Schulexperiment, so meint Eve Curie im Rückblick, hat das naturwissenschaftliche Talent ihrer Schwester Irène mehr gefördert, als in jeder normalen Schule möglich gewesen wäre.

Irène Curie wird also früh und wie selbstverständlich an die Naturwissenschaften herangeführt. Nach bestandenem Baccalaureat, dem französischen Abitur, verfolgt sie das Physik- und Mathematikstudium an der Sorbonne. Ihre Mutter hat dort seit dem Tod des Vaters einen Lehrstuhl für Physik inne. Geht Irène in die Universität, so hört sie also auch Vorlesungen der Mutter in ihrem Studienfach Physik.

Als der Erste Weltkrieg ausbricht, weilt Irène gerade auf dem Lande. Energisch bedrängt sie die Mutter in zahlreichen Briefen, an ihrer Seite an der Front arbeiten zu dürfen. »Ich hoffe, daß ich mich nützlich machen kann, wenn ich nach Paris komme«, schreibt Irène am 1. Oktober 1914 an »Mé«, wie sie ihre Mutter zärtlich nennt, »das ist mein größter Wunsch.«

Die Mutter gibt nach, und Marie und Irène Curie

kümmern sich in den nächsten vier Jahren im Auftrag des Roten Kreuzes um den Einsatz von zwanzig »Röntgenmobilen«, fahrbaren Röntgenstationen, sowie um den Aufbau von rund zweihundert stationären Röntgeneinrichtungen, die der Pflege verwundeter Soldaten dienen sollen. Irène lernt Röntgenapparate zu bedienen, reist in die verschiedenen Spitäler der Kriegsschauplätze und unterweist im Laufe der Kriegsjahre in Paris Krankenschwestern in Radiographie. Vermutlich wird sie hierbei das erste Mal einer zu hohen Strahlenbelastung ausgesetzt.

Irène arbeitet hart und viel, denn nebenbei verfolgt sie ihr Physik- und Mathematikstudium. Als der Krieg 1918 zu Ende geht, wird Irène zur Laborgehilfin ihrer Mutter im Radium-Institut ernannt. Keine Frage, sie ist in ihre Fußstapfen getreten.

Frauen hatten zwar in der dritten französischen Republik eine Verbesserung ihrer Positionen im Bildungssystem ertrotzen können; sie durften bereits in den achtziger Jahren des letzten Jahrhunderts studieren. Als Professorinnen sind sie jedoch erst zugelassen, seitdem Marie Curie 1908 als erste Frau einen Lehrstuhl an einer französischen Universität übernehmen darf.

Der Widerstand der konservativen Bastionen der Wissenschaft gegen die weibliche Konkurrenz bleibt gerade auch im Fall der anerkannten Wissenschaftlerin Marie Curie hartnäckig. Die Physikerin kandidiert als erste

Frau für einen Sitz in der Akademie der Wissenschaften. Knapp unterliegt sie im zweiten Wahlgang mit achtundzwanzig zu dreißig Stimmen dem Gegenkandidaten Edouard Branly. Marie Curie macht nie wieder den Versuch, aufgenommen zu werden, schließlich wird sie weltweit mit anderen Auszeichnungen überhäuft.

Die Tochter Irène aber nimmt auch diese »Erbschaft« als Herausforderung an und bewirbt sich demonstrativ in späteren Jahren zweimal um frei werdende Plätze in der ehrwürdigen Akademie – jedes Mal vergeblich.

»Die Gleichheit zwischen Mann und Frau ist für Irène Curie vollkommen natürlich gewesen«, meint ihre Tochter Hélène Langevin. Wird die Gleichberechtigung durch andere in Frage gestellt, reagiert Irène Joliot-Curie sehr sensibel. Wo es ihr sinnvoll erscheint und in ihren Kräften steht, ergreift sie das Wort und die Initiative für die Rechte der Frau. Sie konnte solche Ziele eher verwirklichen als andere Zeitgenossinnen, dennoch setzte sie sich dafür ein, sie allgemein zu erobern.

Irène Curie ist fest entschlossen, die wissenschaftliche Laufbahn als Physikerin einzuschlagen, nachdem sie mit Ende des Ersten Weltkrieges in das Radium-Institut als Mitarbeiterin ihrer Mutter eingetreten ist. Das ohnehin enge Verhältnis zwischen Mutter und Tochter festigt sich. Eve Curie berichtet, wie das Gespräch beim Mittagstisch häufig auf rein wissenschaftliche Debatten reduziert wird. Irène ist ein eher spröder Typ, Fremden gegenüber wenig aufgeschlossen, Freunden dagegen sehr verbunden. Kleidung und andere Luxusartikel werden von ihr kaum beachtet. Umso erstaunter zeigt sich ihre Umgebung, als sich zwischen Irène Curie und dem drei Jahre jüngeren Frédéric Joliot eine Liebesbeziehung anbahnt.

Frédéric Joliot ist im Jahr 1900 in Paris geboren, stammt aus gutbürgerlicher Familie und besucht eine Fachschule für Physik und Chemie. Aber der frisch gebackene Ingenieur begeistert sich mehr für die naturwissenschaftliche Forschung als für deren praktische Anwendung. Ohne die in Frankreich für eine wissenschaftliche Karriere unumgängliche Eliteschule »École normale supérieure« durchlaufen zu haben, stehen seine Aussichten auf eine Anstellung im Labor schlecht. Da setzt sich sein ehemaliger Lehrer Paul Langevin für ihn bei Marie Curie ein, die ihn 1923 als Assistenten akzeptiert. Drei Jahre später heiraten Irène und Frédéric und wählen nach einiger Zeit den Doppelnamen Joliot-Curie.

Doch so erstaunlich ist die mit einer gewissen Anlaufzeit zustande gekommene Verbindung nicht. Irène wählt das gleiche Ehemodell wie ihre Mutter und ist somit nicht gezwungen, zwischen Arbeit und Liebe zu wählen. Die Liebe zur Arbeit verbindet das Ehepaar Joliot-Curie ebenso wie im Privatleben die Freude an der Natur und am Sport. Beide hassen das Stadtleben.

Frédéric Joliot wird einmütig als brillanter und explosiver Charakter beschrieben, ein geistvoller Redner und charmanter Mann, der in Gesellschaft andere stets geschickt für seine Argumente gewinnt, ganz das Gegenteil der stillen und eher kantigen Irène. Auch die Tochter Hélène Langevin bestätigt diese Verschiedenheit: »Meine Eltern waren sehr komplementäre Charaktere. Ihre Zusammenarbeit war darum besonders effektiv.«

Verschiedenheit macht gleichberechtigt. Auf wissenschaftlichem Gebiet fließen Irènes chemische Fähigkeiten als Poloniumspezialistin und die physikalischen Fertigkeiten des Ingenieurs Frédéric in die Zusammenarbeit ein. Marie Curie hat die Verbindung zwischen den beiden jungen Wissenschaftlern wohl eher gefördert und auf eine Fortsetzung und Wiederholung ihrer eigenen Geschichte mit Pierre Curie gehofft.

Auf Irène und Frédéric Joliot-Curie lastet die Bürde der Auserwählten. Daran ist Irène allerdings von Kind auf gewöhnt und so besteht sie ohne Probleme, ohne irgendein Anzeichen von Nervosität alle universitären Prüfungen. Ihre Schwester Eve erinnert sich an jene Zeit: »Diese junge menschenscheue Person, langsam und unzugänglich, hatte nicht die äußere Brillanz blendender Schüler. Mehr: Ihre Kenntnisse setzten sich auf immer in ihrem gut organisierten Hirn fest. Prüfungstage, an denen selbst meine Mutter Fieber und Nervosität verspürt hatte, waren für Irène wie andere Tage auch. Sie ging friedlich zur Sorbonne, kam mit der Sicherheit zurück, bestanden zu haben – und wartete ohne große Gefühlsbewegung auf ein im vorhinein abgesichertes Ergebnis.«

1925 legt Irène Joliot-Curie ihre Doktorprüfung ab,

ihr Mann Frédéric holt 1927 seinen Universitätsabschluss und 1930 sein Doktorat nach. Ab diesem Zeitpunkt vertieft sich die gemeinsame Forschungsarbeit im Bereich der Radioaktivität. Daran ändert auch die Geburt der Tochter Hélène im Jahre 1927 und des Sohnes Pierre fünf Jahre später nichts.

Die Welt der atomaren Physik hatte sich in den vergangenen dreißig Jahren in gewaltigen Sprüngen entwickelt. Früher hatte diese Welt als starr gegolten, man war der Auffassung, dass die Welt aus letzten unteilbaren Teilchen bestand – das Wort *atomos* stammt aus dem Griechischen und bedeutet unteilbar. Mit der Entdeckung der Radioaktivität wurde die Vorstellung eines Atoms als eines starren Kügelchens aufgegeben. Ein ganzes Weltbild ging zu Bruch. Irène Joliot-Curie resümiert Jahre später die Bedeutung dieser Entdeckung:

»Zum ersten Mal beobachtete man den spontanen Zerfall eines Atoms und seine Umwandlung unter Freisetzung von Energie in Strahlenform. Das Atom des Radium oder Polonium zerfällt, indem es zugleich ein anderes Atom entstehen läßt; diese Umwandlung wird von einer Wärmeabgabe begleitet. Aber die durch ein Gramm Radium produzierte Hitze ist ziemlich schwach: Um einen Liter Wasser in einer Stunde zum Kochen zu bringen, bräuchte man 700 Gramm Radium. Da ein Gramm Radium vor dem Krieg etwa eine Million Francs gekostet hat, galt dieses Verfahren nicht gerade als besonders sparsame Heizmethode. Betrachtet man die Sache allerdings von einem anderen Standpunkt aus, so ist diese kleine Wärmeentwicklung erstaunlich. Wenn man Kohle verbrennt, dann heizt sie sicher sehr viel besser als Radium, aber sie ist schnell verbrannt. Radium zerfällt ebenfalls, es ist sogar die Umwandlung seiner Atome, die Hitze freisetzt, aber es zerfällt sehr langsam. Es braucht ungefähr 2000 Jahre, bis die in einem Behälter befindlichen Atome fast alle zerfallen sind und sich in gewöhnliche Bleiatome verwandelt haben. Im Laufe dieser mehreren tausend Jahre seines langsamen Zerfalls entwickelt ein Gramm Radium insgesamt soviel Hitze wie die Verbrennung von 400 Kilogramm Kohle.«

Lassen wir Irène Joliot-Curie weiter die Geschichte der Radioaktivität erklären:

»Im Laufe der ersten Jahre dieses Jahrhunderts wurden rund vierzig radioaktive Elemente in der Natur entdeckt, und die Kenntnisse über die Strahlung und die Beschaffenheit der Atome machten erstaunliche Fortschritte. Man erkannte, daß die Atome aus einem winzigen Kern bestehen, der elektrisch positiv geladen ist, umhüllt von negativ geladenen Elektronen. Der Kern ist so klein im Verhältnis zum Atom, daß, wenn man ihn durch eine kleine Erbse darstellen würde, die umgebenden Elektronen die ganze Place de la Concorde ausfüllen würden.«

Irène Joliot-Curie
Offizielles Nobelpreisfoto 1936

Ansteckend ist das Entdeckerfieber der Kernphysiker, die sich mit ihren Forschungen gegenseitig überflügeln. Irène Joliot-Curie hat in den zwanziger Jahren mit eigenen Forschungen begonnen – zunächst allein, ohne ihren Mann, und unter Aufsicht ihrer Mutter. Das Handwerk galt es zu erlernen, methodisch vorzugehen und gründlich zu sein. Sie untersucht das Atomgewicht von Chlor in einigen Mineralien, ihre Doktorarbeit widmet sie »Untersuchungen über die Alphastrahlen des Poloniums«, des radioaktiven Materials, das ihre Eltern entdeckt haben.

1930 machen die beiden deutschen Forscher Walter Bothe und Hans Becker eine merkwürdige Beobachtung: Nachdem sie leichte Elemente wie Bor und Beryllium mit Hilfe von Alphastrahlen beschossen haben, senden die bestrahlten Körper eine ungemein intensive Strahlung aus, die sogar eine zehn Zentimeter dicke Bleischicht durchdringt. Es werden verschiedene Erklärungen für diese Strahlenintensität gegeben, keine befriedigt das Ehepaar Joliot-Curie. Sie wollen gemeinsam der Ursache auf den Grund gehen.

Aus den anderthalb Gramm Radium, die von Marie Curie im Radium-Institut wie ein Gral gehütet werden, lässt sich das für die Alphastrahlung notwendige Polonium gewinnen. Die Eheleute Joliot-Curie wiederholen das Bothe-Becker-Experiment und entdecken, dass die von Bothe und Becker verwandte Strahlenmenge dazu imstande ist, Protonen aus Paraffin herauszuschlagen, während gleichzeitig Elektronen mit großer Energie in den Raum geschleudert werden. Sie veröffentlichen diese Ergebnisse, begleitet von wissenschaftlichen Hypothesen, am 18. Januar 1932. Ihre Vermutungen stellen sich als unzulänglich heraus.

Irène und Frédéric Joliot-Curie lassen nicht locker, verfolgen ihre Experimente mit den Alphastrahlen weiter und bombardieren damit Aluminium, Fluor und Natrium. Zwischenetappe: Sie können nachweisen, dass entgegen der früheren Annahme das Neutron etwas leichter ist als das Proton. Nächster und entscheidender Schritt: Während sie weiter Aluminium mit Alphapartikeln beschießen, stellen sie fest, dass die getroffenen Aluminiumkerne Positrone erzeugen, die nur kürzeste Zeit bestehen und dennoch weiterhin radioaktive Strahlung anzeigen.

Irène Joliot-Curie erklärt diese Entdeckung: »Wenn man Aluminium einer Alphastrahlung aussetzt, formt sich durch Verwandlung ein radioaktives Element von ungefähr drei Minuten Dauer.« Die künstliche Radioaktivität ist entdeckt. Bis dahin haben die Wissenschaftler geglaubt, dass alle bei Atomumwandlungen entstandenen chemischen Elemente stabil und nicht radioaktiv waren. Mit ihren Experimenten haben Irène und Frédéric Joliot-Curie erstmals gezeigt, dass viele andere radioaktive Elemente künstlich geschaffen werden können.

Nach weiteren Versuchen mit Bor und Magnesium, wobei sie jedes Mal neue künstliche radioaktive Substanzen gewinnen können, melden Irène und Frédéric Joliot-Curie ihre Entdeckung am 15. Januar 1934 der Akademie der Wissenschaften. Obwohl streng genommen Physiker, erhalten sie im darauf folgenden Jahr, 1935, den Nobelpreis für Chemie wegen der enormen Bedeutung ihrer Entdeckung für dieses Gebiet.

Irène Joliot-Curie, deren Familie bereits zwei Nobelpreise nach Hause getragen hat, sieht in der großen Auszeichnung, die sie mit achtunddreißig Jahren erhält, eine Anerkennung ihrer persönlichen Arbeit – sie tritt aus dem Schatten ihrer Mutter, aber ihr Leben verändert sich dadurch nicht. Für Irène, die bereits als Kind die Bekanntschaft von Albert Einstein als gutem Freund ihrer Mutter gemacht hat, gilt wohl auch, was sie in einem Zeitungsaufsatz über Marie Curie schreibt: »Die Tatsache, daß meine Mutter weder das Gesellschaftsleben geliebt noch Beziehungen zu einflußreichen Leuten gesucht hat, wird oft als ein Beweis von Bescheidenheit angesehen. Ich glaube eher das Gegenteil: Sie wußte sehr genau um ihren Wert und fühlte sich keineswegs geehrt, Menschen mit Titeln oder Ministern zu begegnen. Sie war, glaube ich, sehr zufrieden, daß sie die Gelegenheit gehabt hatte, Rudyard Kipling[*] kennenzulernen, aber die Tatsache, daß sie der Königin von Rumänien vorgestellt wurde, war ihr absolut gleichgültig.«

[*] Englischer Dichter (1865–1936), der 1907 den Nobelpreis erhalten hat.

Frédéric und Irène Joliot-Curie mit ihren beiden Kindern Hélène und Pierre, 1935

Der große wissenschaftliche Erfolg des Forscherehepaares Joliot-Curie fällt zusammen mit dem Tod von Marie Curie, die am 4. Juli 1934 im Alter von siebenundsechzig Jahren in einem Sanatorium an Leukämie stirbt. Mit Sicherheit ist diese tödliche Krankheit eine Folge ihrer lebenslangen Beschäftigung mit radioaktiven Substanzen. Deren Gefahren hat Marie Curie hartnäckig geleugnet, so vollkommen überzeugt ist sie vom ausschließlich positiven Nutzen des Radiums gewesen, das in der Krebsheilung und Strahlentherapie eingesetzt wird. Ihre Tochter Irène wird zwar immer wieder vor dem politischen Missbrauch der atomaren Forschung warnen, aber die Gefahren der Strahlung, der die Forscher persönlich ausgesetzt sind, spielt auch sie herunter. »Von meinen Eltern war sicher mein Vater derjenige, der sich der Gefahren der Radioaktivität früher bewußt war«, sagt die gemeinsame Tochter Hélène Langevin heute. Irène Joliot-Curie sei in diesem Punkt ihrer Erziehung verhaftet geblieben.

Mit einem Teil des Nobelpreisgeldes baut die Familie 1934/35 ein neues Haus in Sceaux, wo sich sonntags der Kollegen- und Freundeskreis trifft. Der Weg zwischen dem Radium-Institut und dem neuen Zuhause ist nun sehr viel weiter als vorher. Wie bewältigt Irène Joliot-Curie die Doppelbelastung Arbeit und Familie?

»Die Art der wissenschaftlichen Forschung war damals ganz anders als heute«, erinnert sich die Tochter Hélène, die den Enkel von Paul Langevin geheiratet hat.

»Die zeitliche Anwesenheit im Labor war geringer, außer in kritischen Zeiten. Die jungen Kolleginnen heute müssen um sechs Uhr abends zur Krippe laufen, um ihre Kinder abzuholen – das hat Irène nie gekannt. Ich glaube nicht, daß sie Schwierigkeiten gehabt hat, Arbeit und Familie zu vereinbaren.« Hinzu kam, dass im universitären Zyklus die Ferien lang waren, die die Familie stets in den Bergen oder im Haus der Familie in der Bretagne verbrachte. »Meine Mutter war außerdem bereits früh krank«, erzählt Hélène Langevin, »schon kurz nach meiner Geburt mußte sie wegen einer Tuberkulose gepflegt werden, das heißt, sie mußte sich viel ausruhen. Wenn sie zu Hause war, dann war sie für uns da und allen Dingen gegenüber offen.«

Irène Joliot-Curie ist es genauso wenig wie ihrer Mutter Marie Curie jemals in den Sinn gekommen, zwischen Beruf und Familie zu wählen. Die Bestrebungen anderer Frauen, ins Erwerbsleben zu gehen und ökonomisch unabhängig zu werden, unterstützt sie deshalb uneingeschränkt und ergreift dafür 1937 öffentlich das Wort: »Unter den Errungenschaften des Feminismus gibt es keine wichtigere als das Recht der Frau auf Arbeit, für die sie durch ihr Wissen und ihre Begabung qualifiziert ist … Die Frauen wie die Männer sind nicht alle gleich; diejenigen, denen der Sinn nach traditionellen Aufgaben wie Küche, Haushalt, Kinderaufzucht und -erziehung steht, sind von einer unbestreitbaren sozialen Nützlichkeit, und ganze Berufsstände können ihre Dienste in Anspruch nehmen. Aber die Bahn muß freibleiben für diejenigen, die sich von anderen Aktivitäten angezogen fühlen.«

Die soziale und ökonomische Stellung der Frau ist zu jener Zeit in Frankreich, verglichen mit anderen europäischen Ländern, gar nicht schlecht. Aber den französischen Frauen fehlt ein grundlegendes politisches Recht: das aktive und passive Wahlrecht. Irène Joliot-Curie sagt dazu: »Damit die Frau den Männern wirklich gleichgestellt wird, ist es notwendig und unentbehrlich, daß die Frau das Recht erhält, am politischen Leben des Landes teilzunehmen. Das Frauenwahlrecht ist eine Frage des Prinzips, und Fragen des Prinzips sind sehr bedeutsam.«

Irène Joliot-Curie akzeptiert im Jahr 1936 das Angebot, als Staatssekretärin für Wissenschaft und Forschung in die linke Volksfrontregierung von Léon Blum einzutreten. Gemeinsam mit Cécile Brunschwig und Suzanne Lacore gehört sie zu den ersten an einer französischen Regierung beteiligten Frauen. Sie bleibt dort – wie vorher vereinbart – nur einige Monate, um wenigstens ein Zeichen gesetzt zu haben. Irène scheut sich nie, Partei zu ergreifen und ihre Meinung kundzutun. Angèle Pompéï bescheinigt ihrer Freundin Irène gar einen »leidenschaftlichen Hang zur Offenheit und Klarheit«.

Mitte der dreißiger Jahre tritt das Ehepaar Joliot-Curie der sozialistischen Partei bei. »Mit meinem Vater teilte Irène ein allgemeines Ideal von sozialer Gerechtigkeit und Frieden«, kommentiert die zweiundsechzigjährige Hélène Langevin, eine schlanke, energische Person mit kurzen, grauen Haaren, das politische Engagement der Mutter. »In bestimmten Punkten war sie strikt, zugleich aber mißtraute sie in gewisser Weise der Politik. Sie hatte – im übrigen ein wenig wie ihr Vater Pierre – die Vorstellung, daß Wissenschaftler nicht gerade dafür qualifiziert wären. Es war blanker Horror für sie, ihre Zeit in Versammlungen zu verlieren und endlos langen Reden zuzuhören, die zu nichts führten. Stets stellte sie sich die Frage: Ist das effektiv, was ich da mache?«

Das Ehepaar arbeitet inzwischen getrennt, jeder mit anderen Kollegen zusammen, seitdem Irène 1937 zur Professorin an der Sorbonne und Frédéric im gleichen Jahr zum Professor am Collège de France ernannt worden sind.

In Deutschland sind die Nationalsozialisten an die Macht gekommen. 1939 hören die Joliot-Curies deshalb schlagartig auf, ihre beachtlichen Forschungsergebnisse zu veröffentlichen. Der Zweite Weltkrieg steht bevor, während gleichzeitig sensationelle Erkenntnisse auf physikalischem Gebiet gewonnen werden: die Kernspaltung, die später zum Bau der ersten Atombombe führen wird.

Irène und Frédéric Joliot-Curie waren mit Eifer an den Forschungen jener Zeit beteiligt. Noch sind die international beteiligten Wissenschaftler nicht in feindliche Lager getrennt. Ein Teil verbleibt in Nazideutschland, der andere flüchtet oder besitzt ohnehin eine andere Staatsangehörigkeit.

Mit der Entdeckung der künstlichen Radioaktivität hatten Irène und Frédéric Joliot-Curie angeregt, statt der Alphastrahlen Neutronen zum Bombardieren der Atome zu benutzen. Gemeinsam mit ihrem jugoslawischen Kollegen Pavlo Savitch wendet Irène Joliot-Curie 1938 diese Technik auf das schwere Uranatom an, wobei sie statt des erwarteten Transurans ein dem Lanthan ähnliches Element feststellen können. Diese Entdeckung führt Lise Meitner und Otto Frisch in Schweden zu der Vermutung, dass bestimmte Atomkerne des bombardierten Urans, statt sich in Transurane zu verwandeln, in Bruchstücke zerfallen. Sie lieferten Otto Hahn und Fritz Straßmann, die im Dezember 1938 in Berlin die Kernspaltung auf rein chemischem Wege nachgewiesen haben, die physikalische Erklärung nach. An der gelungenen Kernspaltung bestand nun kein Zweifel mehr.

Die Bedeutung dieser folgenreichen Entdeckung, zu der sie selber beigetragen hat, umreißt Irène Joliot-Curie so: »Monsieur Joliot und ich haben 1934 entdeckt, daß man durch Umwandlung auch radioaktive Elemente herstellen kann. Die Forschung der künstlichen Radioaktivität ist so außergewöhnlich schnell vorangeschritten, daß man heute mehrere hundert solcher neuen Körper kennt. Aber eine brauchbare Menge atomarer Energie ließ sich durch die bis dahin benutzten Mittel nicht freisetzen. Die Energie, die durch künstliche Umwandlung oder die gebildeten Radioelemente frei wurde, war ein ganzes Stück schwächer als die Energie, die von den für die Umwandlung notwendigen Apparaten benötigt wurde. Es war das Phänomen der ›Fission‹ , das von Hahn und Straßmann entdeckt wurde …, das diese Situation ändern sollte.«

In seinem Labor nimmt Frédéric Joliot-Curie 1939 die Kernspaltungsversuche auf und versucht zu ermessen, wie viel Energie bei einer Kernspaltung des Uranatomkerns frei wird: etwa 200 Millionen Elektronenvolt, die sich in Wärmeenergie verwandeln. Frédéric Joliot-Curie vermutet nun, dass beim Neutronenbeschuss eines Atomkerns, der daraufhin in zwei Bruchstücke zerfällt, weitere Neutronen ausgesandt werden. Er zeigt, dass diese Explosionen in Ketten ausgelöst und dass diese Kettenreaktionen durch Abbremsen der Neutronen künstlich kontrolliert werden können. Joliot und seine Kollegen Hans Halban und Lew Kowalski haben das Prinzip der Energiegewinnung durch Atomkraft und das der atomaren Sprengkraft erkannt. Genau zu diesem Zeitpunkt beginnt in Europa der Zweite Weltkrieg.

Während der deutschen Besatzung in Frankreich geht Frédéric Joliot-Curie in den Widerstand. Seine Frau Irène wählt nicht denselben Weg, auch wenn sie seine politische Haltung teilt und seine Unternehmungen von Grund auf billigt. Es wird still um sie, während ihr Mann in diesen Jahren durch die politischen Umstände ins Rampenlicht gehoben wird.

Bereits seit Ende der dreißiger Jahre zeigt Irène Joliot-

Curie erste Anzeichen einer Strahlenverseuchung. Aber nicht die Rücksicht auf ihre Gesundheit oder auf Familie und Kinder, so nimmt ihre Tochter Hélène Langevin an, hätten sie zu dieser Zurückhaltung gezwungen. Irène Joliot-Curie selbst scheut die politische Organisierung und eine erneute parteipolitische Bindung. In der Domäne der Wissenschaft sieht sie für sich ein sinnvolles Engagement – woanders nicht. Doch der gewünschte Platz ist ihr während der Kriegsjahre verwehrt. Das Radium-Institut arbeitet nur auf halben Touren. Die wenigen biographischen Hinweise auf Irène Joliot-Curie sparen diese schwarze Zeit aus.

Im September 1939 wird Frédéric Joliot-Curie als Artilleriekapitän eingezogen. Unter militärischer Schirmherrschaft soll er seine wissenschaftlichen Versuche in einem provisorischen Labor in Clermont-Ferrand fortsetzen. Die Familie zieht mit dorthin. Joliot sorgt sich vor allem um das für die Experimente angesammelte Uran und die extra aus Norwegen herbeigeholten sechsundzwanzig Kanister mit chemisch schwerem Wasser, das zum Abbremsen der Neutronen eingesetzt wird. Fiele das Material den Deutschen in die Hände, so könnte es ihnen einen Vorsprung in der Atombombenforschung verschaffen. Mit Joliots Mitarbeitern Halban und Kowalski wird das chemische Wasser nach England ins Exil geschickt, das Uran in der Nähe von Toulouse versteckt.

Als die Familie Joliot-Curie im September 1940 nach Paris zurückkehrt, haben die Deutschen bereits das Chemielabor am Collège de France aufbrechen lassen. Frédéric Joliot-Curie wird wegen des Verbleibs der Fässer und des Urans verhört, er leugnet geschickt. Die deutsche Besatzungsmacht hat sein Chemielabor am Collège de France zur Forschungstätigkeit auserkoren. Vier junge deutsche Physiker kommen dorthin, um unter seiner Anleitung zu arbeiten.

1942 tritt Frédéric Joliot-Curie der kommunistischen Partei bei. Schon länger betreibt sein Labor heimlich ganz andere physikalische Unternehmungen als erlaubt. Den Augen der dort forschenden Deutschen verborgen, produziert die kleine Widerstandszelle Molotowcocktails und Radioempfänger. Anfang des Jahres 1944 wird die Situation brenzlich: Anderthalb Monate muss die Familie ohne Vater in einem Hotel auf dem Lande versteckt bleiben. Frédéric taucht währenddessen unter fremdem Namen in Paris unter. Irène und ihre beiden Kinder flüchten in die Schweiz, um den befürchteten Repressalien der Deutschen zu entgehen.

Hélène Langevin erinnert sich, dass ihre Mutter selbst im Versteck nicht auf die Logarithmentafel verzichten konnte, auf deren Rand »Radium-Institut« zu lesen war. Irène Joliot-Curie ist ihr ganzes Leben nie längere Perioden von ihrem Institut getrennt gewesen.

Emigration für Irène und die Kinder, Tarnung für den Ehemann sind nicht von langer Dauer. Im selben Jahr wird Paris befreit. 25. August 1944: Für Paris ist nach der Landung der Alliierten der Krieg vorbei. Die Stadt atmet erleichtert auf, obwohl viele Familien um das Leben ihrer in deutsche Arbeits- und Vernichtungslager deportierten Angehörigen bangen müssen. Der Osten des Landes ist noch nicht frei, dennoch beginnt sich bereits unter Führung von General de Gaulle das politische Leben neu zu ordnen. Unter anderem wird den Frauen 1944 endgültig das Wahlrecht zugesichert. Die politischen Vorzeichen weisen noch nach links. Kollaborateuren des Vichy-Regimes, der französischen Pseudoregierung während der deutschen Besatzung, wird der Prozess gemacht. Wer im Widerstand war, hat plötzlich viele Freunde. Auch Irène und Frédéric Joliot-Curie ergeht es so. Bereits vor dem Krieg zählte das Ehepaar zur wissenschaftlichen Elite des Landes, doch durch Joliots Résistancetätigkeit werden Irène und Frédéric nach ihrer Rückkehr aus dem Exil beziehungsweise Untergrund doppelt willkommen geheißen.

Die provisorische Regierung von General de Gaulle, der Militärstratege der nichtkommunistischen Minderheit des Widerstands war, besetzt die Schaltstellen der politischen Verwaltung des Landes neu. Frédéric Joliot-Curie wird zum Direktor des wichtigsten staatlichen Forschungsinstitutes C.N.R.S. (Centre National de la Recherche Scientifique) berufen. Er überzeugt de Gaulle davon, eine Atombehörde (Commissariat à l'Énergie Atomique, kurz C.E.A.) ins Leben zu rufen, deren Hochkommissar er 1945 wird. Drei Kommissare stehen ihm zur Seite, unter ihnen seine Frau Irène. Für kurze

Zeit lassen sich für beide politisches und wissenschaftliches Engagement auf erfreuliche Weise miteinander verbinden.

Die neue Behörde hat die Aufgabe, an der Entwicklung der Atomenergie anzuknüpfen. Im Ausland ist man während der Kriegsjahre vorangekommen. Der italienische Wissenschaftler Enrico Fermi hat am 2. Dezember 1942 an der Universität von Chicago den ersten Atommeiler in Gang gesetzt. Frankreich legt mit Verspätung los, hat aber dafür umso mehr Ehrgeiz, den Abstand aufzuholen. Es wird schließlich erste europäische Atommacht werden. Doch noch ist es nicht so weit: Erst am 15. Dezember 1948 nimmt Frédéric Joliot-Curie den französischen Reaktor Nummer eins mit dem Namen ZOE in Betrieb.

Zu jener Zeit herrscht noch wenig Skepsis gegenüber der Atomenergie. »Eine neue Ära öffnet sich der Menschheit«, sagt Irène Joliot-Curie 1948 bei einem Vortrag über »Radioaktivität und Atomenergie«. Sie glaubt an den friedlichen Nutzen dieser neuen Energiequelle: »Darum müssen alle Anstrengungen unternommen werden, diese unbekannte Domäne zu erforschen, um sie zum Guten der Menschheit zu nutzen.« Über die Gefahren der Atomenergie für die Zivilbevölkerung ist sich Irène Joliot-Curie wie andere Forscher damals kaum bewusst.

Ihre Besorgnisse gehen in eine andere Richtung. Irène

Joliot-Curie weiß wohl, dass die friedliche Nutzung der Atomenergie nicht ohne weiteres gewährleistet ist. Am 6. August 1945 war über der japanischen Stadt Hiroshima eine Atombombe explodiert, am 9. August 1945 eine weitere über Nagasaki. »Es bekümmert uns zu sehen, daß ein großes Land wie die USA all seine Kräfte darauf verschwendet, die destruktive Kraft der Atombomben zu verbessern«, sagt sie in demselben Vortrag, »und dabei andere große Probleme von allgemeinem Interesse vernachlässigt.« Die Ereignisse des Zweiten Weltkrieges haben Irène Joliot-Curie den Missbrauch der wissenschaftlichen Forschung fürchten gelehrt. Sie warnt: Sollte es noch einmal einen Krieg geben, dann einen Atomkrieg.

Während Frédéric Joliot-Curie sich weiterhin heftig für die kommunistische Partei und die Friedensbewegung engagiert, schließt sich Irène dem Frauenverband »Union des Femmes Françaises« (Vereinigung Französischer Frauen) an. Diese französische Frauenorganisation ist politisch unabhängig, steht aber der kommunistischen Partei nahe.

Irène geht zu Veranstaltungen und Kongressen der internationalen Friedensbewegung – wie andere Künstler, Wissenschaftler und Intellektuelle ihrer Zeit. Sie fährt 1948 gemeinsam mit Pablo Picasso zu einem internationalen Kongress nach Wroclaw in Polen. Doch nie wieder bindet sie sich, wie es ihr Mann macht, durch Posten oder andere Funktionen an diese Organisationen. Irène

Joliot-Curie drückt lieber ihre Sympathie in unterstützenden Auftritten, Vorträgen und Artikeln aus.

Im Jahre 1948 unternimmt Irène Joliot-Curie eine Reise durch die Vereinigten Staaten, die einer Pressekampagne des amerikanischen Komitees zur Unterstützung der Flüchtlinge des Spanischen Bürgerkriegs dienen soll. Schon einmal ist sie 1921 mit ihrer Mutter Marie Curie in den USA gewesen. Bei ihrer Ankunft in New York, am 19. März 1948, wird sie einen Tag lang auf Ellis Island von den amerikanischen Behörden festgehalten, bevor sie ihre Reise fortsetzen darf. Sie ist dem antikommunistisch eingestellten Amerika der beginnenden McCarthy-Ära politisch suspekt.

In einem Brief vom 26. März 1948 schildert sie ihrem Mann »Fred« die Umstände ihrer Reise und ironisiert die eigene Öffentlichkeitsscheu: »Ich bin weniger müde, als ich befürchtet habe. Die Methode der Pressekonferenzen ist eine offensichtliche Verbesserung gegenüber dem System, das während meiner Reise mit Mé bestand, wo man uns ständig bat, einen Journalisten oder Photographen zu empfangen. Jetzt kommen sie alle auf einmal, und man muß nicht fünfzig Mal das gleiche wiederholen. Die Pressekonferenzen werden eindeutig mein Element, und ich frage mich, wie ich wohl ohne sie auskommen werde, wenn ich nach Frankreich zurückkehre.«

Irène Joliot-Curie geht nicht vollkommen in der politischen Arbeit auf wie ihr Mann und auch ihre Tätigkeit als Kommissarin der Atombehörde nimmt sie nicht ausschließlich in Anspruch. Nach wie vor verbringt sie einen großen Teil ihrer Zeit in ihrem Labor am Radium-Institut, zu dessen Direktorin sie schließlich 1946 berufen worden ist.

Doch schon bald gerät das Ehepaar aufgrund seiner kommunistischen Sympathien in die Isolation. Der Kalte Krieg beginnt und auch in Frankreich wendet sich der politische Wind. Frankreich schließt sich dem westlichen Verteidigungsbündnis NATO an, in dem Antikommunismus und atomare Abschreckungsstrategie zur offiziellen Doktrin gehören. Ein kommunistischer Hochkommissar der obersten französischen Atombehörde, der bereits sein Nein zum eventuellen Bau einer französischen Atombombe öffentlich gemacht hat, ist jetzt nicht mehr erwünscht.

Am 19. März 1950 wird Frédéric Joliot-Curie von seinem Posten abberufen. Die französische Atombehörde, die er selbst im pazifistischen Glauben gegründet hat, wird zu einer der mächtigsten Institutionen im Staat – genauer gesagt im kommenden Atomstaat, der über eine riesige Anzahl von Atomkraftwerken sowie eigene Atomwaffen verfügen wird. Irène Joliot-Curie darf ihr 1951 auslaufendes Mandat als Atomkommissarin beenden, verlängert wird es nicht. Die Freunde, die an Sonntagnachmittagen ins Haus nach Sceaux kommen, werden weniger.

Irène Joliot-Curie widmet sich wieder mehr ihrer

Lehrtätigkeit an der Sorbonne und der Leitung des Radium-Instituts, obwohl ihre Gesundheit rapide zerfällt. Mehrfach muss sie sich Operationen unterziehen, auch ihr Mann leidet an einer Lebererkrankung.

1955 beginnt sie noch mit der Planung für ein neues nuklearphysikalisches Institut in Orsay bei Paris. Schon lange ist das Radium-Institut nicht mehr technisch ausreichend ausgestattet. Sie träumt – wie einst Marie Curie – von moderneren Arbeitsbedingungen. Der heutige Arbeitsplatz ihrer Tochter Hélène Langevin in Orsay hätte ihren Erwartungen entsprochen.

Selbst die viel geliebten Spaziergänge fallen Irène Joliot-Curie bald schwer, und ihre Freundin Angèle Pompéï fährt sie deshalb im Auto spazieren. »Ich denke, ich werde faul«, meint Irène Joliot-Curie auf ihre lakonische Art. Schließlich muss sie in ein Krankenhaus eingeliefert werden. Am 17. März 1956 stirbt Irène Joliot-Curie an den Folgen einer Leukämie. Sie ist nur achtundfünfzig Jahre alt geworden. Die französische Regierung kann sich gerade zu einem Staatsbegräbnis durchringen. Frédéric Joliot-Curie stirbt ein Jahr später. Fast zwanzig Jahre lang sind die Namen der beiden Wissenschaftler aus der offiziellen Darstellung der Naturwissenschaften in Frankreich getilgt.

In einer Schulfunksendung aus dem Jahr 1938 hatte Irène Joliot-Curie ihr Selbstverständnis als Wissenschaftlerin definiert: »Ich glaube, was wirkliche wissenschaftliche Forschungsarbeit ausmacht, ist der uneigennützige Wissensdurst, den sie stillen soll; ein Umstand, der paradox ist, weil es schließlich diese Art von Arbeit ist, die letztlich die sensationellsten praktischen Konsequenzen hat … Fast allen Erfindungen, die das Leben der Menschen im Laufe der vergangenen zwei Jahrhunderte verwandelt haben, ging ein Versuch eines Forschers in seinem Labor voraus, der zunächst vollkommen nutzlos schien.«

Ihren Beruf als Forscherin hat Irène Joliot-Curie darum auch als Berufung und als Passion beschrieben: »Ein Element des Erfolges, egal in welchem Beruf, ist die Lust am Handwerk, aber ich glaube, das gilt besonders für die wissenschaftliche Arbeit. Die Wissenschaft hat darin etwas mit der Kunst gemein: Wissen und Intelligenz, ohne Liebe zur Forschung, machen noch keinen Gelehrten, so wie natürlich vorhandenes Talent samt Studium keinen Künstler aus demjenigen machen, der ohne Liebe zur Kunst ist.«

Auf Deutsch sind bisher fast keine Texte von und über Irène Joliot-Curie veröffentlicht. Das Archiv des Musée du Laboratoire Curie plant, alle Veröffentlichungen systematisch zugänglich zu machen. Bis es so weit ist, mögen sich InteressentInnen bitte an Monique Bordry vom Musée du Laboratoire Curie wenden. Die Verfasserin dankt Madame Bordry für ihre freundliche Unterstützung.

»Ich bin nirgendwo ganz zu Hause und überall ein bißchen«

Pearl S. Buck (1892–1973), Nobelpreis für Literatur 1938

Von Anna Maria Stuby

Unter der Überschrift »Unsere wahre Heimat ist im Himmel« veröffentlichte die amerikanische Zeitung *The Christian Observer* am 5. April 1899 folgenden Brief an den Herausgeber:

Lieber Herr Converse!
Ich bin ein kleines Mädchen, ich bin sechs Jahre alt. Ich lebe in China. Ich habe einen großen Bruder, der in Amerika auf die Oberschule geht. Er kommt bald nach China, um unserem Vater zu helfen, der den Chinesen über Jesus erzählt. Ich habe zwei kleine Brüder im Himmel. Mandie ging zuerst, dann Artie, dann Edith, und letzten Monat am zehnten verließ uns auch mein kleiner tapferer Bruder, Clyde, und ist jetzt in unserem richtigen Zuhause im Himmel. Clyde sagte, er wäre ein Soldat Gottes und daß der Himmel sein allergutestes Zuhause wäre. Clyde war vier Jahre alt, und wir haben beide so gern die kleinen Briefe im *Observer* gelesen. Das habe ich alles selber geschrieben, und meine Hand ist müde, deshalb sag ich jetzt auf Wiedersehen.
Pearl Seydenstricker
Chinkiang, China

Der Brief aus dem Fernen Osten ist die erste Veröffentlichung der späteren Literaturnobelpreisträgerin Pearl S. Buck. Damals hieß sie noch Pearl Comfort Seydenstricker. Dieses frühe Dokument, das heute im Archiv der Pearl S. Buck-Stiftung in Philadelphia aufbewahrt wird, hat Seltenheitswert. Als berühmte Schriftstellerin wird Pearl S. Buck so gut wie keine privaten Briefe mehr veröffentlichen. Der Brief der kleinen Pearl beschreibt eine Situation, die für ihr ganzes Leben prägend sein wird: die Spaltung zwischen Amerika und China, zwischen West und Ost. Ein schier unüberwindliches Weltmeer trennt die sechsjährige Briefschreiberin von der Heimat ihrer Vorfahren und vom zwölf Jahre älteren Edwin, dem über alles bewunderten großen Bruder.

Als Kind erfährt sie diese Spaltung, die eines der vorherrschenden Themen ihres literarischen Schaffens werden wird, als schmerzhafte persönliche Trennung. Sie ist ein Riss, der mitten durch ihre Familie geht, ja, mitten durch das eigene Ich. Ist sie Amerikanerin? Sie besitzt die entsprechende Haut-, Augen- und Haarfarbe und den erforderlichen Pass. Oder ist sie nur eine als Amerikanerin verkleidete Chinesin? »Ich bin nirgendwo ganz zu Hause und überall ein bißchen«, wird sie später sagen.

Am 26. Juni 1892 kommt Pearl in den Vereinigten Staaten zur Welt, wo ihre kränkelnde Mutter sich in ihrem

Elternhaus in Hillsboro, West Virginia, erholt. Jahre zuvor waren beide Eltern als Missionare von Amerika nach China gegangen und alle älteren Geschwister waren dort geboren. Drei von ihnen waren an tropischen Krankheiten gestorben, deshalb wollte Pearls Mutter bei der Geburt ihres fünften Kindes kein Risiko eingehen. Die gesunde Tochter wird auf den Namen »Pearl Comfort« getauft, »weil sie wie eine kleine Perle« aussieht, als die Mutter sie zum ersten Mal im Arm hält. Der zweite Name, Comfort, veranschaulicht ein Stück Familiengeschichte: Er bedeutet »Trost«.

Schon im Alter von drei Monaten kehrt die kleine Pearl mit ihren Eltern und dem Bruder Edwin nach Chinkiang in China zurück. In einem Haus am unteren Jangtsekiang, am Gelben Fluss, wächst sie auf. Die Eltern meiden bewusst die Wohngettos der Missionarsfamilien und haben ein kleines Haus gewählt, wo sie von chinesischen Nachbarn umgeben sind. Das Haus liegt auf einem Hügel und gibt den Blick frei auf die roten Ziegeldächer der Stadt und auf das emsige Treiben auf dem Jangtse-Fluss. Für die heranwachsende Pearl, die oft träumend am Fenster steht, symbolisiert der Gelbe Fluss das Tor zur Welt.

Nach Chinkiang gehen später ihre Erinnerungen an die früheste Kindheit zurück. Nicht die Sprache ihrer Eltern, das Amerikanische, empfindet Pearl zeitlebens als ihre Muttersprache, sondern das Chinesische. Heimat bleiben für sie jene Laute, Reime, Liedchen und Geschichten, mit denen ihre Wang Amah[*] sie in den Schlaf wiegt oder bei kindlichen Kümmernissen tröstet. Die Chinesin hat schon lange vor Pearls Geburt im Hause der Missionarsfamilie gewohnt, die ersten Geschwister in ihren Armen getragen und deren frühen Tod beweint.

Für das kleine Mädchen verkörpert die runzlige, fast zahnlose, immer angeschmuddelte Erscheinung ihrer Amah die Wärme und Geborgenheit ungeteilter mütterlicher Liebe. Die leibliche Mutter ist auch eine warmherzige, kluge und tapfere Frau, und viele ihrer Lebensgrundsätze wie Reinlichkeit, Ordnung und Fleiß wird die Tochter Pearl später zu den eigenen machen. Doch früh schon wurde durch eine bürgerlich-puritanische Erziehung die ursprüngliche Spontaneität und Liebesbereitschaft der Mutter gebrochen. Pflichterfüllung ist der oberste Grundsatz ihres Lebens.

Die Erinnerungen Pearls an die Amah sind anders, sind eingetaucht in ein ungebrochenes Gefühl wärmender körperlicher Nähe. Es gibt eine Zeit, da ist das Bild der leiblichen Mutter völlig ausgeblendet, so dass Pearl ihre Mutter später einmal fragen wird: »Wo warst du, Mutter, als ich mit Amah lebte?« Sie erinnert sich, »daß sich eine Zeitlang meine Welt nur um die blaugekleidete, kleine Gestalt drehte. Ich sehe nichts außer dem runzligen, kleinen Gesicht, das sich über mich beugt ... Wenn

---

[*] Wang: Name: Amah: chinesisch für Ziehmutter/Kinderfrau.

116

es abends so dunkel wurde, daß es mir den Atem verschlug, fühlte ich, daß sie mich aus dem Bett hob, und dann schmiegte ich mich erleichtert und behaglich an ihre warme Brust.«

Der Mütterlichkeit der Amah – ob tatsächlich so umfassend oder im Nachhinein verklärt – setzt die Schriftstellerin Pearl S. Buck in vielen ihrer Erzählungen die andere, westliche Form mütterlicher Liebe entgegen, die in Besitzdenken befangen ist und die ein kindliches Vergehen mit Liebesentzug ahndet.

Im Schutze der unerschütterlichen Liebe ihrer Amah lernt die kleine Pearl, sich den Problemen zu stellen, die aus ihrer rassischen und kulturellen Verschiedenheit entstehen. In der friedlichen bäuerlichen Umgebung der kleinen Stadt Chinkiang hat das Anderssein noch etwas Stimulierendes, den Horizont Erweiterndes; in den revolutionären Unruhen der zwanziger Jahre wird es zum Stigma. Jede freie Minute verbringt Pearl bei den chinesischen Nachbarn, ein chinesisches Waisenmädchen ist ein paar Jahre lang ihre beste Freundin: »Sie war der erste Mensch, dem ich anvertraute, was mich bewegte. Meine soviel jüngere Schwester nahm ich auf meinen kleinen Streifzügen ins Dorf nie mit ... Ich bezweifle, daß Mutter wußte, wieviel Zeit ich bei Chinesen verbrachte. Ich war immer sehr selbständig. In den chinesischen Bauernhäusern wurde ich gern aufgenommen, und die Leute waren sehr freundlich zu mir.«

In ihrer frühen Kindheit erlebt die kleine Pearl oft, dass der Mutterwitz und die Weltnähe der Amah den unbeweglichen Prinzipien des frommen Vaters überlegen sind, selbst dann, wenn es um Glaubensdinge geht. Als Pearls Mutter Zweifel hegt, ob eine von der Amah gefertigte und mit Buddhafiguren bestickte Kappe für eine Missionarstochter geeignet sei, und der Vater das Tragen der Mütze gar verbieten will, hält die alte Kinderfrau den Eltern entgegen: »Wir haben gerade zwei Kinder verloren. Es ist ja gut und schön, einem fremden Gott zu vertrauen, aber wie soll man wissen, ob er auch in einem Land, das ihm nicht gehört, etwas zu sagen hat? Besser ist es, die Hilfe aller Götter anzurufen, die es gibt, auf jeden Fall aber die Hilfe der Götter, die hier, wo wir leben, beheimatet sind.«

Aus solchen Momenten unmittelbarer Anschauung zieht Pearl schon frühzeitig die wichtige Lebenslehre: Wenn es notwendig ist, die Götter aller Himmel nebeneinander bestehen zu lassen, um wie viel wichtiger ist es dann, die Menschen aller Länder dieser Erde in ihrer Verschiedenheit als Gleiche zu akzeptieren.

Pearl ist lernbegierig, »ein neugieriges Kind, das alle und jeden mit Fragen quält, die oft zu intim und persönlich sind«. Alles, was Menschen erleben und was ihnen widerfährt, interessiert sie. Durch ihre bohrenden Fragen entlockt sie ihrer Mutter das Geheimnis von Amahs Vergangenheit. Früh verwitwet, verdiente diese ihren Unterhalt als Prostituierte, bevor sie ins Haus der Missionars-familie kam.

Pearl kann stundenlang solchen Geschichten lauschen und »glücklicherweise gab es immer Leute, die gern erzählten. Ich interessierte mich z. B. auch sehr für die Art, wie unsere Nachbarn ihr Feld bebauten, für die Schwierigkeit, von einem kleinen Stück Land eine ausreichende Ernte einzubringen … teilte die Befürchtungen der Bauern, wenn es nicht regnete, folgte ihnen auf ihren Bittprozessionen.«

Im Haus der Eltern gibt es kaum Kinderbücher, dafür aber *Tom Sawyer* und *Huckleberry Finn*, einige Romane von Walter Scott und von den englischen Realisten des 19. Jahrhunderts, vor allem die heiß geliebte, wenn auch unvollständige Ausgabe der Werke von Charles Dickens. Schon mit sieben liest sie *Oliver Twist* und dann zehn Jahre lang mindestens einmal jährlich alles, was von Dickens im elterlichen Bücherschrank steht. Das Pathos, die menschliche Wärme, der Glaube an das Gute im Menschen, die Liebe zum Kind, das alles begeistert sie an Dickens und beflügelt ihre Phantasie.

Charles Dickens lebte und litt in der Welt seiner Charaktere, er beweinte den Tod seiner Kinderfiguren und hasste seine Schurken wie persönliche Erzfeinde. Viel von dieser viktorianischen, heute als altmodisch geltenden Auffassung ist noch in Pearl S. Bucks Umgang mit ihren Charakteren lebendig: »Ich kann den literarischen Schaffensprozeß nicht erklären. Doch wenn ich meine

Gestalten beim Namen nenne, stehen sie vor mir, so als ob sie hier in diesem Zimmer wären. Du [ihr Dialogpartner Theodore F. Harris] betonst immer wieder meine Einsamkeit, ich sehe, daß etwas Wahres daran ist. Vielleicht brauche ich keine Menschen, weil ich mich mit solchen umgebe, die ich mir selbst erschaffte. Sie sind alle hier, meine Freunde, und mir erscheinen sie als reale Menschen.«

Ihr »Lehrmeister« Dickens galt vielen Kritikern – auch wegen seiner enormen Popularität – als trivialer Autor. Über Pearl S. Bucks eigene Werke wird von der Literaturwissenschaft heute ein ähnliches Urteil gefällt, wenn auch zum Teil aus ganz anderen Gründen.

Ein zweiter Lehrmeister der kleinen Pearl Seydenstrikker war Herr Kung, ein konfuzianischer Gelehrter. Von 1902 bis zu seinem Tode im Jahre 1905 unterweist er sie nach dem regulären morgendlichen Schulunterricht nachmittags zwei Stunden lang in chinesischer Sprache und Schrift und in der Geschichte und Kultur des Landes. Die gegensätzliche Art des Unterrichts lässt die kleine Pearl die Spaltung zwischen westlicher und östlicher Weltanschauung empfinden: »Ich wurde dadurch geistig gespalten und lernte so schon früh verstehen, daß es in menschlichen Dingen so etwas wie absolute Wahrheit nicht gibt.«

Von Herrn Kung lernt sie nicht nur die Lehrsätze des konfuzianischen Glaubens, er lebt sie ihr vor. Pearl vergleicht seine weise Gelassenheit mit dem flammenden Missionarseifer des Vaters und erkennt, »daß die amerikanischen Missionare nicht in China waren, weil sie das Volk liebten, sondern weil sie ihr eigenes religiöses Bedürfnis befriedigen wollten. Jedesmal, wenn mein Vater seine Lehre verkündete, hatte ich ein unbehagliches Gefühl und dachte: Wenn er doch nur still wäre und lieber nur vorlebte, was er predigte!«

Mit Herrn Kung diskutiert Pearl Ursachen und eventuelle Folgen des Boxeraufstands[*]. Er sagt voraus, dass eine Zeit in China bevorsteht, in der die weiße Bevölkerung vertrieben wird. Und er nennt den Grund: die Ausbeutung und Ungerechtigkeit, mit welcher die westlichen Interessen in China vertreten werden.

Als ihr chinesischer Lehrmeister 1905 stirbt, wechselt die fast dreizehnjährige Pearl auf eine Internatsschule nach Shanghai. Vom fachlich-pädagogischen und wissenschaftlichen Standpunkt ist die Ausbildung dort wenig ergiebig, aber sie ist das, was man gern eine »Schule des Lebens« nennt. Die Schulleiterin, Miss Jewell, nimmt die Missionarstochter mit auf ihre Besuche in einem Heim für entflohene Sklavenmädchen. Die wohltätige Lehrerin besucht mit Pearl auch regelmäßig ein Heim für verlas-

---

[*] Im Boxeraufstand im Jahr 1900 kämpften Mitglieder eines christen- und fremdenfeindlichen Geheimbundes, Boxer genannt, gegen die europäischen Großmächte und Japan, die Gebietsansprüche in China stellten. Diese konservativ-nationale Bewegung konnte sich nicht durchsetzen und 1901 diktierten die imperialistischen Länder, darunter auch Deutschland, im Boxerprotokoll den Chinesen »Sühnebedingungen« – zum Beispiel eine Sühnegesandtschaft nach Berlin.

sene weiße Frauen, viele von ihnen Prostituierte. Pearl hilft beim Nähunterricht, sie erledigt die Korrespondenz der Ausgestoßenen und liest ihnen vor. Eine bittere Lehre über das Leben von Frauen, der chinesischen wie der weißen! Eine Lehre, die bleibendes Thema der späteren Schriftstellerin ist. Der Mutter erscheint diese Art der Bildung für ein junges Mädchen allerdings ungeeignet. Nach einem Ferienaufenthalt zu Hause darf Pearl nicht an die Shanghaier Schule zurückkehren.

Daheim fördern und stillen die Mutter und die Amah, jede auf ihre Weise, den Wissensdurst der Heranwachsenden. Die Amah, die selbst nicht schreiben und lesen kann, entlastet die geliebte Kleine »mit den vielen Schriftzeichen im Bauch« hinter dem Rücken der Mutter von der täglichen Hausarbeit. Sie erzählt ihr buddhistische und taoistische Legenden, in denen Geister und Götter, Tiere und Menschen in einer ungeschiedenen Welt miteinander verkehren. Auch die Mutter ist, wenn sie ihren Träumen und Sehnsüchten nachgibt, eine geborene Erzählerin und Unterhalterin. Ihre Gefühle und Gedanken gehen ständig in die alte Heimat und zu ihren Vorfahren, die aus Glaubensgründen von Holland nach Amerika auswanderten. In China bleibt sie *Die Verbannte*. So nennt Pearl S. Buck später die biographische Erzählung über ihre Mutter. Der Lebensgeschichte des Vaters dagegen gibt sie den Titel *Fighting Angel* (Der Engel mit dem Schwert).

Die beiden Lebensgeschichten der Eltern sind es, die 1938 für die Jurorin Selma Lagerlöf – selbst 1909 als erste Frau mit dem Literaturnobelpreis ausgezeichnet – den Ausschlag geben, für Pearl S. Buck zu stimmen. Die beiden Frauen haben nicht nur die hohe Auszeichnung gemeinsam, es gibt noch etwas anderes, das sie verbindet: das Interesse an geschichtlichen Stoffen, das sie in der literarischen Form der Saga gestalten. Sie nähern sich der Historie nicht von außen über Fakten und »objektive« Berichte, sondern von innen aus der Sicht einer Person, einer Generation, einer Familie mit vielen Generationen, deren Schicksale weltgeschichtliche Zusammenhänge erschließen. Auch die Nobelpreisträgerinnen Grazia Deledda (1926) und Sigrid Undset (1928) schrieben solche Chroniken. Ist der weibliche Blick auf Geschichte also doch ein anderer als der männliche?

Pearl S. Buck muss schon sehr früh, auf Betreiben der Mutter, jede Woche eine Geschichte nacherzählen oder erfinden, zuerst in mündlicher, dann auch in schriftlicher Form. Die Mutter sucht hier Ersatz für die ihr selbst verwehrte kreative Entfaltung zum Beispiel in der Musik. Was ihr vorenthalten wurde, fördert sie bei Pearl – energisch und erfolgreich. Die kleinen Werke werden regelmäßig an den *Shanghai Mercury* geschickt, eine in Shanghai erscheinende englische Tageszeitung, und fast immer werden die Texte angenommen. Pearl S. Buck erinnert sich: »Jeden Monat setzte der *Mercury* Preise für die besten Artikel und Geschichten von Kindern aus, und das war für mich, als ich zehn Jahre zählte, zu einer festen Einnahmequelle geworden. Meiner weichherzigen, aber hartnäckigen Mutter diente es außerdem als Vorwand, mir jede Woche einen Aufsatz oder eine Geschichte abzufordern. Sie hegte, wie ich später herausfand, im stillen die feste Überzeugung, daß ich Schriftstellerin werden würde ... Seltsamerweise widersprach sie energisch, als ich Gedichte zu schreiben begann – den Grund dafür habe ich nie erfahren.«

Nach dem Grund braucht man nicht lange zu suchen: Carie Seydenstricker war eine dem Leben zugewandte, wirtschaftlich denkende Frau. Wenn sie es schaffte, aus ihrer Tochter eine Künstlerin zu machen, sollte diese auf keinen Fall eine so »brotlose Kunst« wählen, wie es die Lyrik sein kann.

Eine dieser kleinen, von der Mutter gezielt verordneten Schreibaufgaben ist auch der Brief der sechsjährigen Pearl an den *Observer*. Der Ton, in dem er geschrieben ist, gibt Aufschluss über die Atmosphäre in Pearls Elternhaus. Sie ist fromm, aber nicht frömmelnd, der Missionseifer entspringt einer tiefen inneren Überzeugung. Der Vater predigt, die Mutter ist hauptsächlich karitativ und auf pädagogischem Gebiet tätig. Doch im Gegensatz zur unermüdlichen Energie des Absolom Seydenstricker erlahmt die missionarische Kraft seiner Frau im Laufe der Jahre. Mit jedem ihrer Kinder wird der heimwehkranken Carie ein Stück Lebenskraft genommen.

Seit ihrem sechsten Lebensjahr ist Pearl, die zu ihrem Bedauern nie Comfort gerufen wird, ein einsames »einziges« Kind mit oder besser zwischen zwei Eltern, die eher die gemeinsame christliche Überzeugung als eine spontane Zuneigung aneinander bindet. Drei Jahre nachdem sie den Brief an den *Observer* geschrieben hat, bekommt Pearl noch einmal eine Schwester, ihre »kleine Schwester«, für deren Schicksal sie sich zeit ihres Lebens verantwortlich fühlt. Der große Bruder wird nicht, wie geplant, nach China zurückkehren, um dem Vater bei seiner missionarischen Aufgabe zu helfen. So jung wurde er von seiner Familie und der chinesischen Heimat getrennt, dass er sich beiden für immer entfremdet hat.

Während Pearl heranwächst, fühlt sie sich oft einsam, kapselt sich von der Außenwelt ab und bewältigt ihre Probleme, indem sie Tagebuch schreibt, Geschichten ausspinnt und heimlich dichtet. »Das waren schwierige Jahre. Meine chinesischen Freundinnen, die Nachbarmädchen, wurden schon auf die Ehe vorbereitet. Ihnen wurden die Füße gebunden, so daß sie nicht rennen und spielen konnten. So saßen sie da und lernten sticken. Mein Vater hatte hoch oben in den Bergen ein Haus gebaut, wo wir die heißen Sommermonate verbrachten. Dort lernte ich ein paar amerikanische Mädchen kennen, aber nicht viele, außerdem fühlte ich mich ihnen gegenüber befangen.«

Während das Denken und Fühlen der sechsjährigen Briefschreiberin noch die religiösen Vorstellungen der asketischen Eltern widerspiegelt, verhält sich die heranwachsende Pearl zunehmend kritisch gegenüber dem Missionsauftrag der Eltern. Andererseits bewundert sie zeit ihres Lebens das ungeheure historische und religionsgeschichtliche Wissen des gelehrten Vaters, der mehrere Sprachen fließend beherrscht und neben der Tätigkeit als Missionar seine zweite große Berufung darin sieht, das Testament vom Griechischen direkt ins Chinesische zu übersetzen.

Diesen Vater hat Pearl S. Buck erst viel später schätzen, ja sogar lieben gelernt, als sie hinter seiner Strenge solche Charakterstärken wie Mut, Uneigennützigkeit, Menschlichkeit entdeckte. Auch bei den Nobelpreisfeierlichkeiten holte sie die Erinnerung an den Vater ein: »Am deutlichsten haftet mir der Augenblick im Gedächtnis, als ich vor dem würdigen und betagten König stand ... In diesem Augenblick sah ich nicht in das Gesicht des Königs, sondern in das meines alten, längst verstorbenen Vaters ... Die große, schlanke Gestalt, das hagere Antlitz und das kräftige Kinn, die eisblauen Augen, der weiße, der Form der Lippen angepaßte Schnurrbart, sogar die Hand, die das große Kuvert hielt – alles war wie bei meinem Vater.«

Der eiserne Wille des Vaters, seine Unbeugsamkeit, seine starre Rechtschaffenheit, das alles kann ihm die heranwachsende Tochter nachsehen, der Vater rührt sie sogar in seiner großen Einsamkeit. Für seine Frauen verachtende Grundhaltung aber wird sie nie Verständnis haben. Schon als kleines Mädchen verbündet sie sich in dieser Streitfrage mit der Mutter. »Er war durch und durch überzeugt von der paulinischen Lehre über die Unterlegenheit des Weibes«, schreibt Pearl S. Buck in ihrem Mutterporträt *Die Verbannte*. »Für ihn war die Frau dazu da, sein Haus in Ordnung zu halten, seine Kinder zu gebären, ihn zu versorgen. ›Der Mann ist das Haupt des Weibes.‹ Nur durch den Mann konnte ein weibliches Wesen zu Gott kommen. So lehrte es die Schrift. – Trotz all seiner Güte, die er ihr [seiner Frau] entgegenbrachte, war er engstirnig, selbstsüchtig und arrogant … Sie sollte keinen direkten Kontakt zu Gott haben dürfen, weil sie als Frau geboren war? War ihr Verstand nicht schneller, mutiger, klarer als der der meisten Männer? Warum war Gott so?«

Pearl S. Buck kämpft ein Leben lang in ihren Büchern und im privaten Leben gegen die vom Vater verkörperte christliche Vorstellung eines absoluten und männlichen Gottes, in dessen Namen das chinesische Volk und alle Frauen dieser Erde missioniert werden sollen. Doch sie ist – im Verständnis von heute – keine Feministin. Sie nimmt das Machtgefälle zwischen den Geschlechtern nicht als eine grundsätzliche gesellschaftliche Ungleichheit wahr, die alle Bereiche des Lebens durchdringt. Die Unterdrückung der Frau sieht sie als eine Anhäufung unglücklicher Einzelfälle, eigentlich schon überholt. Abhilfe erhofft sie sich von geduldiger Aufklärungsarbeit in gegenseitigem Vertrauen. Dem unberechtigten Anspruch auf männliche Vorherrschaft setzt sie »ursprüngliche« und »echte« weibliche Qualitäten entgegen. Vermeintliche Vorzüge der Frau sind für sie »angeborene« weibliche Eigenschaften wie Duldsamkeit, Opferbereitschaft, Zähigkeit, Liebesfähigkeit und stiller Mut, und das feiert sie literarisch. Dadurch legt Pearl S. Buck die Frauen, die sie befreien möchte, erneut in Ketten. Sie zwingt sie in das Korsett biologisch bestimmter und gerade deshalb unveränderbarer Geschlechterrollen. So wird der herkömmliche Dualismus zwischen männlich – Härte, Verstand, Willenskraft – und weiblich – Weichheit, Seele, Anpassungsfähigkeit – nicht überwunden, sondern zementiert.

Die starke und duldsame Muttergestalt ist ein Leitmotiv vieler, besonders der frühen »chinesischen« Romane Pearl S. Bucks. Ein anschauliches Beispiel ist O-lan, die ehemalige Sklavin und Ehefrau des Kleinbauern Wang Lung, in *Die gute Erde*, deren stoische Beharrlichkeit, Fleiß, Sparsamkeit und vorausschauende Klugheit der Familie zu Reichtum und Anerkennung verhelfen. Die Namenlosigkeit der »Mutter« im gleichnamigen Roman von 1934 weist darauf hin, dass ihr Schicksal von der Autorin als ein allgemein gültiges begriffen wird.

Im Roman *Ostwind, Westwind* werden die Wider-

sprüche zwischen männlicher und weiblicher Selbstver-
wirklichung in den Problemen zweier junger Ehen zur
Anschauung gebracht. In der chinesischen Ehe belehrt
der in Amerika erzogene junge Ehemann seine in alten
chinesischen Traditionen befangene Frau mit folgenden
Worten: »Und was wäre, wenn sie [die Amerikanerin in
der Mischehe des Bruders] deinen Bruder genauso liebt
wie du mich? Ihre Natur ist nicht anders als die Natur
aller Frauen, nur weil sie zufällig im Westen geboren ist.
Alle seid ihr Frauen, und darum seid ihr gleich in dem,
was ihr denkt und begehrt.« Diese Aussage des »aufge-
klärten« Ehemannes ebnet die kulturelle Verschiedenheit
der Amerikanerin und ihrer chinesischen Schwägerin
ein. Was fortschrittlich klingt, ist jenes uralte Lob, das
nichts anderes meint als die Gleichheit einer weltweiten
Unterdrückung der Frauen unterschiedlicher Länder,
Klassen, Rassen.

In den Romanen, die Pearl S. Buck in den späten dreißiger und vierziger Jahren in Amerika schreibt, wird sie
das Thema differenzierter angehen. Hier gestaltet sie die
grundsätzliche Zerrissenheit im Leben von Frauen. In
dem Roman *Dies stolze Herz* zum Beispiel, der stark autobiographische Züge trägt, ist die Heldin in ein unlös-
bares Dilemma verstrickt: Ihre künstlerischen Strebun-
gen lassen sich nicht aussöhnen mit ihrer Rolle als Ehefrau und Mutter. Der Roman hat kein Happy-End. Auch
im realen Leben der Pearl S. Buck gab es kein Happy-
End im herkömmlichen Sinne.

Wie der große Bruder soll auch Pearl in Amerika studieren. Sie freut sich darauf und hofft, von den Familien der Eltern als eine der ihren aufgenommen zu werden. Ihre Hoffnung wird enttäuscht. Pearl kann nicht das typisch amerikanische Mädchen sein, das die Verwandten in ihr suchen.

Als Siebzehnjährige nimmt Pearl im Jahre 1909 ihr Literaturstudium am Randolph Macon Women's College in Virginia auf, nachdem sie sich mit der gesamten Familie über ein halbes Jahr in Europa aufgehalten und Russland, Deutschland, die Schweiz und vor allem Holland kennen gelernt hat, die Heimat der Urgroßeltern. Das Studium am College gefällt ihr, aber sie fühlt sich einsam, gewinnt kaum engeren Kontakt zu Gleichaltrigen. Jungenbekanntschaften interessieren sie nicht. »Ich war viel zu sehr absorbiert von den alltäglichen Erfahrungen, und außerdem wollte ich zuerst Mädchen meines Alters, meines Landes kennenlernen.«

Pearl ist geachtet und bewundert und wird zur Sprecherin ihres Jahrgangs gewählt, aber eine enge Freundin gewinnt sie nicht. Sie ist zu ernsthaft und nach innen gekehrt, zu anders. »Ich war aufs höchste erstaunt, daß mir die Mädchen meiner Klasse niemals eine Frage über China stellten. Noch heute begreife ich nicht den völligen Mangel an Interesse der Amerikaner gegenüber anderen Ländern und Völkern«, schreibt Pearl S. Buck 1954 in ihrer Autobiographie.

Wieder trennen sie Welten von zu Hause, nur diesmal

umgekehrt. Wieder ersetzt ihr das Schreiben die fehlenden Gesprächspartner.

Regelmäßig veröffentlicht sie Geschichten in der Monatszeitschrift ihres Colleges. Im letzten Studienjahr gewinnt sie zwei Literaturpreise: für die beste Kurzgeschichte ihres Jahrgangs und für das beste Gedicht. Nach ihrer Abschlussprüfung im Jahre 1914 erhält sie das Angebot, als Hilfslehrerin am College zu unterrichten. Sie nimmt an, denn sie will versuchen, durch diese Arbeit in Amerika heimisch zu werden.

Der Ausbruch des Ersten Weltkriegs und die Sorge um ihre an einer unheilbaren Tropenkrankheit leidenden Mutter durchkreuzen ihre Pläne. Im November 1914 kehrt Pearl Seydenstricker nach China in die alte Heimatstadt Chinkiang zurück. Die Krankenpflege der Mutter liegt ausschließlich in ihren Händen. Gleichzeitig arbeitet sie in den älteren Jahrgangsklassen einer chinesischen Oberschule als Englischlehrerin und übernimmt außerdem die Pflichten der Mutter als Leiterin eines Gesprächskreises für Chinesinnen. Diese ihr sehr wichtige Aufgabe macht sie mit allen nur vorstellbaren Problemen ihrer chinesischen Geschlechtsgenossinnen bekannt: Sie erlebt den Kummer der älteren Frauen, deren Männer jüngere Konkubinen als so genannte zweite, dritte oder vierte Frau ins Haus nehmen. Sie spürt die Enttäuschung über die Geburt eines Mädchens in einer Gesellschaft, in der nur Söhne etwas gelten und das Ansehen der Mütter steigern, und gemeinsam mit den Frauen beklagt sie die hohe Kindersterblichkeit. Sie erfährt von den körperlichen Schmerzen, die Chinesinnen aushalten, wenn sie unter dem Einfluss westlicher Ideen endlich ihre durch das jahrelange Binden verkrüppelten Füße freilegen, um wieder laufen zu lernen.

Jede freie Minute, die sie neben diesen Tätigkeiten finden kann, widmet sie dem Studium des Chinesischen und der chinesischen Literatur. Begierig vertieft sie sich in die Lektüre der großen klassischen Romane des alten China. Auch diese Arbeit wird später Früchte tragen: 1933 veröffentlicht Pearl S. Buck ihre Übersetzung des fünfhundert Jahre alten Romans *Shui-hu-chuan*, dem sie den Titel *Alle Menschen sind Brüder* gibt.

Doch die fast rastlosen Aktivitäten sollen auch ablenken von ihrem Gefühl tiefer Einsamkeit. Der lange Amerikaaufenthalt hat dazu beigetragen, dass sie jetzt auch in China entwurzelt ist. Vertrauen in eine selbständige Laufbahn als Schriftstellerin hat sie noch nicht und ein Leben allein ist unvorstellbar. Heiratet sie deshalb mit fünfundzwanzig Jahren? Sie tut es gegen den Rat ihrer Eltern, die erkennen, dass das junge Paar allzu unterschiedliche Temperamente und Interessen hat.

John L. Buck ist ein amerikanischer Agrarwissenschaftler, der in China arbeitet. Pearl heiratet ihn ohne Begeisterung, ohne Liebe. Rückschauend sagt sie: »Ich heiratete ein schönes Gesicht ... Achtzehn Jahre lang gab ich alles, was ich geben konnte, in geistiger und materieller

Hinsicht, und achtzehn Jahre lang bekam ich nichts zurück. Ich sage dies ohne Bitterkeit.« Wie soll eine Ehe gelingen, die nur auf geistiger und materieller Hingabebereitschaft gründet, dazu noch auf einer einseitigen? Pearl kennt zum Zeitpunkt der Eheschließung John L. Buck nicht viel besser als die »chinesischen Schwestern« ihren von den Eltern ausgesuchten Mann, den sie am Tag der Eheschließung zum ersten Mal sehen. Pearls Entschluss zu dieser Ehe ist wohl auch von dem Wunsch geleitet, sich vom Elternhaus zu lösen, endlich eine eigene Familie zu gründen.

Vier Jahre lebt das ungleiche und bald auch unglückliche Paar in Nanhsüchou, einer »kleinen lehmumwallten Stadt in Nordchina. Von meinem Fenster überblickte ich Meilen flachen Ackerlandes, grün von Weizen und Hirse im Sommer und staubgrau im Winter. Am lieblichsten war es mir im Frühling, wenn Luftspiegelungen über dem jungen Grün flimmerten.«

In Nanhsüchou arbeitet John L. Buck als landwirtschaftlicher Berater, seine Ehefrau als Rektorin an einer Mädchenschule. Hier macht sie sich vertraut mit dem Leben und der Arbeit der chinesischen Bauern. Schon bald weiß sie mehr über Anbau- und Fruchtwechselmethoden, über Ernte, Lagerung und Verwertung als ihr Ehemann John. Ihr Wissen unterscheidet sich von seinem Spezialistentum. Sie achtet die alten, jahrhundertelang überlieferten Kenntnisse und Bräuche, traut der Weisheit der chinesischen Bauern, auch wenn diese weder lesen noch schreiben können. Hier sammelt Pearl S. Buck die Eindrücke, die in den 1932 mit dem Pulitzer-Preis ausgezeichneten Roman *Die gute Erde* einfließen. »Je länger ich in unserer Stadt im Norden lebte«, erinnert sie sich in ihrer Autobiographie, »desto tieferen Eindruck machten auf mich nicht die reichen, sondern die armen Leute, die Bauern und ihre Familien, die außerhalb der Stadt in ihren Dörfern wohnten ... Sie lebten ganz in der harten Realität, sie standen der Erde und dem Elementaren, Geburt und Tod, Lachen und Weinen näher als wir ... Es war unvermeidlich, daß die Härte ihres Lebens sie manchmal grausam machte. Eine Bauersfrau konnte ihr eigenes neugeborenes Mädchen erdrosseln, wenn sie der Gedanke, daß noch ein Esser zu den vielen anderen in der Familie kommen sollte, zur Verzweiflung brachte – aber sie weinte dabei, und es waren bittere Tränen.«

Die Romantrilogie *Haus der Erde*, die aus den Romanen *Die gute Erde, Söhne, Das geteilte Haus* besteht, aber auch der Roman *Die Mutter* sind durchdrungen von der Liebe und Achtung der Autorin für diese chinesischen Bauernfamilien, besonders aber für die Tapferkeit und Klugheit ihrer Frauen.

Im Jahr 1921 ziehen die Bucks nach Nanking, wo John L. Buck eine Anstellung als Universitätslehrer erhalten hat. Ihr neues Haus liegt innerhalb der Stadtmauern und trotzdem »noch auf dem Lande ... umgeben von Rasenplätzen und Gärten, einem Bambushain und großen Bäumen ... ein angenehmes und gesundes Heim« für Carol, ihr erstes Kind, das Pearl S. Buck in Nanking zur Welt bringt. Sie erinnert sich an ihre Schwangerschaft als eine Zeit, in der »meine Freude bis zur Höhe meiner Träume emporstieg ... Ich gehörte zu denen, die geboren werden, um glücklich zu sein, und hielt Glück für mein Vorrecht. Ich sah mein Haus von Kindern erfüllt.«

Ein halbes Jahr nach der Geburt der Tochter stirbt Pearls Mutter, wie schon lange zuvor die Amah. An einem regnerischen Oktobertag wird Carie Seydenstricker auf dem Ausländerfriedhof in Chinkiang beerdigt, wo schon »der kleine tapfere Soldat Gottes« seine letzte Ruhestätte gefunden hatte.

Pearl nimmt ihre noch unverheiratete Schwester Grace und den Vater bei sich auf, dem sie eine Professur an dem von ihm selbst Jahre zuvor gegründeten Ausbildungsseminar für Missionare in Nanking besorgt. An der Universität erhält sie eine Stelle als Dozentin für englische Literatur. Der Vater lebt bis zu seinem Tode in ihrem Haus. Über diese Zeit sagt sie später: »Ich lernte ihn endlich kennen und als Menschen und Gelehrten schätzen ... Zwischen uns bildete sich eine neue Beziehung heraus, eine Freundschaft mit gegenseitiger Achtung und Zuneigung.«

Früh fällt ein tiefer Schatten auf das Familienleben der Bucks. Was Pearl lange als bange Vermutung beschwert hat, wird zur quälenden Gewissheit, als die Tochter das vierte Lebensjahr erreicht: Carol entwickelt sich nicht »normal«. Das verzweifelte Ehepaar reist für ein Jahr nach Amerika und sucht im ganzen Land Hilfe bei Spezialisten. Da Pearl S. Buck als Folge einer Operation nach Carols Geburt keine Kinder mehr bekommen kann, bemüht sie sich seit einiger Zeit, ein amerikanisches Kind zu adoptieren. Doch ihr Begehren war wegen des chinesischen Wohnsitzes der Bucks wiederholt abgelehnt worden. Sie empfindet es als einen Wink des Himmels, dass die Zusage zur Adoption der drei Monate alten Janice in die Zeit fällt, als sie endgültig weiß, dass es für Carol keine Hoffnung gibt. Die Tochter leidet an einer angeborenen Stoffwechselkrankheit, der Phenylketonurie, die damals noch nicht behandelt werden konnte. Carol bleibt geistig behindert.

Erst viele Jahre später, 1950, schreibt die Schriftstellerin über diesen Schicksalsschlag: »Ich trachtete meine Tränen vor meinem Kind zu verbergen – denn es blickte mich nur an und lachte. Dieses verständnislose Lachen war es, das mein Herz immer wieder und vollends zerriß.« Von der Trauerarbeit und der Reifung an dem schweren Schicksal handelt die kleine Erzählung *The Child Who Never Grew* (Geliebtes, unglückliches Kind), mit der Pearl S. Buck allen Eltern behinderter Kinder Mut machen will. Ihr Fazit: »Dulden ist nur ein Anfang. Man muß das Leid tragen, muß wissen, daß Leid, das man ganz auf sich nimmt, seine eigenen Gaben in sich schließt. Denn das Leid hat seine besondere Alchemie: es kann in Weisheit gewandelt werden, die zwar nicht Freude bringt, aber inneres Glück.«

Während des Amerikaaufenthaltes 1925/1926 schreibt sich Pearl S. Buck auch als Studentin der Literaturwissenschaft an der Cornell-Universität, Ithaka, ein, wo ihr Ehemann John seine Dissertation fertig stellt. Mit einer Arbeit über die englischen Essayisten des 19. Jahrhunderts erwirbt Pearl 1926 den Magistertitel. Der Höhepunkt dieses Studienjahres ist aber nicht der Erwerb des akademischen Titels. Sie erhält in einem anonymen Wettbewerb um den besten historischen Essay den ersten Preis mit ihrem Beitrag *China und der Westen*. Diese Auszeichnung bringt nicht nur Ehre, sondern auch ein Preisgeld von 200 Dollar, das sie dringend für Carols Arztkosten benötigt.

Im Jahr 1926 kehrt die vierköpfige Familie nach China zurück. Dort haben sich die politischen Auseinandersetzungen zwischen den westlich orientierten Anhängern Tschiang Kai-scheks und den kommunistischen Tschou En-lais so verschärft, dass Pearl S. Buck am 27. März 1927 mit beiden Kindern, ihrem Ehemann, dem Vater und der Familie ihrer Schwester nur knapp der Ermordung entgeht. Allein die Treue und Unerschrockenheit einer Hand voll chinesischer Freunde, die sie verstecken, rettet ihnen das Leben. Die Flucht vor den revolutionären Truppen, die Nanking besetzen, endet im Exil in Japan.

Pearl S. Buck verliert nicht nur ihre gesamte Habe, sondern auch ein Romanmanuskript. Obwohl sie sich später einmal als eine geborene Nestbereiterin bezeichnet, für die Haus, Garten, schöne Möbel und Erinnerungsstücke viel bedeuten, schreibt sie über diesen Verlust: »In einem merkwürdigen Gefühl vergnügter Unbekümmertheit ging ich in Shanghai von Bord. Es hat etwas für sich, seinen Besitz loszuwerden ... Niemand erwartete etwas von mir. Ich hatte keine Verbindlichkeiten, keine Pflichten oder Aufgaben.« Doch in Pearl S. Buck regen sich erste Zweifel, ob sie jemals wieder in China wohnen kann.

Nach langem Zögern gibt sie 1929 die achtjährige Carol in ein Heim nach Vineland, New Jersey, das sie nach mühsamer Suche ausgewählt hat. Sie besucht die Tochter regelmäßig. Bei ihren verschiedenen Aufenthalten in Amerika knüpft sie Kontakte zu literarischen Agenturen. 1930 erscheint im Verlagshaus John Day ihr erster Roman *Ostwind, Westwind*, für den sie auf Anraten des Verlegers Richard J. Walsh zwei Erzählungen zusammengefasst hat. Schon im ersten Jahr erlebt das Buch drei Auflagen. Es ist der Beginn jenes weltweiten Ruhmes, den sie ab 1932 mit ihrem bekanntesten Werk *Die gute Erde* erwirbt.

Dieses Buch macht eine ganz außergewöhnliche Karriere: Im Erscheinungsjahr werden allein in Amerika 1 811 500 Exemplare verkauft, zweiundzwanzig Monate lang führt der Roman die Bestsellerliste an. Inzwischen ist er in mehr als dreißig Sprachen übersetzt und gilt immer noch als das meistgelesene »amerikanische« Buch im Ausland. Es hat aber auch Pearl S. Bucks übrige literarische Arbeiten so in den Schatten gestellt, dass sich viele Menschen heute an die Schriftstellerin, wenn überhaupt, nur im Zusammenhang mit diesem Werk erinnern.

Als der Vater 1932 mit achtzig Jahren in China stirbt, ist ihm der Ruhm seiner Tochter noch nicht zu Ohren gekommen, nie hat er einen ihrer Romane gelesen. Der Tod des Vaters und die endgültige Entfremdung von ihrem Ehemann tragen neben der politischen Lage in China zum Entschluss der Schriftstellerin bei, sich für immer in Amerika niederzulassen: »Ich kam als Fremde in mein Heimatland.«

Im Jahr 1935 lässt sie sich in Reno scheiden und heiratet ihren Verleger Richard J. Walsh. Er hatte ihr, obwohl selbst noch ein verheirateter Mann, drei Jahre lang die Ehe angetragen. Sogar über den Pazifik ist er Pearl gefolgt, um sie seiner Liebe zu versichern. In dem »autobiographischen Testament« *Zuflucht im Herzen* kommentiert die Schriftstellerin rückblickend: »Ich bin keine Frau, die sich leicht heiraten läßt. Im Grunde meines Seins bin ich gespalten: der eine Teil ist Frau, der andere Künstlerin; beide haben nichts miteinander zu tun.« Schließlich willigt sie doch in die Ehe mit Walsh ein, »obwohl ich nicht sicher war, daß ich die Ehe brauchte«. Sie fühlt sich sehr zu ihrem zweiten Mann hingezogen, teilt seine Liebe zu Natur und Kunst. Beide Amtshandlungen, Scheidung und Wiederverheiratung, werden am gleichen Tag in Reno vollzogen. Pearls spätere Schluss-folgerung: »Ich finde, eine Scheidung sollte leicht und rasch vonstatten gehen, eine Eheschließung hingegen sollte man erschweren.«

Die Familie zieht in ein großes Bauernhaus auf dem Lande im Bundesstaat Pennsylvania. Im Laufe der Jahre werden – anfangs auf Drängen Walshs, der aus der ersten Ehe nur Töchter und keine Söhne hatte – acht Kinder adoptiert, als Erstes natürlich zwei Söhne. Auch in dieser zweiten Ehe muss Pearl S. Buck bald erkennen, dass sie die Starke, die Gebende ist, sogar im konkreten Sinne. Sie trägt zunächst die Hauptlast der Kosten des wachsenden Haushalts, später, als der Verlag aufgelöst und Walsh in den fünfziger Jahren nach mehreren Schlaganfällen arbeitsunfähig wird, finanziert sie allein alle Ausgaben der riesigen Familie.

Drei Jahre nach der Verheiratung mit Walsh – Pearl S. Buck arbeitet im Verlag des Ehemanns als Lektorin – erhält sie die völlig überraschende Nachricht, dass ihr der Literaturnobelpreis des Jahres 1938 zugedacht ist. Zwar hat sie inzwischen schon mehrere literarische Auszeichnungen erhalten, zum Beispiel den Pulitzer-Preis und die begehrte Howells-Medaille der »American Academy of Arts and Letters« – aber den Nobelpreis? Mit ihm hat sie nie gerechnet.

Auch andere überrascht, ja verärgert dieser Preis. Theodore Dreiser mit seinen gesellschaftskritischen Romanen hätte den Preis verdient, heißt es, oder, wenn es denn unbedingt eine Frau sein müsse, warum nicht die amerikanischen Schriftstellerinnen Willa Cather, Edith Wharton oder Ellen Glasgow? Pearl S. Buck sieht es selbst so. Dreiser hat bei ihr inzwischen den Platz des bewunderten Dikkens eingenommen, er und Sinclair Lewis sind ihre Vorbilder, seit sie sich in Amerika niedergelassen hat.

Pearl S. Buck glaubt anfangs tatsächlich, Opfer einer Fehlinformation zu sein. »O pu sin sing!«, soll sie ausgerufen haben, »ich glaube es nicht!« Erst nachdem sie in Stockholm zurückgefragt hat, wagt sie sich zu freuen. Sie ist bescheiden, doch für unverdient hält sie die Auszeichnung nicht. Bis an ihr Lebensende bewahrt sie sich die in China erworbene Tugend, die eigene Person und das eigene Werk nicht zu überschätzen.

Das große persönliche Glück der Auszeichnung macht sie keineswegs blind für die Probleme der anderen. Sie ist zutiefst beunruhigt über die angespannte politische Lage in Europa. Alle Gelegenheiten nutzt sie, um ihr Publikum auf die drohende Kriegsgefahr hinzuweisen. Die Einladung, auf dem Weg nach Stockholm im Deutschland des Hitlerregimes Station zu machen, schlägt sie aus. Sorgfältig vermeidet sie es bereits bei der Planung der Reise, deutschen Boden betreten zu müssen.

Sie zerbricht sich auch den Kopf, wie ihr erfolgverwöhnter Ehemann mit der Tatsache fertig wird, dass nicht er im Rampenlicht des öffentlichen Interesses steht, sondern seine Frau – schlimmer noch, dass er diesen Ruhm nie persönlich wird erringen können. »Ich glaube, die Verleihung des Nobelpreises war für meinen Mann keine einfache Probe«, erzählt sie ihrem Biographen Theodore F. Harris. »Er war auf seinem Gebiet, dem Verlagswesen, eine bedeutende Persönlichkeit, und nun eine untergeordnete Rolle spielen zu müssen, hat von ihm bestimmt viel Großzügigkeit verlangt ... Als Preisgewinnerin hatte ich bestimmte Verpflichtungen, denen ich ganz allein nachkommen mußte ... Er saß im Zuschauerraum, während ich auf der Bühne stand.«

In dem Vortrag, der zu den Pflichten einer Nobelpreisträgerin gehört, spricht sie über den chinesischen Roman. Mit dieser Geste schlägt sie eine jener kulturellen und menschlichen Brücken, an denen sie ihr Leben lang baut. Ihrem »autobiographischen Testament« gibt sie bezeichnenderweise den Titel *A Bridge for Passing* (Eine Brücke zum Hinübergehen). Im Deutschen trägt das Buch, wie viele ihrer anderen Werke auch, einen entstellenden Titel: *Zuflucht im Herzen*.

Aus Äußerungen, Briefen und Erinnerungen von Pearl S. Buck lässt sich nur zwischen den Zeilen herauslesen, wie die Autorin mit dem offen geäußerten Missfallen einiger ihrer Landsleute über die Entscheidung des Nobelpreiskomitees fertig wird. Die meisten der Angriffe empfindet sie als unberechtigt und beachtet sie nicht. Doch es plagen sie auch immer wieder künstlerische

Selbstzweifel. Ihre Schreiblust jedoch hat die Kritik zu keinem Zeitpunkt hemmen können.

Drei Gründe sprechen nach Meinung von Kritikern vor allem gegen Pearl S. Buck als Nobelpreisträgerin: Die Autorin vertrete nicht die moderne amerikanische Literatur, im Gegenteil, ihr Werk stelle einen Rückfall in die überwundenen Erzählformen des 19. Jahrhunderts dar. Ihre Literatur habe kaum etwas mit Amerika zu tun, und die Schriftstellerin sei trotz der amerikanischen Staatsbürgerschaft in ihrem Denken und Fühlen keine Amerikanerin. Hinter vorgehaltener Hand wird dem Nobelpreiskomitee außerdem der Vorwurf gemacht, dass eine sechsundvierzigjährige Frau die Auszeichnung bekommen habe, obwohl doch so viele ältere, preiswürdigere und ehrgeizigere Männer auf die Ehrung gehofft hätten.

In Stockholm sagt Pearl S. Buck in ihrer Dankesrede: »Ich möchte auch erwähnen, daß die Verleihung dieser Auszeichnung an eine Frau für mein Land besondere Bedeutung hat. Sie, die Sie bereits Ihrer Selma Lagerlöf solche Anerkennung gezollt und längst Frauen auf anderen Gebieten anerkannt haben, können vielleicht nicht ermessen, was es in vielen Ländern, auch in meinem eigenen, bedeutet, daß ausgerechnet eine Frau in diesem Augenblick hier steht.«

Was sind die Gründe, die das schwedische Komitee zu der Entscheidung bewegen, eine Autorin zu würdigen, die keine Vertreterin der literarischen Avantgarde ist? Das Werk Pearl S. Bucks aus den dreißiger Jahren wurde als eine mögliche, vielleicht sogar tröstliche Antwort auf die sich weltweit zuspitzenden politischen und ökonomischen Probleme gesehen. Über diesen Romanen »schwebte noch der Geist einer von innen gelenkten Sicherheit des 19. Jahrhunderts, eines Lebens, welches Werte anbot, statt sie in Frage zu stellen«. Der gesellschaftliche Aufstieg des Bauern Wang Lung und seiner Frau O-lan in *Die gute Erde*, die hartnäckig, fleißig, sparsam allen Widrigkeiten trotzen und nach einem vernichtenden Jahr der Dürre und äußerster Armut aufsteigen zu Reichtum und Ansehen, welche am Ende des Romans in der Macht ihrer Familiendynastie verkörpert sind: Das ist auch das Märchen vom Erfolg, das ist der »Amerikanische Traum« vom Aufstieg des Tellerwäschers, ein Märchen, aus dem es in den Jahren der großen Depression für unzählige Menschen ein böses Erwachen gegeben hatte. Auch in Europa.

Die Entscheidung für Pearl S. Buck wurde vor dem Hintergrund der großen gesellschaftlichen Unsicherheit getroffen, insbesondere der drohenden Kriegsgefahr durch Hitler und durch seine nationalistische Rassenpolitik.

Die Kritikerin Dody Weston Thompson schreibt: »Für einen Osten, der von sozialen Revolutionen heimgesucht war, und einen Westen, dessen moralische und ökonomische Grundsätze … zunehmend brüchiger wurden, stellte die Würde und Stärke der einfachen Erzählungen über das seit unvordenklichen Zeiten in gleichförmigen Bahnen verlaufende bäuerliche Leben Chinas eine Lektüre dar, die überall verstanden werden konnte, weil sie die ewigen Wahrheiten des Ackers und der Jahreszeiten betonte, die Frucht des Feldes und Leibes, die Inbegriffe des menschlichen Lebens wie Geburt, Liebe, Lachen, Trauer, Tod.«

Nach der Verleihung des Nobelpreises wendet sich Pearl S. Buck zunehmend den Problemen und Themen Amerikas zu, auch literarisch. Ihr besonderes Interesse gilt der Rassenfrage und dem Verhältnis der Geschlechter. Zwar ist die Schriftstellerin in der Wahl der Gegenstände ihrer »amerikanischen Romane« durchaus experimentierfreudig und mutig, doch in der Form bleibt sie den alten, als überholt geltenden Traditionen verhaftet. Von der eigenen Zerrissenheit, von den Brüchen, Ausblendungen und Verschiebungen der eigenen Identität schlägt sich nichts in ihrer Schreib*weise* nieder.

In den vierziger und fünfziger Jahren veröffentlicht sie drei Romane unter dem Pseudonym *John Sedges*, das sie jedoch nicht lange geheim halten kann. Das bekannteste Buch aus dieser Zeit ist ein historischer Roman über Kansas, der den deutschen Titel *Und weiter führt der Weg nach Westen* trägt. Auch diese Arbeit findet Beachtung, doch es gelingt Pearl S. Buck nie mehr, eine ähnlich große Leserschaft zu gewinnen wie mit den so genannten China-Romanen.

Schon ab Anfang der fünfziger Jahre und verstärkt

Pearl S. Buck

nach dem Tod ihres zweiten Ehemanns im Jahr 1960
wendet sich die Schriftstellerin anderen Gebieten zu: der
Bildhauerei, der Regie bei der Verfilmung ihrer eigenen
Bücher, landwirtschaftlichen Projekten auf ihrer großen
Farm in Pennsylvania.

Doch auch weiterhin schreibt sie, über siebzig Bücher erscheinen bis zu ihrem Tode, darunter viele Kinderbücher und immer häufiger Rückblicke in die eigene Kindheit und Jugend. Der Blick »von meinem Fenster auf ›Green Hills Farm‹ , auf die im Morgendunst daliegenden Berge, hält die Erinnerung an China wach«.

Die durch die Buchtantiemen und Einkünfte aus Verfilmungen gewonnene wirtschaftliche Sicherheit entlastet Pearl S. Buck endlich von den alltäglichen Sorgen. Ihr Geld verwendet sie auch für humanitäre Zwecke. Sie gründet das Welcome House, das für verwaiste und ausgestoßene Kinder aus Verbindungen amerikanischer Soldaten mit asiatischen Frauen Adoptiveltern sucht. Neben dieser Hilfsorganisation, die auch in Japan und Korea arbeitet, ruft sie die Pearl S. Buck-Stiftung ins Leben, die auch nach ihrem Tod Aktivitäten zugunsten behinderter Kinder weiter unterstützen soll.

Noch im Alter von siebzig Jahren beschließt die Schriftstellerin, moderne Gesellschaftstänze zu lernen. Der fast vierzig Jahre jüngere Tanzlehrer wird einer der engsten Freunde ihres Alters, Mitarbeiter und Leiter der von ihr gegründeten Organisation zur Vermittlung von Adoptionen »amerasiatischer« Kinder. Er wird auch ihr Biograph: Theodore F. Harris.

Der Vertraute aber, von dem sich Pearl S. Buck in ihren späteren Jahren am tiefsten verstanden und geliebt fühlt, ist der Philosoph William Ernest Hocking (1873–1966). Noch als er über neunzig ist, schreibt Hokking der neunzehn Jahre jüngeren Freundin Liebesbriefe:

»... Für die Physik gilt: Wenn B von A eingeschlossen wird, kann B umgekehrt nicht A einschließen. Für das Leben und die Liebe gilt: A schließt immer schon B ein und B immer schon A. Wie absurd ist der Gedanke, daß E. H. die unendliche P. B. umschließt! Und doch tut er es! Und natürlich wird E. H. dabei die ganze Zeit von P. B. umschlossen und an seinem gebührenden Platz gehalten ... Gegenseitiges Umschließen – die Wahrheit des Geistes ... O meine Liebe, es gibt soviel zu sagen und solch ein Sehnen nach ›Berührung‹ statt ›Sprechen‹ . Die Zeit wird kommen ...«

Bis kurz vor ihrem Tod am 6. März 1973 wohnt Pearl S. Buck, die noch viele und weite Reisen unternimmt, auf Green Hills Farm. Dieses »große Nest«, das sie sich und den Kindern geschaffen hat, verkörperte ein Stück Heimat, auch schon in jenen schweren Jahren, als der Ehemann lange vor seinem Tod selbst auf die Stufe eines Kindes zurückgeworfen wurde. In ihrem Tagebuch hat Pearl S. Buck festgehalten: »Alles in allem sind sie [die Kinder] die Freude meines Lebens. Ich will mich nicht ganz von ihnen beanspruchen lassen und kämpfe um meine Freiheit. Ich liebe sie nicht nur deshalb, weil sie meine Kinder sind ...: Sie sind Wachstum, Leben, Persönlichkeit, Entwicklung, Wandlung, Jugend, Individualität – ein kleines Stück Welt.« Einem Kind aus der Abhängigkeit in die Selbständigkeit zu verhelfen, darin sah Pearl S. Buck eine der lohnendsten Aufgaben überhaupt.

Kindern hat sie eine Heimat gegeben, nicht nur den eigenen. Und sie selbst? Hat sie auf dieser Erde jemals das gefunden, was sie eine Heimat hätte nennen können? Oder musste sie sich – wie als Sechsjährige – ein Leben lang mit der »wahren Heimat im Himmel« trösten? Nicht im Himmel suchte die Schriftstellerin Pearl S. Buck die Heimat, sondern im Herzen der Menschen.

Im hohen Alter zieht sie folgende Bilanz: »Mein ganzes Leben stellt eine Einheit dar. Alles, was ich unternahm, selbst das Schreiben, entsprang der Faszination durch Menschen, den Rätseln ihres Denkens und Fühlens, ihrer Empfindlichkeiten, ihrer Bedürfnisse und ihrer grundsätzlichen Einsamkeit im Universum ... Wir müssen die totale Isolation ertragen lernen, denn sosehr wir auch unsere Hoffnung auf einen Gott setzen möchten, wir hören seine Stimme nicht und wir sehen ihn nicht. Der Glaube ist ein berechtigtes Gefühl, aber er wird durch nichts bestätigt als die Hoffnung.«

»Du sollst dein Werk wie dein Kind hervorbringen, mit dem Blut aus tausend Tagen«

Gabriela Mistral (1889–1957),
Nobelpreis für Literatur 1945

Von Irene Ferchl

Ein Lorbeerkranz und eine goldene Krone waren der Preis des literarischen Wettbewerbs »Juegos Florales«, der immer im Frühling in Santiago de Chile stattfand. Im Jahre 1914 kam die Preisträgerin nicht auf die Bühne, um im Rahmen einer Feier mit Festkönigin, Urkundenübergabe und Reden geehrt zu werden. Die schüchterne fünfundzwanzigjährige Lucila Godoy Alcayaga, eine Lehrerin, versteckte sich auf der Galerie des Stadttheaters. Die Verfasserin der preisgekrönten Gedichte blieb unerkannt, denn sie hatte ihre Verse unter dem Pseudonym Gabriela Mistral eingereicht – wohl auch aus Angst, ihre sinnlichen und leidenschaftlichen Worte könnten möglicherweise ihre Stelle als »Erziehungsberechtigte« gefährden.

Mit diesem Preis begann die Karriere der Dichterin Gabriela Mistral. Zu ihrer Namenswahl, die von Anfang an ein absichtsvolles Bekenntnis war, sagte die gefeierte Literatin vier Jahrzehnte später: »Als Kind betete ich andächtig zum Erzengel Gabriel. Von ihm legte ich mir den Namen zu. Mistral – das ist der Name des heftigen Mittelmeerwindes. Ungewöhnlich stark haben mich immer die Elemente angezogen, überhaupt die Kräfte der Natur.«

Lucila Godoy Alcayaga wurde am 7. April 1889 im Norden Chiles, im Elqui-Tal, geboren, das sich zwischen den Anden und dem Pazifischen Ozean erstreckt. Dort gedeihen subtropische Früchte wie Lucuma und Chirimoya, Feigen und Trauben und vor allem Granatäpfel, die als blutiges Symbol immer wieder in ihren Gedichten vorkommen:

»Ich hab' mich inmitten der Erde gesetzt,
mein Geliebter, inmitten des Lebens,
um meine Adern und meine Brüste zu öffnen,
um mich wie lebende Frucht des Granatbaums zu
schälen
und der Gebeine rotes Gehölz zu zersplittern,
das dich geliebt hat.«

Zeitlebens fühlte sich Gabriela Mistral auf dem Lande zu Hause und bezeichnete sich gerne als Gärtnerin. Aus vielen ihrer Texte spricht eine starke Naturverbundenheit, die ihre Mutter schon an dem kleinen Mädchen beobachtet hatte: »Oft entschlüpfte Lucila meinen Armen und lief in den Garten. Sie blieb dort im stummen Bewundern der blühenden Mandelbäume. Wie manches Mal überraschte ich sie im innigen Gespräch mit Vögeln und Blumen.« Kein Wunder also, dass die Dichterin oft

Franziskus von Assisi als ihren Lieblingsheiligen bezeichnete und die Bäume »Verehrer« nannte, die in ihrem Werk eine große Rolle spielen.

Lucilas Vater, Jerónimo Godoy, war der Typ des *chileno errante*, des umherirrenden Chilenen, den es nirgends lange hielt. Von Beruf Dorfschullehrer, zeichnete er sich – außer durch Vergnügungssucht – durch sein dichterisches Talent aus. Die von ihm erhaltenen Verse sind wehmütig und erinnern an die Lieder der fahrenden Sänger Chiles und Argentiniens, woher der Großvater der Dichterin eingewandert sein soll. Die Literaturgeschichte erwähnt sogar einen Dichter desselben Namens als Vorläufer der argentinischen Gaucho-Dichtung.

Jerónimo Godoy heiratete eine hübsche und empfindsame Witwe, Petronila Alcayaga, die bereits eine erwachsene Tochter hatte. Die Familie lebte zunächst im Dorf Monte Grande, zog aber noch während der Schwangerschaft der Mutter in die nahe gelegene Stadt Vicuna, Lucilas Geburtsort. Obwohl er für seine Tochter zärtliche Wiegenlieder sang, änderte Jerónimo seine Lebensgewohnheiten offenbar nicht. Er verließ die Familie nach drei Jahren und verschwand für immer aus der Gegend.

Eines Tages, als Gabriela Mistral in Kisten und Koffern kramte, fand sie unter alten Papieren vergessene Verse ihres Vaters, die er ihr zugedacht hatte: »Gnädig der Himmel, der dich auf Erden geschickt. Vielleicht gewährt er dir, was er deinen Eltern vorenthalten.«

Vom Vater erbte Lucila nicht nur das dichterische Talent, sondern auch das Unstete und Ruhelose, die Wanderlust. Gabriela Mistral bezeichnete sich selbst gern als *paticola*, als einen – so die deutsche Übersetzung – ruhelosen Geist, und brachte daher später mehr Verständnis für das egoistische Verhalten von Jerónimo Godoy auf. Auch ihre Vorliebe für den Orient führte sie auf das Aussehen des Vaters zurück, der ihr mit seinem kräftigen Schnurrbart wie ein Orientale erschienen war, »ein Dschingis Khan aus der Atacama-Wüste«. In Wirklichkeit war er – wie auch die Mutter – baskischer Herkunft, vermutlich mit »indianischem Anteil«. Auf dieses Indianerblut wies Gabriela Mistral gerne hin, bei Gelegenheit erwähnte sie auch einige Tropfen jüdischen oder – bei einem Besuch auf den Antillen – Negerblutes. Aber solche Äußerungen der *Mestiza de vasco*, der baskischen Mestizin, wie sie sich einmal selbst nennt, sind eher als herausforderndes Bekenntnis zu dem aus vielen Rassen gemischten südamerikanischen Kontinent gemeint.

Die Jugend ohne Vater hat in ihrem dichterischen Werk ihre Spuren hinterlassen: Der Kern einer Familie besteht bei ihr immer nur aus Mutter und Kind, der Vater wird als ferne Gestalt ganz selten erwähnt, während sie die Mutter, die Mutterschaft allgemein, häufig beschwört.

Lucilas eigene Mutter war eine tapfere Frau, die Gabriela Mistral in einem Gedicht liebevoll beschrieben hat:

»Winzig klein war meine Mutter
wie der Pfefferminzstrauch, das Gras.
Kaum warf sie Schatten auf die Dinge, kaum.
Die Erde liebte sie,
weil sie ihr leicht war,
weil sie ihr zulächelte
im Glück wie im Leid.«

Als der Ehemann Frau und Kind verlassen hatte, beklagte sich Petronila Alcayaga nicht, sondern sorgte allein für den Familienunterhalt. Unterstützt wurde sie von ihrer älteren Tochter aus erster Ehe, Emelina Molina, die Lehrerin im Dorf Monte Grande war. Sie übte auf die kleine Lucila einen großen Einfluss aus, auch für diese war der Beruf der Lehrerin vorgesehen. Die Mutter schickte Lucila in die Schule von Vicuna, weil sie glaubte, das Kind würde dort besser erzogen als zu Hause.

Als Lucila zwölf Jahre alt war, zog die Familie nach La Serena und das Mädchen sah zum ersten Mal das Meer. Sie lebte jetzt in der Nähe ihrer Großmutter väterlicherseits, Isabel de Villanueva, die eine sehr religiöse Frau war und damals wohl die Grundlagen für die tiefe Gläubigkeit legte, die auch Gabriela Mistrals Persönlichkeit prägte.

In der Schule ereignete sich bald ein unangenehmer Vorfall, von dem Gabriela Mistral noch nach fünfzig Jahren sagte, die Erinnerung sei so frisch, »als wäre sie gerade jetzt erst in mein Herz geritzt worden. Als ob ich nicht aufhören soll, darunter zu leiden ...« Sie erlebte die Geschichte folgendermaßen:

»Die Leiterin der Schule, die mein Vormund war, hieß Adelaida Olivares. Sie war blind, und ich mußte sie alle Tage an der Hand von ihrer Wohnung in die Schule führen, durch die Straßen dieses gottverlassenen Ortes. Ich war damals sehr scheu. Adelaida Olivares ließ mich zu Beginn einer jeden Stunde das Papier für unsere Schulaufgaben verteilen, das Papier mit dem Wasserzeichen des Staates. Wir erhielten es umsonst, doch die Menge war der Schule genau zugeteilt.

Die besonders frechen meiner Mitschülerinnen zogen Nutzen aus meinem scheuen Wesen und rissen mir das Papier mit solcher Schnelligkeit und in solchen Stößen aus den Händen, daß in kurzer Zeit das zugemessene Quantum verbraucht war. Als es die Direktorin erfuhr, rief sie alle Schülerinnen zusammen und fragte im ernsten Ton, wer die ›Diebin des Papiers‹ sei. Alle Blicke richteten sich auf mich. Laut wurde ich angeklagt, das Papier gestohlen zu haben. Ich wollte mich verteidigen, und unter Schluchzen und mit großen Pausen erzählte ich die Wahrheit. Die Lehrerin lachte und glaubte mir nicht. Alle mußten sich entfernen, nur ich allein blieb zurück. Von einer furchtbaren Angst gepackt, verlor ich das Bewußtsein. Mehr als eine Stunde war ich ohnmächtig. Als ich die Schule verließ, erwarteten mich meine Kameradinnen auf der Straße. Sie hatten Steine gesammelt und warfen sie auf mich. Sie taten es ohne Mitleid. Ich blutete, war am Kopf verletzt, im Gesicht, überall am Körper. Eine Erinnerung, die unauslöschlich ist.

Die Direktorin gab sich mit meiner Erklärung keineswegs zufrieden. Sie ließ mein kleines Zimmer durchsuchen ... Man fand dort Bogen jenes Papiers. Ich hatte sie von meiner Schwester erhalten, die Lehrerin in Monte Grande war. Dona Adelaida wies mich von der Schule. Sie schrieb ins Klassenbuch unter meinen Namen ›Geistesschwach‹. Möglich, daß ich wegen dieses Erlebnisses voll Skepsis bin gegenüber allen Erziehungsmethoden ...«

Trotz dieses kindlichen Traumas und ihrer Skepsis ergriff Lucila den Beruf der Lehrerin. Vater und Schwester mögen hierbei als Vorbild gedient haben. Fühlte sie vielleicht schon als Mädchen die später glorifizierte Mission, den Armen und Unglücklichen zu helfen? Ihr Leben lang glaubte Gabriela Mistral jedenfalls fest an den Wert einer Bildung und Ausbildung, die sie Elend und Armut entgegensetzte. Lesen und schreiben zu können blieben für sie elementares Menschenrecht. Den Lehrerinnenberuf erlebte sie als Berufung, für die sie in dem Gedicht *Das Gebet der Lehrerin* Gottes Segen erflehte:

»Herr, der Du selber lehrtest, verzeih, daß auch ich lehre, den Lehrersnamen trage, den Du auf Erden trugst ...

Gib, daß ich mehr Mutter bin als alle Mütter, damit ich lieben und hüten kann, was nicht *Fleisch von meinem Fleische.* Laß es mich erreichen, daß wenigstens aus einer meiner Schülerinnen mein vollkommener Vers werde, ich diesem Kinde meine stärkste Melodie einpräge, sie für Dich zurücklassend, wenn meine Lippen nicht mehr singen ... Mach mich einfach, gib mir Tiefe! Bewahre mich davor, in meinem täglichen Unterricht spitzfindig zu sein oder oberflächlich ... Mach meine Hand leicht, wenn sie straft. Mach sie sanfter, wenn sie liebkost. Rüg mich durch Schmerz, auf daß ich wisse, ich habe·liebend getadelt.«

Mit vierzehn oder fünfzehn Jahren wurde Gabriela Mistral bereits Hilfslehrerin an einer Landschule, ab 1905 arbeitete sie in zwei verschiedenen Dörfern im Elqui-Tal als Referendarin. Zu dieser Zeit begann sie unter verschiedenen Pseudonymen für die Provinzpresse zu schreiben und verfasste Artikel voller pädagogisch-politischer Ideen. In der Zeitung *El Coquimbo* erschien im Sommer 1904 ihr erstes Gedicht: *Während Graciela Siesta hielt.* Ein Jahr später schrieb sie Gedichte aus dem »herbstlichen Tal einer kranken Seele«, die sie später jedoch nicht in ihr Gesamtwerk aufnahm.

Gabriela Mistral behielt diese Jahre als eine Zeit in Erinnerung, in der Qual für sie das einzig Reale gewesen sei. Die Siebzehnjährige hatte in einem Brief bereits erkannt: »Es ist etwas in meinem Wesen, das diese Bitterkeit hervorruft, eine geheime Hand, die Galle in mein Herz träufelt, wenn alle um mich her glücklich sind.«

Sie wird als hager beschrieben, mit bleichem Gesicht, doch anmutigen Zügen, mit grünen Augen und feinen Händen, als schwärmerisch, romantisch und verträumt. In einem Vorort von La Serena, in Compania Baja, unterrichtete die junge Frau tagsüber Kinder und abends Arbeiter, die Lesen, Schreiben und Rechnen lernen wollten. Als sie sich um einen Posten an der Höheren Mädchenschule von La Serena bewarb, wurde sie abgewiesen. Der Kaplan hatte Einspruch erhoben, weil sie rauchte – eine unverzeihliche Sünde bei einer jungen Frau – und weil sie in einigen Artikeln sozialistische, also »heidnische« Gedanken formuliert hatte.

Diese Absage war mehr als das bloße Nein einer angesehenen Schule gegenüber einer unbedeutenden, schlecht ausgebildeten Dorflehrerin, sie verbaute Lucila den weiteren beruflichen Aufstieg – es sei denn, sie holte in der Hauptstadt Santiago die notwendigen Examina nach. Doch dafür hatte sie weder die Zeit noch das Geld.

Über ihren weiteren Werdegang existieren verschiedene Versionen. Die nüchterne berichtet, dass es ihr als Gasthörerin gelang, die notwendigen Scheine doch noch zu bekommen. Die interessantere erzählt, dass sich der damalige Unterrichtsminister und spätere Staatspräsident, Pedro Aguirre Cerda, den sie als Kollegen in der Schule von Antofagasta kennen gelernt hatte, einge-

Gabriela Mistral

mischt habe: »Selbst politisch links wie die gedemütigte Lehrerin, sorgte er dafür, daß sie in Schnellkursen die fehlenden Prüfungen nachholen konnte. Sie bestand sie mit Auszeichnung. Die botanische Arbeit hatte sie in Versen abgefaßt!«

In den nächsten Jahren unterrichtete sie an Schulen in verschiedenen Orten, die staatliche Erlaubnis dazu hatte sie 1910 erhalten.

Bei einer ihrer Fahrten durchs Land lernte Gabriela Mistral den jungen Eisenbahnangestellten Romelio Ureta kennen. Damit begann das Drama einer Liebe, die ihre ganze Jugend überschattete, allerdings sind die Tragik des Geschehens und der spätere Einfluss auf die *Sonette des Todes* das Einzige, worüber sich die Biographen einig sind.

Einige behaupten, Gabriela Mistral habe Romelio Ureta nur zwei- oder dreimal in ihrem Leben gesehen und die ganze in ihren Gedichten geschilderte Liebesgeschichte sei lediglich das Produkt einer »phantasievollen Traumseele«. Dagegen sprechen zwar überlieferte Briefe und Berichte der Dichterin selbst, doch auf die Fakten reduziert, klingt die Geschichte wirklich sehr banal:

Die Siebzehnjährige verliebte sich in den fünf Jahre älteren Mann. Er erwiderte anfangs ihre Gefühle, wandte sich dann aber einem anderen Mädchen zu. Die Beziehung wurde wieder aufgenommen und eine Aussprache stand bevor, als sich der Geliebte wegen einer Geldschuld am 26. November 1909 erschoss. In der Innentasche seines Mantels wurde eine Karte gefunden, die Gabriela ihm geschrieben hatte.

Vieles spricht dafür, dass die Autorin den Geliebten – ob bewusst oder unbewusst – zum Opfer von Umständen hochstilisierte und seinen Tod verklärte, durch den er gar seine Schuld sühnte. Eine andere, ihre eigene, Version der Geschichte belegt auf jeden Fall die große Empfindsamkeit der jungen Gabriela:

»Eines Tages sagte er mir, daß er auf Arbeitssuche in den Norden ginge, um Geld zu verdienen, um dann wiederzukommen und mich abzuholen, damit wir heirateten. Dieses Versprechen stellt die schönste Erinnerung dar, die ich an ihn hege.« Doch die Zeit verging und sie überraschte ihn eines Abends Arm in Arm mit einem anderen Mädchen. Als sie das Paar dann später in der Nacht von ihrem Balkon aus in inniger Umarmung sah, zerpflückte sie die Blumen auf der Balustrade und warf sie hinab auf die Schatten.

»Er ging mit einer anderen vorbei,
und ich sah ihn gehn.
Samten der Wind,
im Frieden der Weg.
Meine armen Augen,
sie sahen ihn gehn!«

Aus der Zurückweisung und dem Schmerz über den Verlust des geliebten Mannes entstanden innige Gedichte mit den widersprüchlichsten Gefühlen.

Da gibt es in *Nocturno* das »grenzenlose Ermatten« neben dem »klagenden Schrei« zu Gott »Vater, der Du bist in den Himmeln – warum hast Du mich verlassen!« Da existiert aber auch der illusorische Trost, dass niemand ihr den Toten nehmen könne. Das erste ihrer *Sonetos de la Muerte* (Sonette vom Tode) lautet:

»Aus der eiskalten Gruft, in die sie dich gelegt,
werde ich dich in die sonnenwarme, schlichte Erde
                                                        senken.

Die Menschen ahnten nicht, daß ich mit dir im
gleichen Gelaß
träumen sollte, auf den gleichen Kissen.

In die sonnenwarme Erde werde ich dich betten,
zärtlich wie eine Mutter ihren schlafenden Sohn.
Sanft wird die Erde dich wiegen,
wenn sie deinen Leib empfängt, den wunden eines
Kindes.

Rosenstaub und Erde werde ich streuen,
und in dem linden, blauen Dunst des Mondes
wird deine leichte Hülle ruhen.

Besingend meine schöne Rache werd' ich forteilen.
Keines Weibes Hand wird in die Tiefe, die
verborgne, reichen,
mir dein Gebein, die Handvoll, streitig machen!«

Mit drei dieser Sonette gewann Lucila alias Gabriela Mistral 1914 den literarischen Wettbewerb in Santiago.
Nach dieser Auszeichnung begannen Zeitungen und
Zeitschriften aus Chile und ganz Südamerika um ihre
Mitarbeit zu werben. Von konservativen Kreisen wurde
ihre Dichtung zwar als avantgardistisch angefeindet,
doch verschaffte sie ihr andererseits die einflussreichen
Bewunderer, die ihr später den Weg in den diplomatischen Dienst ebnen sollten.

In den ersten Jahren ihres Ruhmes erklärte Gabriela Mistral ihre Namenswahl noch nicht mit dem Erzengel Gabriel und dem Mittelmeerwind, sondern aus ihrer Bewunderung für zwei Kollegen, den italienischen Lyriker Gabriele d'Annunzio und den französischen Dichter Frédéric Mistral. Über dessen Hauptwerk, eine idyllische Liebesgeschichte, schrieb sie in ihrem Gedicht *Meine Bücher* den Vers:

>»Gedicht von Mistral, Duft aufgerissener Furchen,
>der den Morgen durchtränkt. Berauscht atme ich
>   Dich.
>Ich sah sie, Mireille, wie sie die blutende Frucht,
>die Frucht der Liebe auspreßt und aus der
>   grausamen Wüste entflieht.«

Von d'Annunzio ist weiter nicht die Rede und später hat sie ohnehin jegliche Beeinflussung durch europäische Autoren geleugnet.

Das literarische Debüt Gabriela Mistrals im Jahre 1914 begründete, weil es auf dem Hintergrund der tragischen Liebesbeziehung entstanden war, den Mythos von der Frau, die treu bis in den Tod bleibt. Schon früh stellten Kritiker und Biographen ihr Leben als vorbildlich hin, ganz so »wie man dies mit den Heiligen der katholischen Kirche oder mit Mao zu tun pflegte«, schreibt Federico Schopf in seinem Vorwort zur Ausgabe der *Liebesgedichte*. Schon 1925 erhielt sie die Beinamen »Schutzengel« oder »Die göttliche Lehrerin«. Zwei damals erschienene chilenische Biographien trugen die Titel *Die göttliche Gabriela* und *Santa Gabriela Mistral*. Möglicherweise hat Gabriela Mistral, obwohl sie in solchen Fällen kritisch reagierte und auf Übertreibungen aufmerksam machte, durch ein rätselhaftes Schweigen, durch ihre Schüchternheit und Zurückgezogenheit, vielleicht auch durch ihr Bedürfnis nach Anerkennung selbst dazu beigetragen, diesem offiziellen Bild Vorschub zu leisten.

So entstand die Legende von der Dichterin als einem »Mädchen von bescheidener Herkunft, das früh seinen Verlobten verloren hatte und sich fortan ihrer alten Mutter und ihrer Arbeit als Lehrerin widmete, Chile und Amerika in erzieherischer Mission bereiste, wobei sie den Menschen die Notwendigkeit des gesellschaftlichen Opfers, der Existenz Gottes und des ewigen Lebens in Erinnerung rief. Nichts Unangenehmeres, als sich die repressive Funktion vorzustellen, von der dieses öffentliche Bild erfüllt war, und zwar unter der heuchlerischen Form eines beispielhaften und vorbildlichen Lebens, das der Nachahmung würdig sei.«

Diese Duldsamkeit und Frömmigkeit priesen Konservative in den fünfziger Jahren als »das Ewigweibliche in seiner tiefsten Eigenart, der zarten Keuschheit und der echt fraulichen Sehnsucht nach Mutterschaft«. Dieses Bild Gabriela Mistrals stand einer späteren Aufarbeitung ihres Werkes wohl eher im Wege, es passte nicht in das Zeitalter der Gleichberechtigung. Es ist sicher kein Zufall, dass ihr hundertster Geburtstag im Jahre 1989 in den Medien der Bundesrepublik kaum aufgegriffen wurde. Lange Jahre hatte es in deutscher Übersetzung schließlich nur ein geschmäcklerisch illustriertes Bändchen unter dem Titel *Spürst du meine Zärtlichkeit?* gegeben. Erst 1988 erschien eine neue, breitere Auswahl der »Liebesgedichte«.

In dem Vorwort zu dieser Ausgabe ist auch die Rede von anderen Liebesbeziehungen Gabriela Mistrals, vor und nach der unglücklichen Geschichte mit Romelio Ureta. Es existieren Briefe des jungen Mädchens an einen älteren, reichen Gutsbesitzer und bedeutsamere an den Dichter Manuel Magallanes Moure aus den Jahren 1914 bis 1922, die voller »intensiver Verliebtheit« sind: »In dem langen Briefwechsel bat der Dichter oft um ein Treffen. Sie aber fand immer Gründe, um es zu verschieben. Oft äußert sie Zweifel, daß irgend jemand sie wirklich lieben könne. Ihr Scheitern bei dem Selbstmörder und die Problematik, die sie in dieser Beziehung erblickt, führen sie dazu, sich in dieser Lebenshinsicht als von einem unheilvollen Schicksal gebrandmarkt anzusehen, d.h. ihre Schwierigkeiten liefern ihr eine neue Rechtfertigung für ihre Gehemmtheit und Vorurteile. Es besteht kein Zweifel, daß sich Magallanes Moure sehr stark von der ungewöhnlichen und komplexen Persönlichkeit Gabriela Mistrals angezogen fühlte. Sie aber kam sich nicht nur äußerlich häßlich vor, sondern auch innerlich.«

Der Dichter verliebte sich später in eine schöne, wenn auch literarisch unbedeutendere Kollegin. Darauf schrieb Gabriela Mistral fast ohne Groll: »Sie sind ein Kranker, und als solcher nicht verantwortlich für die Schmerzen, die Sie bereiten, die Träume, die Sie erwecken, nicht erfüllen und nicht wahr werden lassen ... Sie sind ein Landschaftsmaler der Seelen, der über alle hinweggehen, sie alle haben, mit jeder genießen, ewig hingegeben und frei sein wird, wobei sie über verschiedene Formen von Zuneigung und Bewunderung stolpern werden.«

Ihre Liebe dagegen ist leidenschaftlich und ewig, sie verändert das Leben. Verrat und Verlust erlebt sie als zerstörerisch.

»Daher berühre mich nicht. Lüge wäre es,
zu sagen, ich schenkte dir meine Liebe
in meinen ausgebreiteten Armen,
meinem Mund, meiner Stimme;

Im Kuß ist nicht nur die Lippe,
und die Stimme nicht nur Echo der Brust:
Meine Liebe ist Gottes Sturmwind, der meines
                                        Fleisches
Zweig mir im Fluge spaltet!«

Das Verhalten von Moure war ein harter Schlag für Gabriela Mistral, eine erneute Enttäuschung ihrer Art der Liebe, die sie von nun an nur noch in ihrem literarischen

Werk lebte. Psychologen würden heute von »Sublimie-rung« sprechen.

In all diesen Jahren übte Gabriela Mistral ihren Beruf als Lehrerin aus, und zwar in den verschiedensten Gegenden Chiles: im Süden des Landes in Traiguén, Temuco, Punta Arenas und im Norden in La Serena, Antofagasta, Los Andes. Die unterschiedlichen Erfahrungen fanden ihren Niederschlag in den Gedichtzyklen *Rondas* (Rundgesänge) und den *Paisajes de la Patagonia* (Patagonische Landschaften).

Sie erhielt viel Anerkennung, nicht nur für ihre Lehrertätigkeit. In Punta Arenas, der südlichsten Stadt Chiles und der Welt, förderte sie zum Beispiel soziale Programme zugunsten hilfsbedürftiger Kinder und leitete eine Kampagne zur Aufforstung des Waldes, die sie gemeinsam mit den Schulkindern durchführte.

Wie alltägliche Erlebnisse, die sie wachen Auges wahrnahm, ihre Dichtung beeinflussten, erzählt sie in der Anmerkung, die sie den *Poemas de la madre más triste* (Gedichte der traurigsten Mutter) voranstellte:

»Eines Nachmittags, als ich durch die Elendsquartiere von Temuco ging, sah ich eine Frau aus dem Volk auf der Schwelle ihrer Hütte sitzen. Sie war ihrer Niederkunft nahe, und ihr Angesicht verriet tiefe Bitternis.

Ein Mann schritt an ihr vorbei. Er sagte etwas Unflätiges. Sie errötete.

In diesem Augenblick empfand ich das Gemeinsame

unseres Geschlechts in seiner ganzen Fülle, das unendliche Mitleid, das eine Frau für eine andere empfindet, und während ich wegging, dachte ich: Eine von uns sollte es sagen, da die Männer es nie gesagt haben: Dieser Zustand ist geheiligt. Wenn es die Aufgabe der Kunst ist, alles zu verschönen durch ein grenzenloses Erbarmen – warum haben sie nicht dies erhöht, verklärt von den Augen der Unreinen?

Und so schrieb ich die Gedichte in einer fast religiösen Absicht.

Einige Frauen aber, die ihre Augen verschließen vor der zwar grausamen, aber schicksalgegebenen Wirklichkeit, nahmen, nur um als keusch zu gelten, Anstoß an den Gedichten. Das hat mich traurig gemacht um dieser Frauen willen. Sie drängten sogar darauf, die Stücke auszulassen.

In meinen Augen sind es kleinliche Frauen. Das Leben in seiner rückhaltlosen Fülle – vielleicht sang es sich erst in diesen Gedichten. Sollte ich sie deshalb ausmerzen?

Nein! Hier bleiben sie! Ich widme sie den Frauen, die fähig sind, des Lebens Anfang in der Mutterschaft zu sehen, die dadurch geheiligt wird. Erfüllt die brennende Zärtlichkeit einer Frau, mit der sie auf die Mütter der Welt blickt! Ihr selber ist auf Erden nur beschieden, die Kinder der anderen zu hüten.«

Diese Sätze wirken nicht nur wie ein Glaubensbekenntnis, sie sind auch so gemeint: Immer wieder thematisiert sie die Mutterschaft, auch ihren persönlichen Wunsch nach Kindern, die ihr versagt blieben.

Die Stadt Temuco, in der Mistral um 1920 arbeitete, war auch die Heimatstadt Pablo Nerudas, der 1971 als zweiter Chilene den Literaturnobelpreis erhalten hat. In seinen Memoiren *Ich bekenne, ich habe gelebt* erinnert sich Neruda an die Begegnung, die er als sechzehnjähriger Junge mit der Dichterin hatte: »Zu jener Zeit kam nach Temuco eine hochgewachsene Dame in langen Kleidern und Schuhen mit niedrigen Absätzen. Sie war die neue Direktorin der Mädchenschule. Sie kam aus unserer australen Stadt, von den Schneefeldern der Magellanstraße. Sie hieß Gabriela Mistral. Ich sah sie in ihren Priestergewändern durch die Gassen meines Dorfes gehen und hatte Angst vor ihr. Doch als man mich zu einem Besuch bei ihr mitnahm, fand ich sie menschenfreundlich. In ihrem brünetten Gesicht, in dem das Indioblut vorherrschte wie bei einem schönen araukanischen Krug, zeigten sich ihre schneeweißen Zähne in freiem, großmütigem Lächeln, das den Raum erhellte. Ich war zu jung, um ihr Freund zu sein, und zu schüchtern und versonnen. Ich sah sie sehr selten. Doch oft genug, um jedesmal mit ein paar Büchern heimzukommen, die sie mir geschenkt hatte. Es waren stets russische Romane, die sie als das Außergewöhnlichste der Weltliteratur ansah.«

1921 ging Gabriela Mistral als Leiterin an eine Höhere

Schule in Santiago, wo sie in einem Vorort lebte. Sie praktizierte Yoga und studierte Theosophie, ihr Haus war immer voller Besucher. Diese lernten zwei ganz unterschiedliche Seiten von Gabriela Mistral kennen: Sie war die große Einsame mit der tragischen Maske, aber andererseits konnte sie glücklich und ausgelassen, zuzeiten auch launenhaft oder verspielt sein.

Mit Erstaunen stellte der Professor Federico de Onis von der New Yorker Columbia-Universität bei einem Besuch mit seinen Spanischstudenten fest, dass ihre gesammelten Dichtungen noch nicht in einem Buch publiziert worden waren. Er unternahm die Edition des Bandes *Desolación* (Verzweiflung), der 1922 erschien. Er enthielt außer den *Sonetten vom Tode* auch Wiegenlieder, Naturgedichte, Thematisierungen der Mutterschaft und des Lehrerberufs sowie *Die zehn Gebote des Künstlers* (Decálogo del artista).

Die fünf beeindruckendsten lauten:

»I. Du sollst die Schönheit lieben. Sie ist Gottes Schatten über dem Weltall.

II. Du sollst die Schönheit nicht zum Kitzel der Sinne machen, sondern zur natürlichen Zehrung der Seele.

VII. Deine Schönheit soll zugleich Erbarmen heißen, das Herz der Menschen trösten.

VIII. Du sollst dein Werk wie dein Kind hervorbringen, mit dem Blut aus tausend Tagen.

X. Nach jedem Werk sollst Du beschämt sein. Es reicht nicht heran an deinen Traum.«

Gabriela Mistral war noch nicht lange in Santiago, als ein neues Gesetz die Anstellung von Lehrern ohne Universitätsabschluss untersagte. Glücklicherweise erhielt sie fast gleichzeitig mit der schlechten Nachricht eine Einladung nach Mexiko aufgrund ihres über die Grenzen reichenden Rufes als Erziehungsexpertin. Der Schriftsteller und damalige Erziehungsminister von Mexiko, José Vasconcelos, ersuchte Gabriela Mistral in aller Form, an der Unterrichtsreform seines Landes mitzuarbeiten. Sie nahm an.

Der Aufenthalt, der zwei Jahre währte, übte einen entscheidenden Einfluss auf sie aus. Die Ideologie der Mexikanischen Revolution deckte sich mit vielen Ideen von Gabriela Mistral. Sie trat für die Indios und gegen alles Spanische ein, gegen die auferlegte kulturelle Knechtschaft und für eine eigene südamerikanische Kultur und Kunst. Als Resultat der Mexiko-Zeit schrieb sie die *Lecturas para mujeres*, ein Lesebuch für Frauen, und brachte es heraus, wie vorher und nachher zahlreiche Schullesebücher gemeinsam mit chilenischen Kollegen.

Vasconcelos kandidierte für den Posten des Ministerpräsidenten. Für den Fall seiner Wahl wollte er Mistral zur Verteidigungsministerin machen, damit eine Frau, die Kriege hasste, dem leichtsinnigen Spiel der Männer ein Ende bereite. In diesen mexikanischen Jahren entdeckte Gabriela Mistral – trotz des Eintauchens in die dortige alte Kultur – auch den eigenen Christenglauben neu. Sie definierte sich jetzt als »Christin und also völlige Demokratin« und sah sich in gewisser Distanz zu ihrem nunmehr veröffentlichten ersten Gedichtband. »Möge Gott mir dieses bittere Buch verzeihen«, schrieb sie. Die Stimmung ihrer zweiten Gedichtsammlung, *Ternura* (Zärtlichkeit), ist denn auch wesentlich positiver und lebenszugewandter: Sie enthält viele Wiegenlieder, Sprechgesänge, zärtliche Beschreibungen von Kindern und dem Glück der Mutterschaft. Das Buch, das 1924 erschien, widmete Gabriela Mistral ihrer Halbschwester Emelina.

Nachdem das Projekt der mexikanischen Unterrichtsreform und der Neuorganisation der öffentlichen Bibliotheken so erfolgreich verlaufen war, reiste Gabriela Mistral zunächst in die USA, um dem Herausgeber von *Desolación*, Federico de Onis, in New York persönlich für seinen Einsatz zu danken. Sie schloss eine Reise nach Spanien, in die Schweiz und nach Italien an.

Als sie 1925 in die Heimat zurückkehrte, erwartete sie ein ganz ungewöhnlicher Akt der Großzügigkeit – zumal in einem relativ armen Land: Die sechsunddreißigjährige Lehrerin wurde von ihren Unterrichtsverpflichtungen als *profesora de Estado* bei vollem Gehalt entbunden. Schon vorher hatte ihr die Zeitung *El Mercurio* von Santiago ein monatliches Honorar ohne fest umrissene Gegenleistung zugesichert, trotzdem schrieb sie zahlreiche Artikel zu politischen, sozioökonomischen und kulturellen Themen.

Noch im selben Jahr reiste Mistral wieder nach Europa, wo sie in Genf als chilenische Delegierte des Völkerbundes gemeinsam mit dem französischen Dichter Paul Valéry in der literarischen Abteilung des »Instituts für geistige Zusammenarbeit« wirkte. 1927 vertrat sie den Chilenischen Lehrerbund auf einer internationalen pädagogischen Tagung in Locarno, 1928 arbeitete sie in Rom im Völkerbundinstitut für den Schulfilm. 1930 bereiste sie die USA, Mexiko, Guatemala, die Antillen und trat wie andere südamerikanische Schriftsteller, zum Beispiel auch Pablo Neruda, 1932 in den diplomatischen Dienst ein. Als Konsulin war sie zunächst in Neapel stationiert, in den folgenden Jahren in Madrid, Lissabon und Nizza. Die Orte durfte sie sich selbst aussuchen, denn 1935 war sie zum »Konsul auf Lebenszeit« mit freier Wohnsitzwahl ernannt worden. Erstaunlich genug, denn die Frauen in Chile erhielten erst 1948 das allgemeine Wahlrecht. Auch Deutschland besuchte sie mehrfach und hielt sogar im Wintersemester 1936/37 an der Universität Hamburg eine Vorlesung über die »Wechselbeziehung zwischen Mensch und Natur in Chile«.

In diese unruhigen Reisejahre fielen zwei bedeutsame familiäre Ereignisse: Als Gabriela Mistral in Fontainebleau eines Tages den Besuch eines chilenischen Landsmannes erhielt, der Hilfe für seinen kleinen Sohn erbat, stellte sich heraus, dass der Mann ihr Halbbruder war. Vom gemeinsamen Vater hatte er nicht nur den Namen Godoy, sondern auch den Hang zum Vagabundieren geerbt. Kurz entschlossen adoptierte sie 1927 ihren vierjährigen Neffen Juan Miguel, genannt Yin-Yin, der sie dann oft auf ihren Reisen begleitete.

1929 starb die vierundachtzigjährige Mutter Petronila im Heimatort La Serena. Der Tod traf Gabriela Mistral schwer und sie widmete der Mutter den ersten Teil ihres dritten, 1938 erschienenen Gedichtbandes *Tala*. Die letzten Strophen des Gedichtes *Madre mía* (Meine Mutter) enthalten den ganzen Schmerz über den Verlust:

> »Weshalb trugen sie sie so weit,
> daß keiner sie erreicht?
> Und wenn sie zu mir eilte, immer wieder,
> warum antwortet sie nicht, neigt sie sich nicht zu
> mir?

> Wer trägt jetzt ihre Gestalt,
> damit ich ihr entgegengehe?
> So fern wandelt sie,
> daß ihre durchdringende Stimme mich nicht
> erreicht.

Meine Tage verbringe ich in Hast,
als ob man mich beständig riefe.«

Noch über ein Jahrzehnt verging, bis Gabriela Mistral vorübergehend auf den südamerikanischen Kontinent zurückkehrte, und zwar aus politischen Erwägungen. Sie hatte sich beim herrschenden faschistischen Regime in Spanien unbeliebt gemacht, weil sie den Erlös aus dem Gedichtband *Tala* den Waisenkindern des Spanischen Bürgerkrieges zur Verfügung gestellt hatte. Im Dezember 1938 war sie noch in Nizza stationiert worden. Aber aus Besorgnis vor den Auswirkungen des Zweiten Weltkrieges ließ sie sich nach Brasilien versetzen, erst nach Niteroi, dann in die schöne Stadt Petropolis, wo der Schriftsteller Stefan Zweig und seine Frau Lotte ihre Nachbarn wurden. Ihre Rückkehr nach Chile gestaltete sich zum großen Triumphzug. Schon in den zwanziger Jahren hatte sie Ähnliches erlebt: »Der glücklichste Tag meines Lebens? Oh, ja, ich erlebte ihn, erlebte ihn am Meer. Als sich unser Schiff dem Hafen von Montevideo näherte, fiel mir ein riesiges weißes Bettuch auf. Man sagte mir, es seien die weißen Mützen von Tausenden von Schulkindern. Wen wohl wollten sie mit ihrer Anwesenheit ehren? ... Der Kapitän antwortete mir, kein Politiker, kein Herrscher ist an Bord. Es sind die Schüler aller Schulen von Montevideo, die Ihnen, der Lehrerin, ihre glühende Bewunderung bezeugen wollen! Soll ich etwas hinzufügen? Dies war der einzige Augen-

Gabriela Mistral

blick, in dem ich glaubte, ich ragte über so etwas wie einen Berg hervor. Nur einen Augenblick lang dauerte es.
Bevor ich an Land stieg, ging ich in meine Kabine und
weinte, weinte lange über die unverdiente Ehre, die mir
zuteil geworden war. Ich zögere keinen Augenblick: dies
war der glücklichste Tag meines Lebens!«

Dieses Glück öffentlicher Anerkennung überschatteten weitere Schicksalsschläge im privaten Leben. Der Adoptivsohn beging in der Pubertät, beim Auftauchen der ersten Liebes- und wohl auch Schulkonflikte, am 13. August 1943 unerwartet Selbstmord, er schluckte Arsen. Für Gabriela Mistral war der Verlust so schrecklich wie der Tod eines eigenen Kindes. »Wir lebten in einer Art Idylle«, erinnerte sie sich, »denn das Zusammenleben hatte uns einander noch nähergebracht; er wußte um mein Herzleiden und pflegte mich mit unaussprechlichem Zartgefühl ... Ich ließ ihn wissen, daß ich schon die notwendige Summe zusammenhatte, die ich immer schon haben wollte, damit er seine Ausbildung zu Ende führen konnte.«

Da der junge Juan Miguel ein sehr sensibler Mensch gewesen war, mögen ihn zusätzlich die wenige Monate zurückliegenden Ereignisse in der Nachbarschaft beeinflusst haben, die auch seine Tante zutiefst getroffen hatten. Stefan und Lotte Zweig hatten sich im Februar 1942 aus Verzweiflung über ihre Exilsituation und das Schicksal der Juden umgebracht. Viele Gedichte in *Tala* tragen wieder Züge der Resignation, und ein *Noctorno* endet mit der Strophe:

»So lange schon kaue ich Finsternis wieder,
daß ich nicht weiß, wie das Glück ich von neuem
                                        erlerne.
So lange schon tret' ich auf Lava,

daß meine Füße den Flaum vergaßen.
Seit Jahren beißen meine Zähne die Wüste,
und meine Heimat heißt Durst.«

Als im November 1945 die Nachricht von der Wahl der Nobelpreisjury kam, soll Gabriela Mistral zu Hause vor ihrem Kreuz niedergekniet sein. Später sah sie sich als Kandidatin der Kinder und Frauen der Welt. Obwohl von Krankheit gezeichnet und kaum reisefähig, brach die Sechsundfünfzigjährige nach Schweden auf, um die Auszeichnung selbst in Empfang zu nehmen, die zum ersten Mal nach Südamerika ging.

In der Heimat war der Jubel natürlich groß, dort kannte und liebte man ihre »von starkem Gefühl getragene Lyrik«, die – wie die schwedische Akademie in ihrer Begründung formulierte – »ihren Namen zu einem Symbol für die idealen Bestrebungen der lateinamerikanischen Welt gemacht hat«.

So kurz nach dem Ende des Zweiten Weltkrieges spielten wohl auch politische Überlegungen eine gewisse Rolle. Man lenkte den Blick gerne auf einen Teil der Neuen Welt, der nicht in kriegerischen Konflikt verstrickt war. Doch eigentlich hätte der Nobelpreis des Jahres 1945 an einen Kollegen Gabriela Mistrals fallen können – oder sogar müssen: Von französischen und internationalen Kreisen war seit 1930 mindestens zehnmal Paul Valéry als Kandidat vorgeschlagen worden, der in diesen Jahrzehnten bedeutendste, wenn auch exklusive und schwer verständliche Dichter Frankreichs. Alle Stimmen waren auf ihn vereinigt, das Votum formuliert, doch wenige Wochen vor der förmlichen Wahl verstarb Valéry.

Damit war für Gabriela Mistral der Weg frei geworden. Sie hatte bereits seit 1940 auf den Vorschlagslisten verschiedener philosophischer Fakultäten, Literaturgesellschaften und Kulturinstitute gestanden. Selbst die Regierungen fast aller lateinamerikanischen Länder hatten Empfehlungen in der Art ihrer chilenischen Landsleute ausgesprochen: »Ihre erhabene und starke Persönlichkeit erscheint uns als stärkste intellektuelle und moralische Kraft im heutigen Lateinamerika, und wir sehen in ihr unbedingt eine der größten, wenn nicht gar die größte Dichterin aller Zeiten ...«

Wie eine Königin wirkte sie auf alle Zuschauer, als sie den Preis aus der Hand des alten Königs Gustaf V. entgegennahm. Lediglich die Ehefrau Pablo Nerudas äußerte öffentlich Missgunst. Sie konnte nicht verstehen, warum man den Nobelpreis nicht einem Kommunisten – wie Pablo – gegeben hatte, sondern einer Frau, die mit den Sozialdemokraten sympathisierte und das politische System in Schweden als ein Jahrhundert voraus einschätzte.

Gabriela Mistral hoffte, ihr Alter in Kalifornien verbringen zu können, und kaufte ein Haus inmitten von alten Bäumen in Santa Barbara in der Nähe von Los Angeles. Doch noch kam sie nicht zur Ruhe. Sie wirkte weiter als

Konsulin in Italien und lebte in Rapallo, an der Riviera und in Neapel, bevor sie endgültig nach Amerika zurückkehrte.

Sie setzte sich jetzt, Anfang der fünfziger Jahre, als chilenische Delegierte vor der UN-Kommission für die Rechte der Frauen und Kinder ein, sie arbeitete als Direktorin des südamerikanischen Zweigs des Kinderhilfswerkes UNICEF, bevor sie Beauftragte der UNESCO wurde.

Ihr viertes und letztes Buch erschien 1954 unter dem Titel *Lagar*, was so viel wie *Kelter* oder *Weinberg* bedeutet und die Ernte des Dichterlebens präsentiert. Neben Gedichten über privates Leid, Unrecht und den Krieg finden sich darin auch Anklänge an Heimatliches, an Landschaft und Natur, Reales und Mystisches. Eines der beeindruckendsten Gedichte dieser Sammlung ist *Muerte del mar* (Der Tod des Meeres), in dem sie einen immer aktueller werdenden Alptraum schildert:

»Eines Nachts starb das Meer
von einem Ufer zum andern,
sich faltend, schrumpfend,
ein Mantel, den man fortnimmt.

Als die beraubte Welt
das Tageslicht wiedersah,
war das Meer ein zerbrochenes Horn,
das auf den Ruf keine Antwort mehr gab.

Das Schweigen war so groß,
daß es die Brust bedrängte.
Und die Küste breitete sich endlos weit
wie einer angeschlagenen Glocke Ton.

Und der Nebel griff mit seiner Hand
in kahlgewordenes Gefieder,
fuhr tastend über tote Albatrosse,
streifte umher wie Antigone.«

Ins Jahr des Erscheinens von *Lagar* fiel ihr letzter Besuch in der chilenischen Heimat. Als sie in Valparaiso an Land ging, läuteten ihr zu Ehren die Glocken. Der Galazug des Staatspräsidenten, der sie in die Hauptstadt Santiago brachte, musste immer wieder anhalten oder langsamer fahren, denn der Jubel ihrer Landsleute, die an den Wagen drängten, nahm kein Ende. In Santiago wurde die Dichterin mit Blumen überschüttet, sie fuhr durch Triumphpforten, durch ein Meer von Fahnen. Kinder mit Wimpeln säumten den Weg und überall sangen die Menschen ihre Reigenlieder, denn viele dieser Dichtungen sind vertont worden. Als es Nacht wurde, jagte Feuerwerk in den Himmel, ein Volksfest ohnegleichen …

Diesmal galt die Auszeichnung nicht mehr der »idealen Lehrerin«, die sie trotz ihrer harten Kritik an sich selbst sicherlich zeitlebens war, jetzt wurde vielmehr die berühmte Dichterin geehrt und die Botschafterin

Chiles, die sie als Diplomatin und Literatin geworden war.

Überhäuft mit Ehrungen reiste Gabriela Mistral bereits kränkelnd in die USA zurück, wo sie mit der Freundin Doris Dana ein Haus in Roslyn Harbour auf Long Island bei New York bewohnte. Am 10. Januar 1957 starb sie im Krankenhaus von Hampstead an Bauchspeicheldrüsenkrebs.

In Chile ordnete der Präsident Ibánez eine dreitägige Staatstrauer an. Nach den Trauerfeierlichkeiten wurde ihre Leiche in die St.-Patricks-Kathedrale nach Santiago überführt und schließlich drei Jahre später im Mausoleum in Monte Grande zur letzten Ruhe gebettet. Ein Monolith trägt als Inschrift eines ihrer berühmtesten Zitate: »Was die Seele für den Körper bedeutet, tut der Künstler für das Volk.«

Den Tod hat Gabriela Mistral sicher ohne Angst erwartet, zu oft war sie ihm im Leben und in ihren Werken begegnet. In ihrem Gedicht *Ultimo Arbol* (Letzter Baum) schrieb sie:

»Falls man mir im zweiten Leben
nicht mehr gibt als schon im ersten
und mir fehlt dieses Laub
aus Kühle und aus Stille,

und ich wandre durch die Welt
im Traume, laufend oder fliegend,

statt der Häuserschwellen
will ich einen Baum mir dann zur Wohnung!

...

Kann sein, das Laubdach
kleidet schon meine Träume,
und ich, eine Tote, singe unter ihm,
singe und weiß es nicht.«

»Der Schleier über dem Geheimnis der Natur scheint emporzuschweben«

Gerty Theresa Cori (1896–1957), Nobelpreis für Medizin 1947

Von Susanne Paulsen

Beruflichen Ehrgeiz entwickelt Gerty Theresa schon mit sechzehn. Sie hat gerade die Abschlussprüfung an einer privaten Mädchenschule abgelegt und verkündet nun, dass sie Chemikerin werden will – ein ungewöhnlicher Plan für ein junges Mädchen zu Anfang des 20. Jahrhunderts.

Die älteste der drei Töchter von Otto Radnitz und seiner Frau Martha wurde am 15. August 1896 in Prag geboren, das damals noch Teil des Königreichs Österreich-Ungarn war. In der »Stadt der tausend Gesichter« mit ihren bunten Türmen und mächtigen Brücken ist sie auch aufgewachsen. Die Familie lebt in guten Verhältnissen: Otto Radnitz leitet eine Zuckerfabrik. Privatlehrer unterrichten Gerty – genau wie ihre Schwestern Lotte und Hilda – im Elternhaus, bis sie im Alter von zehn Jahren in eine Mädchenschule eintritt. Obwohl sie kaum naturwissenschaftlichen Unterricht erhält, entwickelt sie im Laufe der Jahre ein starkes Interesse für Chemie.

Schon im Alter von zehn Jahren galt Gerty Theresa als unabhängiges Kind und mit sechzehn kann sie wirklich keiner mehr zurückhalten. Sie beschließt, acht Jahre

Lateinunterricht und fünf Jahre Mathematik, Physik und Chemie nachzuholen und die »Matura« – so heißt in Österreich die Abiturprüfung – zu machen. Gerty ist begabt: Sie lernt zwei Jahre zu Hause, unterzieht sich 1914 am »Tetschen-Realgymnasium« in Prag der externen Reifeprüfung und besteht. Im gleichen Jahr schreibt sie sich an der deutschen Universität in Prag ein und studiert Medizin.

Ihr Onkel, Professor für Kinderheilkunde an der Prager Universität, freut sich über ihre Wahl: Seine Nichte soll Kinderärztin werden. Doch ein Medizinstudium ist damals gleichzeitig der beste Einstieg in die »biologischen Wissenschaften«, in die Erforschung der chemischen Vorgänge, die das Leben ausmachen. Durch die Wahl ihres Studienfaches hält sich Gerty auch diesen Weg offen, sie muss sich nicht zu früh festlegen.

Die frisch eingeschriebene Medizinstudentin paukt organische und anorganische Chemie, Physik und Biologie. Dass Österreich-Ungarn seit August des Jahres gemeinsam mit dem Deutschen Reich im Krieg gegen Russland, Frankreich und England steht, wird ihr und den Kommilitonen nur langsam bewusst. Der Krieg scheint ihnen fern. »Verwundert angestarrt« habe er damals einen verwundeten Offizier, mit dem er auf der Fahrt nach Prag sein Abteil teilte, erinnert sich Carl Ferdinand Cori, der genau wie Gerty Radnitz im Wintersemester des Jahres 1914 sein Medizinstudium in Prag aufnimmt.

Der junge Mann kehrt aus Triest, wo sein Vater eine meeresbiologische Station leitet, in seine Geburtsstadt Prag zurück. Carl stammt aus einer Familie, in der die Universitätslaufbahn Tradition hat. Ihm erscheint es selbstverständlich, eine Karriere als Wissenschaftler oder Arzt an einer Universitätsklinik anzustreben.

Von seiner Kommilitonin Gerty Theresa ist er fasziniert, kaum dass er sie kennen gelernt hat. Charme, Intelligenz, Vitalität und Sinn für Humor besaß die junge Frau, schreibt Carl mehr als fünfzig Jahre später. Außerdem ist sie gern an der frischen Luft, liebt wie er die Bergsteigerei, Wanderungen und das Skifahren. Die beiden sind bald unzertrennlich, in der freien Zeit wie im Studium. Später werden Journalisten das Paar immer wieder als zurückhaltend und scheu beschreiben, doch zumindest Gerty taut von Zeit zu Zeit auf: Im Freundeskreis ist sie lebhaft und temperamentvoll.

Voller Enthusiasmus stürzt sie sich in ihr Studium. Im zweiten Jahr stehen die Arzneimittelkunde, der Aufbau des menschlichen Körpers, die Funktion seiner Organe und die chemischen Vorgänge in seinem Innern auf dem Lehrplan. Gerty Radnitz liebt es, im Labor zu experimentieren, sie ist schon mehr Chemikerin als Medizinerin. Noch immer muss sie nicht entscheiden, ob sie mit Reagenzgläsern und Versuchstieren umgehen oder am Krankenbett stehen will, und das genießt sie.

»Eine sehr angenehme Zeit« hätten er und Gerty verlebt, erinnert sich Carl – bis er im Jahr 1917 als Sanitätsoffizier in die österreichische Armee eingezogen wird. Seine Freundin bleibt in Prag zurück und setzt ihr Studium fort. Inzwischen gibt sie auch Kurse für die unteren Semester.

Carl kämpft währenddessen in Norditalien – gegen Tuberkulose, Malaria, Pocken, Skorbut und Typhus. Unter seinen Patienten in einem Hospital für Infektionskrankheiten nahe der Front wütet außerdem die spanische Grippe. Vielen der schlecht ernährten Soldaten und Zivilisten kann kein Arzt mehr helfen. Carl fühlt sich hilflos. Langsam reift seine Überzeugung, dass er für diese Arbeit nicht geeignet ist.

Im Herbst 1918 geht der Erste Weltkrieg zu Ende und auch Carl kann sein Studium fortsetzen. Seine und Gertys Heimatstadt gehört nach dem Krieg nicht mehr lange zum alten Königreich Österreich-Ungarn, denn der Vielvölkerstaat löst sich auf. Prag wird Hauptstadt der neu gegründeten Tschechoslowakei.

Gerty und Carl, jetzt tschechische Staatsbürger, beenden zu Beginn des Jahres 1920 ihr Studium, ziehen nach Wien und heiraten. Als »attraktives Paar« werden sie beschrieben, beide sind sportlich, schlank und groß, Gerty ein wenig kleiner als ihr Mann. Sie weiß, dass Carl auch ihren Arbeitseifer und Forschergeist liebt und mitheiratet, das ist ihr wichtig. Schon längst sind die rothaarige Gerty und der blonde Carl auch ein eingespieltes Arbeitsteam. Sie haben gerade ihre erste gemeinsame Forschungsarbeit veröffentlicht. Dieser »bescheidene Beitrag zum Verständnis der Blutgerinnung«, wie Gerty es ausdrückt, ist das erste Resultat einer erfolgreichen Zusammenarbeit, die bis zu ihrem Lebensende andauern wird.

Aber im Jahre 1920 geht Gerty zunächst allein einen anderen Weg: Sie wird Kinderärztin. Ihr Onkel, der Professor für Kinderheilkunde in Prag, habe sie »in dieser Hinsicht stark beeinflußt«, erinnert sich Carl. Im Karolinischen Kinderspital in Wien, wo Gerty eine Assistenzarztstelle erhält, ist die Ausstattung der Labors dürftig. Gerty forscht zwar neben der praktischen Arbeit weiter und veröffentlicht auch einige ihrer Ergebnisse, doch »ernsthafte Wissenschaft« kann sie mit den Mitteln, die ihr zur Verfügung stehen, nicht betreiben. Dafür ist die Anleitung, die sie am Krankenbett bekommt, umso besser.

Ob sie mit ihrer Entscheidung zufrieden ist? Gerty habe immer den Drang verspürt, ihr ganzes Leben der Wissenschaft zu widmen, erzählt Carl Cori in seinem kurzen autobiographischen Rückblick aus dem Jahr 1969, den er *The Call of Science* (Der Ruf der Wissenschaft) überschrieben hat. Vielleicht gibt die realistische junge Frau damals in Wien einfach äußeren Zwängen nach. Denn die Aussichten, nach dem Ersten Weltkrieg in Österreich als Wissenschaftlerin genug Geld zum Leben zu verdienen, sind denkbar schlecht. Der Biochemiker Erwin Chargaff erinnert sich: »Die Erzeugung von

Akademikern hielt in raschem Tempo an, aber nirgendwo war Platz für sie; nur ihr Export kam in Betracht.« Wie soll der Staat auch Geld übrig haben für Menschen, die in jahrelanger geduldiger Arbeit Detail um Detail ergründen wollen, wie die Leber, das Herz oder der Kreislauf funktionieren, wenn ein großer Teil der Bevölkerung nicht genug zu essen hat?

In den Nachkriegsjahren herrscht Not in Wien. Auch die Ärzte und Ärztinnen im Kinderspital hungern. Gerty leidet an Vitamin-A-Mangel. Ihre Augen brennen und sind trocken, in der Dämmerung sieht sie schlecht. Erst als sie für einige Zeit zu ihren Eltern nach Prag zurückkehrt und sich »herausfüttern« lässt, erholt sie sich langsam.

Kaum einer vertraut darauf, dass sich die schlechte Lage bald bessern wird. Im Gegenteil: Vielen erscheint Europa nicht länger sicher und stabil. Carl hat das Gefühl, dass »schreckliche Kräfte« am Werk sind, die »früher oder später einen neuen Krieg auslösen werden«. Deshalb wollen die Coris Europa um jeden Preis verlassen. Das Paar schmiedet den abenteuerlichen Plan, fünf Jahre lang als Ärzte unter den Einheimischen in Java zu praktizieren. Beide bewerben sich bei der niederländischen Regierung, denn dort sucht man Mediziner für die weit entfernte Insel, die Teil des riesigen niederländischen Kolonialreiches ist.

Wäre die Bewerbung erfolgreich gewesen, so hätten sie gemeinsam den Weg fortgesetzt, den Gerty damals eingeschlagen hatte. Praktische Medizin – das bedeutet, schreiende Kinder impfen, hustende Erwachsene abhorchen, Krankengeschichten anhören, hilflos dem Sterben der unheilbar Erkrankten zusehen oder triumphierend und glücklich die Erfolge einer Behandlung beobachten. Aber die Niederländer stellen das Ehepaar Cori nicht ein.

Stattdessen erhält Carl, dem die praktische Arbeit immer weniger Freude bereitet, ein verlockendes Angebot: Im Frühsommer des Jahres 1921 erscheint Dr. Gaylord, Direktor des staatlichen Krebsforschungszentrums in Buffalo im amerikanischen Bundesstaat New York, im Untersuchungslabor der Wiener Universitätsklinik. Er sucht in Europa nach einem jungen Mann, der als Biochemiker in seinem Institut arbeiten soll. Gaylord hält nämlich hohe Stücke auf die Ausbildung an europäischen Universitäten. Die Wiener Kollegen haben den Amerikaner auf Carl Cori aufmerksam gemacht, der neben seiner Tätigkeit als Arzt die Arbeitsweise des Froschherzens erforscht hat. Er ist anscheinend genau der Mann, nach dem Dr. Gaylord Ausschau hält: Carl zieht in die Vereinigten Staaten.

Carls Weg entscheidet Gertys Schicksal. Sie folgt ihm einige Monate später nach Amerika, wo er ihr inzwischen eine Stelle als Assistentin am Krebsforschungszentrum verschafft hat. Wie in ihrer Studienzeit wird sie neben ihm im Labor stehen. Sie wird Muskelfetzchen zerkleinern, Chemikalien in schmale lange Reagenzgläser oder breitbödige Kolben träufeln, messen, grübeln und lesen – ihr Leben lang.

Allerdings wird sie fast fünfundzwanzig Jahre lang, bis zum Jahr 1947, schlechtere Posten bekleiden als ihr Mann, weniger als er verdienen und zeitweise sogar ohne Bezahlung auskommen müssen.

Als Gerty im Herbst des Jahres 1922 in Buffalo, der Stadt am Ostufer des Eriesees, eintrifft, wird sie der pathologischen Abteilung des Krebsforschungsinstituts – heute heißt es Roswell Park Memorial Institute – zugewiesen. In einem 1947 verfassten Lebenslauf beschreibt Gerty diesen Neuanfang: »Es war eine Offenbarung, wie hoch die biochemischen Methoden in den Vereinigten Staaten entwickelt waren. Das Institut bot eine gute Ausrüstung und vollständige Freiheit in der Wahl der Probleme.« Das klingt begeistert, aber die Wirklichkeit war weniger rosig.

Nur Carl Cori genießt die »vollständige Freiheit«, das Privileg, selbst gestellten Fragen nachzuspüren. Wenn er die Blut- und Urinproben aus der Klinik, die dem Forschungszentrum angeschlossen ist, getestet hat, kümmert sich keiner mehr darum, was er sonst noch tut. Gerty hingegen, als »Forschungsassistentin« angestellt, steht unter strengerer Kontrolle.

Ihre wichtigste Aufgabe ist es, mit dem Mikroskop Gewebeproben auf gutartige oder bösartige Veränderungen zu untersuchen – eine Serviceleistung der pathologischen Abteilung für die institutseigene Klinik und die Ärzte der Umgebung. Außerdem soll sie einen Wissenschaftler unterstützen, der ebenfalls neu im Forschungszentrum ist. Er hängt der Theorie vom »parasitischen Ursprung« aller Krebserkrankungen an. Amöben, meint er, lösen die bösartigen Wucherungen aus, die so vielen Menschen das Leben kosten. Deshalb müssten sie sich bei Krebskranken häufiger als bei gesunden Menschen nachweisen lassen. Seine Forschungsassistentin Gerty muss also Stuhlproben anfärben und unter ihrem Mikroskop nach den winzigen Urtierchen suchen. Solange ihr Vorgesetzter gemeinsam mit ihr die Proben beurteilt, scheint die Welt in Ordnung: Krebskranke, verkündet Gertys Chef, scheiden Amöben aus, gesunde Menschen dagegen nicht. Der Institutsleiter ist begeistert.

Heute weiß man, dass Parasiten nichts mit der Entstehung von Krebs zu tun haben und deshalb bei Krebskranken nicht häufiger als bei Gesunden vorkommen. Gerty, die später immer wieder dafür gerühmt wird, wie außerordentlich sorgfältig sie experimentiert, ahnt schon damals, dass die Ergebnisse auf einer Täuschung beruhen. Ihre hervorstechende Eigenschaft ist ein gesundes Misstrauen gegenüber allzu schnell gefällten Urteilen. Sie fühlt sich nicht wohl in ihrer Haut und möchte aus dem Parasitenprojekt aussteigen. In Wirklichkeit sei sie gar nicht in der Lage, Amöben in Stuhlproben zu identifizieren, verkündet sie. Aus diesem Grunde könne sie die Untersuchungen nicht fortsetzen.

Die ungehaltene Institutsleitung schiebt es auf den Einfluss ihres Ehemannes Carl, dass Gerty die ihr zugewiesene Arbeit verweigert. Sie müsse sofort aufhören, neben ihrer eigentlichen Tätigkeit auch noch in Carls Labor zu forschen, teilt man ihr mit. Wenn sie ihren Posten behalten wolle, solle sie gefälligst in ihrem Mikroskopierraum bleiben und sich auf die Amöben konzentrieren. Gerty Cori muss klein beigeben und sucht weiter nach den nicht vorhandenen Unterschieden im Parasitenbefall von Gesunden und Tumorkranken.

Das füllt ihren Tag jedoch nicht aus. Auch wenn sie sich nicht im Labor ihres Mannes zeigen darf, möchte sie eigenständig forschen, wenn es sein muss, sogar heimlich. Sie hält sich also –ganz nach Vorschrift – nur noch in ihrem Arbeitszimmer auf und mikroskopiert unentwegt. Wem dieser Herren soll es schon auffallen, dass unter dem Objektiv ihres Mikroskopes keine fixierten und gefärbten Stuhlproben liegen, sondern Pantoffeltierchen umherschwimmen?

Im Jahr 1923 veröffentlicht Gerty Cori eine Arbeit über den Einfluss von Schilddrüsenextrakten und -hormonen auf die Vermehrungsrate von *Paramecium*, dem Pantoffeltierchen. Der Artikel knüpft locker an ihr »altes« Forschungsgebiet an: Mit Schilddrüsenhormonen hat Gerty schon im Karolinischen Kinderspital in Wien Versuche angestellt. Aber das Thema ist aus der Not geboren. Sie hat es gewählt, weil sie ihre wissenschaftliche Tätigkeit verheimlichen muss.

Gerty strebt in eine andere Richtung. Sie will gemeinsam mit ihrem Mann erforschen, welche Umwandlungen Zucker im Innern der Lebewesen durchmacht.

Die Idee stammt von Carl, doch das Thema liegt Anfang des 20. Jahrhunderts in der Luft. Nachdem die Wissenschaftler noch am Ende des 19. Jahrhunderts geglaubt haben, der Abbau von Eiweiß treibe die Muskeln an, haben sie nun den richtigen Brennstoff identifiziert: keine Bewegung ohne Traubenzucker. Diese chemische Substanz ist ein Baustein des Rohrzuckers und bildet, zu langen Ketten verknüpft, Stärke, den wichtigsten Bestandteil von Kartoffeln, Brot und Reis. Jeden Tag benötigt der Mensch über 300 Gramm solcher Traubenzuckerketten.

Auf welchen Wegen sich Zucker und Stärke in Muskeltreibstoff verwandeln, ist zu Beginn des 20. Jahrhunderts weitgehend unbekannt. Auch über ihre Vorratshaltung im Körper weiß man nur wenig. Bekannt ist, dass Tiere und Menschen aus Zucker tierische Stärke machen, die in Muskeln und Leber lagert. Glykogen, den Zuckerbildner, hatte der französische Physiologe Claude Bernard diesen Stoff im Jahr 1857 genannt, weil er bei Bedarf wieder in Traubenzucker umgewandelt werden kann. Doch wie das genau vor sich geht, ist noch nicht geklärt.

Einige Zeit später wird Gerty aus ihrer Isolation im Mikroskopierraum erlöst.

Die Institutsleitung duldet, dass sie als Assistentin mit ihrem Mann zusammenarbeitet.

Sie haben »den Sturm ausgesessen«, sagt Carl später. Das Paar entwickelt seinen eigenen Arbeitsstil. Oft suchen beide zusammen nach der Lösung eines wissenschaftlichen Problems, zuweilen bearbeiten sie verschiedene Fragestellungen.

Gemeinsam erforschen Gerty und Carl zunächst die Wirkung von Hormonen, den Botenstoffen des Körpers, auf den Energiestoffwechsel. Dabei finden sie beispielsweise heraus, wie Ratten sich bei Gefahr auf Flucht oder Kampf vorbereiten: Unter Einwirkung des Stresshormons Adrenalin mobilisieren sie ihre Zuckervorräte – sie wandeln Glykogen in Traubenzucker um, so dass den Muskeln viel Energie zur Verfügung steht. Und wenn die Muskeln hart arbeiten müssen, entdecken die Coris einige Jahre später, nimmt die Leber ihnen einen Teil ihrer Stoffwechsellast ab. »Cori-Zyklus« heißt heute dieser wechselseitige Austausch von Zucker und Milchsäure zwischen Skelettmuskel und Leber, den die beiden zum ersten Mal beschrieben haben.

Mit dem Zuckerstoffwechsel, ihrem selbst gewählten »wichtigsten Interessengebiet«, beschäftigen Gerty und Carl sich in Buffalo nur »nebenher«. Den größten Teil ihrer Arbeitszeit stecken sie in die Krebsforschung. Denn obgleich keiner der Vorgesetzten ihnen vorschreibt, mit welchen Themen sie sich beschäftigen sollen, fühlen sie sich nicht recht wohl, wenn sie in einem

Krebsforschungszentrum etwas anderes als Tumoren erforschen.

Neun Jahre leben und arbeiten die Coris in Buffalo. Sie informieren sich über amerikanische Geschichte und Geographie, verfolgen die politischen Geschehnisse in den USA und versuchen – so beschreibt es Carl –, die amerikanische Art zu denken und zu handeln zu ergründen. Eines ihrer bevorzugten Hobbys ist nach wie vor das Bergsteigen, jetzt nicht mehr in den Alpen, sondern zum Beispiel in den Adirondacks im Norden des Bundesstaates New York.

Im Jahr 1928 werden die beiden aufstrebenden Wissenschaftler amerikanische Staatsbürger. Dem krisengeschüttelten Europa, wo sie schon die Vorzeichen eines neuen Krieges zu spüren meinen, trauern sie nicht nach, im Gegenteil. Sie haben sich ganz und gar an das Leben in den USA gewöhnt und sind jedes Mal froh und erleichtert, wenn sie nach einer Reise zu Eltern oder Verwandten aus ihrer alten Heimat in die Neue Welt zurückkehren.

Dort findet Carls Arbeit allmählich Anerkennung. Mehrere Universitäten bieten ihm Posten an. Gertys Beiträge zu ihren gemeinsamen Forschungsarbeiten dagegen werden weniger be- und geachtet. In den dreißiger Jahren musste eine Universität schon sehr liberal sein, um Frauen auf der Karriereleiter zu tolerieren.

Wie ihre männlichen Kollegen über Frauen denken,

die unbedingt forschen wollen, bekommt Gerty zu spüren, als Carl eine gute Position in einer Nachbaruniversität angeboten wird, und zwar unter drei Bedingungen: Er soll Sprachunterricht nehmen, sich nicht mehr mit dem Hormon Insulin beschäftigen und vor allem nicht länger gemeinsam mit seiner Frau arbeiten. Da Carl nur den Sprachunterricht akzeptiert, setzt man Gerty unter Druck. Als sie ihren Mann zu einem Bewerbungsgespräch begleitet, nimmt jemand sie zur Seite: Sie stehe Carls Karriere im Wege. Es sei unamerikanisch, dass ein Mann mit seiner Ehefrau zusammenarbeite, versucht man ihr klarzumachen. Gerty bricht in Tränen aus. Ihr Mann lehnt das Angebot der Universität ab, die ihre Mitarbeit nicht akzeptiert.

Tatsächlich gibt es bis in die sechziger Jahre an fast allen Universitäten in den USA »Gesetze« gegen die Vetternwirtschaft. Diese oft nicht einmal niedergeschriebenen Regeln, zu denen sich nur wenige Universitäten offiziell bekennen, verbieten, dass nah verwandte Personen in der gleichen Institution angestellt werden. Sie werden fast ausschließlich gegen verheiratete Wissenschaftlerinnen angewandt, die die Forschungsarbeit nicht ihren Männern allein überlassen wollen. Meist dienen die Regeln als »Karrierebremsen«. Viele der mit Berufskollegen verheirateten Wissenschaftlerinnen können zwar nicht Fakultätsmitglieder werden, dürfen aber an der gleichen Universität wie ihre Männer arbeiten – als schlecht bezahlte *research associates*. Andere erhalten mit diesem

Titel nur die Erlaubnis, sich ohne Bezahlung der Forschung zu widmen.

Unter genau diesen Bedingungen wird Gerty Cori dreizehn Jahre lang arbeiten: Carl Cori nimmt im Jahr 1931 einen neuen Posten an. Die Washington University School of Medicine in St. Louis, Missouri, beruft ihn als Pharmakologieprofessor. Im Angebot enthalten ist ein symbolisches Gehalt für seine Frau und ein Platz für sie in seinen Forschungslabors im zweiten Stock des Südgebäudes der »School of Medicine« in St. Louis.

»In diesem Gebäude begann alles«, sagt Gerty Cori viele Jahre später, kurz nachdem sie und ihr Mann den Nobelpreis für Medizin erhalten haben. Sie hat mehr Sinn für derartig zugespitzte Formulierungen als Carl, der ihre Äußerung viel zu dramatisch findet. Tatsächlich machen die Coris in ihren biochemischen Labors in St. Louis – er in Amt und Würden, sie meistens unbezahlt – all die Entdeckungen, für die der schwedische König ihnen 1947 den begehrtesten Preis der Welt überreichen wird. Sie erforschen den Zuckerstoffwechsel: Auch in St. Louis bleiben die Coris dem Thema treu, das sie vor Jahren zu ihrem wichtigsten Interessengebiet ernannt haben.

Gerty und Carl versuchen weiter herauszufinden, wie von dem großen »Zuckerspeichermolekül« Glykogen wieder kleine Traubenzuckermoleküle abgespalten werden. Die genaue Position jedes Atoms wollen sie wissen. Schon längst sind sie dazu übergegangen, den Zuckerstoffwechsel in seinen kleinsten Details zu ergründen. Statt Versuchsratten in »Atemkammern« zu halten, sie mit Zucker zu füttern oder ihnen Hormone ins Blut zu spritzen, zerkleinern sie Froschmuskeln, lassen die Zellen in Bechergläsern weiterleben und untersuchen die biochemischen Vorgänge in diesen Zellkulturen.

Welche Eigenschaften forschende Naturwissenschaftler zum Erfolg führen, beschreibt Professor Hugo Theorell, Leiter des medizinischen Nobelinstitutes, 1947 in seiner Rede anlässlich der Nobelpreisverleihung an die Coris. Sicher entwirft er damit auch ein Bild von Gertys und Carls Charakter und Lebensweise: »Aus einer kurzen Auflistung der wichtigsten Ergebnisse vieler Jahre wissenschaftlicher Arbeit kann niemand ersehen, wieviel Tage und Nächte mit Arbeit ausgefüllt waren, die in den meisten Fällen fruchtlos blieb. Hartnäckigkeit und Geduld gehören unbedingt zum geistigen Rüstzeug eines Forschers … Doch allein ermöglichen diese Charakterzüge selten oder niemals bahnbrechende Entdeckungen. Intuition ist der Leitstern, der im Labyrinth der Möglichkeiten … zu neuen Zielen führt.«

Hartnäckigkeit hilft den Coris im Jahr 1935 aus einer wissenschaftlichen Zwickmühle: Wenn sie die Froschmuskeln vor ihren Versuchen waschen, kommt der Glykogenabbau im Reagenzglas nicht in Gang. Verwenden sie die Muskeln aber ungesäubert, wie es Zuckerforscher in aller Welt tun, können sie den Ablauf der Reaktion nicht sehr genau messen. Und gerade das wollen sie. Gerty und Carl kommen nicht weiter. Mehrere Male sind sie nahe daran aufzugeben. Endlich finden sie doch noch einen Stoff, der den Abbau von Glykogen auch unter den von ihnen gewählten Versuchsbedingungen in Gang bringt.

Zu ihrer Überraschung finden sie andere Abbauprodukte als bei ihren alten Versuchen mit ungewaschenen Muskelzellkulturen. Im Becherglas ist eine Substanz entstanden, mit der noch kein Biochemiker zu tun gehabt hat. Am Abend setzen Gerty und Carl sich in ihrem Haus auf dem Land zusammen und grübeln darüber nach, um welchen Stoff es sich handeln könnte und warum er sich gebildet hat. Und sie finden die Lösung: Der Glykogenabbau ist nicht schief gegangen, sondern nur nicht so weit fortgeschritten wie sonst. Im Becherglas muss sich ein Zwischenprodukt auf dem Weg vom Zuckerspeicher Glykogen zum Muskeltreibstoff Traubenzucker befinden. Das Waschwasser hat die Eiweißstoffe weggespült, die dieses Zwischenprodukt unter den bisher üblichen Versuchsbedingungen sofort zu einem anderen Stoff umgebaut haben.

Ob diese Idee, mit der den Coris nach mehr als zehn Jahren harter Arbeit ein wissenschaftlicher Durchbruch gelingt, von Gerty oder Carl stammt, darüber können sie sich später nicht mehr einigen. Carl besteht darauf, dass es sich um einen Fall von Gedankenübertragung gehandelt habe, doch Gerty meint sich 1947 zu erinnern, dass ihr Mann als Erster die richtige Interpretation der auf den ersten Blick merkwürdigen Versuchsergebnisse geliefert habe.

Die folgenden zwei Jahre bringen Gerty und Carl in fieberhafter Arbeit damit zu, die Struktur des neuen Stoffes zu ergründen, der später Cori-Ester heißen wird. Selbst im brütend heißen Sommer 1936, als sie ein Kind erwartet, arbeitet Gerty mit rastloser Aktivität. Hochschwanger steht die Vierzigjährige am Labortisch. Es gibt keine Klimaanlage und an ihrem Arbeitsplatz herrscht eine Temperatur von 37 Grad.

Bald wird Gerty Cori wissen, wie das erste Zwischenprodukt bei der Umwandlung von Glykogen in Muskeltreibstoff aussieht: Es ist »Glucose-1-Phosphat«. Nicht mit dem sechsten, sondern mit dem ersten der Kohlenstoffatome des Traubenzuckers ist der Phosphatrest verknüpft. Nichts als eine unbedeutende Spitzfindigkeit? Im Gegenteil: einer der ersten Bausteine einer ganz genauen Beschreibung dessen, was »Leben« ausmacht. Gerty arbeitet im August 1936 so lange, wie es ihr irgend möglich ist. Direkt von ihrem Arbeitsplatz geht sie in die Geburtshilfeklinik. Dort bringt sie ihren Sohn Thomas zur Welt.

Die Coris führen eine Ehe mit herkömmlicher Rollenverteilung. Schon immer lenkt Gerty den Haushalt, allerdings »mit Fernbedienung«, wie es der Mediziner Evarts A. Graham junior, ein Freund der Familie, ausdrückt: Sie hat ein Dienstmädchen. »Man muß sich eben ein bißchen arrangieren«, sagt sie zu diesem Thema.

Eines lässt sich Gerty allerdings nicht nehmen: Von Zeit zu Zeit organisiert sie große Partys, um die Wissenschaftler zu unterhalten, die auf Besuch in der Saint Louis School of Medicine sind. Die Feste, die das ansonsten sehr »moderate soziale Leben« der Coris unterbrechen, findet auch Evarts Graham erwähnenswert: »Die Konversation erstreckt sich normalerweise von der theoretischen Physik, Aristoteles und Beethoven bis zu den kleinen Sünden der Lokalpolitiker«, schreibt er 1948 im *Saint Louis Post-Dispatch*.

Barbara Illingworth Brown, heute Biochemieprofessorin in St. Louis, die 1950 zu Carls und Gertys Arbeitsgruppe stieß, berichtet, dass Gerty hohe Anforderungen an die Qualität ihrer eigenen Arbeit gestellt habe. Sie habe hohe Standards für sich selbst und alle anderen Wissenschaftler gesetzt. Ob diese männlich oder weiblich waren, sei niemals in ihr Urteil eingeflossen und habe ihre Erwartungen an die wissenschaftlichen Leistungen in keiner Weise beeinflusst. Wahrscheinlich geht sie einfach von sich selbst aus.

»Hingegeben an die Forschung« – so charakterisieren sie Journalisten und Kollegen, und Gerty ist – zumindest aus der Rückschau – mit dieser Beurteilung einverstanden: »Die Liebe zur Arbeit und die Hingabe an sie scheinen mir die Basis des Glücks zu sein«, sagt sie im Alter von ungefähr sechzig Jahren in einer Radiosendung mit dem Titel *This I believe* (Daran glaube ich). Sie verrät in dieser Sendung auch, dass sie »Momente der Hoffnungslosigkeit und des Zweifels« durchlebt habe. Ob sie jedoch seit ihrer Ankunft in den USA und der Entscheidung für »ihr« Forschungsthema jemals andere Wege als den der völligen Identifikation mit ihrer Arbeit in Betracht gezogen hat, sagt sie nicht.

Auch nach der Entdeckung des Cori-Esters setzen Carl und Gerty ihre »lebenslange Studie« zum Zukkerstoffwechsel fort. Sie analysieren den Abbau von Glykogen, die Verbrennung des Traubenzuckers im Muskel und den Einfluss von Hormonen auf die Umwandlungen des Zuckers im Körper – wechselnde Fragestellungen, die um ein großes Thema kreisen. Systematisch und sorgfältig tasten Gerty und Carl sich an die Antworten heran. Auf Messergebnisse, die von den Coris kommen, kann man sich verlassen, ist die einhellige Meinung ihrer Kollegen.

Die Coris – irgendwann im Laufe ihrer fünfunddreißigjährigen Zusammenarbeit scheinen Gerty und Carl zu dieser Einheit zu verschmelzen. Die beiden arbeiten sehr eng zusammen und ein Außenstehender kann nur schwer entscheiden, wo die Arbeit des einen aufhört und die des anderen beginnt. Die ganze Zeit stimmen sie ihre Aktivitäten aufeinander ab. Sie besprechen ihre Probleme und entscheiden gemeinsam, was getan werden soll.

Ein Freund der Familie beschreibt das intellektuelle Wechselspiel zwischen Gerty und Carl folgendermaßen:

Gerty und Carl Cori in ihrem Labor

»Wenn einem von beiden eine Idee kommt, nimmt der andere sie auf, verfeinert sie, baut sie aus und gibt sie schließlich – damit noch mehr hinzugefügt werden kann – an den ersten zurück. Hat ein Besucher sich angehört, wie sie etwas erklären, so wird er wahrscheinlich mit dem Eindruck nach Hause gehen, zwei Stimmen hätten die Gedanken aus *einem* Gehirn in Worte gefaßt.«

Der letzte Satz dieses Zitates ist auf einer hellgelben Karte mit den Porträts von Gerty und Carl abgedruckt, die Besucher an der Washington University School of Medicine erhalten können. In der kurzen Würdigung wird Gerty auch gleich Carls Titel verliehen: »Das Ehepaar erwies der School of Medicine eine große Ehre, als sie 1931 als Professoren der biologischen Chemie in die Fakultät eintraten.« In Wahrheit jedoch war Gerty von 1931 bis 1943 nur *research associate* mit einem symbolischen Gehalt und danach vier Jahre lang *research associate professor*. Erst sechzehn Jahre nach Carl erhielt sie eine volle Professur – im Jahre 1947, in dem sie gemeinsam mit ihrem Mann den Nobelpreis bekam. Ob man daran lieber nicht erinnert?

Im Sommer des Jahres 1947 gönnen sich die Coris, wie es ihre Gewohnheit ist, einen Monat Ruhe von der Laborarbeit. Sie verlassen St. Louis und fahren Richtung Westen nach Colorado in die Rocky Mountains zum Klettern. Doch Gerty scheitert in diesem Jahr am 4300 Meter hohen Snow Mass Peak, ihre gewohnte Kraft und

Gerty Theresa Cori. Offizielles Nobelpreisfoto 1947

Vitalität ist verschwunden. Sie hat Atembeschwerden und fühlt sich schwach und schwindelig. Diese ersten Anzeichen einer schweren Krankheit belasten ihren Sommerurlaub.

Bald darauf sind Gerty und Carl auf dem Höhepunkt ihrer wissenschaftlichen Karriere angelangt. »Überrascht waren in der letzten Woche nur wenige Wissenschaftler«, schreibt die Zeitschrift *Time* am 3. November 1947, »als Stockholm verkündete, daß Houssay[*] und Cori & Cori gemeinsam der Nobelpreis für Medizin des Jahres 1947 zugesprochen worden ist.« Falls Gerty und Carl erstaunt sind, als ein Freund aus Stockholm ihnen – noch bevor sie offiziell benachrichtigt werden – telegraphisch zum Nobelpreis gratuliert, dann lassen sie sich das nicht anmerken. Mit der ihnen eigenen äußeren Ruhe nehmen sie die Nachricht entgegen. Dann arbeiten sie weiter, als sei nichts geschehen, bis Freunde und Journalisten sich in ihren Büros drängen.

Gerty ruft ihren elfjährigen Sohn Tom an, der sofort seinen Anteil an den 24 460 Dollar verlangt, auf die sich der Preis beläuft: Er will nun endlich die Dampflok haben, die er sich seit Monaten wünscht. Gerty wird sie ihm wohl versprochen haben, bevor sie Hand in Hand mit Carl den Reportern gegenübertritt, um zu erklären, worin ihre Arbeit eigentlich besteht. An diesem Tag gehen sie früher als sonst nach Hause. Sie mögen keinen Trubel, aber ganz entgehen können sie ihm als gerade ausgezeichnete Nobelpreisträger nicht.

[*] Der argentinische Physiologe Bernardo Alberto Houssay (1887–1971) erhält die Hälfte des Preises für seine Forschungsarbeiten zur Steuerung des Zuckerstoffwechsels durch Botenstoffe aus dem Gehirn.

Im Dezember 1947 erheben sich zweitausend Diploma-
ten, Politiker, Wissenschaftler und Künstler von ihren
Plätzen in der Stockholmer Konzerthalle, als die Coris
unter Fanfarenklängen Seite an Seite auf König Gustaf V.
von Schweden zuschreiten, um Nobel-Medaille und -
Diplom entgegenzunehmen. Ob sehr viele Gäste den
englischen Vortrag verstehen, in dem das scheue Wissen-
schaftlerpaar im Anschluss an die Preisverleihung seine
Forschungsarbeiten darstellt? »Die Polysaccharidphos-
phorylase ist als ein Enzym charakterisiert, das eine a-1-
4-glykosidische Bindung am nichtreduzierenden Ende
einer Glykogen- oder Stärkekette brechen oder anknüp-
fen kann ...«, beginnt Carl die Entdeckungsgeschichte
des Stoffes, der die Umsetzung von Glykogen zum Cori-Ester steuert.

Den mittleren Teil des gemeinsamen Vortrages hält
Gerty. Sie beschreibt, wie sie die »Phosphorylase« 1943
gemeinsam mit ihrer Kollegin Arda Green von allen anderen Bestandteilen des Muskels abgetrennt hat. Dafür
hat sie ein bestimmtes Rezept – in diesem Punkt erinnert
die Arbeit einer Biochemikerin ein wenig an die einer
Hausfrau: »Ein Kaninchen wird ... getötet, die Muskeln
an Hinterbeinen und Rücken schnell herausgeschnitten
und gewogen. Die folgenden Schritte werden in einem
kalten Raum ... ausgeführt: Die Muskeln werden durch
einen normalen Fleischwolf passiert und mit einem Volumen Wasser etwa 10 Minuten extrahiert. ... Nachdem
der Überstand durch einen Gaze-Filter abgetrennt wur-

de, wird er mit einem weiteren Volumen Wasser reextrahiert. Die kombinierten Extrakte werden durch Baumwolle und einen groben Papierfilter gefiltert ...« Zum Schluss der komplizierten Prozedur fallen durchsichtige nadelförmige Kristalle aus einer farblosen Flüssigkeit aus: die Phosphorylase in reiner Form.

Als die Coris aus Europa zurück sind, macht Gerty sich daran, den riesigen Berg von Glückwunschkarten und -briefen zu beantworten, der sich in der Zwischenzeit angesammelt hat. »Gedruckte Karten zu verschikken ist schlimmer, als gar nicht zu antworten«, begründet sie ihre Aktion. Sobald sie fertig ist, kehrt sie ins Labor zurück: Dort bringt eine Naturwissenschaftlerin nun einmal ihre Tage zu.

»Fast übermenschlich« wirkt auf viele der Wille, mit dem Gerty Cori sich in den Jahren nach der Preisverleihung bei ihrer Arbeit hält. Die Atemnot auf dem Snow Mass Peak hatte es angekündigt: Gerty Cori leidet unter Myelofibrose, einer seltenen und unheilbaren Knochenmarkserkrankung.

Die schwere Krankheit zehrt ihre Kräfte langsam auf, aber Gerty gibt ihr nicht nach. Wenn sie nicht gerade in der Klinik ist, wo sie eine Bluttransfusion bekommt, ist sie auch in den letzten zehn Jahren ihres Lebens von neun Uhr morgens bis fünf Uhr nachmittags im biochemischen Institut anzutreffen.

Alles geht weiter wie bisher: Mittags versammeln sich

die Wissenschaftler der biochemischen Abteilung um einen großen Tisch. Sie diskutieren alle wichtigen Ereignisse, wissenschaftliche wie nichtwissenschaftliche. Jeder bringt sein Mittagessen mit. Gerty isst meistens Sauermilch und Früchte, lange bevor Joghurt in Mode kommt. Manchmal werden am Mittagstisch auch Seminare abgehalten. Wenn der Sprecher schlecht vorbereitet ist, fragt Gerty hartnäckig und bohrend nach. Sie toleriert keine mittelmäßigen Wissenschaftler.

In ihren letzten Lebensjahren übernimmt sie zusätzlich die Aufgabe, sich und die Gruppe über wichtige wissenschaftliche Veröffentlichungen auf dem Laufenden zu halten. Sie zieht sich teilweise von der Laborarbeit zurück und liest. »Da ihr Büro und das dazugehörige Labor am entgegengesetzten Ende des Flurs lagen, war es nicht ungewöhnlich, ihre aufgeregte Stimme den neuesten wissenschaftlichen Durchbruch verkünden zu hören, während sie sich Carls Büro näherte. Ihre Unterbrechungen hatten Vorrang über alles, was er im Moment tat«, erinnert sich ihre Mitarbeiterin Barbara Brown.

Immer noch arbeitet Gerty voller Enthusiasmus. Ihre Vitalität, die Carl Cori schon in der Studienzeit aufgefallen war, zeigt sich in einem unbeugsamen Arbeitswillen. »Die Krankheit hat nur eine Auswirkung gehabt: Gerty Cori erhöhte die Ansprüche an sich selbst«, urteilt ein Kollege.

In diesen letzten Jahren schließt sich für Gerty ein Kreis: Die Grundlagenforscherin nähert sich wieder den Problemen der Kinderärztin. Sie weiß jetzt so viel über Zukker und seine Speicherform Glykogen, dass sie nun auch die Störungen des Zuckerstoffwechsels untersuchen kann. Gerty erforscht die »Glykogenspeicherkrankheiten«, von denen hauptsächlich Kinder betroffen sind. Wenn Jungen oder Mädchen eine dieser Krankheiten geerbt haben, leiden sie unter Krämpfen, weil ihr Blutzuckerspiegel zu niedrig ist. Sie sind kleinwüchsig, haben einen vergrößerten Leib und ein »Puppengesicht«. Bis ins letzte Detail klärt Gerty auf, was bei den verschiedenen Typen der Glykogenspeicherkrankheiten mit dem Stoffwechsel nicht stimmt. Es ist eine Pionierleistung: Zum ersten Mal in der Geschichte der Medizin kann eine Wissenschaftlerin zeigen, dass eine ererbte Krankheit auf einen ererbten Enzymfehler zurückzuführen ist.

Heute erleichtert dieses Wissen es den Ärzten, die verschiedenen Typen von Zuckerspeicherkrankheiten voneinander zu unterscheiden. Sie können den Eltern voraussagen, ob die Krankheit bei ihrem Kind einen schweren oder einen leichten Verlauf nehmen wird. Richtig behandeln kann man Glykogenspeicherkrankheiten allerdings auch dreißig Jahre nach Gerty Coris Entdeckungen nicht.

Ob Gerty manchmal entmutigt ist, dass ihre Forschungen zwar das Wissen der Menschheit vergrößern, aber den Medizinern nicht unmittelbar weiterhelfen?

Die Coris bekommen aus ganz Amerika Briefe von verzweifelten Menschen. Sie schreiben in der Hoffnung, dass das berühmte Forscherehepaar Zuckerkrankheit, Kropf oder andere Leiden heilen könne, denn sie wissen doch mehr als die meisten anderen Menschen über Enzyme und Hormone.

Vor Journalisten antwortet Gerty meistens sehr schnell auf solche Fragen: Sie überlasse es anderen Wissenschaftlern, ihre Erkenntnisse anzuwenden. Ihre Freude ist es, Geheimnissen auf die Spur zu kommen.

Im Alter von einundsechzig Jahren wird Gerty Cori aus ihrer Arbeit gerissen: Sie stirbt am 26. Oktober 1957 an Nierenversagen, einer Folge ihrer schweren Krankheit.

Während der Trauerfeier hören die Gäste noch einmal ihre Stimme in einer Rundfunkaufnahme: »Die unvergeßlichen Momente im Leben eines Forschers sind jene seltenen, die kommen, nachdem sich die Arbeit jahrelang dahingeschleppt hat: Der Schleier über dem Geheimnis der Natur scheint emporzuschweben, und das, was dunkel und chaotisch war, erscheint klar und schön angeordnet im Licht.«

»*Werde nie eine Frau, wenn du groß bist*«

Maria Goeppert Mayer (1906–1972),
Nobelpreis für Physik 1963

Von Judith Rauch

Das kleine Mädchen saß aufrecht im Bett, das Kopfkissen im Rücken, die Decke hochgezogen bis zum Kinn. Wo Papa nur blieb? Nein, sie wollte noch nicht einschlafen. Manchmal wurde es spät in der Klinik, die kranken Kinder brauchten ihn noch oder die Studenten. Aber Maria wusste genau: Wenn er nach Hause kam und sie noch wach war, würde er mit ihr spielen.

Sie hatte schon einen besonderen Vater, das wusste Maria. Und ihre Freunde und Freundinnen wussten es auch. Professor Friedrich Goeppert war gescheit. Er kannte die Tiere und die Pflanzen, das Wetter und die Sterne, und er wusste auf fast alle Fragen eine Antwort. Aber das war nicht das Besondere, gescheit waren die anderen Professorenväter in Göttingen auch. Das Besondere an Marias Vater war, dass Kinder ihn einfach ansprechen konnten, er redete gern mit ihnen, sogar lieber als mit Erwachsenen. Und er erlaubte Maria fast alles. Sie durfte allein in den Wald gehen, auf die höchsten Bäume klettern und die ganze Nacht wach bleiben, wenn sie wollte. Ja, sie durfte sogar hauen und treten und wild sein wie ein Junge, obwohl sie doch ein Mädchen war. Friedrich Goeppert war gerecht, er machte keinen Unterschied zwischen Jungen und Mädchen. »Werde nie eine Frau, wenn du groß bist.« Das sagte er oft zu Maria, auf Spaziergängen oder beim Gutenachtsagen. Früher, als sie noch kleiner war, hatte Maria nicht gewusst, wie er das meinte: »keine Frau«. Natürlich würde sie eine Frau werden, sie war schließlich ein Mädchen. Aber Papa hatte es ihr erklärt. Die meisten Frauen, hatte er gesagt, führen ein langweiliges Leben, nur Kochen, Putzen, Einkaufen und Kinderhüten. Das ist bequem für die Männer, hatte er gesagt, die lassen sich gerne bedienen. Aber es darf nicht so bleiben, die Frauen werden dumm und stumpf dabei und das schadet auf die Dauer auch den Kindern. »Du wirst einen Beruf lernen«, hatte er zu Maria gesagt. »Du wirst studieren und etwas Interessantes tun.« Etwas Interessantes – Maria wollte nichts lieber als das. Aber was war das Interessanteste?

Die Mama war Lehrerin gewesen, Sprachlehrerin, und Klavierstunden hatte sie auch gegeben. Ob das interessant war? Wahrscheinlich nicht so sehr, denn ihre Mutter hatte das Unterrichten aufgegeben, und Klavier spielte sie nur noch, wenn Gäste da waren. Was ihr Vater machte, war da schon viel interessanter: kranke Kinder heilen und zukünftige Kinderärzte ausbilden. Aber auch dieser Beruf hatte seine dunklen Seiten. Manchmal starben die Kinder und der Vater war tagelang traurig, weil er ihnen nicht hatte helfen können.

»Ich muß damals doch irgendwann eingeschlafen sein«,

überlegte Maria Goeppert Mayer rund fünfzig Jahre später. Sie saß vor ihrem Schreibtisch in La Jolla, Kalifornien. Das schwedische Nobelpreiskomitee hatte geschrieben, sie bräuchten – für die Presse, für die Öffentlichkeit – eine kurze Lebensgeschichte der frisch gebackenen Nobelpreisträgerin für Physik 1963. Die Aufgabe hatte sie ins Grübeln gebracht.

Maria Goeppert Mayer wusste, worauf es der Presse ankam. Sie war die erste Frau mit einem Nobelpreis in theoretischer Physik. Sie war erst die zweite Physiknobelpreisträgerin nach Marie Curie, die zweite nach sechzig Jahren. Und jetzt würden alle von ihr wissen wollen: »Wie sind Sie das geworden?« Darauf eine Antwort zu geben fiel Maria Goeppert Mayer schwer.

Nein, eine zweite Marie Curie war sie nicht. Und eine Kämpferin, eine Pionierin, eine Frauenrechtlerin war sie auch nie gewesen. Das Besondere in ihrer Jugend war der Vater gewesen, »ein großer, sanfter Bär von Mann«. Maria Mayer nahm einen tiefen Zug aus ihrer Zigarette und schrieb an das Nobelpreiskomitee: »Väterlicherseits bin ich die siebte Generation von Universitätsprofessoren in gerader Linie.« Und unter Professoren war sie auch aufgewachsen, in einer typischen deutschen Universitätsstadt am Anfang des 20. Jahrhunderts.

Auf die Welt gekommen ist Maria mitten im Sommer, am 28. Juni 1906, in Kattowitz. Als sie drei Jahre alt war, zogen Friedrich Goeppert und seine Frau Maria, geborene Wolff, mit ihrem ersten und einzigen Kind von Oberschlesien in die Universitätsstadt Göttingen. Der Professor für Kinderheilkunde und seine Familie bezogen eine Wohnung in der Hanssenstraße, im Ostviertel der Stadt, wo viele Universitätsangehörige wohnten. Im Jahr 1916, als Maria dreizehn Jahre alt war, kauften die Goepperts ein Haus im gleichen Viertel.

In ihrer Jugend in Göttingen hätten »alle Häuser Gärten gehabt«, erzählte später die Physikerin Maria Mayer ihrer Biographin Joan Dash. Und tatsächlich, im stillen, gediegenen Ostviertel von Göttingen stehen noch heute alle Häuser in grünen Inseln. Besonders genau erinnerte sich Maria an den Garten ihres Nachbarn Professor David Hilbert, den auf ganzer Länge eine Schiefertafel durchzog, über die sich sogar ein Dach spannte. So konnte der berühmte Mathematiker mit seinen Studenten auch bei Regen hin und her flanieren und mathematische Gleichungen notieren. Der kleinen Maria kam es vor, als sei der grauhaarige Hilbert »der König von Göttingen«. In gewisser Weise war er das auch. Zu Beginn des 20. Jahrhunderts und bis in die zwanziger Jahre hinein galt Göttingen als »das mathematische Zentrum der Welt«. Berühmt waren neben Hilbert Hermann Minkowski, Spezialist für die Relativitätstheorie, Felix Klein, Mitbegründer der Gruppentheorie (und ein früher Förderer des Frauenstudiums!), sowie – als einzige Frau in diesem exklusiven Zirkel – die junge, geniale Klein-Schülerin Emmy Noether, die auf dem Gebiet der Invariantentheorie arbeitete. Maria Goeppert Mayer sollte ihr später in den USA wieder begegnen, wohin Emmy Noether emigrieren musste, weil sie als Jüdin von den Nationalsozialisten verfolgt wurde.

Jüdischer Herkunft waren auch viele der jungen Atomphysiker, die es in den »goldenen Zwanzigern« nach Göttingen zog. Sie hatten bei Ernest Rutherford und Niels Bohr gelernt. Sie waren fasziniert von der Welt der unsichtbaren, kleinsten Partikel und ihrer Bewegungen – einer Welt, deren Gesetze sich noch jeden Tag änderten, im Wechselspiel zwischen Rechnung und Experiment. Die bedeutendsten unter ihnen: James Franck, Bankierssohn aus Hamburg und ehemaliger Offizier, bekannt für sein unkonventionelles, aber stets höfliches Benehmen. Und Max Born, etwas älter als Franck, musikalisch und sensibel, ein Schöngeist unter den Physikern. Ihnen folgten andere, mit später ebenso berühmten Namen: Heisenberg und Pauli, Oppenheimer und Fermi, Compton und Pauling, Dirac und Wigner. Die junge Maria Goeppert, noch Schülerin, lernte viele von ihnen durch ihren naturwissenschaftlich interessierten Vater kennen. Sie galt als »universelle Nichte« in der Großfamilie der Göttinger Wissenschaftler.

Der kleine Wildfang Maria war inzwischen eine junge Dame geworden, »das schönste Mädchen von Göttingen«, wie an der Uni geflüstert wurde. Maria tanzte und flirtete gern und das offene Haus ihrer Eltern bot reichlich Gelegenheit dazu; Gesellschaften und Feste jagten einander. Dennoch: die Ernsthaftigkeit in ihrem Wesen, die sich schon in den frühen Kinderbildern spiegelte, war ihr geblieben. Von klein an hatten sie heftige Kopfschmerzen geplagt, die sie häufig zwangen, zu Hause zu bleiben und sich mit sich selbst zu beschäftigen. Auch die Hungerjahre des Ersten Weltkriegs hatten ihre Kindheit geprägt. Noch als ältere Frau erinnerte sich Maria Goeppert Mayer an die Rübensuppen, die ihre Mutter in der Not mit Schweinsohren gewürzt hatte, und an die Anstrengungen ihres Vaters, die kranken Kinder in der Uniklinik Tag für Tag satt zu kriegen.

Maria Goeppert beendete 1921 die Volksschule. »Es wurde nie diskutiert zwischen meinen Eltern und mir, es war irgendwie selbstverständlich, daß ich an die Universität gehen würde«, erinnerte sie sich. »Aber zu jener Zeit war das nicht so ganz einfach für ein Mädchen.« Erst 1918 hatten nach vielen Kämpfen Frauen in Preußen das uneingeschränkte Recht zu studieren erhalten. Wie sie zu dem dafür nötigen Abitur kamen, war jedoch ihre Sache.

Die spätere Nobelpreisträgerin Maria Goeppert hatte Glück. Ihre Heimatstadt Göttingen war in den zwanziger Jahren nicht nur eine Hochburg der Wissenschaft, sondern auch eine Stadt, in der es eine Frauenbewegung gab. Viel ist über die Aktivitäten von Frauenrechtlerinnen dieser Zeit in Göttingen nicht mehr bekannt. Aus den Interviews, die Maria Goeppert Mayer ihrer Biographin gab, wissen wir aber, dass Frauenrechtlerinnen dort eine kleine private, dreijährige Schule betrieben, die Mädchen aufs Abitur vorbereitete. Zwei Jahre lang besuchte Maria Goeppert diese »Suffragetten-Schule«[*], wie sie diese liebevoll nannte. Dann ging den Lehrerinnen das Geld aus und die Schule musste schließen.

Aber die siebzehnjährige Maria hatte inzwischen nicht nur so viel Wissen, sondern auch so viel Selbstbewusstsein getankt, dass sie sich das Abitur trotz des fehlenden Abschlussjahres zutraute. Sie legte die schriftlichen und mündlichen Prüfungen im nahen Hannover ab, als »Externe« an einer Knabenschule. Dreißig Jungen und vier Mädchen wurden zusammen mit ihr geprüft. Alle Mädchen bestanden, doch von den dreißig Jungen kam nur einer durch.

Dieser eine studierte ein paar Jahre später ausgerechnet Physik wie Maria, und ausgerechnet bei Hertha Sponer, einer älteren Freundin von Maria. »Ich weiß gar nicht, wie ich an diesen Dummkopf gekommen bin«, beklagte sich Hertha eines Tages auf dem Heimweg bei Maria. »Ich frage mich, wie er überhaupt das Abitur hat schaffen können.« – »Sie haben ihn durchrutschen lassen, weil sie glaubten, er sei ein ernsthafter junger

---

[*] Suffragetten: Ursprünglich Kämpferinnen für das Frauenwahlrecht in England und Amerika. Von den Frauenrechtsgegnern verspottet, wurde im Laufe der Zeit das Bild der »Suffragette« zur Karikatur und der Name bekam einen negativen Beigeschmack. Heutige Feministinnen haben die Geschichte ihrer Vorgängerinnen, der Suffragetten, neu erforscht und durch die Darstellung ihrer tatsächlichen Leistungen das Negativbild korrigiert.

Mann«, erinnerte sich Maria. – »Ernsthaft ist er nun wirklich nicht«, entgegnete Hertha Sponer. »Mag sein, daß sie ihn wegen seiner tiefen Stimme dafür gehalten haben.«

Zwischen 1919 und 1933 verdoppelte sich in Göttingen der Anteil der studierenden Frauen nahezu, von 8,4 auf 16 Prozent: goldene zwanziger Jahre – auch für das Frauenstudium. Mehr als dreihundert Studentinnen und ein paar viel versprechende Nachwuchswissenschaftlerinnen wie Hertha Sponer gab es bereits an der »Georgia Augusta«, als Maria Goeppert sich im Frühjahr 1924 an der Universität ihrer Vaterstadt einschrieb, zunächst im Studienfach Mathematik.

Dreißig Jahre zuvor, im Wintersemester 1893/94, hatten überhaupt erst die ersten Frauen die Hörsäle in Göttingen betreten dürfen – als geduldete Gasthörerinnen, noch lange nicht als »offizielle« Studentinnen. Und noch fünf Jahre nach diesem ersten Schritt brandmarkte der Gynäkologe Max Runge, Direktor der Universitätsfrauenklinik zu Göttingen, die Forderungen von Frauenrechtlerinnen nach Zugang zu den Universitäten als »naturwidriges Bestreben«. Geistige Tätigkeit widerspreche den »Mutterinstinkten« der Frauen, behauptete Runge, und führe zu nervlichen und psychischen Leiden einschließlich Hysterie.

Glücklicherweise hatte es – gerade in Göttingen – immer Frauen gegeben, die das Gegenteil bewiesen. Bereits

Maria Goeppert Mayer

im Jahre 1787 hatte hier die erste Frau einen Doktortitel in Philosophie erworben – die vielseitig gebildete, unter anderem sieben Sprachen beherrschende Dorothea

Schlözer. Ihr Vater, der Aufklärer August Ludwig Schlözer, war wie Friedrich Goeppert der Meinung gewesen, dass geistige Betätigung Frauen ebenso zustehe wie Männern; mit dem Doktorhut seiner Tochter sah er auch sein eigenes »Erziehungsexperiment« gekrönt. Es sollte bis 1874 dauern, bis die Philosophische Fakultät Göttingens wieder einer Frau den Doktorhut verlieh: der russischen Mathematikerin Sonja Kowalewskaja. Ihr folgte 1895 die Engländerin Grace Emily Chisholm, ebenfalls im Fach Mathematik. Selbst Emmy Noether hatte noch zu kämpfen: Trotz anerkannter überdurchschnittlicher Leistungen bekam sie in Deutschland nie eine ordentliche, sondern nur eine außerordentliche Professur.

Wie wichtig waren diese weiblichen Vorbilder für Maria Goepperts Entschluss, Mathematik zu studieren? Das lässt sich heute schwer beurteilen. Immerhin, diese Frauen hatten bewiesen, dass Frausein und Mathematik keine unvereinbaren Größen waren. Doch für Friedrich Goepperts Tochter (»Werde nie eine Frau!«) bedurfte es eines solchen Beweises wohl kaum. Fest steht, dass die Mathematik das Mädchen Maria fasziniert hatte, seit sie im Nachbargarten David Hilbert vor der Schiefertafel hatte umherwandeln sehen. Eine gute Rechnerin war sie bereits in der Schule gewesen. Und zu Sprachen oder den schönen Künsten zog es die Vatertochter und »universelle Nichte« der Göttinger Naturwissenschaftler nun einmal nicht.

Außerdem wurden um die Zeit, als Maria ihr Abitur

ablegte, gerade Mathematiklehrerinnen für Mädchen-
schulen gesucht. Hier bot sich immerhin eine sichere Be-
rufsperspektive. Das Ziel, an die Schule zu gehen, verfolgte die Mathematikstudentin Goeppert allerdings
nicht lange. Die Philosophie- und Psychologiekurse, die
sie zu diesem Zweck besuchen musste, empfand sie als
zu weltfremd und gab sie schnell wieder auf.

Drei Jahre später begann die Mathematik für sie ihren
Reiz zu verlieren, sie erschien ihr immer mehr »wie Rätsellösen«. Die Physik trat in Marias Leben ein. »Physik
ist auch wie Rätsellösen«, sagte sie später, »aber es sind
Rätsel, die die Natur geschaffen hat, nicht der menschliche Geist.«

Das Rätsel, das die Physiker Ende der zwanziger Jahre
am meisten beschäftigte, war der Bau der Atome. In ihren eigenen Worten beschrieb Maria das so: »Niemand
hat jemals ein Atom gesehen, noch wird wahrscheinlich
jemals jemand eines sehen. Aber das hält den Physiker
nicht von dem Versuch ab, einen Plan des Atoms zu
zeichnen, mit Hilfe der Hinweise auf seine Struktur, die
er eben hat. Für das Gesamt-Atom haben moderne Physiker ein nützliches Modell entwickelt, das sich am Bau
unseres Planetensystems orientiert: Es besteht aus einem
Kern in der Mitte, entsprechend der Sonne, und aus
Elektronen, die sich wie Satelliten um den Kern bewegen, wie Planeten auf bestimmten, festgeschriebenen
Bahnen. Obwohl dieses Modell noch viele Fragen offen-

läßt, hat es sich als hilfreich erwiesen, um vielen beobachteten Verhaltensweisen der Elektronen Rechnung zu tragen. Der Kern selber allerdings ist noch kaum verstanden.« Zum Verständnis dieses Kerns sollte Maria Goeppert Mayer später viel beitragen.

Zur Zeit des Studiums in Göttingen tüftelten ihre »universellen Onkel«, die Atomphysiker um Born und Franck, noch an den Details der Elektronenbahnen. Einen ersten Vorgeschmack von deren Diskussionen hatte Maria bereits ihr Nachbar Hilbert vermittelt. Er, der abstrakte Mathematiker, war der Meinung, »dass die Physik viel zu kompliziert ist, um sie den Physikern allein zu überlassen«. Darum hielt er einmal in der Woche für Wissenschaftler und Laien ein offenes Seminar über die neuesten Entwicklungen der Atomphysik ab. Zu diesen Vorlesungen gehörte stets ein Ehrengast, nach Marias Erinnerungen meistens »eine Frau, in die Hilbert gerade verliebt war«. Eines Tages, Maria ging noch auf die »Suffragetten-Schule«, war sie es, auf die der Blick des charmanten, alten Professors fiel. Er lud »das schönste Mädchen von Göttingen« ein und sie ging hin: »Ich lernte eine Menge, und es war sehr interessant.«

Im Jahr 1927 wechselte Maria Goeppert von der Mathematik zur Physik. Dieses Jahr brachte jedoch noch einen weiteren Einschnitt in ihrem Leben: Friedrich Goeppert, ihr geliebter Vater, starb plötzlich und für Mutter und Tochter völlig unerwartet. Trotz der Trauer um den Vater fühlte sie die Verpflichtung, ihr Studium rasch und erfolgreich zu Ende zu führen. In Max Born fand sie den geeigneten Mentor, einen richtigen Doktorvater, einen Vaterersatz. Als Thema für ihre Dissertation wählte sie die theoretische Behandlung von »Doppel-Photonen-Prozessen« – eines quantenphysikalischen Effekts, der mit der Entwicklung der Lasertechnik sogar praktische Bedeutung gewinnen sollte.

Menschen, die Maria Goeppert in jenen Studientagen kannten, beschreiben sie als kühl, beherrscht, unzugänglich, und dabei als sehr schön: eine *princesse lointaine*, eine Märchenprinzessin, schwer zu erreichen. Ihre Freunde suchte sie sich wie in Kindertagen eher unter Männern als unter Frauen. »Ich muß zugeben, daß ich mich zu Frauen nie so sehr hingezogen fühlte«, vertraute sie ihrer Biographin an, »ich weiß nicht warum, aber ich war eigentlich immer mit den Jungs zusammen.« Diese Freundschaften blieben zumeist kameradschaftlicher Art: »So hatte ich zwei Freunde, mit denen ich in all meinen Kursen zusammensaß, immer in der ersten Reihe rechts. Wir drei konkurrierten, wir drei schafften es immer – alles schafften wir.«

Wer hätte gedacht, dass innerhalb weniger Monate ein Prinz das Herz der »fernen Prinzessin« gewinnen, sie heiraten und mit sich fortnehmen würde in ein anderes Land? Wer hätte es der kühlen Intellektuellen zugetraut, dass sie aus Liebe eine gerade beginnende wissenschaftli-

che Karriere abbrechen und einem Mann in eine unge-
wisse berufliche Zukunft folgen würde? War Friedrich
Goepperts Tochter so kurz nach seinem Tod in Gefahr,
doch noch »eine Frau zu werden«? Fast schien es so.

Der Mann, der sie in Versuchung brachte, alles in den
Wind zu schlagen, war ein Kollege, ein Naturwissenschaftler. Joseph Mayer, genannt Joe, war Amerikaner.
Er war der Sohn eines Ingenieurs österreichischer Abstammung, war im sonnigen Kalifornien aufgewachsen
und hatte Chemie studiert. Nach Göttingen zog ihn der
Ruf der alten Universitätsstadt und sein Interesse an der
physikalischen Chemie. Ins Goeppertsche Haus aber
zog ihn der Ruf der Tochter, des »schönsten Mädchens
von Göttingen«, der über frühere amerikanische Gast-
studenten bereits bis ins ferne Kalifornien gedrungen
war. Ein Freund hatte ihm erzählt, dass die verwitwete
Frau Goeppert Studentenzimmer vermietete. Und so
klingelte der vierundzwanzigjährige Joe Mayer an seinem ersten Tag in Deutschland an der Tür des Goeppertschen Hauses. Maria öffnete – und Joe Mayer sah,
dass die Kommilitonen nicht übertrieben hatten. Der
Amerikaner, den viele um sein neues Auto beneideten,
fiel Maria erst nach einiger Zeit auf, als er in der Städtischen Badeanstalt mit seinem Schwimmstil brillierte.
Von nun an gingen sie öfters gemeinsam schwimmen,
wandern und tanzen, und Joe stellte bald fest, dass sie
nicht nur »hübscher«, sondern auch »klüger« war als jedes andere Mädchen.

Zwei Jahre später, im Januar 1930, wurden Maria Goeppert und Joseph Mayer im Göttinger Rathaus getraut. Die »Flitterwochen« beschränkten sich auf eine Achttagereise nach Berlin. Im Februar reichte die vierundzwanzigjährige Maria ihre Dissertation ein – nach den Worten von Eugene Wigner, Goepperts Mitnobelpreisträger von 1963, »ein Meisterstück an Klarheit und Konkretheit«. Darauf folgte das »Rigorosum«, die gefürchtete mündliche Doktorprüfung. Ihre Prüfer waren Max Born, James Franck und Adolf Windaus, allesamt spätere Nobelpreisträger. Maria bestand die Prüfung problemlos und schon im März des gleichen Jahres bestieg in Cherbourg das junge Ehepaar Goeppert Mayer den Ozeandampfer SS Europa mit Ziel New York. Von dort ging es nach Baltimore im nahen Maryland, wo Joe Mayer an der Johns-Hopkins-Universität seine erste akademische Stelle antrat, als außerordentlicher Professor der Chemie.

Mit welchen beruflichen Erwartungen fuhr Maria nach Amerika? Niemand hatte ihr dort einen Job angeboten, niemand kannte sie dort. Aber sie war optimistisch: »Ich war jung, ich war meiner selbst sicher, ich wußte, dass ich gut war.« Im altmodischen Deutschland war es für eine Frau noch immer nahezu unmöglich, Professorin zu werden. Aber vielleicht gelang ihr das im modernen, emanzipierten Amerika? Schließlich hatte sie auf einem neuen, interessanten Gebiet geforscht, der Quantenme-

Maria Goeppert Mayer mit ihrem Mann Joseph Mayer

chanik. Und ihr Englisch war hervorragend. Maria
Goeppert hatte während ihres Studiums ein Jahr im englischen Cambridge verbracht.

Entsprechend groß war Marias Enttäuschung, als sie
schließlich in Johns Hopkins ankam. Zum einen waren
sie und ihr Mann zum denkbar schlechtesten Zeitpunkt
ins »Land der unbegrenzten Möglichkeiten« gekommen:

zur Zeit der Wirtschaftskrise, der großen »Depression«. Das hieß auch an den Universitäten Stellenknappheit, schmale Löhne, Akademikerarbeitslosigkeit – vor allem für Frauen. Zum anderen interessierte sich, wie Maria ihrer Mutter voll Entsetzen schrieb, »in diesem Land kein Mensch für die Quantenmechanik«. Die Alte Welt, speziell Göttingen, war darin der Neuen weit voraus.

Die dritte große Enttäuschung für die junge Wissenschaftlerin war die Lage der akademischen Frauen in den USA. Freilich, Frauen hatten in diesem Land früher Zugang zu Colleges und Universitäten gefunden als in ganz Europa. Dafür hatten schon die frauenbewegten Gründerinnen der ersten Frauencolleges im 19. Jahrhundert gesorgt. Diese noch immer florierenden Colleges hatten große Naturwissenschaftlerinnen hervorgebracht. Aber die Welt der Professoren und fest angestellten Wissenschaftler war auch 1930, als Maria Goeppert Mayer nach Amerika kam, noch immer eine fast reine Männerwelt, gerade in den Naturwissenschaften. Statt gleicher Zugangschancen zu akademischen Positionen hatten sich hier »Frauennischen« herausgebildet: so genannte Assistentinnenstellen in Labors und Sternwarten beispielsweise, oder das wenig angesehene Feld der »Haushaltswissenschaften«.

Vor 1920 hatten noch viele Naturwissenschaftlerinnen an der Seite der Suffragetten für das Frauenwahlrecht und für gleiche Chancen im Beruf gekämpft. In den Zwanzigern aber waren die Kämpferinnen müde geworden und viele junge Wissenschaftlerinnen ergaben sich in ihr Schicksal, als unterbezahlte Handlangerinnen ohne Aufstiegschancen der Männerwissenschaft zu dienen.

Solche Bescheidenheit wurde vor allem von verheirateten Wissenschaftlerinnen erwartet. Die meisten amerikanischen Universitäten hatten so genannte »Nepotismus-Regeln«, die die gleichzeitige Beschäftigung von Eheleuten verboten. Ganz selbstverständlich hatte in solchen Fällen die Ehefrau zurückzutreten. Wie eine Professorenfrau, *faculty wife* genannt, sich in den USA zu benehmen hatte, darüber gibt die Italienerin Laura Fermi, die Ehefrau des Physikers Enrico Fermi, Auskunft: »Die Amerikaner bestehen auf Geschlechtertrennung, laden die Ehemänner zu Herrenabenden ein, während die armen jungen Frauen zu Hause sitzen. Oder sie arrangieren Damenessen, wo dieselben armen Ehefrauen sich unter total Fremden, die ihren eigenen Jargon sprechen, zurechtfinden müssen.«

Als *faculty wife*, ein Anhängsel also, wurde Maria Goeppert Mayer wahrgenommen, als sie nach Amerika kam, und nicht etwa als die hoffnungsvolle Nachwuchswissenschaftlerin, als die sie sich selber sah.

Doch sie war nicht die Einzige, der es so erging. Die Historikerin Margaret Rossiter schreibt: »Man konnte um 1930 ganze Gruppen dieser gutausgebildeten, talentierten, aber unterbeschäftigten Wissenschaftlerinnen in den Akademikerwohnvierteln … finden. Nur ein paar dieser Frauen hatten einen so starken Antrieb und so viel

Motivation, daß sie es fertigbrachten, ihre wissenschaftliche Arbeit auch ohne akademische Position fortzusetzen.«

Zu diesen wenigen tapferen Frauen gehörte Maria Goeppert Mayer. Sie ergatterte einen Job als Deutschkorrespondentin eines Physikprofessors an der Johns-Hopkins-Universität. Von den paar hundert Dollar, die sie dafür erhielt, bezahlte das junge Ehepaar ein Hausmädchen. Hauspersonal war Maria seit ihrer Jugend gewohnt; und wohlweislich – »Werde nie eine Frau!« – hatte sie »nie richtig kochen gelernt«. Ihr Mann Joe konnte zwar kochen, aber um die Rolle eines Hausmanns riss er sich deswegen noch lange nicht.

Wichtiger noch als das Geld und die häusliche Entlastung aber war für Maria das Recht, ein Dachzimmerchen im Physikgebäude für eigene Forschungen zu nutzen. Neun Jahre arbeitete sie dort auf verschiedenen Gebieten der Physik und der Chemie, veröffentlichte mehrere Artikel und bildete Studenten aus, ohne dass sich an ihrem Einkommen oder ihrer Position irgendetwas geändert hätte. Sie war damit nicht zufrieden, aber sie kämpfte auch nicht für ihr Recht. »Ich will mich nicht aufregen«, war ihr Motto.

Sie lernte viel in diesen Jahren in Johns Hopkins. Sie lernte von Männern, wie sie es gewohnt war. Einer ihrer Lehrer war Karl Herzfeld, ein deutschstämmiger Physikochemiker, ein anderer der Chemiker R.W. Wood, »der König von Baltimore wie Hilbert der König von Göttingen war«. Mit ihnen zusammen bearbeitete sie ein buntes Sammelsurium von Themen – vom Energietransfer in festen Körpern bis hin zur physikalischen Theorie von Farbstoffen.

Ab 1935 kamen immer mehr alte Freunde aus Deutschland nach Baltimore: zunächst James Franck, gefolgt von Edward Teller, dem späteren »Vater der Wasserstoffbombe«. Aus Göttingen kamen allein drei promovierte Physikerinnen in die USA, darunter Hertha Sponer – sie heiratete später James Franck –, sowie die Mathematikprofessorin Emmy Noether. Hitlers Rassengesetze vertrieben sie nach und nach alle, die jüdischen Wissenschaftler und Wissenschaftlerinnen und ihre Freunde. »Die größte Ansammlung transplantierten Intellekts, Talents und Wissens, das die Welt je gesehen hat«, so die Worte eines Historikers, fand sich in der Neuen Welt ein.

Nichts von alledem hatte Maria Goeppert Mayer vorausgesehen, als sie Anfang 1930 Deutschland verließ. Aber bei ihren regelmäßigen Besuchen in Göttingen zwischen 1931 und 1937, dem Todesjahr der Mutter, bekam sie hautnah mit, wie sich die Situation für die jüdischen Kollegen und Freunde bedrohlich verschärfte. Ein paar Frauen aus ihrem Bekanntenkreis konnte sie persönlich zu Ausreisevisa verhelfen, indem sie ihnen vorübergehend eine Stelle als Haushaltshilfe in der eigenen Familie verschaffte. Anderen half sie auf politischer Ebene als Schatzmeisterin einer Gruppe deutscher Exilanten in den USA, die für Neuankömmlinge aus Deutschland Geld sammelte. Seit Frühjahr 1933 war Maria Goeppert Mayer keine Deutsche mehr. Sie hatte die Geburt ihrer Tochter Marianne zum Anlass genommen, Amerikanerin zu werden.

Mit der Ankunft von Maria Mayers alten akademischen Lehrern in den USA gab es in ihrem Umfeld endlich Menschen, die sich für die Quantenphysik interessierten. Aber nun, Mitte der dreißiger Jahre, interessierte sich Maria selbst nicht mehr so sehr dafür. Im Gegenteil. Sie, die getreu dem väterlichen Motto stets der Hausfrauenrolle ausgewichen war, ging immer mehr in der Rolle der Mutter auf und vernachlässigte die Wissenschaft. Diese Entwicklung verstärkte sich noch, als 1938 ihr zweites Kind, der Sohn Peter, geboren wurde. Die mangelnde Anerkennung in der Männerdomäne Universität mag bei ihrer Umorientierung eine Rolle gespielt haben. Maria selbst war sich dessen nicht bewusst, Kinder hatte sie schließlich schon immer gewollt. »Es ist so eine tolle Erfahrung, ein Baby zu haben«, schwärmte sie.

Doch ihr Ehemann, Joe Mayer, war da anderer Ansicht. Die einzig »tolle Erfahrung«, die er gelten ließ, war die Wissenschaft. Und er wollte, wenn er von der Uni nach Hause kam, über Wissenschaft reden, nicht über Babykram. Wozu hatte er eine Physikerin geheiratet? So kam es, dass in diesen Jahren, in denen Maria Goeppert Mayer ernsthaft in Gefahr war, »eine Frau zu werden«, ihr Ehemann Joe die Rolle von Friedrich Goeppert übernahm und sie davon abhielt. Sie begannen, zusammen ein Lehrbuch zu schreiben: »Statistische Mechanik«. Es sollte ein Klassiker werden.

Anfang 1939 verlor Joe Mayer seine Stelle in Baltimore und nahm ein Angebot der Columbia-Universität in New York an. Die Familie zog nach Leonia, einem Stadtteil außerhalb von Manhattan. Es war wieder einer dieser Akademikervororte, in denen die *faculty wifes* verkümmerten: »Die Frauen sprachen alle über ihre Babys und die Männer über die Wissenschaft.« In Marias Leben änderte sich also nicht viel. Sie arbeitete weiter an ihrem und Joes Lehrbuch. Mit ihren neuen Nachbarn, den Fermis aus Italien, sprach sie über den Krieg in Europa. Aber bald sollte der Krieg sie selber einholen – und ihr den ersten richtigen Job verschaffen.

Am 8. Dezember 1941, einen Tag nach dem Überfall auf Pearl Harbor, erklärten die USA Japan den Krieg. Hitlerdeutschland und das faschistische Italien reagierten sofort mit Kriegserklärungen an die USA. Das bedeutete Mobilmachung – auch unter den »kriegswichtigen« Naturwissenschaftlern. Und wie in allen Kriegen rückten die Frauen auf die frei gewordenen Posten der Männer. Maria Goeppert Mayer übernahm zunächst eine halbe Stelle als naturwissenschaftliche Lehrkraft am Sarah Lawrence College in Bronxville, New York. Sarah Lawrence war ein Frauencollege, die Studenten alle weiblich, für Maria, die immer gerne »bei den Jungs« gesessen hatte, eine völlig ungewohnte Situation.

Schon bald wurde sie – ebenso wie ihr Mann – direkt in die Kriegsvorbereitungen hineingezogen. Während Joe in einem Labor in Maryland sechs Tage in der Woche Schießgewehre und Sprengstoff testete, heuerten Chemiker der Columbia-Universität Maria für ein Projekt mit dem geheimnisvollen Kürzel SAM an.

Was es mit SAM auf sich hatte, darüber durfte Maria nicht einmal mit ihrem Ehemann offen sprechen. Denn es handelte sich um Forschungen, die in direktem Zusammenhang mit der Atombombe standen. Im Dezember 1938 hatten die deutschen Forscher Otto Hahn und Fritz Straßmann in Berlin die erste Spaltung eines Atomkerns im Labor nachgewiesen. Ihre ehemalige Kollegin, die Physikerin Lise Meitner (auch sie als Jüdin verfolgt), hatte dann im Exil in Schweden die ungeheuren Energiemengen berechnet, die bei einer solchen Reaktion frei werden. Eine Kettenreaktion schien möglich und damit eine Bombe ganz neuer Art – ausgerechnet in den Händen der Hitlerfaschisten!

Die deutschen Exilphysiker in den USA und ihre amerikanischen Kollegen nahmen die Gefahr sehr ernst. Es schien nur einen Weg zu geben, eine deutsche Atombombe zu verhindern: die amerikanische Bombe. Kaum war mit Einsteins Hilfe die Zustimmung des Präsidenten gewonnen, entstanden überall Geheimlabors. In der Wüste von New Mexico wurde sogar eine ganze Stadt aus dem Boden gestampft: Los Alamos. Aber auch in Chicago, in Hanford, Oak Ridge und New York forschten Wissenschaftler auf Hochtouren an der Bombe.

Die Leute vom SAM-Projekt, darunter Maria Goeppert Mayer, hatten die wichtige Teilaufgabe übernommen, den »Sprengstoff« für die Atombombe zu gewinnen: Sie versuchten, hochspaltbares Uran-235 von dem stabileren Uran-238 abzutrennen. Auf chemischem Wege ging das nicht, da sich die beiden Uranisotope nur durch ihr Atomgewicht unterscheiden und chemisch völlig gleich reagieren. Die SAM-Forscher versuchten es mit Hilfe von Licht, Marias Spezialgebiet seit ihrer Doktorarbeit, und mit Hilfe der so genannten »Gasdiffusion«, was schließlich klappte.

Dass sie an einer furchtbaren Waffe mitarbeitete, war Maria Goeppert Mayer klar, und es bedrückte sie. Joe wusste nur vage Bescheid, was vor sich ging. »Ich arbeite an diesem Krieg, du am nächsten«, sagte er leichthin. »Es geht gegen Hitler, nicht gegen Deutschland«, erklärte sie ihren Kindern Marianne und Peter, die in diesen Tagen von ihren Eltern wenig sahen. Aber spätestens nach der deutschen Kapitulation im Mai 1945 wusste Maria, dass es jetzt gegen Japan ging.

Die Nachricht von der Zerstörung Hiroshimas und Nagasakis im August 1945 kam für sie nicht ganz überraschend. Noch im Juli, kurz vor dem ersten erfolgreichen Atombombentest in der Wüste von New Mexico, hatte Maria Goeppert schließlich Los Alamos besucht.

Sie hatte dort mit Edward Teller zusammengearbeitet, hatte sich anstecken lassen von der fiebrigen Aufregung ihrer Forscherkollegen: Würde es klappen?

Während ihr als Physikerin also die Faszination an der technischen Herausforderung Atombombe nicht fremd war, stand sie politisch auf der Seite ihrer alten Lehrer Max Born, der im Exil in England lebte, und James Franck, jetzt in Chicago. Beide warnten öffentlich vor einem atomaren Krieg. Eine Reihe kritischer Wissenschaftler hatte sich ihnen angeschlossen, doch ihre Appelle kamen zu spät. Nachdem die Atombomben die beiden japanischen Städte zerstört hatten und der Krieg zu Ende war, richteten diese Wissenschaftler ihre ganzen Bestrebungen auf die »friedliche Nutzung« der Atomenergie. Die Atomspaltung sollte der Kontrolle der Militärs entzogen und unter zivile Aufsicht gestellt werden.

Maria Goeppert Mayer, die wie viele Naturwissenschaftlerinnen in dem Ruf steht, »unpolitisch« gewesen zu sein, war die Wortführerin der New Yorker Atomforschergruppe bei Verhandlungen mit der Regierung in Washington. Diese Arbeit setzte sie auch in Chicago fort – ihrer nächsten Station in den USA.

In den Jahren nach dem Zweiten Weltkrieg wurde Chicago zum Zentrum der Atomforschung in den USA – ein zweites Göttingen sozusagen. Dort hatte der Italiener Enrico Fermi während der Kriegsjahre unter größter Geheimhaltung den ersten Atomreaktor aufgebaut. Ein großer Teilchenbeschleuniger war im Entstehen. James

Franck war in Chicago, Edward Teller wollte kommen, halb Los Alamos bereitete schon seinen Umzug in die Stadt am Michigansee vor. Da sollte auch Maria nicht fehlen, beschlossen ihre ehemaligen Lehrer und Kollegen. Aber wie bekam man sie nach Chicago? Am besten, sie boten ihrem Mann Joe eine Professur an. Schließlich war er unter dem Einfluss seiner Frau fast selbst so etwas wie ein Atomwissenschaftler geworden.

So begann das Ehepaar Mayer im Jahre 1946 seine Arbeit in der alten Konstellation: er mit fester Stelle und gutem Gehalt, sie als Institutsmitglied ohne Bezahlung – diesmal aber immerhin mit Professorentitel und dem Recht auf ein »schönes Büro«. Chicago war der erste Ort, so sagt sie später, »wo ich nicht als Plage galt«.

Maria jedoch hatte immer noch nicht gelernt, für ihre Rechte zu kämpfen. Schließlich erkannte ein früherer Student Marias aus New York, Robert G. Sachs, die immer noch demütigende Situation seiner ehemaligen Lehrerin und bot ihr eine halbe, bezahlte Stelle am Argonne-Laboratorium an, dem Sitz des Beschleunigers außerhalb Chicagos.

Die Familie Goeppert Mayer bewohnte inzwischen ein schönes altes Backsteinhaus im Süden der großen Stadt. In ihrer Freizeit züchtete die Physikerin in einem Gewächshaus im dritten Stock Orchideen, im Sommer arbeitete sie gerne im Garten. Joe und Maria waren gute Gastgeber und organisierten Bridge- und Rätselabende.

Maria fasste auch wieder Fuß in der »reinen Wissenschaft«, der einst so geliebten theoretischen Physik. Anfangs voller Selbstzweifel, dann immer mutiger arbeitete sie sich in die Physik des Atomkerns ein, das neue Rätsel, das alle faszinierte. Da gab es ein paar chemische Elemente, Zinn zum Beispiel oder Blei, die besonders häufig vorkamen. Man musste also annehmen, dass sie außerordentlich stabile Kerne hatten. Aber warum? Geduldig und systematisch begann Maria, alle verfügbaren Informationen über diese seltsamen Kerne zu sammeln. Was war bisher bekannt?

»Jeder Kern«, so fasste sie es später zusammen, »läßt sich charakterisieren durch zwei Zahlen: die Zahl der Protonen [mit positiver elektrischer Ladung – d. Verf.] und die Zahl der Neutronen [elektrisch neutral – d. Verf.]. Die Summe der beiden ergibt das Atomgewicht des Kerns. Die Zahl der Protonen bestimmt die Natur des Atoms; ein Kern mit zwei Protonen ist immer Helium, einer mit drei Protonen immer Lithium und so weiter. Eine feststehende Zahl von Protonen kann aber kombiniert sein mit einer wechselnden Anzahl von Neutronen, und so entstehen verschiedene Isotope desselben Elements. Einige Isotope sind stabil; andere zerfallen rasch durch Radioaktivität.«

Maria legte lange Listen mit Protonen- und Neutronenzahlen an. »Und auf einmal kam heraus, daß in diesen Kernen entweder die Zahl der Protonen oder die Zahl der Neutronen ganz besonders waren.« Es waren die Zahlen 2, 8, 20, 28, 50, 82 und 126, »magische Zahlen« für Maria Goeppert Mayer, real und doch völlig unerklärbar. Woher diese Vorliebe der Atomkerne für bestimmte Zahlen? Erinnerte sie das nicht an etwas ganz anderes? An magische Zahlen in der Atomhülle, der Welt der Elektronen? An Elektronenkonstellationen, die bestimmten Elementen ebenfalls eine große Stabilität verliehen, eine chemische Stabilität? Sollten ähnliche Gesetze für den Kern gelten? Aber das hieße, dass auch der Kern keine diffuse Masse war, kein Tröpfchen, wie bisher angenommen, sondern ein geschichtetes Gebilde: eine Kugel mit verschiedenen Schalen vielleicht, wie eine Zwiebel?

Bald hatte Maria den Spitznamen *Madonna of the Onion*, »Madonna der Zwiebel«, weg.

Sie war nicht die Erste, die sich den Kopf über Schalenmodelle des Atomkerns zerbrach. Das stellte Maria bei ihren Recherchen in der wissenschaftlichen Literatur fest. Sie war nicht einmal die Erste, die über die magischen Zahlen grübelte. Andere, wie zum Beispiel Eugene Wigner, hatten in die gleiche Richtung gedacht, aber sie hatten wieder aufgegeben, weil sie keine Lösung fanden. Maria beschloss, nicht lockerzulassen.

Ihre Kinder Marianne und Peter, damals fünfzehn und zehn Jahre alt, wunderten sich in diesen Tagen über ihre Mutter. Hatte sie ihnen nicht versprochen, dass zu Hause ab fünf Uhr, der Cocktailstunde, kein Wort mehr über Physik fallen sollte? Und jetzt saß sie da, rauchte nervös, nippte an ihrem Martiniglas und grübelte über

Dinge, die Vater Joe kaum verstand. Was war das nun schon wieder: Spin-Bahn-Kopplung?

»Denke an einen Raum voll tanzender Paare«, erklärte Maria ihrer Tochter Marianne. »Stell dir vor, sie tanzen im Kreis, in mehreren Kreisen, einer umschlossen vom anderen. Genauso umkreisen die Elektronen den Atomkern, eine Schale umschlossen von der nächstgrößeren. Dann stell dir vor, daß du in jede Schale zweimal so viele Tanzpaare hineinbekommst, wenn jeweils das eine Paar sich im Uhrzeigersinn, das andere gegen den Uhrzeigersinn bewegt. (Gut, an manchen Punkten werden sie sich treffen und zusammenknallen, aber vergiß das, Elektronen haben dieses Problem nicht.) Dann denk dir noch was dazu. Alle Tanzpaare drehen sich um sich selbst wie Kreisel, während sie im Raum zirkulieren; jedes Paar rotiert also um sich selbst und kreist gleichzeitig im Raum. Aber nur einige von denen, die im Uhrzeigersinn den Raum durchtanzen, rotieren auch im Uhrzeigersinn. Und nur manche, die gegen den Uhrzeigersinn tanzen, rotieren gleichzeitig gegen den Uhrzeigersinn. So machen es auch die Elektronen. Und da gibt es einen kleinen Unterschied bei der Energie, die ein Elektron braucht, je nachdem, ob es gegen oder mit der Drehrichtung rotiert. Beim Walzertanzen ist es ja auch schwieriger, sich in die eine Richtung zu drehen als in die andere.«

Das also war Spin-Bahn-Kopplung. Ein schwacher Effekt bei Elektronen, und vermutlich ein ebenso schwacher Effekt im Kern. Doch halt, warum? Warum nicht annehmen, der Effekt sei stark?

Der Gedanke kam Maria Goeppert Mayer mitten in einer Diskussion mit Enrico Fermi, ihrem wichtigsten Gesprächspartner am Arbeitsplatz, seit Edward Teller sich nur noch für die Wasserstoffbombe interessierte. »Das ist es, Enrico, das ist die Lösung!«, rief sie. Maria griff zu Stift und Papier. Aber die Rechnungen, die sie jetzt anstellte, die Bahnen, die sie zeichnete, waren nur noch nötig, um Fermi zu überzeugen: »Schau, überall kommen die magischen Zahlen heraus!« Sie selbst hatte es schon in dem Moment gewusst, als sie sich die entscheidende Frage stellte: Was, wenn der Effekt stark wäre? Die Antwort brachte ihr den Nobelpreis.

Jetzt galt es, das sensationelle Ergebnis zu veröffentlichen. Doch Maria zögerte. Warum nur zögerte sie? Aus Bescheidenheit? Aus Angst? Aus Unsicherheit? Die vielen Jahre, in denen ihre wissenschaftlichen Leistungen ignoriert wurden, in denen sie als Forscherin nur geduldet und nicht anerkannt worden war, hatten ihr ursprüngliches Selbstbewusstsein nahezu völlig aufgefressen.

Ehemann Joe war wie der Teufel hinter ihr her: »Um Himmels willen, schreib es auf!« Aber sie wollte warten, bis zwei Kollegen ihre Papiere über Schalenmodelle veröffentlicht hatten. »Unsinnige Rücksichtnahme«, schäumte Joe. Gut, sie würde publizieren, aber Fermi sollte als Autor mit draufstehen. »Lächerlich«, sagte Fer-

mi, »es ist deine Arbeit. Ich bin so berühmt, wenn ich mit draufstehe, wird jeder denken, ich hätte es gemacht.«

Endlich schrieb sie das entscheidende Papier nieder, das im April 1950 in dem Fachblatt *Physical Review* erschien. Es war ein detaillierter Artikel in zwei Teilen: »Kern-Konfigurationen nach dem Spin-Bahn-Kopplungsmodell. I. Empirische Hinweise. II. Theoretische Überlegungen«.

Doch Maria hatte beinahe schon zu lange gezögert. Genau einen Monat zuvor hatte der Heidelberger Hans Jensen (1907–1973) eine Arbeit in der deutschen Zeitschrift *Natur* veröffentlicht, die genau zu den gleichen Ergebnissen kam. Eine brenzlige Situation. Würde jetzt ein Prioritätenstreit ausbrechen, wie er die Entstehungsgeschichte nobelpreiswürdiger Entdeckungen schon so oft begleitet hatte? Wenn das passiert wäre, hätte Maria Goeppert Mayer schlechte Karten gehabt. Wer hätte einer Frau geglaubt, dass sie unabhängig auf die gleiche Idee gekommen war wie der konkurrierende Mann? Noch dazu einer Frau, die nicht zu kämpfen gelernt hatte?

Maria hatte Glück. Hans Jensen, mit dreiundvierzig Jahren nur ein Jahr jünger als sie, war keiner von der konkurrierenden Sorte. Im Gegenteil, er war neugierig auf die Kollegin und wollte sie kennen lernen. Im Sommer 1950 trafen sie sich in Heidelberg zum ersten Mal. Ein Jahr später beschlossen sie, zusammen ein Buch über den Bau der Atomkerne zu schreiben, und Marias Name sollte an erster Stelle stehen.

1963 teilten sie sich die Hälfte des Nobelpreises, die andere Hälfte ging an Eugene Wigner. Das fanden alle Beteiligten gerecht. Die Nobel-Jury ehrte Wigner für seine »Beiträge zur Theorie des Atomkerns und der Elementarteilchen«, Goeppert Mayer und Jensen für ihre »Entdeckungen zur Schalenstruktur des Kerns«. Geehrt wurden die drei für Forschungen, die nicht so sehr zum technischen Fortschritt als zum Verständnis dessen beigetragen haben, was – nach Goethe – »die Welt im Innersten zusammenhält«. Sie hatten einige der »Rätsel« gelöst, die »die Natur geschaffen hat«.

Maria Goepperts Leistungen in ihrem Fach, der theoretischen Physik, sind heute unumstritten, ihr nobelpreisgeschmückter Name nicht mehr zu löschen aus den Annalen der Wissenschaft. Und doch bleibt die Frage, wie es dazu kam, und zwar in einer Wissenschaft, die Frauen nicht sehr freundlich gesinnt war und immer noch nicht ist.

Maria Goeppert wuchs in einer Zeit auf, in der Frauen für Frauen schon viel erkämpft hatten. Sie erntete die Früchte der Frauenbewegung – wie die jungen Frauen heute. Und wie heute glaubten die Mädchen ihrer Generation, es sei schon alles erreicht, es sei nichts mehr zu erkämpfen. Das machte Maria einerseits stark: »Ich kann und will alles!« Das machte sie aber auch schwach: Gegenüber der tatsächlichen Diskriminierung, die sie erwartete, war sie hilflos.

Der Gedanke, sich in dieser Situation mit Frauen zusammenzuschließen, lag ihr fern. Maria Goeppert suchte vielmehr die Nähe und die Anerkennung der Männer, noch immer »saß sie lieber bei den Jungs« und tat das mit großer Selbstverständlichkeit. Dass unter diesen »Jungs« nicht lauter selbstgerechte Patriarchen waren, sondern ein paar, die sie tatsächlich anerkannten, war ihr Glück. Maria Goeppert Mayer hatte Glück mit den Männern in ihrem Leben. Und das erklärt auch ein Stück ihres Erfolges.

Da war der Vater gewesen mit seiner ständigen Ermahnung: »Werde nie eine Frau!« Da waren ihre akademischen Lehrer gewesen, Born und Franck vor allem, zuletzt Fermi, die sie nicht behindert, die sie gefördert hatten. Ihr Student Sachs, der ihr eine Stelle verschaffte. Ihr Mitpreisträger Jensen, der kein Zipfelchen mehr Ruhm wollte, als ihm zustand.

Und der wichtigste Mann in ihrem Leben, ihr Ehemann Joe, hatte sich bewusst für eine Kollegin, eine Wissenschaftlerin entschieden, nicht für eine »Professorenfrau«. Er war ihr in beruflichen Dingen stets Gesprächspartner gewesen, zu Zeiten der Demütigung ebenso wie zu Zeiten des Triumphs. Sie hatten zwei Kinder zusammen erzogen und zusammen ein Buch geschrieben. Sie hatten alles geteilt, sogar ihre kleinen Schwächen: das Rauchen und das Trinken. Joe habe sie »immer verstanden«.

Doch den Nobelpreis nahm Maria Goeppert Mayer allein entgegen – am 10. Dezember 1963, aus der Hand des schwedischen Königs. Zumindest fühlte sie sich allein. Denn während der ganzen, mehrstündigen Zeremonie musste sie im gleißenden Licht der Fernsehkameras auf einer erhöhten Bühne sitzen und konnte ihren Mann Joe nicht sehen, der unten im Publikum mit den Tränen kämpfte. Ganz abgesehen davon, dass sie die ganze Zeit nicht rauchen durfte! Nein, ein reines Vergnügen war solch eine Nobelpreisfeier wahrhaftig nicht. Jedenfalls nicht so schön wie die Entdeckung selbst. »Zu sehen, wie die Lösung herauskommt, das war der eigentliche Spaß«, fand Maria.

Drei Jahre zuvor, 1960, waren Maria und Joe Mayer nach Kalifornien gezogen. Die neue Universität in San Diego hatte erstmals beiden Ehepartnern eine Stelle angeboten, die ihren Qualifikationen entsprach: Maria eine Professur in Physik, Joe in Chemie. Endlich konnte sie sagen: »Väterlicherseits bin ich die siebte Generation von Universitätsprofessoren in gerader Linie.«

Maria Goeppert Mayer sollte es noch erleben, dass ihr Sohn Peter Ende der sechziger Jahre als Nummer acht die Reihe fortsetzte. Er wurde Professor für Ökonomie. Sie erlebte es aber auch, dass ihre Tochter Marianne nach kurzer Forschungstätigkeit in der Astronomie einen Kollegen, Donat Wentzel, heiratete, eine Tochter bekam und den Weg einer nichtberufstätigen »Professorenfrau« einschlug. Dass sie nicht in der Wissenschaft bleiben wollte, enttäuschte ihre Mutter, aber »vielleicht hat es ihr Mann einfach nie von ihr erwartet«.

Maria Goeppert Mayer forschte, lehrte und publizierte weiter, genauso wie ihr Mann. Freilich musste sie schon seit einiger Zeit etwas kürzer treten. Seit ihrem fünfzigsten Lebensjahr war sie auf dem linken Ohr taub und Anfang 1960, wenige Wochen nach ihrem Umzug nach Kalifornien, hatte sie einen Schlaganfall erlitten, der zu einer bleibenden leichten Lähmung des linken Armes führte. In ihren letzten Lebensjahren machte ihr außerdem ein Herzfehler zu schaffen und sie musste einen Schrittmacher tragen.

Von einer plötzlichen Herzattacke im Dezember 1971 erholte sie sich nicht mehr. Nach zwei Monaten, in denen sie teilweise im Koma lag, starb sie schließlich am 20. Februar 1972. Ihr Ehemann Joe und die Kinder, ihre Freunde, Studenten und Kollegen bestatteten sie in dem El Camino Memorial Park in San Diego.

Am ehemaligen Goeppertschen Haus im Hermann-Föge-Weg 7 in Göttingen hängen heute drei Gedenktafeln: Die auf der rechten Seite des Mittelerkers ehrt den Philosophen Edmund Husserl, den Vorbesitzer des Hauses. Links erinnert eine weiße Marmortafel an Professor

Friedrich Goeppert, den engagierten Kinderarzt. Seine Tochter Maria hat sie im Jahr 1960 anfertigen lassen. Daneben aber wurden 1974, zwei Jahre nach ihrem Tod, die Lebensdaten der Nobelpreisträgerin Goeppert Mayer in Stein verewigt. Vater Friedrich würde schmunzeln, wenn er es sähe: Ihre Tafel ist ein wenig größer als seine.

»Irgendwann habe ich einen ganz starken Willen entwickelt«

Dorothy Crowfoot Hodgkin (1910–1994),
Nobelpreis für Chemie 1964

Von Jürgen Neffe

Körper und Geist der Dorothy Hodgkin sprechen nicht mehr die gleiche Sprache. Es scheint, als unterliege der Organismus nach über fünfzigjährigem Kampf der Übermacht der Gelenkentzündungen. Das Gehen auf ihren verwachsenen Füßen fällt der Neunundsiebzigjährigen so schwer wie das Sprechen. Wenn ihre durch die schwere Arthritis verkrüppelten Hände ruhig auf ihrem Schoß liegen und sie versonnen vor sich hin blickt, verrät nichts die ungebrochene Ungeduld, die sie bis heute antreibt. Wie leicht wir uns von Äußerlichem täuschen lassen: Wer sich einlässt auf ihr Tempo beim Reden und Gehen, der erfährt bald, dass der Eindruck von Müdesein und Beschwerlichkeit die unveränderte Wachheit ihres wichtigsten Organs, des Gehirns, nur verdeckt. Dabei braucht man ihr nur in die hellen Augen zu sehen, aus denen sie ruhig, aber neugierig in die Welt blickt.

Wer sie verstehen will, muss der weißhaarigen Dame allerdings sein Gehör schenken, muss lernen, aus den mit schwacher Stimme vorgetragenen Erzählungen ihre großen Lebensideen herauszuhören. Die scheinen sie im Alter noch mit der gleichen inneren Kraft zu erfüllen, die während ihrer langen Zeit als aktive Wissenschaftlerin Motor ihrer Kreativität war.

Mehr als Ruhm und Erfolg hat sie immer ein Ziel vor Augen gesehen: Sie wollte und will die Natur verstehen und ein wenig dazu beitragen, das Geheimnis des Lebens zu lüften. Als Chemikerin fand sie dazu ihren ganz eigenen Weg.

Die Einwilligung zum Gespräch verband die greise Professorin mit einer Einschränkung: Sicherlich, schrieb sie in ihrem Brieflein, könnten wir uns zum Interview treffen. »Aber ich bin nicht sehr erpicht darauf, viel Zeit mit dem Vorhaben zu verbringen.« Viel interessanter fände sie es, mit mir über meine Arbeiten am Insulin zu sprechen. Wahrscheinlich hat mir nur das Thema meiner früheren Forschungen Zugang in das Leben der Neunundsiebzigjährigen verschafft.

Als ich sie in England besuche, nimmt sie sich dann doch viel Zeit. Wir treffen uns bei ihrem Sohn im gediegenen Londoner Stadtteil High Gate. Während Luke Hodgkin, Mathematikprofessor am Kings College, Omelette mit frischem Salat bereitet, erklärt seine Mutter, im Alter rechne man anders mit Tagen und Wochen. Sie habe noch viel vor und da lasse sie sich nicht gerne aus dem Rhythmus bringen.

Auf der Fahrt von High Gate in die Londoner Innenstadt erzählt sie, dass sie zur Zeit ihre eigene Geschichte aufschreibt – ein umfangreiches Projekt angesichts ihrer erlebnisreichen Vergangenheit und ihrer lebendigen Erinnerungen an viele Details. Es ist die Geschichte einer der größten Wissenschaftlerinnen, einer Naturforscherin und Visionärin, die ihre Begabungen stets mit unerschütterlichem Glauben an die Machbarkeit ihrer Vorhaben verband, selbst wenn die Fachwelt mancherorten noch ungläubig reagierte.

Dorothy Mary Crowfoot wurde am 12. Mai 1910 in Kairo geboren, wo ihr Vater, John Winter Crowfoot – von Haus aus Altertumsforscher mit Studium in Oxford –, im ägyptischen »Department of Education« arbeitete. Wenig später zog die Familie in den Sudan, wo der Vater eine Stelle als Direktor für Erziehung und Altertümer antrat.

Ägypten und der Sudan wurden damals von London aus gemeinsam als »Condominium« regiert. Die Mutter, Grace Mary, in der Familie »Molly« genannt, war immer in die Arbeit des Vaters einbezogen und verschaffte sich einen Ruf als Expertin für altertümliche Webtechniken. Sie beschäftigte sich außerdem intensiv mit Botanik und fertigte in ihrer Freizeit Illustrationen von Pflanzen an, die später in eine offizielle Dokumentation über die Flora des Sudans eingingen.

1914 brachten die Crowfoot-Eltern Dorothy und ihre beiden jüngeren Schwestern Joan und Elizabeth nach England. Als kurz darauf der Erste Weltkrieg ausbrach, fuhren sie allein nach Afrika zurück und ließen die Töchter bei einer Kinderfrau in Worthing in der Nähe der Großmutter. Ihnen erschien das Leben im Ausland für die Kinder zu gefährlich.

Bis Ende 1918 sahen die Töchter ihre Eltern nicht. Erst dann kehrte die Mutter mit der inzwischen geborenen vierten Tochter, Diana, heim nach England. Nach einiger Zeit siedelte sie mit den Kindern in das alte Haus ihrer Familie nach Nettleham Hill nahe Lincoln über. Ihr Vater, ein Gutsbesitzer, war einige Jahre zuvor gestorben. Alle vier Brüder der Mutter hatten ihr Leben im Krieg gelassen oder starben an dessen Folgen – für Dorothy die Grundlage ihrer lebenslangen Verachtung von Krieg und Militär.

Den Grundstein für Dorothys Werdegang als Wissenschaftlerin legte die Mutter, die selbst wenig Schulbildung genossen, durch Lesen und Beobachten aber ein großes Wissen erworben hatte. Um ihre Kinder nach der langen Abwesenheit wieder besser kennen zu lernen, entschied sie 1919, die Mädchen privat zu unterrichten. Dieses Jahr, sagt Dorothy, habe sie als sehr glückliche Zeit in Erinnerung. Die Mutter zeigte ihnen die Pflanzen und Tiere im großen Garten des Hauses und jedes Kind musste auch ein Geschichtsbuch über die Königreiche Englands anlegen.

Doch dann beschloss die Mutter, erneut nach Afrika zurückzukehren, wo ihr Mann im Sudan inzwischen Erziehungsbeauftragter der britischen Regierung geworden war. Die Töchter wurden bei den Schwiegereltern in

Geldestone in Norfolk untergebracht. Die Eltern besuchten ihre Kinder nun jeden Sommer, die Mutter für ein halbes und der Vater für ein Vierteljahr.

In Geldestone kam Dorothy das erste Mal mit der Chemie in Berührung: Eine Hauslehrerin im Ort stellte interessierten Schülern jedes Halbjahr eine neue Wissenschaft vor. Als Dorothy zu dieser Schülergruppe stieß, war gerade eine Einführung in die Chemie an der Reihe. Sie erfuhr von Atomen und Molekülen und lernte, aus »gesättigten Lösungen« Kristalle zu züchten. »Von der Eleganz und Schönheit der Kristalle war ich augenblicklich gefangen«, erinnert sie sich.

Wir quälen uns im Nachmittagsverkehr durch London. Doch Dorothy Crowfoot Hodgkin beachtet die Automassen nicht, sondern scheint in sich zu blicken, weit zurück in ihre Kindheit. Dann erzählt sie weiter. Wirklich erstaunlich, an welche Details sie sich noch erinnert.

Sie besuchte die Secondary School, eine gemischte staatliche Schule im nahen Beccles, wo sie während der Wintermonate bei Freunden wohnte. Als aus Geldmangel die Stelle des Physiklehrers wegfiel, wurden alle Schüler in Chemie unterrichtet, »von Miss Christine Deeley«. Schon als Zehnjährige faszinierten das Mädchen mit den großen blauen Augen die Kristalle, die sie zu sehen bekam oder selbst im Unterricht züchtete. Nach der Hälfte des Kurses wechselte der Großteil der Mädchen zur

Hauswirtschaft. Dorothy und ihre Freundin Norah Pusey durften jedoch mit den Jungen im Chemieunterricht bleiben, weil sie später zur Universität gehen wollten.

Weihnachten 1923, kurz vor der Rückkehr der Eltern aus Afrika, fuhren Dorothy und ihre Schwester Joan noch einmal nach Khartum, in die Hauptstadt des Sudan. Die Kinder sollten frühzeitig lernen, mit fremden Menschen in fernen Ländern umzugehen. So legten die Eltern den Grundstein für Dorothys Leben als Weltbürgerin, die sie bis heute blieb.

In Khartum unterrichtete die Frau eines Kollegen des Vaters die Mädchen in Mathematik. Oft begleiteten sie ihre Mutter zu den islamischen Frauen, um deren kunstgewerbliche Techniken zu studieren. Eines Tages fanden die Mädchen in einem Rinnsal im Garten einen schwarzen, funkelnden Stein. Sofort war Dorothys Interesse entflammt und gleich am folgenden Tag suchte sie einen Freund des Vaters, den Chemiker A. Joseph, in seinem Labor auf und fragte, ob sie bei ihm nicht die Zusammensetzung dieses Minerals herausfinden könnte. Nur mit ihren Schulkenntnissen in Chemie analysierte die noch nicht einmal Vierzehnjährige den Stein. Doch ihr Ergebnis stimmte nicht, sie konnte den Bestandteil Titan noch nicht bestimmen. Der Freund des Vaters zeigte ihr die fehlende Methode, und zum Abschied von Afrika schenkte Onkel Joseph dem Mädchen eine kleine Kiste mit Reagenzien, Glasgeräten und Testmineralien.

Der Inhalt des Kästchens wurde nach der Rückkehr

das Kernstück ihres kleinen Labors, das sie sich schon vorher auf einem Dachboden daheim eingerichtet hatte. Mit dieser Grundausstattung konnte sie nun eine Reihe von Experimenten aus ihrem Schulbuch nachvollziehen.

Zwei Bücher förderten das naturwissenschaftliche Interesse Dorothys. 1925 schenkte die Mutter ihr einen Band mit Weihnachtsvorlesungen für Kinder von einem gewissen Sir William Henry Bragg. In *Concerning the Nature of Things* (Über die Natur der Dinge) erfuhr die Vierzehnjährige zum ersten Mal etwas von jener Methode, die ihr gesamtes späteres Leben prägen sollte: Mit Hilfe der Röntgenstrukturanalyse, las sie mit wachsender Faszination, könne man Atome »sehen«.

Als Teenager las sie dann *The Fundamentals of Biochemistry in Relation to Human Physiology* (Die Grundlagen der Biochemie in Bezug auf die menschliche Physiologie) von T.R. Parson. Sie vertiefte sich mit Hilfe des berühmten Nachschlagewerkes *Encyclopaedia Britannica* in das noch junge Gebiet der Biochemie. Dabei erfuhr sie auch, dass die Bauchspeicheldrüse einen Stoff ins Blut abgebe, der den Blutzuckerspiegel reguliere – das Insulin. Dieses Hormon sollte später für sie zur wichtigsten Substanz ihres Forscherinnenlebens werden.

Bevor sich die Professorin weiter in ihre Erinnerungen vertiefen kann, erreichen wir die »Royal Society« im Zentrum Londons, das britische Pendant zu den Akademien der Wissenschaften in anderen Ländern. Natürlich ist sie dort Mitglied und sie wird auf ihrem mühseligen Weg in den ersten Stock von beinahe allen Gästen begrüßt. Vor dem Hörsaal werden nach alter Tradition Tee und Gebäck gereicht, für die Honoratioren Gelegenheit, die letzten Neuigkeiten auszutauschen. Professor Hodgkin ist über fast alles bestens informiert, obwohl sie sich schon vor zwölf Jahren aus dem Berufsleben zurückgezogen hat.

Nach dem Vortrag über »Wissenschaft und Erziehung« zu Ehren ihres späteren Kollegen Bernal diskutiert die prominente Dame noch länger mit anderen »Fellows« der Royal Society. Anders als zu ihrer Zeit, findet sie, hängen heute Wissenschaft und globale Probleme, vor allem in der Umwelt, zusammen. Trotzdem ist sie überzeugt, dass es eine reine Wissenschaft gibt und weiter geben muss, die sich um Erkenntnisse bemühen soll, um das Verstehen der Natur. Man dürfe nie vergessen, welche Fortschritte viele Forschungsarbeiten der Menschheit gebracht haben.

Doch es war weniger der Gedanke an Fortschritte, der sie in ihrer Arbeit stets angetrieben hat, als vielmehr ihre große Neugier. Als wir London am Abend Richtung Oxford verlassen, erzählt sie von ihrem Weg in die Wissenschaft.

Irgendwie, berichtet sie, habe die Familie sehr früh entschieden, dass sie in Oxford studieren solle, ihrer späteren wissenschaftlichen Heimat. Ihr Vater kannte die Direktorin des Somerville College für Frauen, Margery

Fry, damals eine bekannte Streiterin gegen die Todesstrafe.

Doch bevor sie nach Oxford gehen konnte, musste die achtzehnjährige Dorothy noch ein weiteres Jahr die Schulbank drücken. Ihr fehlten noch Kenntnisse in Latein, Botanik und Mathematik, Voraussetzungen für ein naturwissenschaftliches Studium. Nach der Prüfung im darauf folgenden Jahr musste Dorothy eine weitere Enttäuschung einstecken. Es gab in Oxford weder eine Biochemieschule noch irgendwelche Kurse in Röntgenstrukturanalyse. Sie brachte also ein dreijähriges normales Chemiestudium hinter sich, gefolgt von einem Jahr Laborforschung.

Zwischen Schulabschluss und Studienbeginn fuhr sie zu ihren Eltern nach Palästina, wo ihr Vater seit 1927 wieder als Archäologe arbeitete. Sie begleitete ihn auf eine Expedition nach Jerash in Jordanien, wo die Überreste byzantinischer Kirchen untersucht wurden. »Das war eine der wunderbarsten Reisen meines Lebens«, sagt Dorothy, die für die Expedition Fußbodenmosaike dokumentierte. Die Ausgrabungen hatten sie so fasziniert, dass sie eine Zeit lang ernsthaft erwog, nicht Chemie zu studieren, sondern Archäologie. In ihrem ersten Studienjahr belegte sie deshalb auch dieses Fach.

An den meisten Nachmittagen des ersten Jahres stellte sie die Zeichnungen der Mosaike fertig, die sie in Jordanien begonnen hatte. Selbst ihre Ferien verbrachte sie zum Teil im Labor, wo sie mitgebrachte Stücke aus den byzantinischen Mosaiken auf ihre chemische Zusammensetzung analysierte. Nach drei Jahren Studium überlegte Dorothy, ob sie nicht im Labor eines Organikers ihr Forschungsjahr verbringen sollte. Doch dann erfuhr sie, dass der Professor für Mineralogie und Kristallographie, H.L. Bowman, in seinem Labor mit der Röntgenkristallographie begann. Ein glücklicher Zufall: Durch die Verzögerungen auf ihrem Weg in die Universität kam die Studentin Crowfoot nun doch noch mit der Methode in Verbindung, die ihr seit der Lektüre der Weihnachtsvorlesungen »Über die Natur der Dinge« nicht mehr aus dem Kopf ging. Nach einem kurzen Forschungsaufenthalt in Heidelberg verbrachte Dorothy ihr viertes Studienjahr mit dem jungen Forscher H.M. Powell, der das neue Verfahren in Bowmans Labor einführen sollte und den alle »Tiny« – der Winzige – nannten. Nun lernte sie die Methode kennen, »Atome zu sehen«.

Die grundlegenden Experimente zur Röntgenstrukturanalyse waren 1912 in München vom Physiker von Laue und seinen Studenten Friedrich und Knipping durchgeführt worden. Sie zeigten, dass Röntgenstrahlen nichts anderes sind als Licht sehr kurzer Wellenlänge, indem sie Röntgenstrahlen auf kleine Kristalle vor Fotoplatten richteten.

Die vielen Atome, aus denen ein Kristall besteht, sind nach einem sich regelmäßig wiederholenden Muster räumlich angeordnet, die Fachleute sprechen von Einheitszellen. Abermillionen dieser Einheitszellen sitzen neben-, auf- und untereinander – exakt geordnet wie die Waben in einem Bienenstock oder Früchte auf einem südländischen Obststand. Treffen die Röntgenwellen nun auf die Atome im Kristall, werden sie in alle Richtungen gestreut. Die Wellen überlagern sich, die meisten heben sich dabei gegenseitig auf. Folge: Die Fotoplatte wird nicht belichtet.

In einigen Richtungen allerdings – wenn der Abstand zwischen den Kristalleinheiten dem Ein-, Zwei- oder Vielfachen der Wellenlänge des Röntgenstrahles entspricht – addieren sich die durch den Kristall tretenden Strahlen. Sie bündeln sich zu einem Beugungsstrahl, der auf einen bestimmten Punkt auf der Fotoplatte trifft: Nach der Entwicklung ist dieser Punkt als schwarzer Fleck auf dem Foto zu erkennen. Aus Lage und Stärke der schwarzen Flecke können Wissenschaftler Rückschlüsse auf die Gitterstruktur im Kristall ziehen – allerdings nur mit Hilfe sehr komplizierter Berechnungen. Mit dieser Methode musste es demnach möglich sein, die Lage von Atomen in Molekülen, also deren räumlichen Aufbau zu berechnen. Das Verfahren lässt sich mit dem Versuch vergleichen, aus den Schatten zu unterschiedlichen Tageszeiten die genaue Anordnung von Gewächsen in einem Dschungel zu bestimmen.

Dorothy Crowfoot Hodgkin erinnert sich an ihre eigenen Anfänge: »Ich selbst war von der Idee besessen, daß es möglich sein müßte, durch Röntgenstrukturanalyse fast ohne Hilfe anderer physikalischer oder chemischer Beobachtungen die chemische Formel einer Verbindung exakt zu ermitteln.« Mit solchen Gedanken sollte sie – zusammen mit anderen Forschern – die Wissenschaft revolutionieren. Das Gebiet der »Molekularbiologie«, 1938 erstmals erwähnt, entstand: War der genaue Aufbau von Biomolekülen erst einmal bekannt, ließe sich daraus womöglich auch auf deren biologische Wirkung schließen. Ein Schritt also, den Geheimnissen des Lebens wieder ein Stück näher zu kommen?

Die alte Frau sitzt erschöpft auf dem Beifahrersitz, als wir uns über die Autobahn M 40 Oxford nähern. Sie haucht ihre Worte mehr, als dass sie sie spricht. Das Fahrgeräusch unseres Autos scheint ihre Erinnerungen zu verschlucken. Die Abenddämmerung hat sich bereits auf die hügelige Landschaft gelegt, als wir an der alten Universitätsstadt vorbeifahren und uns Richtung Norden zu ihrem Altersruhesitz begeben. Die Nähe Oxfords scheint ihr wieder Kraft zu verleihen: »Dieser Ort«, sagt sie fest, »war immer meine Basis.«

Vor allem ein Gebäude in Oxford, das Museum der Universität, wurde zum ungewöhnlichen Schauplatz einer der großen Forschungsgeschichten unseres Jahrhunderts. John H. Robertson, ein späterer Mitarbeiter Dorothy Crowfoots, beschreibt es als einen »Irrgarten zoologischer Ausstellungsstücke. Am Rande gab es endlose Kästen mit Insekten, Käfern, Motten und Schmetterlingen ... Das Auge wurde gefangen durch kahle Skelette großer Säugetiere aller Arten und Größen ... Eine Reihe enger Säulen zwischen diesen grausigen Gegenständen, deren strahlenförmige eiserne Auswüchse die Deckenkonstruktion stützen sollten, schien die Rippenkonstruktionen der Ausstellungsstücke unten nachzuäffen und trug zur unheimlichen Atmosphäre dieses Ortes bei.«

Im Erdgeschoss des Universitätsmuseums stellten Professor Bowman und »Tiny« Powell ihre Röntgenröhre auf. In eine Ecke des Saales ließen sie eine Dunkelkammer bauen, in der sie die Filme mit den Beugungsspektren entwickelten. Thalliumdimethylbromid war der erste Kristall, dessen Struktur sie entschlüsselten. Es ist ähnlich einfach aufgebaut wie Natriumchlorid, Kochsalz, ein ideales Übungsobjekt also für die Anfänger.

Am Ende ihres Forschungsjahres hatte Dorothy jedoch das Gefühl, in Oxford nicht mehr viel Neues über Röntgenstrukturanalyse lernen zu können. Dr. Joseph, der ihr im Sudan mit den chemischen Analysen geholfen hatte, vermittelte ihr den Kontakt zu John Desmond Bernal, einem jungen Wissenschaftler, der in Cambridge gerade eine ähnliche Forschungsgruppe aufbaute. Dorothy beschloss daraufhin, für ihre Doktorarbeit nach Cambridge zu gehen, wo sie zwei Jahre blieb.

Bernal untersuchte vor allem Sterolverbindungen. Das

sind Abkömmlinge des Cholesterins, die im Körper teilweise als Botenstoffe fungieren, wie etwa die Sexualhormone Progesteron und Testosteron. Die Röntgenstrukturanalyse solcher Verbindungen steckte noch in den Kinderschuhen.

Dorothy schloss sich dem Programm von Bernal an, hingerissen von der Eleganz der jungen Methode. Sie untersuchte etwa hundert unterschiedliche Sterole, und die Erwartungen der wissenschaftlichen Pionierin wurden nicht enttäuscht. »Die Röntgenstrukturanalyse zeigte uns Dinge, von denen wir anfangs nicht einmal geträumt hatten.«

Ein Kollege brachte den jungen Forschern Proben von einer Reise mit: sieben Kristalle des Verdauungsenzyms Pepsin – eines Eiweißmoleküls, das fast hundertmal mehr Atome enthält als Cholesterin.

Crowfoot und Bernal setzten den Kristall in ihre Apparatur ein und konnten, wenn sie ihn feucht hielten, die ersten Beugungsmuster eines Eiweißes aufnehmen. Daraus schlossen sie: Auch Proteine liegen in Kristallen so regelmäßig, dass sie sich prinzipiell mit Röntgenstrahlen untersuchen lassen. Ein erstes Experiment auf einem jahrzehntelangen Weg[*]. Dorothy ließ der Gedanke, die Raumstruktur von Eiweißen zu entschlüsseln, nie wie-

---

[*] Bis heute fesselt die Strukturuntersuchung von Proteinen tausende von Wissenschaftlern. Der letzte Nobelpreis für eine Arbeit mit Hilfe der Röntgenstrukuranalyse ging 1988 an die Deutschen Deisenhofer, Huber und Michel für die Untersuchung des so genannten Photosynthesezentrums, eines Riesenproteins.

der los. Nicht zuletzt, weil zu dieser Zeit Proteine »en vogue« waren: Die Mehrheit der Wissenschaftler glaubte damals noch, in diesen Molekülen stecke das Geheimnis des Lebens. Ja selbst die Erbsubstanz hielten sie für Eiweiß. [*]

Während des ersten Jahres in Cambridge hatte das Somerville College Dorothy ein kleines Stipendium bezahlt. Helen Darkhire, die neue Direktorin des College, fragte schon bald an, ob Dorothy nicht als Assistentin in Oxford Chemie unterrichten wolle. Die junge Chemikerin zögerte. Schließlich willigte das College sogar ein, auch das zweite Forschungsjahr in Cambridge zu finanzieren – unter der Bedingung, dass sie danach als Forscherin und Lehrerin ans Somerville College zurückkäme. Weil solche Posten sehr selten waren und ihr die Kollegen in Cambridge auch zuredeten, nahm Dorothy Crowfoot das Angebot an und kehrte schließlich 1934 nach Oxford zurück.

»Diese Anstellung hat meinen Lebenslauf im Prinzip ganz einfach gemacht«, erinnert sich die Dame neben mir, die ich in der Dämmerung kaum noch erkennen kann.

---

[*] Heute wissen wir, dass die Erbsubstanz aus einer ganz anderen Art von Molekülen besteht, den Nukleinsäuren. Doch auch die Aufklärung der Doppelhelixstruktur von Desoxyribonukleinsäure (DNS) durch James Watson und Francis Crick im Jahre 1953 gelang nur aufgrund der Röntgenstrukturanalyse, die Rosalind Franklin im Labor von Maurice Wilkins in London ausgearbeitet hatte.

Bis zu ihrer Pensionierung im Alter von siebenundsechzig Jahren hat sie immer – in unterschiedlichen Positionen – in Oxford gearbeitet.

Die alte Universitätsstadt liegt längst hinter uns. Wir fahren nun weiter durch die Nacht noch fünfunddreißig Meilen nach Norden. Die Professorin legt erst einmal eine Ruhepause ein und schaut scheinbar unbewegt in die Nacht. Im Lichte der entgegenkommenden Autos sieht es aus, als lächele sie: Die Helligkeit legt scharfe Schatten in ihre alten Lachfalten. Als sie schließlich ihren Bericht fortsetzt, fällt mir auf, wie selbstverständlich sie ihre Entwicklung schildert, obwohl sie es als Frau im England der dreißiger Jahre sicherlich nicht immer leicht hatte.

»Man kann sagen, daß das Vorkriegs-Oxford ein Männerbollwerk war, und die wissenschaftlichen Fakultäten der Universität waren es erst recht«, erinnert sich in einem Aufsatz Dennis Parker Riley, ihr erster Forschungsstudent, der 1934 nach Oxford kam und bis 1937 bei ihr arbeitete. »Obwohl die Universität seit 1920 Frauen zuließ, war ihre Zahl per Statut auf ungefähr ein Fünftel der Zahl der Männer beschränkt. In meinem ersten Jahr galt auch noch die Anstandsdamenregel. Diese besagte, daß sich Studentinnen von Frauen-Colleges, wenn sie von männlichen Kommilitonen zum Lunch oder Tee in ihr Collegezimmer eingeladen waren, vorher die Genehmigung ihrer Dekanin einholen und sich dann von einer

Anstandsdame begleiten lassen mußten. Es gab einen gehörigen Skandal in der Presse, als das St. Hilda's, ein Frauen-College, gemischte Teepartys an Sonntagen erlaubte. Weibliche Studenten wurden in der Oxford Union nicht als Mitglieder zugelassen. Das war die Umgebung, in der Dorothy Crowfoot ihre Karriere begann.«

Die Professorin bemerkt, das habe sie nie sonderlich berührt, solange sie geeignete Arbeitsbedingungen vorfand. Aber Riley erinnert sich weiter, dass es zu dieser Zeit »ziemlich revolutionär war und einige Augenbrauen gehoben wurden«, als er beschloss, mit ihr gemeinsam zu forschen: »Da stand ich, Mitglied eines angesehenen College, und suchte mir für mein Forschungsjahr ausgerechnet ein neues, randständiges Gebiet bei einer jungen Frau, die keine Universitätsanstellung hatte, sondern nur ein Stipendium eines Frauen-College.«

Ein neuer, kleiner Raum im Universitätsmuseum wurde zu dem Labor, in dem Dorothy ihr halbes Leben arbeitete: »Es war ein seltsames Zimmer«, schreibt Riley, »in dem ich immer einen Hauch von Klaustrophobie verspürte. Bedingt durch das Design dieses Museums, in dem wir untergebracht waren, eine verspielte, unpraktische viktorianische Struktur, war der Platz für unsere Beugungsmessungen eine Zwitterangelegenheit aus Unter- und Erdgeschoß. Die Fenster lagen so hoch, daß man von unten nicht hinausschauen konnte. Auf Fensterniveau gab es einen kleinen Balkon, den man über eine steile Leiter erreichte. Dort oben stand das Mikroskop, unter dem wir die Kristalle auf die Meßköpfe setzten.«

Die Enge verleitete die Forscher, die Gefahren bei ihrer Arbeit nicht allzu ernst zu nehmen. Riley: »Weil wir keinen anderen Platz hatten, führten wir unsere Berechnungen anfangs an einem Tisch mitten im Röntgenraum durch. In der Tat, unsere gesamte Arbeit erledigten wir in munterer Mißachtung jeglicher Gesundheitsrisiken.«

Dorothy Crowfoot Hodgkin sieht das heute so: »Natürlich wußten wir alle durch Marie Curies Gesundheitsschäden von den Gefahren. Es gab mir schon zu denken, daß mein wissenschaftliches Vorbild, die Physikerin Kathleen Lonsdale, an Leukämie erkrankte. Aber Bragg und seine Kollegen hatten ja gesunde Kinder. Wir benutzten dann Schirme, um uns vor den Strahlen zu schützen.«

Neben ihren Forschungen hatte die junge Chemikerin eine Reihe von Lehrverpflichtungen. Einzeln oder paarweise empfing sie die Nachwuchschemiker einmal pro Woche und gab ihnen Aufgaben, meist Aufsätze zu unterschiedlichen Themen aus der Chemie. 1936 wurde sie zum »Moral Tutor«, einer Art Vertrauensassistentin, sämtlicher Studentinnen auch der anderen Wissenschaften gewählt.

Zum Glück gab es zu dieser Zeit am Somerville College noch wenige Chemiestudentinnen. Nur zwei bis drei Stunden am Tag musste Dr. Crowfoot – 1937 hatte sie promoviert – mit Lehre und Verwaltung verbringen, so dass ihr genug Zeit für die Laborarbeit blieb. Bernal hatte ihr geraten, die Struktur eines der vielen Kristalle, die sie gemeinsam untersucht hatten, detaillierter zu erarbeiten. Sie entschied sich für Salze des Fettmoleküls Cholesterin.

Bevor die Cholesterinarbeit richtig begann, war etwas passiert, das Dorothys Werdegang als Wissenschaftlerin lange Zeit bestimmen sollte: Am 29. Oktober 1934 hatte ihr der Organikprofessor Sir Robert Robinson ein kleines Röhrchen überreicht, worin sich eine verschwindende Menge jenes Hormons befand, über das sie als Jugendliche schon gelesen hatte: zehn Milligramm, also ein hundertstel Gramm, kristallines Insulin.

Sie erinnert sich noch an jeden experimentellen Schritt in jenen Tagen: Zuerst hatte sie »die schönen kleinen Rhombohedren« unter dem Mikroskop bestaunt, die für eine Röntgenstrukturanalyse viel zu klein waren. Mit großer Mühe gelang es ihr im Lauf der Zeit, größere Kristalle zu züchten, die sie schließlich in ihre Apparatur einsetzte und zehn Stunden mit Röntgenlicht bestrahlte. Auf den entwickelten Filmen fand sie Gruppen kleiner Flecke. Dorothy hatte »ihr« Molekül gefunden. Die endgültige Aufklärung der Struktur sollte sie zusammen mit ihrer Arbeitsgruppe erst in der späten Sonntagnacht des 3. August 1969, also fast fünfunddreißig Jahre später, vollenden.

Die Struktur des Insulins beschäftigte Dorothy somit

vom Anfang ihres Forscherinnenlebens bis in die Jahre, als sie höchste wissenschaftliche und gesellschaftliche Anerkennung längst erhalten hatte. Die allerdings errang sie mit der Erforschung anderer Moleküle. Sie biss sich nicht ihr Leben lang nur an einem Projekt fest wie manche ihrer Kollegen.

Das intensive Interesse an Insulin brachte die junge, von damaligen Kollegen als sehr anziehend beschriebene Wissenschaftlerin aus Oxford auch mit ihrem späteren Mann zusammen – jedoch nicht im direkten Zusammenhang mit der Forschung. Da sich damals nur wenige Forscher mit der neuen Methode beschäftigten, kannten die meisten einander und auch ihre Arbeiten. 1937 lud sie der Sohn des alten Sir Bragg, dessen Weihnachtsvorlesungen sie als Schülerin gelesen hatte, in die »Royal Institution« in London ein, um ihre Insulinkristalle mit der dortigen großen Röntgenröhre zu vermessen. Sie nahm eine Reihe guter Beugungsbilder auf, die sie allerdings nicht weiterbrachten als ihre eigenen Muster. Die Zeit war einfach noch nicht reif für die Strukturanalyse der großen Eiweißmoleküle.

In London wohnte sie mit ihrer alten College-Direktorin Margery Fry bei deren Cousin, Thomas Lionel Hodgkin. Der als glänzender Unterhalter bekannte junge Mann hatte wegen Unruhen in Palästina seine dortige Stellung als Regierungsbeamter aufgegeben. Nun wollte er ein neues Leben in England beginnen und ließ sich zum Lehrer ausbilden. Später engagierte er sich in der Erwachsenenbildung für Arbeitslose. Thomas stammte aus einer berühmten Familie, deren Namen vor allem durch den Onkel des Großvaters weltbekannt war: Der hatte eine Krankheit beschrieben, die als Hodgkin-Syndrom Einzug in die Medizinliteratur fand. Sein Urgroßvater war Luke Howard, der Vater der Meteorologie.

Mitten in der Nacht erreichen wir das alte Landhaus der Familie Hodgkin in Crab Mill, unweit von Ilmington. Von hier ist es noch etwa eine halbe Stunde bis zur Shakespeare-Stadt Stratford-on-Avon. In der ehemaligen Mühle, einem lang gestreckten Haus aus dunklen Steinen, lebt die alte Lady mit ihrer Tochter Lizzy und deren Lebensgefährten. Das Landhaus aus dem 16. Jahrhundert hat sie von der Familie ihres Mannes geerbt. Im Flur empfangen uns die Hodgkin-Ahnherren, die mit strengen Blicken aus Ölgemälden auf uns herabblicken. Gäbe es nicht Kühlschrank, Telefon und Fernseher, man könnte sich in vergangene Jahrzehnte oder Jahrhunderte versetzt fühlen. Tapeten, Teppiche oder Schränke scheinen seit Ewigkeiten nicht berührt oder verrückt worden zu sein. Was für eine Umgebung, sein Leben noch einmal an sich vorbeiziehen zu lassen!

Thomas Hodgkin besuchte Dorothy Crowfoot bald in Oxford. Über diese Phase spricht sie ungewöhnlich knapp und sachlich: »Wir entschieden ziemlich rasch, daß wir zu heiraten wünschten, auch wenn wir noch kein gemeinsames Haus beziehen konnten.« Sie heirateten am 16. Dezember 1937 und reisten zwei Monate nach Südfrankreich in die Flitterwochen. Danach nahm Thomas im wirtschaftlichen Krisengebiet von Cumberland eine Stelle als Lehrer für arbeitslose Bergleute an und so lebten sie bis 1945 in einer Wochenendehe. Im Dezember 1938, das Ehepaar lebte immer noch nicht zusammen, brachte Dorothy ihren Sohn Luke zur Welt. Sie plante ein Freisemester in Cumberland zu verbringen, hoffte aber gleichzeitig, Thomas würde eine Anstellung in der Nähe von Oxford finden. Nachdem ihr ein Abszess an der Brust entfernt worden war und sie sich schon auf dem Weg der Genesung glaubte, bekam sie hohes Fieber. Beim Versuch aufzustehen bemerkte sie, dass sie sich kaum noch bewegen konnte: ein Anfall akuter Arthritis.

Wie verkraftete die junge Frau, deren Forschung so viel Fingerfertigkeit erforderte, diese Belastung? »Zuerst mußte ich ein Semester aussetzen«, erzählt sie abends in ihrem Haus. »Aber wissen Sie: Irgendwann habe ich einen ganz starken Willen entwickelt, daß nicht die Arthritis mich beherrschen dürfe, sondern ich sie in den Griff bekommen müsse.«

Tatsächlich verschlimmerten sich ihre Gelenkentzündungen nicht weiter. Trotz der Verwachsungen ihrer Gelenke setzte sie ihre Arbeit in Oxford ungehindert fort, wo die junge Familie eine Wohnung im großen Stadthaus von Thomas' Eltern bezog. Mit ihrer kleinen Arbeitsgruppe widmete sich Dorothy Crowfoot Hodgkin ab 1939 verstärkt der Erforschung der Cholesterinsalze.

Den größeren Erfolg brachte der Arbeitsgruppe die Aufklärung der Struktur von Penicillin. Im Jahr 1929 entdeckt von Alexander Fleming im St. Mary Hospital in London und von Florey und Chain während des Zweiten Weltkriegs isoliert, galt Penicillin als Wundermittel: Der Stoff, mit dem Pilze sich Bakterien vom Leibe halten können, entpuppte sich rasch als sicheres Mittel gegen eine Reihe von Infektionen. Doch niemand wusste, wie Penicillin aufgebaut war.

Dorothy Crowfoot Hodgkin nahm sich 1939 zusammen mit der Studentin Barbara Low der Wunderdroge an. Der Krieg, sagt sie, habe ihre Arbeiten nicht wesentlich behindert. Die Geräte waren vorhanden, der Hauptteil der Analysen fand ohnehin auf dem Papier statt. Thomas wurde für den Kriegsdienst untauglich geschrieben, arbeitete als Lehrer in der Armee-Erziehung.

Immer wieder tauchen auch Frauen in den Listen ihrer Mitarbeiter auf: Während des Krieges stieß Katy Schiff, vorher Doktorandin in Wien, zur Arbeitsgruppe. Katy Dornberger-Schiff wurde später die erste Frau, die in der DDR ein wissenschaftliches Institut leitete. Besucher berichteten von der »informellen Atmosphäre« im Hodgkin-Labor, wo viele »charmante junge Damen hervorragende Kristallographinnen werden wollten«.

Trotz der vielen Arbeit blieb Mrs. Hodgkin eine »treu-sorgende Mutter« und »engagierte Ehefrau«. Nie kam es vor, dass die Familie zu kurz gekommen wäre, lieber verzichtete sie auf Schlaf, erinnert sich ihr Freund und Kollege Max Perutz. 1941 wurde die Tochter Elizabeth geboren, die heute wieder bei der Mutter lebt. »Auf Wunsch meiner Tochter Lizzy« folgte fünf Jahre später Toby. Er arbeitet heute in der FAO, der Ernährungsbe-hörde der Vereinten Nationen in Rom, als Genetiker. Die Familie wohnte nun im eigenen Haus an der Brad-more Road in Oxford. Öfters wechselnde Angestellte kümmerten sich um Kinder und Haushalt.

Bei der Geburt der Tochter befand sich England im Krieg. Es war damals nicht ungewöhnlich, dass junge Frauen einen Beruf außerhalb des Hauses ausübten. »Ich hatte keine Schuldgefühle, als ich meine wissenschaftli-che Arbeit fortsetzte«, analysiert sie rückblickend. »Es schien mir in dieser Zeit eine natürliche Sache zu sein.« Die Regierung ließ große Teile Londons evakuieren, viele Familien gingen aufs Land. In Oxford kamen täg-lich Flüchtlinge an, darunter auch Edith, die einen Tag nach Elizabeths Geburt eintraf und die feste Hausange-stellte der Hodgkins wurde. Sie blieb ihr gesamtes Ar-beitsleben bei der Familie, wie auch Alice, die später ein-gestellt wurde.

Ehemann Thomas arbeitete nun als Lehrer in der »Worker's Education Association« in North Staffordshi-re. Erst 1945, nach Kriegsende, zog er nach Oxford, wo er eine Anstellung als Direktor für außeruniversitäre Forschungen gefunden hatte. »Nach dem Krieg zogen wir in ein Haus in Powder Hill, außerhalb von Oxford«, erzählt die Professorin. »Dort genossen wir zwischen den Pflichten in Oxford zwölf Jahre lang das Landleben.«

Etwa mit dem Ende des Krieges schloss die Arbeitsgruppe ihre Penicillinanalyse ab, die sie allerdings erst 1949 als Buch veröffentlichte. Doch schon 1945, erzählt Dorothy Crowfoot Hodgkin heute stolz, sei sie wohl bekannt gewesen »in Oxfords geheimen kleinen Kreisen«. Wie so viele Grundlagenforscher blieb sie nur in der Öffentlichkeit vorerst unbekannt, in Wissenschaftlerkreisen aber hatte sie mit ihren Arbeiten schnell von sich reden gemacht. 1946 erhielt sie ihre erste Anstellung als Assistentin an der Oxford University. Schon 1947 wählte die Royal Society in London sie zu ihrem Mitglied. »Diese Wahl zeigte, wie berühmt ich damals schon war.«

Die Familie verbrachte nach dem Krieg ihre Urlaube oft mit der Familie Perutz aus Cambridge in den Alpen. Auch hier ließ Dorothy die Wissenschaft nicht völlig los: Sie diskutierte abendelang mit dem Exilösterreicher Max Perutz, der auch von der Idee besessen war, die Struktur eines großen Eiweißmoleküls per Röntgenstrukturanalyse zu lösen.[*]

---

[*] 1962 erhielt Perutz den Nobelpreis für Chemie für die Aufklärung der Hämoglobinstruktur.

Wir sitzen nun im Wintergarten neben der Küche. Professor Hodgkins Nachbarin, die ihr im Haushalt und beim Tipppen ihrer Lebenserinnerungen hilft, serviert den Vormittagstee. Hinter den Fenstern ein blühender, alter Garten. Die Farbenpracht reicht bis auf den kleinen Hügel, wo hinter dem kurz geschorenen, kaum benutzten Rasentennisplatz ein verwilderter Obstgarten beginnt. Hier im Wintergarten denkt die alte Dame am liebsten über ihr Leben nach.

»Die Arbeit am Insulin ging immer weiter. Ende der vierziger Jahre kamen die ersten großen Rechenmaschinen auf, und nun konnten wir daran denken, auch größere Moleküle zu erforschen.« Mindestens ein Student ihrer Arbeitsgruppe trieb das Insulinprojekt voran. Doch vorerst stand ihnen noch eine andere Aufgabe ins Haus.

Im April 1948 brachte der Forscherkollege Lester Smith die ersten Kristalle eines kürzlich entdeckten Stoffes mit auf eine Tagung: Vitamin B12. Patienten mit einer besonderen Art der Blutarmut, bei der das Wachstum der roten Blutkörperchen gestört ist, konnten mit Vitamin-B12-Gaben geheilt werden. Im Herbst nahm Dorothy Hodgkin die Arbeit an diesem hoch komplizierten Molekül auf. Ihre Gruppe war inzwischen angewachsen. Der damalige Mitarbeiter John Robertson erinnert sich an »die familiäre Atmosphäre« in ihrem »scheunenartigen Raum mit gotischen Fenstern«.

Jedes Mitglied der kleinen Gemeinschaft brachte einmal in der Woche Kuchen für den Nachmittagstee mit, bei dem über die Projekte diskutiert wurde. Dorothy kümmerte sich um alle, ermutigte sie warmherzig, wenn sie nicht mehr weiterwussten. Außerdem verblüffte sie durch ihr experimentelles Geschick: »Sie war so gut wie jeder im Labor und besser als die meisten – und das trotz ihrer schrecklich verkrüppelten Finger und Handgelenke«, schreibt Robertson. In einem Zwischengeschoss, wo sie ihr kleines Büro eingerichtet hatte, fand ein fortwährender Kampf um die richtige Interpretation der Röntgenfotos statt.

Als Dorothy Hodgkins größte Gabe betrachteten die Mitarbeiter ihre beinahe seherischen Fähigkeiten. Wenn einer zu ihr hinaufstieg, um ihr ein noch nasses Foto von der Durchleuchtung eines brandneuen Kristalls zu zeigen, »dann konnte sie nach einem anscheinend beiläufigen Blick fröhlich verkünden, wie die Raumverteilung in etwa aussehen würde. Sehr zur Konsternierung des jungen Menschen, der das Bild gerade erst entwickelt hatte.« Und zwei oder drei Jahre später, nach langer Analyse und Rechenzeit, stellte sich meistens heraus, dass ihre Beurteilung korrekt gewesen war.

Manchmal erschien es ihren Mitarbeitern geradezu unheimlich, wie die Chefin die richtige Schlussfolgerung aus noch längst nicht vollständigen Daten zog. »Die Intuition einer Frau«, nannten sie, was in Wirklichkeit das Produkt eines phänomenalen Wissens in Chemie und

Physik, zusammen mit ihrer langen Erfahrung, ihrem verblüffenden Gedächtnis für Details und ihrem wachen Geist war. Und dennoch stieß sie gelegentlich auf Skepsis. Als sie die ersten Vitamin-B12-Ergebnisse auf einer Tagung vortrug, erntete sie ungläubiges Kopfschütteln von einer Reihe von Kollegen, denen die Röntgenstrukturanalyse und deren Möglichkeiten noch nicht geläufig war.

Eine von Dorothy Hodgkins Forschungsstudentinnen aus dieser Zeit verdient Erwähnung, weil sie zu einer der bekanntesten Frauen Großbritanniens in diesem Jahrhundert wurde – allerdings nicht als Wissenschaftlerin, sondern als Politikerin: Margaret Thatcher. Sie forschte ein Jahr lang unter Hodgkin im Universitätsmuseum. Hodgkin, wenn auch alles andere als eine Bewunderin der heutigen politischen Aktivitäten ihrer damaligen Studentin, hat diese in guter Erinnerung: »Sie hat gut gearbeitet, ihre wissenschaftliche Ausbildung hat sie gewiß geprägt.«

Für die Professorin, die ihre Teetasse langsam auf den Tisch zwischen uns zurücksetzt, hat die Thatcher-Episode keine größere Bedeutung. »Der Ärger ist halt, daß sie immer ihre eigenen Ideen hat.«

Schnell ist sie wieder beim Vitamin B12. Denn während dieses Projektes geschah etwas, »das mein Leben vollständig veränderte«.

1954 traf Dorothy Hodgkin Kenneth Trueblood von der University of California in Los Angeles. Ken, wie sie ihn nannte, hatte freien Zugang zu einem der ersten existierenden Computer und sie vereinbarten eine Zusammenarbeit per Post. »Das beschleunigte die Arbeit unserer Gruppe dramatisch«, erzählt die Dame so aufgeregt, als sei es gestern passiert. Die Arbeit am Vitamin B12 brachte der Arbeitsgruppe den endgültigen Durchbruch. Als sie dessen komplizierte Struktur – »in erstaunlich kurzer Zeit mit Computerhilfe gelöst« – 1955 veröffentlichte, erfuhr die Welt dadurch von einer ganz neuartigen Molekülform: Die organische Cobaltverbindung besitzt eine bis dahin nicht gekannte Struktur. Bernal sprach vom »größten Triumph für die Kristallographie«. Als Ergebnis dieser Arbeit konnte das Vitamin später künstlich hergestellt werden.

Nach dem Vitamin-B12-Projekt wandte sich Mrs. Hodgkin dann wieder »ihrem« Molekül zu, dem Insulin. Für die Verleihung des Nobelpreises hatte sie inzwischen schon längst genug geleistet. Doch die begehrte Auszeichnung ließ auf sich warten. Sie wusste, dass sie immer wieder auf der Kandidatenliste des Stockholmer Komitees stand, und wurde allmählich ungeduldig.

In den fünfziger Jahren begann die Zeit der großen Reisen. Die Wissenschaftlerin fuhr erstmals in die Sowjetunion und – nach einer dreimonatigen Institutsrundreise 1947 – ein zweites Mal in die USA. Sie wurde Mitglied

Dorothy Crowfoot Hodgkin. Offizielles Nobelpreisfoto 1964

zahlloser Organisationen, unter anderen der »American Academy of Arts and Sciences«.

Ehemann Thomas' Laufbahn entwickelte sich in eine neue Richtung. 1957 ging er für ein Jahr als Gastprofessor ins amerikanische Illinois, 1958 arbeitete er an der Universität von Ghana, im selben Jahr noch nahm er eine Stelle als Forscher an der McGill-Universität in Montreal an. Er war mittlerweile zum Experten für afrikanische und arabische Geschichte und Politik geworden.

Im Jahr 1959 reiste Dorothy Crowfoot Hodgkin nach China zum zehnten Geburtstag der »Befreiung«, wie sie sagt. Dort traf sie eine Gruppe von Studenten, die dabei war, Insulin künstlich zu synthetisieren. Sie standen im Wettlauf mit einer amerikanischen und einer bundesdeutschen Gruppe. Das Rennen entschied Ende 1962 das Team in Aachen für sich. Hodgkin bewahrte zeitlebens die Kontakte zu ihren chinesischen Freunden.

Im Jahr 1958 zog sie mit ihrer Arbeitsgruppe aus dem »bizarren Museum« in einen Flügel des neuen Chemiegebäudes der Universität Oxford. 1960 wählte die Royal Society sie zur »Wolfson-Professorin«, was ihr zu forschen erlaubte, wo immer sie wollte. Die Universität ernannte sie 1961 endlich zur Professorin. Sie hatte inzwischen eine Insulinarbeitsgruppe aufgebaut, die »ruhig, aber hart« an der Lösung der Hormonstruktur arbeitete.

Ehemann Thomas interessierte sich inzwischen besonders für die Entwicklung der unabhängigen Länder Afrikas und ging 1962 zurück nach Ghana, wo er der erste Direktor des »Zentrums für afrikanische Studien« wurde. In den Jahren zwischen 1962 und 1965 verbrachte Dorothy jeweils mehrere Monate bei ihrem Mann an der Universität von Ghana. Dort arbeitete sie in der Bibliothek des Chemie-Instituts, wo sie auch gelegentlich im Labor forschte. Im Übrigen genoss sie »das lebendige, glückliche Land mit seinen netten, unschuldigen Menschen«. Am 29. Oktober 1964 erreichte sie dort die wichtigste Nachricht ihrer Karriere: der ersehnte Nobelpreis für Chemie. »Das war Ghanas erster Nobelpreis«, sagt sie und lacht leise.

Das Ehepaar flog nach Stockholm. Auf dem Flughafen liefen sie in die Arme ihrer Tochter Lizzy, damals Geschichtslehrerin an einer Mädchenschule in Sambia. Am nächsten Tag traf der jüngere Sohn Toby aus Delhi ein, der gerade ein Jahr in Indien verbrachte. Nur Luke hatte es nicht geschafft: Sein Job als Mathematiklehrer an der Universität Algier ließ ihn nicht weg. »Wir waren schon eine ziemlich weitverstreute Familie«, erinnert sich die alte Dame.

Bei der Verleihungszeremonie trug Dorothy Hodgkin ein Gewand aus blassgoldener Seide, das ihr ein Mädchen in Ghana genäht hatte. Die Schweden bewunderten nicht nur die preisgekrönte britische Dame, sondern auch deren Pfeife rauchenden Mann mit Beatle-Frisur. Die Zeitungen schrieben daraufhin, gäbe es einen Nobelpreis für afrikanische Studien, er würde ihn gewiss bekommen.

Am Abend sprach sie zu einer Gruppe schwedischer Studenten: »Ich bin als einzige Frau (unter den diesjährigen Preisträgern) ausgewählt worden, zu Ihnen zu sprechen – eine Position, die hoffentlich in Zukunft nicht mehr so ungewöhnlich sein wird, daß sie irgendeine Bemerkung hervorruft.«

Nach Marie Curie und deren Tochter Irène Joliot-Curie war Dorothy Crowfoot Hodgkin 1964 die dritte Frau, die den Chemie-Nobelpreis erhielt. Ein Jahr später verlieh ihr Königin Elizabeth II. den höchsten britischen Orden: Nach Florence Nightingale im Jahre 1907 erhielt Dorothy Hodgkin als zweite Britin den »Order of merit«.

Doch die mittlerweile weltberühmte Chemikerin beschäftigte sich längst nicht mehr ausschließlich mit ihrer Wissenschaft. 1962 trat sie der Gruppe »Pugwash« bei, einem Zusammenschluss von Wissenschaftlern, benannt nach dem Gründungsort im kanadischen Neuschottland. Die Forscher versuchen bis heute, zwischen Ost und West zu vermitteln. Dorothy, erfahren in dieser Form von Schattendiplomatie, reiste einige Male nach Moskau und Washington und setzte sich vor allem für Gespräche zwischen sowjetischen und amerikanischen Wissenschaftlern ein, um einen Teststopp für Atombomben zu erreichen. Ab 1976 verstärkte sie ihr politisches Engagement. Zu Ende ihrer aktiven Pugwash-Zeit diente Dorothy der Vereinigung als Präsidentin.

Nachdem sie zusammen mit ihrer Arbeitsgruppe 1969 die Insulinstruktur im britischen Wissenschaftsjournal *Nature* veröffentlicht hatte, wurde Dorothy durch schwedische Freunde »in Probleme in Nordvietnam involviert«. Gemeinsam mit ihrem Mann Thomas fuhr sie in das kriegserschütterte Land – »auf eigene Kosten«, wie sie betont. Die dortige Universität suchte ihre Mitarbeit in der biomedizinischen Forschung: Die Wissenschaftler interessierten sich für die Raumstruktur von Substanzen, die sie aus Pflanzen isoliert hatten. »Drei Wochen lang erzählte ich ihnen alles, was ich über Röntgenstrukturanalyse wußte.«

In Oxford zurück, widmete sie sich in den letzten Berufsjahren – in Kooperation mit ehemaligen Mitarbeitern an anderen Universitäten – weiter dem Insulinmolekül.

Als sich Dorothy Hodgkin 1977 offiziell aus dem Berufsleben zurückzog, war die weit verstreute Familie zum ersten Mal wieder in Großbritannien vereint: Luke in London, Lizzy in Birmingham, Toby im schottischen Dundee. Thomas zog sich für die meiste Zeit zum Schreiben in das Landhaus in Crab Mill zurück. 1979 starb er.

In einem 1981 zu ihren Ehren zusammengestellten Buch aus Erinnerungen ihrer früheren Kollegen heißt es in der

Dorothy Crowfoot Hodgkin, 1986

Einführung: »Dorothy wurde 1977 pensioniert, aber es gibt einige Zweifel, ob sie diese Neuigkeit schon vernommen hat.« Sie wird wohl nie aufhören zu arbeiten, solange ihre Kraft den Körper noch dazu zwingen kann. Ihren Raum im Institut, den sie alle paar Wochen aufsucht, um Post zu bearbeiten und neu eingetroffene

Fachzeitschriften zu lesen, haben Studenten mit Computern voll gestellt. Es herrscht reger Betrieb an diesem Nachmittag, aber sie lässt sich nicht stören. Bereitwillig erklärt sie einer polnischen Studentin technische Details, zeigt mir das ganze Institut, kocht uns schließlich einen Kaffee.

Immer wieder lasse ich mich von ihrem Körper täuschen. Ich sehe eine greise Weißhaarige, die krumm auf ihrem Stuhl sitzt, sich einen Bleistift zwischen die deformierten Finger schiebt und langsam eine Notiz auf einen Zettel schreibt. Doch dann spüre ich wieder die alte Ungeduld, die in ihr brennt, ihren »starken Willen«. Ob wir jetzt fertig seien, fragt sie knapp. Sie will zurück in ihr Haus, dort wartet viel Arbeit auf sie. Ihre Lebenserinnerungen sollen bald erscheinen.

Doch Dorothy Crowford Hodgin kann dieses letzte, große Projekt vor ihrem Tod nicht mehr vollenden. Sie stirbt am 29. Juli 1995.

Die Zeit, die Frau Professor Hodgkin bei meinem Besuch im Mai 1989 für unser Gespräch hatte, empfand ich als Geschenk. Ich möchte es nicht versäumen, mich bei ihr noch einmal nicht nur für dieses tief gehende Erlebnis, sondern auch für die Durchsicht des Manuskripts ganz herzlich zu bedanken.
Jürgen Neffe

»Und doch, am Ende steht wieder das Licht,
wenn auch noch so fern«

Nelly Sachs (1891–1970), Nobelpreis für Literatur 1966

Von Petra Oelker

Ein Jahrhundert neigt sich dem Ende zu. Es ist das 19. nach der in Deutschland herrschenden Zeitrechnung. Die Chinesen zählen anders, ebenso die Anhänger Mohammeds. Auch die Juden. Für sie hat die Zeitrechnung lange vor Christi Geburt begonnen. Denn er ist nicht ihr Messias gewesen, nicht ihr Erlöser. Die strenggläubigen Juden schreiben das Jahr 5652.

1891, in diesem Jahr wird in Berlin das einzige Kind des Ehepaares William und Margarete Sachs geboren. Sie nennen es Leonie. Viel später, alt geworden und berühmt, wird Leonie für das Nobelpreiskomitee ihren Lebenslauf schreiben: »Nelly Sachs, geboren am 10. Dezember 1891 in Berlin. Am 16. Mai 1940 als Flüchtling mit meiner Mutter nach Schweden gekommen. Seit 1940 in Stockholm wohnhaft, als Schriftstellerin und Übersetzerin tätig.«

Drei Sätze für ein ganzes Leben? Sie hat das, was hinter diesen spröden, beinahe kokett anmutenden Sätzen steht, vor der Öffentlichkeit immer verborgen. Selbst engen Freunden, später im schwedischen Exil, hat sie nur schwer die Neugier auf das Leben der Großbürgertochter Leonie Sachs in Berlin verzeihen können. Nicht das

Leben der Frau sei wichtig, auf die Arbeit, auf das Werk der Dichterin komme es an. Alles Wissenswerte sei zu lesen in ihrer Arbeit.

Aber es gibt doch noch eine andere Quelle. Seit ihrer Flucht nach Schweden war Nelly Sachs eine fleißige Briefschreiberin. Sie schrieb an Freunde und Kollegen, an wieder gefundene Verwandte, an ihre Verleger. Fast dreitausend Briefe sind erhalten, zweihundertfünfunddreißig, in denen sie über ihr Leben Auskunft gibt, wurden unter dem Titel *Briefe der Nelly Sachs* veröffentlicht.

Die Lyrikerin und Dramatikerin Nelly Sachs war Jüdin. Die Dichterin des Holocaust wird sie genannt, die Stimme der ermordeten Juden. Aber sie, die Überlebende, spricht für alle Verfolgten. Auch für die Verfolgten in unserer Zeit, in diesem »Jahrhundert der Konzentrationslager«, ob in Vietnam, in Chile, in China, in Eritrea, in Südafrika. Nelly Sachs ist eine deutsche Jüdin, die der Vernichtung in den Lagern entkam. Trotzdem blieb sie hoffnungslos gefangen im Mord an den Millionen ihres Volkes. Wie alle Überlebenden.

Im Geburtsjahr von Nelly Sachs feiert Deutschland seinen neuen Kaiser, Wilhelm II. Er hat Bismarck, den eisernen Kanzler und Architekten des Deutschen Reiches, entlassen. Er will Großes.

In Deutschland lernen die Reichen eine neue Frucht kennen. Sie ist gelb und süß, von einer zähen Schale umschlossen und heißt Banane. Die vor einem Jahr gegründete »Daimler Motoren Gesellschaft« baut den ersten Lastkraftwagen. Er hat vier Pferdestärken. In diesem Jahr wird in Deutschland verboten, dass Frauen und Jugendliche mehr als elf Stunden täglich arbeiten, und in einem Dorf in Österreich, gleich hinter der bayerischen Grenze, lernt Adolf, der kleine Sohn des Zollbeamten Alois Hitler, seine ersten Worte. In Zürich besucht eine Studentin aus Polen das »Staatswissenschaftliche Seminar«. Sie ist gerade zwanzig Jahre alt und sehr verliebt. Sie ist Jüdin, heißt Rosalia Luxemburg und wird in Berlin sterben.

Das Kind Nelly Sachs wächst in Berlin im vornehmen Tiergartenviertel auf. Der Vater ist Erfinder, Fabrikant, ein erfolgreicher Mann. William Sachs ist den schönen Künsten zugeneigt: ein Verehrer Goethes und Leonardo da Vincis, einer, der in Mußestunden am Klavier Schubert, Brahms und Chopin spielt.

Von der Mutter Margarete, geborene Karger, wissen wir wenig. Nur, dass sie noch jung war, als sie mit zwanzig Jahren Leonie, ihr einziges Kind, gebiert, und eine heitere Natur besaß. Ihr gehörte damals das Lachen in der Familie.

Im Hause Sachs wurde die jüdische Tradition wenig gepflegt. Vor allem waren sie deutsch. Am Weihnachtsabend gab es sogar einen Christbaum – zwar nur für das Personal, aber eben doch einen Christbaum. In ihrer Kindheit und Jugend hat Nelly wenig über »das Jüdische« gewusst. Ein Rabbiner führte sie in die Religion ein, aber noch interessierter las sie Mystiker und Denker der christlichen Tradition, besonders Franz von Assisi, Meister Eckhart oder Jakob Böhme.

Seit zwei Jahrzehnten waren die Juden in Deutschland »emanzipiert«, gesetzlich gleichgestellt. Ein Jude, der berühmte Hamburger Reeder Albert Ballin, war sogar Freund und Berater des Kaisers. Deutschlands Elite in Wissenschaft, Wirtschaft und Kultur war ohne die Menschen jüdischer Abstammung nicht denkbar. Aber was war mit dem wüsten Antisemitismus, der in den letzten Jahren wieder lauter und lauter wurde? Ach was, nur ein paar unverbesserliche Hetzer, die Geschichte dreht sich doch nicht zurück. Und die Pogrome, die neuen Massaker an Juden in Osteuropa? Osteuropa ist doch nicht Deutschland.

Das Kind Nelly spielt im weißen Kleid im Garten mit dem zahmen Reh. Der Rasen so gepflegt, die Bäume so wunderbar wie die ordentlichen Blumenrabatten. Rosen und Rhododendren, Rittersporn und Akeleien, Jasmin im Juni. Ein paar Cousins und Cousinen zu Besuch am Sonntagnachmittag. Mittags am allerliebsten Huhn mit Reis, und am Abend singt Mama ein kleines Lied, damit der Schlaf friedvoll wird: »Marie auf der Wiese / auf der Wiese Marie / die Blumen und Gräser / sind höher als sie …«

Eine glückliche, eine behütete Kindheit. So wird man später von ihren ersten Jahren schreiben. Kränkelt denn ein glückliches Kind? Leonie kränkelt sehr, sie wird deshalb von der Schule genommen und bekommt Privatunterricht, drei Jahre lang.

Sie liebt die Bibliothek des Vaters, taucht ein in seine Sammlung der Klassiker und Romantiker, der Mythen und Sagen. Der Vater spielt Klavier, das Mädchen tanzt dazu. Sie sprechen nicht viel. Tänzerin will sie sein, das ganze Leben lang. Der Vater liebt den Ausdruckstanz, der dem Fühlen folgt. Eine aufregende Neuerung der Zeit, lockend und schockierend. Und das Mädchen tanzt, wild und im Rhythmus des eigenen Atems. Wie es der Vater mag. »Wir waren fortgezaubert zusammen von diesem Stern«, erinnert sich Leonie, und dennoch sei sie ihm damals nie wirklich nah gewesen.

Nelly Sachs wird 1903 Schülerin an der Privatschule der Helene Aubert in der Brückenallee, ein feines Institut für Töchter aus gutem Hause. Als sie fünf Jahre später die Schule mit dem »Einjährigen« beendet, tanzt sie nicht mehr. Sie ist jetzt kein Kind mehr. Aber sie hat »zum Wort gefunden«. Sie hat Puppenspiele geschrieben, romantische kleine Erzählungen und Legenden, zahllose Gedichte. Zu ihrem fünfzehnten Geburtstag hat sie die *Gösta Berlings Saga* geschenkt bekommen. Der Roman von Selma Lagerlöf macht Furore in diesen Jahren. Auch Nelly ist von der schwärmerisch-religiösen Geschichte des temperamentvollen Tunichtguts, der durch Versöhnung zu Ehre und Moral findet, tief beeindruckt. Von nun an ist die schwedische Schriftstellerin, mit der sie ab 1907 einen Briefwechsel beginnt, ihr Idol. Als sie der Lagerlöf später, 1921, ihr erstes veröffentlichtes Buch sendet, schreibt die Berühmte zurück: »Hätte es selbst nicht besser tun können.«

Aber erst einmal ist Nelly ein Backfisch von siebzehn Jahren. Wir wissen nichts von Tanzvergnügen, von Theaterbesuchen, nichts von Übermut und Tollerei.

Die Familie Sachs lebt zurückgezogen. »Es lag ein tieftragisches Schicksal über uns daheim, und nur die Größe meines Vaters und die innige Liebe meiner Mutter taten das ihre, daß unser Leben nicht ganz verdunkelt verfloß.« So schreibt sie fast ein halbes Jahrhundert später an ihren Biographen. Nur dies, nicht mehr, nichts deutlicher.

Und die Liebe? Wohin mit der Sehnsucht des Herzens? Sie trifft ihre Liebe bei einem Kuraufenthalt mit den Eltern. Aber das Glück endet schnell. Für eine Tochter aus gutem Hause ist eine Liebe, und erst recht eine Ehe, mit einem geschiedenen Mann unmöglich. Das Nein des Vaters ist Gesetz. Sie ist verzweifelt, will nicht mehr leben, fühlt sich erstickt vom Schmerz, abgeschnitten vom Leben. Zum ersten Mal rettet sie sich in das Schreiben, spürt sie, dass es für sie ist wie Atmen. Wenn sie den Schmerz, die Verzweiflung nicht mehr ertragen kann, wenn die Sehnsucht zu sterben den Lebenswillen zu überwältigen scheint, sind ihr »die Worte wie Inseln im Flammenmeer«. Und so bleibt sie Tochter im Elternhaus.

Wir wissen fast nichts über die folgenden Jahre. Was mag sie gedacht haben, als am 1. August 1914, am Tag der Mobilmachung für den Ersten Weltkrieg, der »Central-Verein deutscher Staatsbürger jüdischen Glaubens« an die patriotische Pflicht erinnert: »... daß jeder deutsche Jude zu den Opfern an Gut und Blut bereit ist, die Pflicht erheischt, ist selbstverständlich. Glaubensgenossen! Wir rufen euch auf, über das Maß der Pflicht hinaus eure Kräfte dem Vaterland zu widmen! Eilt freiwillig zu den Fahnen! Ihr alle ...« Tausende Mitglieder der jüdischen Gemeinden sterben den »Heldentod« für Kaiser und Vaterland. Als der Krieg 1918 verloren ist, als der deutsche Kaiser nach Holland ins Exil geht, die Revolution doch keine ist und die Weimarer Republik auch den Frauen Demokratie verspricht, finden die Rechten schnell die Schuldigen: Die Juden sind schuld. Schuld an den dreizehn Millionen Toten des Krieges, und schlimmer noch, schuld an der Schmach, verloren zu haben. Besonders gegen den Erbfeind, den Franzosen hinter dem Rhein.

Walther Rathenau, der erste deutsche Außenminister jüdischen Glaubens, wird im Juni 1922 von Antisemiten ermordet. In dieser Zeit wird eine kleine Partei gegründet, die sich bald »Nationalsozialistische Deutsche Arbeiterpartei« nennt. Ihr Führer heißt Adolf Hitler. Aber den nimmt da noch kaum jemand ernst.

In Berlin, das München in diesen Jahren den Rang als erste Kulturmetropole Deutschlands abgelaufen hat, beginnen die goldenen zwanziger Jahre. Zöpfe weichen Bubiköpfen, die Rocksäume rutschen von den Knöcheln übers Knie, die Modetänze sind Tango und Charleston. Die Damen dürfen nicht nur wählen, sie schminken sich auch und rauchen Papirossy, die starken Zigaretten aus Ägypten. Das Kino beginnt seinen Siegeszug. Alles ist anders, alles ist neu.

An der Berliner Akademie der Künste entwickelt Arnold Schönberg, einer der bedeutendsten Komponisten unseres Jahrhunderts, die Zwölftonmusik. Alfred Döblin schreibt an seinem Roman *Berlin Alexanderplatz*, der legendäre Regisseur Erwin Piscator macht das Theater politisch, und die Expressionisten schockieren ihre Zeitgenossen mit schrillen Farben. »Ich bin von Kopf bis Fuß auf Liebe eingestellt«, singt Marlene Dietrich mit verruchter Stimme in dem Film *Der blaue Engel*. Und der Dadaismus revoltiert nicht nur gegen die Bürger, sondern auch gegen die Künstler. Alles muss anders werden. Radikal. Aber sie scheppern so rostig, diese Jahre, golden ist an ihnen kaum etwas. Sechs Millionen Arbeitslose gibt es und die Inflation. Da muss doch einer her, der Ordnung schafft. Der sagt, was getan werden muss.

Nelly Sachs war nicht zu Hause in dieser turbulenten Welt. Sie hat nicht in den lauten verrauchten Künstlercafés gesessen, hat nicht mitdiskutiert über den Konjunktiv als solchen, über Gott, die Welt, die Russische Revolution, die Kunst und die Politik. Sie lebt still mit den Eltern in der Tiergartenvilla, malt auf der Terrasse Aquarelle, liest Dostojewski, Hölderlin, Novalis. Und immer wieder die alten Mysterien der Bibel. Sie schreibt Verse an die Natur, an den Tanz, an die Musik. Im Jahre 1921 erscheint ihr erstes Buch *Legenden und Erzählungen*. Gesellschaft sucht und findet sie in Literaturvorlesungen der Universität und in einem Literaturkreis, der sich besonders mit Dichtern der Romantik beschäftigt. Später, als »Nichtarierin« von allen kulturellen Veranstaltungen ausgeschlossen, wird sie regelmäßig zu Treffen des Jüdischen Kulturbundes gehen. Ist sie wirklich nur die stille, gehorsame Tochter?

Der Vater stirbt 1930 an Krebs. Sie hat ihn jahrelang gepflegt. Und endlich ist sie ihm nah gewesen. Erst als der Tod kam, hat er Frau und Tochter »zu sich gelassen«. Nelly und Margarete Sachs verlassen danach die Villa, ziehen in eine große Wohnung in der Lessingstraße, in eines der Mietshäuser, die der Familie gehören. William Sachs hat sie »gut versorgt«.

Von nun an verwaltet Nelly die Mieteinnahmen. Später wird sie gezwungen sein, eine Wohnung dieses Hauses einem hohen Funktionär der Faschisten zu überlassen. Er wird den beiden Frauen das Leben zur Hölle machen, wird sie mit Drohungen und Denunziation verfolgen. Er wird sie fühlen lassen, dass sie kein Recht mehr haben auf Besitz, kein Recht mehr auf Respekt und Würde, nicht in diesem Land.

Seit dem Ende der zwanziger Jahre ist Nelly Sachs von Fachleuten und Kritikern als Dichterin anerkannt. Einige ihrer Gedichte werden in den populären Zeitungen der Weimarer Republik gedruckt, in der *Vossischen*, im *Berliner Tageblatt* und in der *Jugend*. Ihre Arbeiten sind der Romantik verpflichtet, voller Sehnsucht und Natur, Gedichte auf Mozart und Boccherini, auf Vögel am Quell, die Eltern oder Weihnachten. Und immer schwingt Schwermut und Trauer mit, die Sehnsucht nach einer Heimat jenseits vom Leben.

Schon früh hatte sie neben diesem dem Publikum und dem Zeitgeschmack gefälligen Stil einen eigenen gefunden. Sie hatte die traditionellen Formen verlassen, war mit Worten ihren ekstatischen Empfindungen gefolgt. Aber die meisten dieser Gedichte vernichtete sie wieder. Fieberphantasien, hatten die literarisch gebildeten Freunde gesagt. Nelly, wie unheimlich, wie unverständlich.

Und dann beginnt das Jahr 1933. Am 30. Januar wird Adolf Hitler Reichskanzler.

Nur ein Spuk, sagen einige. So ein Emporkömmling, das geht bald vorbei. Doch schon hallen die Straßen wider vom harten Schritt der schwarzen Stiefel. Und bald verschwinden Menschen. Kommunisten und Sozialdemokraten, Gewerkschafter und Homosexuelle, Sinti und Roma, Zeugen Jehovas.

»Kauft nicht bei Juden«, heißt die Parole nun, und:

»Der Jude kann nur jüdisch denken. Schreibt er deutsch, dann lügt er.«

Das Martyrium der Juden in Europa beginnt. Die Welt sieht zu. Vielen gelingt es noch, die Heimat zu verlassen. Wer sich schnell entscheidet, wer sich das Unvorstellbare vorstellen kann, geht in die Emigration nach Frankreich, in die Schweiz, nach Großbritannien, nach Lateinamerika, in die USA. Und nach Palästina, ins Gelobte Land.

Nelly und ihre Mutter Margarete bleiben. Margarete ist Mitte sechzig, zu alt und krank für einen Neuanfang. Und niemals würde die Tochter sich von ihr trennen. Wohin sollten sie auch gehen? Sie haben keine Verwandten, keine Freunde in Übersee, kennen niemanden im Ausland, der für sie bürgen könnte. Die jüdischen Flüchtlinge, die will niemand haben.

Nelly Sachs war schon in ihrer frühen Jugend auf eine romantische, schwärmerische Art tief religiös, ein Gefühl eher als ein Glaube, jenseits von Konfession oder Dogma. Aber nun wird sie mit ihrem Judentum konfrontiert. Der in der Bedrohung und Isolation neu entstehenden tiefen Gläubigkeit vieler Juden in dieser Zeit folgt sie nicht. Aber umso tiefer ist sie berührt von den Büchern Martin Bubers, die ihr in ihrem letzten Winter in Deutschland eine »arische« Freundin schenkt.

Buber (1878–1965), Philosoph, Schriftsteller und damals geistiger Führer des Zionismus, hatte *Die Erzäh-*

lungen der Chassidim, Schriften einer frommen, der Mystik verbundenen Sekte aus dem osteuropäischen Judentum des 18. Jahrhunderts, ins Deutsche übersetzt. Hier findet Nelly Sachs eine Seite des Judentums, die sie bis dahin nicht kannte: Nicht durch strenge Dogmen wollten die Chassidim die Thora* verstehen und leben, sondern von innen, aus der alten Lehre heraus, durch Gebet und Gesang, durch Tanz bis zur Ekstase.

Hier entdeckt Nelly Verbindungen zu den christlichen Mystikern, die ihr vertraut sind. Die Erzählungen der Chassidim geben ihr neue Kraft. Ihr Glaube an Versöhnung, ihre feste Überzeugung von der Erlösung finden Nahrung: »Und doch am Ende steht immer wieder das Licht, wenn auch noch so fern. Sonst könnte ich keinen Tag leben.« Sie wird diesen Satz, diese Überlebensdevise viele Jahre später schreiben, aber hier hat er seine Wurzeln.

Es ist das Jahr 1939. Mit dem Einmarsch deutscher Truppen in Polen beginnt der Zweite Weltkrieg. Wer in dieser Zeit noch als »Nichtarier« in Deutschland und in den von Deutschland besetzten Gebieten lebt, muss täglich mit dem Abtransport in ein Konzentrationslager rechnen. Menschen werden verhört und gefoltert, Mord wird alltäglich.

---

* Die Thora (hebräisch: Weisung, Lehre) ist das Gesetzbuch, der Leitfaden für das Leben der Juden. Ihr Kernstück sind die fünf Bücher Mose.

Auch Nelly Sachs wird verhört, oft, als Intellektuelle, als Jüdin. Eben als »Volksschädling«. Einmal kehrt sie mit einer Kehlkopflähmung vom Verhör zurück. Nichts mehr in ihr will sprechen müssen. Fünf Tage ist sie stumm. Wir wissen nicht, ob es an dem Tag begann, an dem sie gemeinsam mit dem Geliebten festgenommen worden war. Mit dem Geliebten, den sie vor mehr als dreißig Jahren als Siebzehnjährige traf, den ihr Vater verbot zu heiraten. Sie hat ihre Geheimnisse gehabt. Aber eines ist gewiss, in all den Jahren hat sie ihn nie verloren. Ob sie heimlich mit ihm gelebt hat, wer er war, ob er eine andere Familie hatte – wir wissen es nicht. Auch seinen Namen hat sie nie verraten. Sicher ist, dass sie in Berlin gemeinsam verhaftet wurden. Nur Nelly wird wieder entlassen, auf Zeit. Lange genug für die Flucht. Vom Sterben ihres »Bräutigams« wird sie später schreiben, von dem, der den »Märtyrertod« im Konzentrationslager starb. Sie hat ihn nie wieder gesehen.

Nelly Sachs ist müde. Wozu noch leben? Doch sie fühlt sich verantwortlich für die Mutter. Ihr zuliebe lässt sie sich von Freunden zur Flucht überreden. Aber wohin können sie jetzt noch fliehen? Kein Land der Welt nimmt mehr Flüchtlinge auf. Vor der südamerikanischen Küste versenkt ein Kapitän sein Schiff, damit die Passagiere, jüdische Flüchtlinge, als in Seenot Geratene an Land dürfen und nicht zurückmüssen in den Tod, in die Vernichtungslager. Wohin jetzt noch?

Schweden ist noch frei von deutschen Soldaten. Aber

auch Schweden lässt nur Flüchtlinge ins Land, die einflussreiche Fürsprecher haben. Margarete und Nelly Sachs kennen keine einflussreichen Menschen. Nur Selma Lagerlöf. Aber wie soll man sie bitten? Wie sie erreichen? Die Post ist nicht sicher. Und wer darf denn noch reisen in dieser Zeit? Gudrun Harlan, die langjährige Freundin und frei von jedem Verdacht jüdischen Blutes, hat eine Cousine in Göteborg. Von der lässt sie sich schriftlich einladen. Noch bevor die Einladung eintrifft, hat Gudrun jedoch einen schweren Autounfall. Monatelang liegt sie im Krankenhaus. Endlich, im Juni 1939 kann sie an Krücken in Schienenstiefeln alleine gehen und macht sich auf den Weg nach Norden. Um die Fahrt zu finanzieren, hat sie ihre Wohnzimmermöbel verkauft.

Es muss eine verzweifelte Reise gewesen sein. Selma Lagerlöf, hochbetagt, ist schwer krank, dem Tode nah. Von ihr kann es keine Hilfe mehr geben. Aber Gudrun Harlan ist einen langen Weg gegangen, das macht kämpferisch. Es gelingt ihr, die Unterstützung des Malers Prinz Eugen, eines Bruders des schwedischen Königs, zu bekommen.

Aber noch ist der Weg nicht frei. Die schwedische Regierung verlangt eine Kaution: 200 schwedische Kronen. An 200 schwedischen Kronen droht das Leben zu scheitern. Viele, unzählige Leben sind an solchen Summen verloren gegangen. Aber Nelly und Margarete haben Schutzengel. Die jüdische Gemeinde in Stockholm und ein Verleger, der ihre Gedichte kennt, stellen das Geld schließlich zur Verfügung.

Nun müssen sie wieder warten. Mein Gott, das Visum, es muss doch kommen! Wie dumm zu warten. Das Visum ist sicher längst gestohlen, sicher längst verloren gegangen. Wie dumm, in dieser Zeit auf das Glück zu vertrauen. Und dennoch: »Wir werden Geduld haben und beten und nicht müde werden, immer tiefer allen den edlen Menschen zu danken, die ihr Herz denen öffnen, die ihrer bedürfen. In tiefer Ergriffenheit die Ihre N.S.« So schreibt sie im Dezember 1939 an Enar Sahlin in Stockholm, einen schwedischen Lehrer, der sich sehr für die Rettung der beiden Frauen eingesetzt hat.

Und dann, am gleichen Tag, mit der gleichen Post wie der Gestellungsbefehl für den Abtransport in das Todeslager, ist das Visum für die beiden Frauen da. Längst hat Nelly die Bahnfahrkarten gekauft. Aber die Bahn ist für zwei Frauen, die schon auf den Transportlisten stehen, nicht mehr sicher. An der Grenze sei kein Durchkommen mehr, wispert ihr ein Beamter zu, sofort sollte sie den Befehl vernichten und ein Flugzeug nehmen. Und dieses Wispern ist ein Glied in der Kette der kleinen und großen Hilfen, die Nelly und Margarete Sachs das Leben rettet.

Das Flugzeug, das am 16. Mai 1940 auf dem Flughafen von Stockholm landet, ist das letzte, das für lange Zeit von Deutschland nach Schweden geflogen ist. Die beiden Frauen, die eine alt, die andere nicht mehr jung, gehen langsam über das Rollfeld, dicht beieinander, eine Silhouette. Die Jüngere stützt die Ältere. Jede hat fünf Mark in ihrer Handtasche. Mehr darf niemand mitnehmen, der das Deutsche Reich verlässt, fünf Mark und das Leben.

Nelly Sachs ist nun fast fünfzig Jahre alt. Eine müde Frau mit grauem Haar, krank an den Schrecken des Lebens in Deutschland. Sie und ihre Mutter bekommen eine kleine Wohnung in Södermalm, im Süden Stockholms. Ein Zimmer mit Küche im dritten Stock eines Hauses der Warburgstiftung der Jüdischen Gemeinde. Es ist kalt und dunkel dort, der Blick durch das Fenster öffnet sich auf eine Zementfabrik. Aber es ist ein Unterschlupf. Und dafür müssen sie doch dankbar sein, von nun an immer dankbar sein. »Ohne die Sprache zu verstehen oder einen Menschen zu kennen, atmeten wir die Freiheit ein.«

Nelly Sachs, immer so vertraut und verbunden mit dem Licht, mit der Natur, leidet an der Düsternis der Wohnräume. Deshalb die maßlose Freude, als sie Jahre später an die andere Seite, die Sonnenseite des Hauses, ziehen kann: »… die Gestirne wieder sehn und fühlen, wir wagten gar nicht, daran zu glauben nach fast 7 Jahren Dunkelheit und Kälte.«

Das Leben haben sie nach Schweden gerettet. Aber das Leben ist hart im Exil: »Wir waren zu Tode gehetzt hier angekommen. Mein Muttchen erlebte jede Nacht noch den Schrecken. Armut – Krankheit, vollkommene Verzweiflung! Weiß heute noch nicht, wie ich überhaupt überlebte. Aber die Liebe zu dem geliebten letzten Menschen, den ich besaß, gab mir Mut.«

Jede der Frauen bekommt monatlich als Unterstützung 100 Kronen. Zum Leben reicht das nicht. Wenn die Not zu groß wird, arbeitet Nelly als Wäscherin. Aber sie möchte nicht zu oft das Haus verlassen, die kranke, angstvolle Mutter kann nicht allein bleiben.

Nelly Sachs lernt Schwedisch und schon bald beginnt sie mit der Übersetzung moderner schwedischer Lyrik ins Deutsche, zum Broterwerb und aus Dankbarkeit gegenüber dem Land, das sie aufnahm. Die jungen schwedischen Dichter stehen ihrem Geist auch nahe, sie fühlt sich ihnen verwandt. 1947 werden die Übersetzungen unter dem Titel *Von Welle und Granit* – gleichzeitig mit ihrem ersten eigenen Gedichtband – in Berlin-Ost erscheinen. Seit sie in Stockholm lebt, ist der Küchentisch ihr Platz zum Schreiben. Ihre Arbeiten verwahrt sie in einer Lade im Küchenschrank in der kleinen, hellrosa ausgemalten Arbeitsecke.

Bald dringen die Nachrichten von den Vernichtungslagern bis nach Schweden. Aus dem »gesamten deutschen Einflußgebiet in Europa«, das Hitlers Truppen besetzt haben, werden Juden in Waggons abtransportiert, wie Vieh. Das Sterben beginnt nicht erst in den Lagern. Nicht mehr Vertreibung ist das Ziel der Nationalsozialisten, alle Juden sollen vernichtet werden. In Auschwitz hat der Massenmord längst begonnen. Fast vier Millionen werden allein in diesem Lager umgebracht werden.

Für Nelly Sachs haben diese Toten Gesichter und Namen, unter ihnen auch die wenigen, die sie liebt, die den Platz in der Welt bedeuten, unter den Toten »ihr Bräutigam«.

Für sie wird das Leben unerträglich. Ob sie denn ein Recht auf dieses Überleben hat, »während alle anderen im Tode versanken«? Schuld und Angst hören niemals auf.

>   »Wir Geretteten,
>   Immer noch hängen die Schlingen für unsere Hälse
>   gedreht
>   Vor uns in der blauen Luft –
>   Immer noch füllen sich die Stundenuhren mit
>   unserem tropfenden Blut.
>   Wir Geretteten,
>   Immer noch essen an uns die Würmer der Angst.
>   Unser Gestirn ist vergraben im Staub ...«

In diesen Monaten des Winters 1943/44 wächst eine neue Dichterin heran, eine andere Nelly Sachs. Das sind nicht mehr die romantischen, schwermütigen Gedanken und Huldigungen an Natur, Tanz und Kunst. Jetzt schreibt sie von Bildern des Grauens, von dem unerträglichen Schmerz, die sie peinigen. Der Tod, so wird sie später sagen, sei ihr Lehrmeister gewesen. Sie muss schreiben, um nicht zerstört zu werden von der Verzweiflung, von der Unausweichlichkeit dessen, was geschieht in Auschwitz, in Ravensbrück und Bergen-Belsen, in Dachau, in Warschau und in der Ukraine, was überall da geschieht, wo jetzt »Deutschland« ist.

Die Mutter, Margarete Sachs, kämpft jede Nacht mit diesen quälenden Bildern. Nur in den frühen Morgenstunden, wenn sie den Schlaf gefunden hat, der sie von ihren Herzkrämpfen und epilepsieähnlichen Anfällen erlöst, kann Nelly schreiben, sich selbst retten, atmen durch Worte: »Hier schrieb ich in den Nächten nur noch in Flammen ... Meine geliebte Kranke kämpfte mit den Gesichten jede Nacht aufs neue, bis sie am Morgen lächelnd zu mir zurückkehrte. Und ich hatte Angst vor dem Schreiben. Betete, es nicht tun zu brauchen, aber es half nicht. So starben wir beide Überlebenden wieder und wieder zusammen.« Die Nächte, Todesreisen durch die Dunkelheit.

Ihre Sprache ist ausgebrochen, wie schon zuvor, wenn inneres Leid ihr die Kehle zuzuschnüren drohte. Die deutsche Lyrikerin Hilde Domin, Herausgeberin von Nelly Sachs' Gedichten, schreibt mehr als dreißig Jahre später: Dieses Gesamtwerk gehöre »zum Bedeutendsten, was der deutschen Sprache abverlangt wurde: zumindest in diesem Jahrhundert«, es sei die »Dichtung eines außer sich geratenen, visionären Sprechens«.

Im Winter 1943/44 entstehen die Gedichte der Samm-

lung *In den Wohnungen des Todes*, die »meinen toten
Brüdern und Schwestern« gewidmet sind. Eine Klage
um den Tod ihres Volkes in den Vernichtungslagern:

> »Wer aber leerte den Sand aus euren Schuhen,
> Als ihr zum Sterben aufstehen mußtet?
> Den Sand, den Israel heimholte,
> Seinen Wandersand?
> Brennenden Sinaisand?
> Mit den Kehlen von Nachtigallen vermischt,
> Mit den Flügeln des Schmetterlings vermischt,
> Mit dem Sehnsuchtsstaub der Schlangen vermischt,
> Mit allem was abfiel von der Weisheit Salomos
> vermischt,
> Mit dem Bitteren aus des Wermuts Geheimnis
> vermischt –
>
> O ihr Finger
> Die ihr den Sand aus Totenschuhen leertet,
> Morgen werdet ihr Staub sein
> In den Schuhen Kommender!«

In drei Nächten dieses Winters entsteht auch das Mysterienspiel *Eli*, das vom Leiden des jüdischen Volkes erzählt und zugleich vom Leiden aller Wehrlosen in der
Welt, von der Hoffnung, der immer währenden Suche
nach einem Neubeginn hinter dem Tod, nach der Versöhnung. Es ist die erste der vier dramatischen Dichtun-

gen, die Nelly Sachs schrieb, und die einzige, die öffentliche Beachtung fand. Sie erzählt darin die Geschichte des Mordes an dem unschuldigen Kind Eli durch Soldaten in einem polnischen Stettl, die Geschichte vom Schuhmacher Michael, einem der sechsunddreißig Gerechten, von denen die Zukunft der Welt abhängt. Michael, der Rächer ist und Erlöser zugleich.

Von ihren Werken sagen die Kritiker, sie seien ohne Kenntnisse der jüdischen Mystik nicht zu verstehen. Nelly Sachs hat dem heftig widersprochen: »Gewiß bin ich durch die Wälder der Bibel und der Mystik gewandert, und der Atem mag in meinen Bildern wehn, aber meine Sprache ist ausgebrochen aus mir selbst und hatte den furchtbarsten Anlaß dazu.«

Als der Krieg 1945 zu Ende ist, werden die Millionen von Toten, die Gerüchte des Grauens zur Gewissheit. Die Zeitungen, die Wochenschauen zeigen Bilder aus den befreiten Konzentrationslagern. Es sind Bilder von zerschundenen, verhungerten Körpern und von Sterbenden, von den Gaskammern und eigentümlichen Bergen: Berge von Schuhen, Brillen, Kleidern … und Berge von Toten. Diesem Sterben, diesen Bildern wird Nelly Sachs niemals mehr entkommen. »Ein Dante, ein Shakespeare wäre notwendig«, schreibt sie 1946 ihrer Freundin Gudrun in Dresden, »der Menschheit diesen Abgrund zu zeigen, aber so muß es eine schwache Frau tun.«

Walter A. Berendsohn, bis 1933 Literaturwissenschaftler in Hamburg, nun Emigrant in Schweden wie sie, ihr Förderer und später ihr Biograph, schreibt im Mai 1946 an Nelly Sachs: »Es scheint mir fast wie ein Mirakel, mit welcher Zartheit Sie dies grauenvolle Geschehen ergreifen und vor den Richterstuhl der Ewigkeit stellen. Es mit realistischen Mitteln darzustellen ist wirkungslos, weil sich die erschrockene Seele wehrt, dies alles in sich aufzunehmen, und sich bald verschließt und verhärtet, um leben zu können. Aber die Essenz von Ihren klagenden, anklagenden und verklärenden Gedichten wird aufgenommen und bleibt haften.«

Nelly Sachs widerlegt mit ihrer Dichtung auch den Philosophen Theodor W. Adorno, der behauptet hat, nach Auschwitz seien keine Gedichte mehr möglich.

In der Schweiz und auch in den Westzonen findet sich nach dem Krieg zunächst kein Verleger für ihren ersten Gedichtzyklus *In den Wohnungen des Todes*, der 1947 in der »Ost-Zone« erschienen ist. Man ist jetzt hungrig auf ganz andere Bücher, andere Dichter. Auf die Werke von Tennessee Williams zum Beispiel, Thornton Wilder, George Bernard Shaw oder Jean Giraudoux. Und endlich wieder Bertolt Brecht, Ernst Barlach und die vertrauten Klassiker, unzensiert. Der Theatereintritt kostet zwei Briketts oder fünf Kartoffeln. Die Menschen stehen Schlange, um das zu sehen und zu hören, was bis vor

Nelly Sachs, 1949

kurzem verboten war. Aber diese Gedichte, diese Bilder von einem unfassbaren Morden und Sterben? Man wollte schon vergessen und endlich wieder leben, sich freuen – man war schließlich noch einmal davongekommen. Vom Elend des Krieges wurde wohl noch geredet und wenigstens zwei, drei Jahre lang hieß es: »Nie wieder Krieg«. Aber im Vergessen war auch das Unvorstellbare: Hatte denn wirklich niemand etwas gewusst? Die Lager waren doch nicht weit entfernt von den Wohnsiedlungen, von den Bauernhöfen und Feldern, alle hatten sie doch gesehen, die Arbeitssklaven. Nein? Und den Rauch aus den Öfen?

Nelly Sachs' nächster Gedichtband, *Sternenverdunkelung*, wird 1949 vom Berman-Fischer/Querido-Verlag, Amsterdam, gedruckt. Die Dichterin bekommt hervorragende Kritiken – aber die Anerkennung hilft nicht gegen die ewige finanzielle Misere. Die Gedichte will in der neu gegründeten Bundesrepublik niemand lesen. Die Bücher werden eingestampft.

Dennoch muss sie weiterschreiben, das Drama *Abram im Salz* quält sie. Aber es geht »alles sehr langsam. Ach, wenn wir wieder ein bißchen Geld einmal bekämen, es wäre gar nicht zu fassen, was das bedeutete. Jetzt habe ich immer noch in den Nächten Übersetzungen machen müssen, doch es reicht nie aus.«

Am 7. Februar 1950, am Geburtstag ihres Mannes, stirbt Margarete Sachs. Nelly schreibt an einen Freund in New York: »Ich bin bis in meine letzten Grenzen getroffen, durchgeschnitten.« Nur das Drama, das seit drei Jahren in ihr brennt, »das so oft Erflehte«, will sie noch zu Ende bringen. Die Sechzigjährige ist müde. Ihre Dichtungen werden nun zwar gedruckt, aber kaum gelesen. Wozu noch leben?

Trost und Hilfe findet sie in dieser Zeit im Sohar, dem Hauptwerk der Kabbala, den mystischen mittelalterlichen Deutungen der Thora und anderer biblischer Schriften. Dieses Buch führt sie noch tiefer hinein in ihr ekstatisches Erleben, in ihr »Schreiben wie in Flammen«. Und schließlich: Sie »gewöhnt sich«. Sie korrespondiert mit Freunden in halb Europa und den USA. Sie hat einige überlebende Verwandte wieder gefunden. Sie lebt.

Ende der fünfziger Jahre werden ihre Gedichte auch in der Bundesrepublik zur Kenntnis genommen. In Literaturzeitschriften, in Radiosendungen tauchen ihre Arbeiten auf. Dichter wie Alfred Andersch, Ingeborg Bachmann und vor allem Hans Magnus Enzensberger haben die Kollegin, die so anders ist, in Schweden entdeckt und im deutschsprachigen Raum bekannt gemacht. *Eli, ein Mysterienspiel vom Leiden Israels* wird 1958 – vierzehn Jahre nach seiner Entstehung – als Hörspiel im Süddeutschen Rundfunk uraufgeführt. Ein Jahr zuvor ist der Gedichtband *Und niemand weiß weiter* erschienen. Die jungen Menschen haben sie entdeckt: »Ihre kleine Mietswohnung am Bergsundsstrand in Stockholm war zu einem Wallfahrtsort von jungen Dichtern, Kritikern und

Germanisten aus der Bundesrepublik geworden.« Plötzlich ist Nelly Sachs eine bekannte Dichterin.

Bis zu ihrem Tode wird nun in der Bundesrepublik fast jährlich ein Buch mit ihren Dichtungen erscheinen. Aber sie selbst will nicht mehr nach Deutschland zurückkehren. Inzwischen, nach jahrelangem Ringen, hat sie endlich die schwedische Staatsbürgerschaft erhalten: »Ich werde niemals aus Schweden irgendwo hinkehren.« Für Israel, auch für sie Land der Hoffnung und Vision des Friedens, ist es zu spät. »Da müssen sie die Jugend haben«, schreibt sie 1952 an einen Freund in New York.

Im Jahre 1959 bekommt sie den Lyrikpreis des Kulturkreises im Bundesverband der Deutschen Industrie. Nein, sie wird nicht zur Überreichung nach Regensburg reisen, nicht nach Deutschland. Noch nicht. Als sie im folgenden Jahr den »Meersburger Droste-Preis für Dichterinnen« bekommt, gemeinsam gestiftet von Deutschland, Österreich und der Schweiz, zögert sie auch da lange, die Einladung an den Bodensee anzunehmen. Aber vielleicht ist es ja gut fortzukommen, alte Freunde wieder zu treffen, Brieffreunde endlich kennen zu lernen? Gerade jetzt wegzufahren, wo die Verfolgung wieder zu beginnen scheint. Wenige Tage bevor sie in die Schweiz reist, schreibt sie an einen Freund in Amerika: »Eine Werkstatt hat sich oberhalb meiner Wohnung eingenistet ... und ich habe weder Tag noch Nacht Ruhe ... Kann nicht mehr hier schlafen, muß es bei einer Nachbarin tun ... Eine Hitlersammlung im kleinen und ungeheure Feigheit.«

Die Angst hat sie eingeholt, das Grauen, und niemand glaubt ihr – aber sie weiß es doch, hört die unerträglichen »schneidenden Geräusche«, den Lärm des »Telegraph-Zentrum mit Morse-Zeichen und allen Finessen«, erkennt darin »die geistige Tortur der Gestapo, wie man sie an den Intellektuellen übte«. Es sind die ersten Zeichen des Verfolgungswahns, der die nächsten Jahre ihr Begleiter sein wird.

Nelly Sachs fährt schließlich das erste Mal nach Deutschland seit der Flucht vor zwei Jahrzehnten. Übernachten kann sie in der alten Heimat nicht, zu groß und zu lebendig ist ihre Furcht. Sie quartiert sich in Zürich ein und fährt nur tagsüber nach Meersburg. Auf dem großen internationalen Dichtertreffen wird sie gefeiert wie eine Königin. »Alles eine Umarmung der Liebe«, schreibt sie an Freunde in Stockholm, »... ich habe ja niemals auch nur geahnt, daß meine Gedichte in der Welt leben – erschütternd.«

Mit der Heimfahrt nach Schweden kommt der Wahn zurück, die Angst vor den Morsezeichen und den Nachbarn, vor den Nächten und der Verfolgung. Nicht nur in Deutschland fürchtet sie sich, sondern da, wo sie seit langem zu Hause ist, in ihrer kleinen Wohnung in Stockholm fühlt sie die Bedrohung.

Kurz nach ihrer Heimkehr ist ihre Kraft zu Ende. Sie ist nun mit Preisen geehrt, wird verehrt von einer neuen Generation von Dichtern und Lesern, aber es ist, als dürfe das Glück nicht sein. Je mehr sich ihre Gegenwart verbessert, umso mehr holen sie die Grauen der Vergangenheit ein, die erlebten und die im Geist erlittenen. Im September 1960 wird sie in die Nervenheilanstalt Beckomberga bei Stockholm eingeliefert.

Dort durchlebt Nelly Sachs »alle Dantehöllen – HieronymusBosch-Bilder«. Sie lebt immer zusammen mit dem Tod, aber es ist nicht der freundliche, der erlösende Tod, den sie sich oft gewünscht hat. Sie fühlt sich »kalt verraten, von allen, die ich liebe« Der Tod, der nun so nahe ist, ist blutrot: »Überall begegnete ich der roten Hieronymus-Bosch-Farbe – Blut – Blut – jedes Auto – jedes Motorrad, Gartengeräte – auf der Bank ... wohin ich fuhr, alles rot. Daß ich dies überlebt habe, übersteigt meine Grenzen ... Ich habe gedacht – die Gaskammer hat wohl ungefähr 20 Minuten gedauert – aber dieses hier seit so vielen Jahren ... Kann man mich noch retten? Wie habe ich mir den Tod gewünscht immer nach schwerem Schicksal, nur für den geliebtesten Menschen, meine Mutter, habe ich überhaupt noch gelebt und für sie nach Schweden im letzten Augenblick gerettet. Ich wäre allein im Gastod geblieben. Und nun – wo Licht gekommen ist – meine Arbeiten – einigen Menschen Freude bereitet – geliebte Freunde gewonnen – nun haben sie mich soweit gebracht, daß ich mir nur noch Erlösung wünsche.«

Nelly Sachs hat mit kurzen Unterbrechungen drei Jahre in Beckomberga gelebt. Sie hat die Torturen der Elektroschocks ertragen, das Entsetzen der immer wieder auftauchenden Schreckensbilder. Schließlich beginnt sie wieder zu arbeiten. Ihre Sammlung *Noch feiert Tod das Leben* lässt den Alltag in der Nervenklinik erkennen. Die Alten und Senilen, die Kranken hinter den Gittern, die Schreie. Auch hier grausam Verfolgte. In diesen Jahren wird sie gefeiert in Deutschland – Ost und West – und sie wird gelesen.

Die Stadt Dortmund stiftet 1961 unter ihrem Namen einen Kulturpreis, dessen erste Trägerin sie ist. Vier Jahre später reist sie noch einmal nach Deutschland. Der Börsenverein hat ihr 1965 den Friedenspreis des Deutschen Buchhandels verliehen. Zum ersten Mal bekommt ihn eine Frau. Sie versöhne »ohne Widerspruch Deutsches und Jüdisches«, steht in der Verleihungsurkunde. »Ihre Gedichte und szenischen Dichtungen sind Werke hoher deutscher Sprache, sie sind Werke der Vergebung, der Rettung, des Friedens.«

Deutsches und Jüdisches. Ist das denn ein Gegensatz? Sind die Toten der Nelly Sachs keine Deutschen? Der Bundespräsident Heinrich Lübke, der bei der Feierstunde ihre Versöhnlichkeit lobt, war stellvertretender Bauleiter für Konzentrationslagerbaracken.

Die Jüdin, die Überlebende, die noch das Licht der Hoffnung sieht, auch im Tod, die an die deutsche Jugend glaubt und an eine bessere Welt, die ist willkommen in der Bundesrepublik der sechziger Jahre. Doch sie will nicht einfach Versöhnung, sie will das gemeinsame Bemühen um einen inneren Frieden.

Im Jahr 1966 erhält Nelly Sachs – gemeinsam mit dem israelischen Schriftsteller Josef Agnon – den Nobelpreis für Literatur: »Für ihre hervorragenden lyrischen und dramatischen Werke, die das Schicksal Israels mit ergreifender Stärke interpretieren.« Auch wenn sie immer betont hat, wie unwichtig Äußeres ihr sei, bedeutet ihr diese Anerkennung, die größte, die sie sich vorstellen kann, doch so etwas wie Genugtuung, eine späte Entschädigung.

Um den Preis vom schwedischen König zu empfangen, muss sie den Hofknicks einüben und »vieles mehr«. Auch hält sie eine kleine Rede auf dem Nobel-Bankett im dunkelblauen Kleid, mit kleiner, zarter Stimme und in ihrer Muttersprache, in Deutsch. Nelly Sachs erinnert an ihre Flucht, an die bewunderte Selma Lagerlöf, durch deren Werke sie Schweden lieben lernte, und an das Tiergartenviertel: »Heute … gedenke ich der Worte meines Vaters, die er an jedem 10. Dezember [dem Geburtstag von Nelly Sachs] in meiner Heimatstadt Berlin äußerte: Nun feiern sie in Stockholm das Nobelfest. Dank der Wahl der schwedischen Akademie befinde ich mich jetzt mitten in dieser Feier. Es will mir scheinen, als wäre ein Märchen Wirklichkeit geworden.« Und dann trägt sie ein Gedicht vor, geschrieben für diese Feier, das zu einem ihrer bekanntesten werden wird.

»In der Flucht
welch großer Empfang
unterwegs –

Eingehüllt
in der Winde Tuch
Füße im Gebet des Sandes
der niemals Amen sagen kann
denn er muß
von der Flosse in den Flügel und weiter –

Der kranke Schmetterling
weiß bald wieder vom Meer –
Dieser Stein
mit der Inschrift der Fliege
hat sich mir in die Hand gegeben –

An Stelle von Heimat
halte ich die Verwandlungen der Welt –«

Die Dichterin, auch weil sie an diesem Tag ihren fünf-
undsiebzigsten Geburtstag feiert, wird zum Mittelpunkt
der Feier. Sie beeindruckt die Menschen zutiefst. Unter
ihnen ein Journalist, der am 18. Dezember 1966 in der
Zürcher Zeitung schreiben wird: »Die Frau, welche da
sprach und ein wenig unsicher, mit jedem Schritt selber
zwischen Wirklichkeit und Märchen, an den Tisch zurückging: ihr Wesen allein brachte den Ausgleich zustand – die Heiterkeit wurde nicht gebrochen, sie hatte
nur einen tieferen Widerschein; Leben ganz und gar, bis
an die äußerste Stelle des Glücks, wo das Glück in
Schmerz überspringt. Oder Schmerz in Glück? ... Nelly

Nelly Sachs

Sachs umdrängt von vielen, sagte: ›Wie im Märchen‹ . Wer das ganze Märchen in ihren Augen, in ihrem Antlitz zu lesen vermöchte – er würde erschrecken, und vielleicht hätte er gar nicht den Mut, das ganze Märchen zu lesen.«

Sie ist nun weltberühmt. Ihre Werke werden in alle europäischen Sprachen übersetzt, aber auch ins Hebräische, Japanische, Koreanische und Ungarische. Aus aller Welt erreichen sie Briefe, von verloren geglaubten Freunden aus der Kindheit oder von deren Kindern und Enkeln, die überlebt haben, unter ihnen viele Hilfe Suchende.

An sie verteilt sie die Hälfte ihres Preisgeldes von 150 000 Kronen. Die andere Hälfte hebt sie für die alte Retterin und Freundin Gudrun auf, um deren Lebensabend zu sichern. »Auf mich selbst ist nichts gekommen … Aber ich bin dankbar, wenn sie mich in Ruhe lassen und ich hier existieren kann … ich bin nichts mehr. Ich lebe nicht mehr gerne«, schreibt sie im Juni 1968 an Hans Magnus Enzensberger.

Nelly Sachs bleibt eine Außenseiterin, im Leben und in der Kunst. Der Zugang zu ihrem mystischen Werk ist nicht einfach, ebenso wenig ihr Thema: Auschwitz, Jäger und Gejagte, Mörder und Opfer, der Tod und das Licht der Auferstehung. Ihre Spätdichtung, in Zeiten der Gesundheit der Krankheit abgekämpft, wird nur wenig bekannt.

»Hölle ist nackt aus Schmerz –
Suchen
sprachlos
suchen
Überfahrt in die Rabennacht
mit allen Sintfluten
und Eiszeitaltern umgürtet
Luft anmalen
mit dem was wächst hinter der Haut
Steuermann geköpft mit dem Abschiedsmesser
Muschellaut ertrinkt
Su Su Su«

Noch einmal holen ihre Gespenster sie ein, wieder muss sie für einige Zeit in die Nervenklinik nach Beckomberga. Aber nicht nur ihre Seele, auch ihr Körper bricht zusammen. 1969 wird sie an einem Krebsleiden operiert. Am 12. Mai 1970 stirbt Nelly Sachs im St.-Görans-Krankenhaus in Stockholm. Sieben Tage später wird sie auf dem Jüdischen Friedhof in Hega Norra, nördlich von Stockholm, beerdigt. Da ist sie in der Bundesrepublik schon fast wieder vergessen.

In einem Nachruf auf die Dichterin mahnte der schwedische Dichter und Publizist Olof Lagercrantz: »Die jüdische Katastrophe ist wahrscheinlich nur eine von vielen im Atomzeitalter. Der Massentod wird zum ständigen Begleiter unseres Geschlechts. Unter Schmerzen zu altern und zu zerschellen an einem Übermaß an Leid, wird eine Erfahrung für immer mehr Menschen. Das bedeutet, daß Nelly Sachs zu den Dichtern gehört, die wir in der Zukunft am allermeisten brauchen.«

»Wir sind zum Durchhalten da, nicht zum Erfolghaben«

Mayread Corrigan (*1944), Betty Williams (*1943),
Friedensnobelpreis 1976

Von Christiane Grefe

Als der Anruf aus Norwegen kam, begann sie spontan zu weinen. Kein Luftsprung, kein Freudentaumel, kein Stolz – Tränen. Mit einem Schlag sei ihr die lebenslange Verantwortung vor der ganzen Welt bewusst geworden, mit der diese höchste internationale Auszeichnung in ihr Leben dringen würde. Nie mehr ganz würde ein Rückzug in die Privatheit möglich sein, immer würde sie Vorträge halten und um den Globus reisen müssen, als moralische Instanz gefragt sein.

Das gesteht Mayread Maguire, damals Mayread Corrigan, heute, zwölf Jahre später. Die ungebrochene Energie, die ihre großen blauen Augen ausstrahlen, steht scheinbar im Widerspruch zur damaligen Skepsis. Doch tatsächlich hat sie, erschöpft genau von dieser chronischen Öffentlichkeitsbelastung, lange gezögert, bis sie einem Gesprächstermin zugestimmt hat. Nun hat sie nur wenig Zeit, es warten fünf Kinder. Die haben, sagt sie, jetzt Priorität.

Wir haben uns in einem schon etwas heruntergekommenen alten Haus getroffen, mitten in Belfast, der Stadt, die wie eine Festung wirkt: überall Stacheldraht, Straßensperren, hohe Mauern und Zäune, mit denen sich die Protestanten vor den Katholiken abschotten: allgegenwärtig die britischen Militärpatrouillen. Doch die kleine Villa liegt in einem ruhigen, bürgerlichen Viertel. Hier betreiben die »Peace People« gemeinsam mit anderen Bürgerinitiativen ihr unspektakuläres Büro; die Peace People – jene Vereinigung, die Mayread Maguire mit ihrer Mitstreiterin Betty Williams 1976 ins Leben gerufen hat.

Vor mir am Schreibtisch sitzt eine zierliche Frau. Ihr mädchenhaft hübsches Gesicht lässt sie viel jünger als ihre mittlerweile vierundvierzig Jahre erscheinen. Sie ist mit pastellfarbenem Pullover und schlichtem Rock unauffällig gekleidet, wirkt bescheiden, zurückhaltend, aber mit einer intensiven und warmen Ausstrahlung, die magisch anzieht.

Ihr Friedensengagement ist religiös motiviert. So spricht sie viel über Gottes Willen, aber nur sehr wenig und ungern über sich selbst. Sie wuchs im von der Armut der katholischen Minderheit gezeichneten Westen Belfasts auf, als Tochter eines Fensterputzers, in einer kinderreichen Familie, in der ganzen Enge dieses Gettos.

»Meine Schwestern haben alle Jungs von gegenüber geheiratet«, erzählt sie. »Man bleibt unter sich, lernt gar nichts anderes kennen als Katholiken auf der Straße, in der Schule, unter den Nachbarn. Kein Wunder, daß sich die Feindschaft gegenüber den Protestanten immer neu wiederherstellt. Man bekommt sie schon in die Wiege gelegt.« Doch Mayread Corrigan strampelt sich – gegen den Widerstand ihrer mittellosen Eltern – aus dem beklemmenden Milieu heraus. Sie verdient sich selbst als Babysitterin ihre Ausbildung und arbeitet sich von der Hilfsarbeiterin zur Chefsekretärin bei der Traditionsbrauerei Guinness hoch.

Ihre Herkunft niemals verleugnend, engagiert sie sich jedoch neben dem Beruf jahrelang karitativ mit knochenharter Sozialarbeit bei den Unterprivilegierten, in der katholischen Wohlfahrtsorganisation »Legion der Jungfrau Maria«. In dieser kirchlichen Einrichtung erfährt sie die Möglichkeit ökumenischer Zusammenarbeit – für die sie sich besonders einsetzt. So reist sie 1972, gemeinsam mit einem protestantischen Pfarrer, für ihre Organisation zur Weltkirchenkonferenz in Thailand, und 1973 dreht sie im kirchlichen Auftrag in der Sowjetunion einen Film über das kirchliche Leben im Sozialismus. Nur schlüssig also und ein Stück Kontinuität ist ihr Eintreten für die Versöhnung der Konfessionen in Irland.

Viel spontaner und aus dem Augenblick heraus scheint sich hingegen ihre Mitstreiterin Betty Williams, mit der zusammen sie den Nobelpreis erhielt, für die Gründung der Peace People entschieden zu haben. Die Ehefrau eines Seemanns, die einige Jahre lang auf den Bahamas gelebt hatte, war als Hausfrau zuvor nie politisch aktiv gewesen. Für sie, so scheint es, war der Kampf gegen die

Gewalt in Nordirland das Ergebnis schlichten Zorns, eines inneren Überdrucks, den sie in der Gründung der Peace People ablassen konnte.

Heute, zehn Jahre später, ist es schwierig, darüber Auskunft zu bekommen. Denn Betty Williams lebt mittlerweile in Florida. Sie ist, nachdem die Ehe mit ihrem irischen Mann wohl unter anderem an ihrem zeitaufwendigen Engagement in der Friedensbewegung gescheitert war, neu mit dem Mineralöl-Manager James Perkins verheiratet. Journalisten lässt sie nicht mehr an sich heran. Sie ist im Unfrieden aus Irland weggegangen, im Unfrieden mit sich, auch mit den Peace People, auch mit Mayread Maguire. So sehr ist die Beziehung zwischen beiden abgekühlt, dass Mayread nicht mehr über die einstige Freundin sprechen mag. Als die Fernsehgesellschaft Yorkshire Television 1986, zehn Jahre nach den hoffnungsvollen Monaten des gewaltlosen Protests auf Irlands Straßen und zehn Jahre nach der Nobelpreisverleihung, die beiden Frauen in Belfast noch einmal gemeinsam vor die Kamera bringen wollte, da verweigerte sie Betty Williams diesen Auftritt.

So mag in Mayread Corrigans erster Reaktion, dem ersten Augenblick der Trauer damals, als die Nachricht von der Nobelpreisverleihung kam, schon die Ahnung von der traurigen Entwicklung dieser Freundschaft gesteckt haben – auch vom Scheitern der Peace People überhaupt, die an ihren eigenen Widersprüchen und den seit Jahrhunderten zementierten Konflikten Nordirlands zu zerbrechen drohten. Tatsächlich fand die Verleihung in Oslo zu einem Zeitpunkt statt, als die Peace People in Irland längst von allen Seiten angegriffen und heftig umstritten waren. Ja, indirekt trug der Preis sogar zum Scheitern der Initiative bei.

Von einst über hundert Gruppen mit viertausend aktiven Mitgliedern ist heute nur noch ein eher unbedeutendes Häufchen von mal hundertdreißig, mal nur noch vierzig Aktiven übrig geblieben – Sozialarbeiter, Studenten und »zahlende Damen«, so mit leichtem Spott ein junger Ire, der sich bei den Peace People engagiert. Journalistenkollegen beim Radio zucken gar mit den Achseln: »Die Peace People? Gibt es die noch? Lange nichts mehr von denen gehört.« Und resignativ angesichts der Perspektivlosigkeit in Nordirland fügt sein Schreibtischnachbar hinzu: »Genau wie von den anderen Friedensgruppen.«

Dies ist also eine eher traurige Geschichte.

Sie beginnt mit der ganz großen Kraft, die aus verzweifelter, hilfloser Wut entsteht. Der sinnlose Tod von drei kleinen Kindern bringt – nach eintausendsechshundert Menschenopfern seit Beginn des gewalttätigen Bürgerkriegs im Jahre 1969 – das Fass zum Überlaufen.

Bei einem Scharmützel zwischen der IRA und britischen Soldaten am 10. August 1976 kommt der Fahrer des Terroristenautos, Danny Lennon, ein junger Katholik, ums Leben. Das Fahrzeug gerät führerlos in eine

Menschenansammlung auf der belebten Finaghy Road und überrollt zwei Kleinkinder und einen Säugling. Die Mutter wird lebensgefährlich verletzt.

Ob die zweiunddreißigjährige Hausfrau Betty Williams tatsächlich Augenzeugin dieser Tragödie ist, bleibt umstritten; die IRA wird später diesem von ihr wahrscheinlich tatsächlich dramatisierten Ursprungsmythos der Peace People widersprechen und behaupten, sie habe zu diesem Zeitpunkt ganz woanders in der Innenstadt eingekauft.

Unumstritten aber ist, dass die energische Person am Abend die Bilder vom Unfallort kaum mehr erträgt, spontan vom Fernsehgerät aufspringt und zunächst im katholischen Getto, der IRA-Hochburg Andersonstown, an alle Türen klopft. Sie sammelt Unterschriften für einen friedlichen Protestmarsch gegen Terror und Gewalt. In nur drei Tagen hat sie sechstausend Frauen mobilisiert – quer durch die Interessengruppen. Und erstmals richtet sich auch bei der katholischen Minderheit der Zorn nicht mehr nur gegen die britischen Besatzer, sondern auch gegen die Gewalt, die von den Widerständlern ausgeht.

Zehntausend Menschen folgen am 13. August den Kindersärgen, eine Woche darauf protestieren noch mehr und eine weitere Woche später gehen spontan zwanzigtausend Menschen in Belfast auf die Straße – Anhänger beider Konfessionen. Katholiken und Protestanten laufen aus ihren Vierteln aufeinander zu und treffen sich an symbolischen Orten – auf der Shankill Road beispielsweise, die als strenges Protestantenviertel von Katholiken nie frequentiert wird und immer wieder Angriffsziel der IRA ist. Dort gibt es bei den Friedensdemonstrationen Szenen, die bis jetzt unmöglich waren.

»Es wurden«, so ein Augenzeuge, »seltsame Erscheinungen wie katholische Nonnen in voller Ausstattung von den Anliegern des heiligsten aller heiligen protestantischen Böden umarmt ...« Ein Mann liest, um in dieser Versöhnungsatmosphäre seine Konfession zu retten, laut die protestantische Liturgie – er wird von seinen Glaubensgenossen in der Toilette eines Wirtshauses eingeschlossen. »Es hätte einen Aufstand geben müssen«, schrieb ein Journalist, »bei dem Menschen erschossen oder zu Tode geprügelt werden oder noch Schlimmeres. Statt dessen gab es den glücklichsten, sonnenbeschienenen Ausdruck von Menschlichkeit in der Masse, den man sich vorstellen kann.«

Eine der Ersten, die bei Betty Williams' Aufruf unterschrieben, war Mayread Corrigan, die Schwägerin der schwer verletzten Anne Maguire und Tante der verunglückten Kinder. In einer bewegenden Fernsehansprache rief sie – trotz ihrer persönlichen Betroffenheit – ohne Hass zu einem Ende des Bürgerkriegs und zu friedlichem Protest auf. So wurde sie zur Galionsfigur des »Aufstands der Frauen«. Über Nacht erregten die mutig Verzweifelten internationale Aufmerksamkeit und provozierten pathetisch-sympathieträchtige Kommentare wie diesen: »Die tapferen Mütter des Terrorismus ... Der Kampf erhält durch das weibliche Engagement etwas Letztinstanzliches. Sollten auch sie erfolglos bleiben, drohte endgültig die Vernichtung. Nichts mehr wäre zu erhoffen«, so die WELT.

Gewiss, 95 Prozent der Marschierenden waren Frauen. »Going to the peace«, zum Frieden gehen – das war schon der Gipfel der Befreiung, vor allem in den katholischen Elendsvierteln, wo ein alkoholseliges, militaristisches Patriarchat vorherrscht und das Gewicht beengter Wohnverhältnisse für kinderreiche Familien und einer Arbeitslosenrate von bis zu 30 Prozent fast ausschließlich auf den Schultern der Mütter lastet.

Auch Mayread Maguire und Betty Williams waren alles andere als Feministinnen – zwei durchaus der Hausfrau- und Mutterrolle verhaftete Persönlichkeiten. Dennoch maßen sie den Frauen im Kampf für den Frieden in Irland und überall auf der Welt die entscheidende Rolle bei. »Die Stimme der Frauen hat eine besondere Aufgabe und eine besondere Seelenkraft im Kampf für eine gewaltlose Welt«, trug Betty Williams unter Beifall bei der festlichen Friedensnobelpreisverleihung in Oslo vor. »Wir wollen gewiß nicht religiöse Sektenbildung oder ideologische Klüfte nun durch Sexismus oder irgendeinen militanten Feminismus ersetzen. Aber wir glauben, daß Frauen bei diesem großen Kampf eine führende Rolle zu spielen haben ... Laßt die Frauen überall vom heutigen Tag an ihre Männer ermutigen, den Mut zu haben, beim Krieg nicht zu erscheinen, nicht mehr für eine militarisierte Welt zu arbeiten, sondern für eine friedliche, eine gewaltlose Welt.«

Doch den Mehrheitsverhältnissen in der Friedensbewegung zum Trotz waren es Männer, die später bei den Peace People als Funktionäre das Sagen hatten. Und es war ein Mann, der, so ein irischer Friedensaktivist, »aus der Bewegung eine Organisation machte«, der ihr intellektueller Kopf war und auch die beiden in öffentlichen Auftritten unerfahrenen Frauen an der Spitze von Anfang an anleitete und managte: der Journalist Ciaran McKeown, ein alter Mitstreiter der Bürgerrechtsbewegung. Er hatte seit Jahren über die Gewalttaten auf beiden Seiten geschrieben und zündete nach einer Sendung mit Betty Williams und Mayread Corrigan sofort. Schon wenige Tage nach den ersten Protesten waren die Friedensfrauen für ihn mehr als nur ein Thema für die Berichterstattung.

Am 17. August trafen die drei in Betty Williams' Wohnung zusammen und beschlossen, die aufgewühlte Stimmung nicht ungenutzt wieder verpuffen zu lassen, sondern sie in Stadtteilgruppen zu kanalisieren, längerfristig zu denken. Die Peace People waren geboren.

Ihre Begründer mochten sich spontan. Mayread Maguire: »Wir hatten großes Vertrauen zueinander und eine tiefe Freundschaft. Obwohl wir sehr unterschiedliche Leute sind: Betty, eine starke, entschlossene Frau mit sehr viel Mitgefühl, und Ciaran, der eher Intellektuelle –

wir alle brachten etwas Besonderes mit. Und es kann schon sein, daß sich in der Bewegung der einzelne entweder zu dem einen oder zum anderen hingezogen fühlte« – zu ihr wohl, in Abgrenzung zu ihren beiden Mitkämpfern, wegen ihres starken religiösen Engagements und ihrer moralischen Integrität.

McKeown wurde die starke Ausstrahlung und Anziehungskraft des Trios auf andere schon manchmal fast unheimlich: »Es gab in einigen Kreisen auch den unguten Versuch, regelrechte Götter aus uns zu machen – also irgendwie zu meinen, wir seien gottgesandt, eine wohlkonzipierte Dreieinigkeit, in der Betty das Herz, Mayread die Seele und ich der Kopf sein sollte ... Nun, es gab zumindest eine erstaunliche Beziehung zwischen uns.«

Der Journalist beriet die beiden Frauen und später die ganze Gruppe im Kontakt zur Presse; er war lange Zeit die Instanz für alle strategischen und taktischen Fragen, obwohl er fast immer gegen jede Taktik und für offensive Ehrlichkeit nach außen eintrat. Er stellte einen Plan für weitere Demonstrationen in den folgenden zwei Monaten auf, verteilt auf die verschiedenen Regionen Nordirlands. Und er verfasste auch jene *Declaration of Peace*, jene Friedenserklärung, deren Vorteil und Nachteil zugleich war, dass sich jeder in ihrer parteilosen Unverbindlichkeit wiederfinden konnte:

»Wir von dieser Friedensbewegung haben eine einfache Botschaft an die Welt. Wir möchten leben und lieben und eine gerechte, friedliche Gesellschaft aufbauen. Wir wollen für unsere Kinder, wie für uns selbst, daß unser Leben zu Hause, an der Arbeitsstelle und beim Spiel ein Leben der Freude und des Friedens ist.

Wir wissen, daß der Aufbau eines solchen Lebens von uns alle Hingabe, harte Arbeit und Mut erfordert. Wir wissen, daß es diese Probleme in unserer Gesellschaft gibt, die Quelle des Konflikts und der Gewalt. Wir wissen, daß jede abgeschossene Patrone und jede explodierende Bombe das Werk schwieriger machen.

Wir lehnen den Einsatz von Bomben und Patronen und jede andere Art der Technik der Gewalt ab. Wir bekennen uns zur Zusammenarbeit mit unseren Nachbarn, nah und fern, tagein, tagaus, um die friedliche Gesellschaft zu errichten, in der Tragödien, wie wir sie erfahren haben, eine schlimme Erinnerung und eine andauernde Warnung sein werden.«

Immer mehr Menschen in immer mehr Gruppen beteiligten sich an den Demonstrationsvorbereitungen. Den Höhepunkt bildete eine Großkundgebung mit der amerikanischen Protestsängerin Joan Baez auf dem Londoner Trafalgar Square im Oktober 1976.

»Es war eine Zeit intensivster Anstrengung«, sagt Mayread Maguire heute, »und ein großer Lernprozeß für viele.« Nicht nur sie selbst musste sich erst an gemeinschaftliche Entscheidungsprozesse, an die Organisationsnotwendigkeiten einer so plötzlich angewachsenen Masse oder an die öffentlichen Auftritte gewöhnen.

»Ich erinnere mich«, schreibt sie, »wie ich einmal in der luxuriösen Umgebung des Europa Hotels mitten in Belfast vor einer Versammlung sprechen sollte, und wie mir die Knie schlotterten, als ich sah, wie die bunten Lichter vor mir an und aus gingen ...«

Immer häufiger kamen Einladungen aus dem Ausland. Die beiden Frauen reisten durch Europa, Australien und die USA, wo sie mit ihren engagierten Auftritten nicht nur hunderttausende Pfund an Spenden zusammenbrachten, sondern laut Betty Williams auch »die finanziellen Lebensadern der paramilitärischen Organisationen kappen« wollten. Gemeint war die IRA, deren gewaltsames Vorgehen die beiden Frauen kategorisch ablehnten. Noch im gleichen Jahr wurden sie mit dem norwegischen »Volksfriedenspreis« und mit der »Carl-von-Ossietzky-Medaille« ausgezeichnet.

Doch nach dem ersten Aufschwung und der emotionalen Anfangsbegeisterung der Kundgebungen, als sich die Volksbewegung zu einer kontinuierlich und berechenbar aktiven Kraft hätte zusammenraufen müssen, da brachen stattdessen die vorhersehbaren Konflikte auf dem sensiblen Minenfeld der irischen Gefühle die Kraft der Peace People.

Da war der Neid. Nicht nur beobachteten die anderen Friedensinitiativen, die schon seit Jahren mühsam vor sich hin arbeiteten, den plötzlich so reichen Geldfluss an die Neuen mit wachsendem Unmut. Auch die eigenen Mitglieder kommentierten immer bissiger die exponierte

Entscheidungsträgerfunktion, vor allem aber die Starrolle des Trios an der Spitze. Vor allem Betty Williams schürte das Misstrauen durch die zunehmende Theatralik, mit der sie die Gewalt in Nordirland schilderte, als sei sie selbst immer und überall dabei gewesen. Es scheint, als wäre ihr die Prominenz, mit der sie vor allem im Ausland empfangen wurde, ganz einfach zu Kopf gestiegen, als hätte die Erfahrung, dass die Spenden umso reichlicher flossen, je mehr Leid und Blut sie möglichst drastisch ausmalte, ihren Bezug zur Wahrnehmung zu Hause verstellt. Dort nämlich, in Irland, wo all dieses Alltagsrealität war, empfand man ihre zugespitzten Halbwahrheiten als geschmacklos.

Auch Mayread Corrigan scheint mit dieser Entwicklung zunehmend auf Distanz zu ihrer Freundin gegangen zu sein. Als Betty in einem Interview mit dem *Observer* erklärte: »Jeden Samstag bekomme ich einen Brief, der mit Blut unterschrieben ist«, holte Mayread sie auf den Boden der Realität zurück: »Man nimmt solche Dinge nicht ernst. Wenn man will, ist das Leben eines jeden Menschen in Nordirland immer bedroht.«

Im gleichen Interview konterte Betty wohl nicht ganz zu Unrecht mit der Kritik an Mayreads dann und wann naiv erscheinendem Pathos und Optimismus.

»Können Sie mir sagen, von wem dieser Ausspruch stammt: In einem Monat wird es keine Bombardements mehr geben. Es wird Frieden geben ...?« fragte der *Observer*-Reporter.

Darauf Mayread: »Weiß nicht.«

»Du hast das gesagt«, erklärte Betty.

Mayread: »Niemals.«

Betty: »O doch. Ich war dabei.«

Mayread: »Nun, ich entschuldige mich dafür. Das war töricht.«

Wo die extrovertierte Betty also die Grenzen des Geschmacks strapazierte, klang Mayread, wohl auch im Überschwang öffentlicher Auftritte, zu »heilig«, zu arglos, an der knallharten Wirklichkeit vorbei. Den Vorwurf der Naivität streitet sie freilich für heute wie damals energisch ab – im Gegenteil: Durch die langjährige Sozialarbeit sei ihr von Anfang an klar gewesen, dass die Peace-People-Initiative einen langen Atem brauchte.

Immer häufiger tauchten Gerüchte auf, die »glamour girls« würden sich bei ihren weiten Reisen eine goldene Nase, Pelzmäntel und teure Autos verdienen: »Die Peace People besuchen Nordirland«, hieß eine gängige Spöttelei, unter der vor allem Mayread Corrigan ungemein litt. Nicht nur, dass die Reisen sie an den Rand ihrer physischen Kraft brachten, es quälte sie auch der Zwiespalt, einerseits im Ausland finanzielle Unterstützung für die Arbeit der Peace People mobilisieren, andererseits aber auch das Misstrauen der Armen nachvollziehen zu können.

Die Medien schürten dergleichen Basis-Unmut, indem sie sich, gierig auf ein Rührstück, einzig auf die beiden Frauen stürzten, sie allein zu Heldinnen erkoren. Selbst

Ciaran McKeown fertigten die Fotografen oft nur kurz ab: »Hätten Sie etwas dagegen, mal kurz rauszugehen, während wir ein Bild von den Mädchen schießen?« Sobald aber die »Mädchen« politisch zu brisant wurden, etwa Kritik an den britischen Besatzern übten, ließen die Medien sie fallen. Eine BBC-Sendung beispielsweise wurde wegen solcher kritischer Äußerungen um ein Drittel gekürzt.

Sie saßen zwischen den Stühlen: Gleichzeitig wurden sie nämlich, weil sie die IRA-Gewalttaten bekämpften, von der Provisional IRA und ihren Anhängern als Kollaborateure der Engländer angegriffen – auch tätlich: Mehr als einmal mussten sich Mayread Corrigan und Betty Williams bei Versammlungen in IRA-Hochburgen angiften, verprügeln, mit Steinen bewerfen lassen.

Tatsächlich kam der britischen Regierung die zunächst harmlos erscheinende Friedensbewegung durchaus gelegen und sie nutzte die Stimmung für eine Propagandakampagne. »7 Jahre Gewalt sind genug!«, verbreiteten Plakate überall in Belfast. Bald waren sie mit zwei zusätzlichen Nullen überpinselt: »700 Jahre Gewalt sind genug!« – nämlich 700 Jahre britischer Herrschaft in Nordirland.

An den tief verwurzelten Gegensätzen zwischen den Katholiken, die die britische Dominanz bekämpfen, und den Protestanten, die – nicht zuletzt aus ökonomischen Gründen – Angst vor einem vereinigten Irland haben, scheiterte auch die Vorstellung der Peace People von ei-

Mayread Corrigan und Betty Williams, Londonderry 1976

ner »nordirischen Identität«, die die Glaubenskluft über-
brücken sollte. Und es wurde nichts aus Ciaran
McKeowns Traum, in der gemischt zusammengesetzten
»Peace People's Assembly« eine Art Organisationsmo-
dell für die Regierungsbeteiligung der Nordiren zu er-
proben. Denn während er dieses Netz Anfang 1977 zu-
sammenknüpfen wollte, sprangen Gruppen und Mitglie-

der schon wieder ab. Den meisten waren die Ideen des Journalisten zu abstrakt und theoretisch. Der anfangs unverbindliche Protest wurde ihnen jetzt zu politisch. Sie wollten nur integrierte Projekte zwischen Katholiken und Protestanten fördern und lehnten es beispielsweise ab, IRA-Kämpfer, die sich vom Terrorismus losgesagt hatten, finanziell zu unterstützen, vor der Verurteilung zu retten und ihnen zur Flucht zu verhelfen. Die »Gemäßigten« weigerten sich, für den Rechtsstatus »Gefangene unter Ausnahmerecht« der vielen unter dubiosen Umständen Inhaftierten zu kämpfen – geschweige denn, sich auf eine allgemeinere Gewaltdiskussion einzulassen und sich in die internationale Solidaritätsbewegung mit der Dritten Welt einzureihen.

Solche inhaltlichen Differenzen, waren sie auch meist nur von den verbohrten Vorurteilen der festgefahrenen Interessengruppen Nordirlands geschürt, trugen nach Mayread Corrigans Ansicht mehr zum Auseinanderbrechen der Bewegung bei als die von den Medien spektakulär aufgezogenen internen Streitigkeiten; sie hätten nur vordergründig zum Rückzug von Betty Williams und Ciaran McKeown im Jahre 1980 geführt.

Dennoch, ohne Zweifel war Bettys Entscheidung, ihren Anteil am Friedensnobelpreis in Höhe von 30 000 Pfund für sich zu behalten, der schärfste Einschnitt, der äußerliche Anlass zum Anfang vom Ende. Im Rückblick erklärte sie zehn Jahre später: »Ich war völlig abgebrannt. Absolut pleite. Meine Familie hatte Schwierigkeiten, meine Ehe war kaputt. Ciaran wollte alles in die Dritte Welt schicken. Ehrlich, ich hatte es zu jenem Zeitpunkt nötiger als die Dritte Welt ... Ich hab's behalten. Ja, ich bin schuldig.«

Mayread Corrigan wollte daraufhin auch keinen Alleingang demonstrieren, sie behielt ihr Geld ebenfalls: »... the worst thing I ever did«, das Schlimmste, was sie jemals getan habe, erklärte sie; aber sie habe »viele Schecks ausgestellt«. Die ohnehin angeknackste Beziehung zu ihrer Mitstreiterin war auf jeden Fall noch mehr lädiert; sie zerbröckelte in weiteren Geldstreitigkeiten und zerbrach wohl ganz, als sich zehn Jahre später Betty Williams im Pelzmantel theatralisch am Grab der getöteten Kinder, Mayreads Nichten und Neffen, fotografieren ließ. So legitim auch Betty Williams' Beweggründe, das Nobelpreisgeld zu behalten, gewesen sein mögen – ein großer Teil der Verantwortung für das Auseinanderbrechen der Peace People fällt ihr damit tatsächlich zu. Denn mit ihrem Verhalten bestätigte sie nur die zuvor absurden Vorurteile ihrer Kritiker.

In dieser rapiden Abwärtsbewegung der Peace-People-Organisation zeigte die äußerlich so zerbrechlich erscheinende Mayread Corrigan eine Standfestigkeit, die noch heute Respekt einflößt. Sie übernahm nach dem Ausscheiden der beiden Mitbegründer kurzfristig den Vorsitz der Peace People, doch bald begann sie, von der Sache einfach weiterhin überzeugt, als normales Mitglied einer der Stadtteilgruppen noch einmal neu und ganz von vorne.

»Wir sind zum Durchhalten, nicht zum Erfolghaben da«, sagt sie mir jetzt, und weil sie jeden stets direkt und ganz persönlich meint und anspricht, kann man sich ihrer moralischen Kraft kaum entziehen. Und sofort ist das schlechte Gewissen da, wenn sich das hässliche Effizienzdenken einschleichen will, das sich gewöhnlich in der Leistungsgesellschaft auch auf das politische Wirken überträgt.

Sie sei, so erklärt sie ihre Kraft zum langen Atem, im Frieden mit sich selbst – durch eine glückliche Ehe mit dem Mann ihrer geliebten, verstorbenen Schwester Anne, durch die Freude an den drei adoptierten und ihren zwei eigenen Kindern, durch das Leben in einem wunderschönen Haus am Meer. Das klingt vielleicht zu harmonisch, zu glatt – zumal sie ihren Schwager nach dem tragischen Selbstmord ihrer Schwester, die das Grauen vom 10. August niemals verwinden konnte, geheiratet hat. Doch anscheinend will sie nicht ins Detail ihres eigenen Schmerzes gehen. Und ihre Kraft und Ausgeglichenheit wirken überzeugend. »Mein Glaube hilft mir« – das kommt ohne das bleischwere Pathos, das dergleichen Bekenntnisse häufig an sich haben.

Allerdings nicht ganz ohne missionarisches Glühen schildert sie ihr Engagement im »Fasten für den Frieden«, das sie gerade gemeinsam mit anderen Frauen vierzig Tage lang einhält. Das ist zwar gewiss keine in Irland direkt und konkret wirksame politische Tat – jedoch ein öffentliches Mahnmal und eine Demonstration gewaltlosen Widerstands, mit der sie nachdenklich machen und langfristig verändern will.

»Gewalt«, sagt sie, und angesichts der Allgegenwart der Gewalt in Belfast klingt das nur vordergründig schlicht, »muß ganz einfach verschwinden! Wir brauchen nicht allein eine Anti-Atom-Bewegung. Wir müssen noch einen Schritt weitergehen und nicht nur sagen: Es ist brutal, die Bombe zu werfen und Millionen Menschen zu töten. Wir müssen unsere ganze Einstellung gegenüber dem Leben ändern! Man darf auch nicht einen einzigen Menschen töten!« Das klingt fast trotzig-naiv in seiner leidenschaftlichen Beharrlichkeit: »Die Einstellung aller Menschen muß sich so ändern, daß man eben ganz einfach und auf keinen Fall jemals das Leben eines anderen berühren darf. Das gibt es eben nicht!« Diese Konsequenz bezieht sie auch auf die Abtreibung – genau wie auf die Ausbeutung der Menschen in der so genannten Dritten Welt durch die Industrieländer.

Erst, wenn sich kompromisslose Gewaltlosigkeit durchgesetzt habe – dann erst könne es Frieden geben, auch und sogar in Irland: »Wenn wir hier morgen früh den Frieden hätten – er würde nicht länger andauern als höchstens zehn, zwanzig Jahre«, sagt sie und runzelt nachdenklich die Stirn. Das Misstrauen sei zu tief verwurzelt in einer Gesellschaft, in der die Menschen getrennt wohnen, getrennt zur Schule gehen, in der die Berufschancen ungleich verteilt sind und Katholiken oft zum ersten Mal als junge Erwachsene überhaupt einem Protestanten begegnen – eine Art Apartheid.

Ihr Glauben lässt Mayread Maguires Kritik an den institutionalisierten Kirchen und ihrer Haltung in dieser Apartheid umso harscher ausfallen: Gerechtigkeit, Gewaltlosigkeit – das seien reine Lippenbekenntnisse bei den offiziellen Klerikalen. Ein Kirchenmann in Irland hat gewaltlosen Widerstand sogar als »der westlichen Lebensart zutiefst fremd« bezeichnet.

»Die Kirchen sind hier so im Nationalismus verwickelt«, seufzt die Friedensfrau, »die katholische im irischen – die protestantische im britischen. Und der Nationalismus ist es, der uns zerstört. Denn wir haben ihn vor Gott gestellt. Und so sind wir bereit, mit einer Flagge zu wedeln und uns eine Uniform anzuziehen und – Menschen zu töten!« Pause. Dann, sehr dezidiert: »Ich jedenfalls stehe für überhaupt keine Flagge!«

Nach einer Weile sagt sie, und man spürt, dass sie dieses Anliegen voller Empörung wieder und wieder vorträgt: »Das Christentum ist die Sekte, die am meisten Menschen umgebracht hat! Die Frage heute lautet: Hat Jesus eine Ethik der Gewaltlosigkeit gelehrt – oder die des gerechten Krieges? Beides gleichzeitig kann man nicht glauben. Das Problem ist, daß die Kirche und die Christen heute versuchen, da, wo es nicht geht, zweigleisig zu fahren.

Unsere einzige Möglichkeit, die Katastrophe zu verhindern und in Irland etwas zu bewirken, ist, die Menschen zusammenzubringen und die Mythen der beiden Religionsgruppen übereinander abzubauen.« Daher organisieren die Peace People heute Begegnungen vor allem junger Menschen. Katholiken und Protestanten aus verschiedenen Stadtvierteln und Landesteilen, unterstützt von der Friedensbewegung dort, reisen zu gemeinsamen Zeltlagern nach Norwegen. Darauf bereiten sie sich in einem kleinen Landhaus vor, das die Peace People gekauft haben – im »Kilcranny House«, auf der »Farm«, wie Mayread Maguire sagt. Dort wird das Prinzip Gewaltlosigkeit diskutiert und eingeübt.

»Diese Zeit war die aufregendste in meinem Leben«, schwärmt der junge Ire mit dem dunklen Zopf, der anfangs so voller Ironie über die Peace People gesprochen hat. »Ich habe unglaublich viel über meine eigenen Vorurteile gelernt und enge, neue Freunde gewonnen.«

Kleine Schritte – genau wie die integrierten Schulen, die die Peace People ideell und teils praktisch unterstützen. Doch sind diese kleinen Schritte angesichts der im Jahre 1989 auch über Irlands Grenzen hinaus wieder zunehmenden Anschläge der IRA, angesichts der immer noch bestehenden Mauern und Stacheldrahtwälle, angesichts der aggressiven Allgegenwart britischer Soldaten und der ungeänderten massiven sozialen Benachteiligung der katholischen Minderheit nicht nur ein Tropfen auf den heißen Stein?

»Natürlich brauchen wir eine politische Lösung«, erklärt Mayread Maguire. »Aber die müßte alle betroffenen Parteien einbeziehen. Und die setzen sich ja leider nicht zusammen an einen Tisch.«

Bricht da nicht immer wieder, so frage ich schließlich fassungslos, der ganz große Frust über die engagierte Christin herein, wenn sie an die Zeit der Massenproteste und damit an die Hoffnung auch auf entsprechenden politischen Druck zurückdenkt?

Erst nach sehr langem Zögern gesteht sie, es habe nach der Trennung von Ciaran und Betty »eine sehr, sehr harte« Zeit gegeben. Aber schon hellt sich die Stimme wieder auf, ist das eindringlich befeuernde Strahlen erneut da: »Aber dann – auch wenn wir nicht viel tun –, etwas bewegt sich doch. Blühe da, wo du gepflanzt worden bist.«

Manch einem mag dieser ständige Optimismus, weil er so realitätsfern erscheint, allzu frömmelnd und penetrant erscheinen. Doch in der Praxis des beginnenden Austauschs der verfeindeten Gruppen, und sei es auch erst in noch so kleinem Rahmen, wird diese Haltung konkret. Und weil gerade Mayread Maguires Philosophie der Ausdauer, das immer neue Hoffnung Schöpfen, die größte Kraft und Energie erfordert, verdient sie eigentlich heute, nach zwölf Jahren Einsatz für den Frieden in Irland, den Friedensnobelpreis mehr denn je.

Die Verfasserin dankt Mayread Maguire für ihre freundliche Unterstützung.

»*Und Aufgeben ist des Menschen nicht würdig*«
Alva Myrdal (1902–1986), Friedensnobelpreis 1982

Von Heike Brandt

Achtzig Jahre war Alva Myrdal alt, als sie unmissverständlich erklärte: »Krieg ist Mord. Und die militärischen Vorbereitungen, die heute für eine große Konfrontation getroffen werden, haben den Massenmord zum Ziel. Im nuklearen Zeitalter würden die Opfer nach Millionen zählen. Diesen nackten Tatsachen muß man sich stellen. Das Zeitalter, in dem wir leben, kann nur als Ära der Barbarei bezeichnet werden. Unsere Zivilisation wird heute nicht nur der Militarisierung, sondern ebenso sehr der Brutalisierung unterzogen.«

Alva Myrdal war bekannt für ihr energisches Auftreten, ihre Sachkenntnis und eine kompromisslose soziale und moralische Grundhaltung. Kein Wunder, dass die Schwedin aus ihrer Dankesrede auch eine Anklage machte, als sie, zusammen mit dem Mexikaner Alfonso García Robles, im Jahre 1982 den Friedensnobelpreis erhielt. Statt Krieg wollte sie weltweite Abrüstung. Dafür hatte sie seit 1961 nur gearbeitet.

Mit Abrüstungsfragen beschäftigte sich Alva Myrdal erst am Ende einer Karriere, die für eine Frau ihrer Generation einzigartig ist und ihr viele internationale Preise und Ehrendoktorhüte eingebracht hat. Sie gilt heute als

Wegbereiterin der schwedischen Wohlfahrtsgesellschaft, hatte hohe Posten bei UNO und UNESCO und vertrat ihr Land als Botschafterin in Asien, bevor sie 1961 schwedische Delegierte bei den Genfer Abrüstungsverhandlungen wurde. Außerdem war sie in Schweden Reichstagsabgeordnete und Ministerin. Bei all diesen Aufgaben war sie oft die erste oder einzige Frau.

Alva Myrdal arbeitete intensiv mit ihrem Mann Gunnar zusammen, mit dem sie eine tiefe intellektuelle Gemeinschaft verband. Der Wirtschafts- und Sozialwissenschaftler hatte sechs Jahre vor seiner Frau den Nobelpreis für Wirtschaft erhalten. Beide bekamen 1970 gemeinsam den Friedenspreis des Deutschen Buchhandels. Alva und Gunnar Myrdal wurden stets in einem Atemzug genannt: Ein Tandem, das sich phantastisch ergänzte, eine beispielhafte Partnerschaft, sagte man ihnen nach. Und das stimmte für ihre wissenschaftliche und politische Arbeit wahrscheinlich weitgehend. Dennoch waren sie keine wirklich gleichberechtigten Partner, denn ihre Arbeitsbedingungen unterschieden sich in einem wesentlichen Punkt: Alva Myrdal lebte als Frau ständig in dem unseligen Konflikt, ihre Aufgabe als Mutter von drei Kindern und die berufliche Arbeit vereinbaren zu müssen. Dafür fand sie in ihrer Familie keine befriedigende Lösung – und konnte vielleicht auch keine finden. Gunnar Myrdal hat sich diesem Problem im privaten Bereich nie gestellt. Er erfüllte die Rolle, für die er erzogen worden war. Vater und gleichzeitig Wissenschaftler und Politiker zu sein war kein Widerspruch und alltäglich. Aber gleichzeitig Mutter und Politikerin sein zu wollen blieb ein Widerspruch. Alva musste sich Neuland erobern und aus den vorgesehenen Bahnen ausbrechen, ihren eigenen Weg suchen – schon als Kind hatte sie damit begonnen.

Am 31. Januar 1902 wurde Alva in Uppsala geboren. Schweden vollzog Anfang dieses Jahrhunderts gerade den Schritt von einer Agrar- zur Industriegesellschaft. Ihr Vater Albert Reimer hatte sich zum selbständigen Bauunternehmer hochgearbeitet, war gleichzeitig aktiver Sozialdemokrat und engagierte sich in der Konsumgenossenschaftsbewegung, einem Teil der *folkrörelse*. Dieses unübersetzbare schwedische Wort bezeichnet alle Bestrebungen, die damals von den durch sozialen Wandel betroffenen Menschen ausgingen, die mehr Freiheit und mehr Demokratie forderten und sich in Solidarität »zum gemeinsamen Besten« übten. Alva wuchs in kleinen ländlichen Städten auf. Nach Jahren häufiger Umzüge – sie hatten die von ihm errichteten Neubauten »trokken« gewohnt – zog Albert Reimer mit seiner Familie in die Nähe der kleinen Stadt Eskilstuna, westlich von Stockholm, wo er nebenbei einen Hof bewirtschaftete; die Landwirtschaft war seine große Leidenschaft. Alva jedoch weigerte sich, Kühe zu melken oder aufs Feld zu gehen, sie las lieber Bücher, dichtete und träumte. Als Alva nach sieben Schuljahren die Hauptschule abgeschlossen hatte, sehnte sie sich danach, weiter zu lernen, zu lesen und zu reisen, aber dazu schien es keine Möglichkeiten zu geben. Zum einen nahm das Gymnasium in Eskilstuna nur Jungen auf, zum anderen fand ihr Vater als begeisterter Anhänger Rousseaus jede weitere formale Bildung überflüssig. Von ihrer Mutter bekam Alva auch keine Unterstützung. Lowa Reimer, eine brillante, künstlerisch begabte, extravagante Frau, sah nicht ein, warum das Los ihrer Tochter anders als das ihre sein sollte. Ihre Aufgabe war der Haushalt, den sie mit strengem Regiment führte. Andererseits hätte sie wohl selber gerne eine Karriere gemacht, war vielleicht deshalb oft depressiv und lag viel im Bett. Alva und ihre älteste Schwester beteten als Kinder, dass Gott der Mutter Arbeit gebe, damit sie aus dem Haus komme.

Für Bücher war in der Familie kaum Geld vorhanden, und Alva durfte noch nicht einmal Bücher aus der Bücherei nach Hause bringen, weil die Mutter Angst hatte, die Bücher schleppten Bakterien in ihre Wohnung. Aber Alva konnte in einem Antiquariat nach Herzenslust lesen – zum Beispiel Emile Zola, Arthur Schopenhauer, August Strindberg und Jack London. Außerdem machte sie Bekanntschaft mit den Büchern von Ellen Key, einer schwedischen Pädagogin, die sich besonders für die Rechte der Kinder einsetzte, und dem englischen Philosophen John Stuart Mill, der das Stimmrecht für Frauen forderte.

Von der jungen Alva sind Briefe erhalten, in denen sie

einem ehemaligen Lehrer, für den sie schwärmte, ihre Gedanken und Hoffnungen mitteilt und ihm schildert, wie ihre Freunde sie sehen und sie sich selbst einschätzt: Ehrlichkeit, Selbstkontrolle, Begeisterungsfähigkeit und ebenso ausgeprägte Antipathien führen dazu, dass sie alles für diejenigen macht, die sie bewundert; aber den anderen und besonders ihrer Mutter gegenüber kann sie geradezu gemein sein. An weiteren Eigenschaften zählt sie auf: Sie ist kein neidischer Mensch, missgönnt niemandem etwas, sieht aber nicht ein, warum sie nicht auch haben kann, was andere haben. Und sie hat einen starken Willen, früher war sie eher dickköpfig, und ein klein wenig ist sie es immer noch. »Nein, dies alles klingt nicht sehr schmeichelhaft«, schreibt die junge Alva selbstkritisch.

Ihre Tochter Sissela, in deren Besitz die Briefe sind, hat diese Dokumente in Auszügen veröffentlicht. Sie glaubt, dass ihre Mutter Alva nach außen zu diesen Eigenschaften nicht stehen konnte, weil das offene Auflehnung gegen die weibliche Rolle bedeutet hätte. Denn Mädchen sollten mild, bescheiden, emotional sein und Leid geduldig ertragen. Doch insgeheim forderte Alva für sich das Recht auf Ausbildung. Ein abenteuerliches Leben schwebte ihr vor, wobei sie jedoch auf das Muttersein, auf ein Familienleben nicht verzichten wollte. Für ein solches Leben hatte Alva keine Vorbilder: Die meisten Frauen in ihrer Umgebung waren Hausfrauen, dagegen blieben die großen Schriftstellerinnen, Wissenschaftlerinnen oder Kämpferinnen für die Rechte der Frau beinahe alle unverheiratet und kinderlos. Zu Alvas Jugendzeit wurden berufstätige Frauen, die sich verheirateten oder gar schwanger wurden, sofort entlassen.

Nach einem Jahr Handelsschule begann die fünfzehnjährige Alva im Rechnungsamt der Stadt Eskilstuna als Kassiererin zu arbeiten. Sie wurde »das kleine Mädchen mit der großen Maschine« genannt. Ihren Lohn teilte sie sorgfältig auf: Sie zahlte etwas in die Familienkasse, gab einen Teil für Bücher aus und legte den Rest zurück. Denn den Gedanken an eine höhere Schulbildung hatte sie nicht aufgegeben. Unaufhörlich setzte sie mit dem gesparten Geld in der Hand ihrem Vater zu, bis der schließlich nachgab und bei der Schulbehörde erreichte, dass Gymnasialkurse auch für Mädchen eingerichtet wurden. Die Mädchen mussten allerdings im Gegensatz zu den Jungen für den Unterricht bezahlen, durften auch nicht die Räume des städtischen Gymnasiums benutzen. »Meine Mutter erzählte mir«, erinnert sich die Tochter Sissela, »daß diese Erfahrung sie ein Leben lang geprägt hat.«

Im Juni 1919 lernte Alva den Studenten Gunnar Myrdal kennen. Sie war siebzehn, er einundzwanzig Jahre alt. Offenbar war es für beide Liebe auf den ersten Blick. Kurz nachdem sie Gunnar kennen gelernt hatte, verbrannte sie ihre Gedichte und alle anderen schriftlichen Zeugnisse ihrer jugendlichen, teilweise religiösen Schwärmereien, die sie nun als schwülstig und kitschig

Alva Myrdal, Eskilstuna 1919

empfand, und bekannte sich wie Gunnar zu einer rationalen Intellektualität.

1922 bestand Alva ihr Abitur und nahm ihr Studium in Stockholm auf, wo auch Gunnar Jura studierte. Beide waren bald überall als »Paar« bekannt, um das sich viele Diskussionszirkel bildeten. Alva belegte Literaturgeschichte, nordische Sprachen, Religionsgeschichte und machte nach zwei Jahren, also 1924, bereits das Magisterexamen. Im selben Jahr heiratete sie Gunnar Myrdal, der inzwischen als Jurist am Stadtgericht Stockholm arbeitete. Zusätzlich zur intellektuellen Gemeinschaft suchte Alva die familiäre Bindung, doch nie und nimmer wollte sie wie ihre Mutter enden. Sie studierte bis 1934, bis zu ihrer Promotion in Uppsala, sowohl in England und Deutschland als auch in den USA und der Schweiz Psychologie, Pädagogik, Philosophie und Statistik. Die Sozialpädagogik wurde dann bis in die fünfziger Jahre ihr Hauptarbeitsgebiet. Gunnar Myrdal blieb nicht bei der Juristerei und spezialisierte sich auf Alvas Anregung auf Nationalökonomie und promovierte 1927 in dem Fach.

Im selben Jahr wurde der Sohn Jan geboren. Alva war glücklich mit ihrem Kind, dennoch wollte sie weiter lernen, denken, schreiben.

Alva und Gunnar Myrdal bekamen 1929 ein Stipendium für die Vereinigten Staaten angeboten. Damals stand Alva zum ersten Mal vor der Entscheidung, zwischen ihrer Mutterrolle und einer beruflichen Karriere wählen zu müssen. Für Gunnar war es keine Frage, dass sie den zweijährigen Jan bei den Großeltern zurückließen, und so geschah es auch. Alva bereute dies später sehr und nannte es einen großen Fehler, denn danach fanden weder sie noch ihr Mann jemals wieder richtigen Kontakt zu dem Kind.

Nicht nur deshalb wurde für beide Myrdals der Aufbruch in die USA ein einschneidendes Erlebnis: Hier begegneten ihnen zum ersten Mal die Schattenseiten einer weit entwickelten Industriegesellschaft. Die Weltwirtschaftskrise verschärfte wirtschaftliche Not und soziales Elend, wie sie es von Schweden nicht gekannt hatten. Es war für beide ein Schock, der sie »sozial erweckt« hat. Als beide nach einem weiteren Jahr in Genf – Gunnar hatte dort einen Lehrauftrag für Nationalökonomie, Alva studierte Kinderpsychologie bei Piaget – nach Schweden zurückkehrten, traten sie der Sozialdemokratischen Arbeiterpartei Schwedens bei, die Alva schon von Kindheit her vertraut war.

Schwedens Sozialisten hatten sich schon früh auf eine Machtübernahme im Rahmen des bestehenden Systems eingerichtet. Als die bürgerlichen Regierungen mit den Auswirkungen der Depression nicht fertig wurden, gewann die SAP mit ihrem Krisenprogramm 1932 die Wahlen und blieb dann vierundvierzig Jahre lang an der Macht. Mit ihrer pragmatischen Politik entwickelte sie die schwedische Wohlfahrtsgesellschaft, der Kapitalismus wurde nicht abgeschafft, sondern verbessert. Die schwedische Industrie expandierte und das kleine Land gehört heute zu den Spitzen der Industrienationen, nicht zuletzt in der Rüstungsproduktion: Zwischen 1970 und 1985 stieg der Anteil des Rüstungs- vom Gesamtexport von 20 auf 40 Prozent. Hieran setzt auch eine Kritik am schwedischen Sozialismusmodell an: Es lasse die großen Konzerne schalten und walten und verschleiere nur die Klassengegensätze durch ein durchorganisiertes Sozialprogramm. Zu den schärfsten Kritikern der schwedischen Sozialdemokratie gehört seit langem Jan Myrdal, der Sohn von Alva und Gunnar.

Doch zurück in die dreißiger Jahre. 1934 und 1936 bekam Alva Myrdal nach mehreren Fehlgeburten noch zwei Kinder: die Töchter Sissela und Kaj. Seit sie Mutter von kleinen Kindern war, interessierte sie sich besonders für die Situation von Frauen und Kindern in der immer stärker industrialisierten Gesellschaft. Vor allem in den Großstädten waren die Wohnverhältnisse für die Arbeiterfamilien sehr schlecht. Bereits 1932 entwarf Alva Myrdal in einer sozialdemokratischen Zeitschrift ihr alternatives Modell der Kollektivhäuser. Für die Bewohner größerer Wohneinheiten sollte ausgebildetes Personal zentral die Essenzubereitung, das Waschen und die Beaufsichtigung und Erziehung der Kinder übernehmen. In einem Fernsehinterview in den dreißiger Jahren propagierte die hübsche junge Frau mit dem glatten, etwas kühl wirkenden Gesicht und den sorgfältig hochgebundenen blonden Haaren sehr selbstbewusst die Einrichtung der »Großkinderzimmer« in den Wohnblocks als eine wichtige Bedingung für die Befreiung der Frau.

Unermüdlich setzte sich Alva Myrdal für eine gezielte Erziehung innerhalb und außerhalb der Familie ein. Anfang der dreißiger Jahre initiierte sie Zirkel für Elternausbildung. Sie betonte vor allem auch die Rolle des Vaters in der Erziehung – in den vierziger Jahren plädierte sie dafür, dass Männer und Frauen jeweils nur sechs Stunden am Tag arbeiten sollten, damit sie mehr Zeit füreinander und für ihre Kinder hätten.

Alva Myrdals soziales und politisches Engagement folgte immer einem klaren Konzept: Am Anfang stand eine gründliche wissenschaftliche Analyse gesellschaftlicher Probleme. Die theoretischen Einsichten führte sie zu bestimmten praktischen Konsequenzen, die so weit wie möglich politisch-planerisch durchgesetzt wurden. Sie wollte soziale Veränderungen von oben durch staatliche Eingriffe durchsetzen, wobei sie allerdings nie den Appell an die Basis vergaß, mitzudenken und mitzuschaffen. Alvas persönliches Auftreten war entsprechend: Sie formulierte ihre in harter Arbeit gewonnenen Ansichten klar, scharf, in jüngeren Jahren durchaus auch leicht aggressiv, politisch zielbewusst, und sie arbeitete in den jeweiligen Gremien und Organisationen, meist im Rahmen ihrer Partei und des Staates – immer geleitet von den Zielen Gleichheit und Freiheit.

Durch Alva Myrdals publizistische Vorarbeiten angeregt, entstand das Sozialpädagogische Seminar in Stockholm, die erste Ausbildungsstätte für Erzieher im vorschulischen Bereich, deren Rektorin sie von 1936 bis 1948 war. Gegründet und teilweise finanziert wurde es durch eine Wohnkooperative, an der sich die Stadt Stockholm ebenfalls beteiligte. Ende der vierziger Jahre übernahm der Staat die Einrichtung.

Als in Deutschland die Nationalsozialisten mit ihren Prinzipien von Autorität und Unterwerfung an die Macht gekommen waren – auch in Schweden gab es Anhänger dieser Bewegung –, schrieb Alva Myrdal 1933: »Wenn Reaktion und Autoritäts-Gehorsam sich breitmachen, müssen wir uns besser denn je darauf verstehen, die nächste Generation zur Fähigkeit zur Kritik, zu Opposition und gesunder Selbstbehauptung zu erziehen. Wenn es darum geht, die Demokratien zu verteidigen, und der Forderung der Diktatoren nach ›Unterwerfung‹ zu widerstehen, da reicht es nicht aus, mit jungen Menschen zu kommen, die unter den alten Losungen erzogen worden sind: ›Man muß rechtzeitig beugen, was krumm werden soll.‹ Nichts soll krumm werden.«

Im Jahr 1934 publizierten Alva und Gunnar Myrdal ihre gemeinsamen Thesen zur Reformierung der schwedischen Gesellschaft in einem umstrittenen, heftig diskutierten Buch. Sie nannten es *Krise in der Bevölkerungsfrage*. In Schweden waren die Geburtenziffern drastisch zurückgegangen, eine Überalterung der Gesellschaft drohte. Für Alva und Gunnar Myrdal lag die

Ursache für diese Entwicklung in den schlechten Lebensbedingungen für Familien mit Kindern, weshalb sie die materielle und soziale Situation der Familie entscheidend verbessern wollten. Sie forderten ein familienfreundliches Wohnungsbauprogramm, Kindergeld, Mietzuschüsse, kostenlose Ausbildung, Schulfrühstück. Außerdem diskutierten sie offen das damals noch recht tabuisierte Thema Sexualität. Umfassende Aufklärung über Empfängnisverhütung sowie die Möglichkeiten zur straffreien und medizinisch einwandfreien Abtreibung betrachteten sie als Grundvoraussetzungen für gewollte Elternschaft. Zwar liefen diese Reformvorschläge auf radikale sozialpolitische Eingriffe des Staates hinaus, aber da sie trotzdem ein eindeutiges Bekenntnis zur Familie enthielten, fanden sie auch den Beifall konservativer Kreise.

Die sozialdemokratische Regierung setzte nach Erscheinen des Buches eine Kommission aus Wissenschaftlern und Politikern ein, die für die praktische Umsetzung der Reformvorschläge sorgen sollte. Gunnar Myrdal wurde als Mitglied in die Kommission berufen, Alva Myrdal hingegen nur als Sachverständige hinzugezogen, obwohl doch beide gemeinsam das Buch geschrieben hatten.

Gunnar Myrdal wurde 1938 in die USA gerufen. Er sollte dort mit finanziellen Mitteln aus der großen Carnegie-Stiftung die »Negerfrage« analysieren. Schwarze hatten damals längst nicht die gleichen politischen und persönlichen Rechte wie Weiße und wurden vor allem in den Südstaaten in einem heute kaum mehr vorstellbaren Maße diskriminiert und terrorisiert. Ähnlich wie in *Krise in der Bevölkerungsfrage* sollte er praktische Lösungsvorschläge erarbeiten.

Und Alva, die Mitautorin? Sie folgte mit den drei Kindern ihrem Mann in die Vereinigten Staaten. Gunnar, dieser brillante Denker, für den es ganz selbstverständlich war, ein Genie zu sein, brauchte Alva auch in den USA für seine Arbeit. Er wollte nicht auf ihren Scharfsinn, ihre Klugheit, ihre Fähigkeit, Wesentliches von Unwesentlichem zu trennen, verzichten. Und natürlich sollte die Familie zusammenbleiben, und sie zusammenzuhalten war Frauensache, Alvas Sache. Gunnar Myrdals Arbeit wurde 1944 publiziert. Bei der Entscheidung des Obersten Gerichtshofes der USA 1954, dass Rassentrennung an Schulen verfassungswidrig sei, bezogen sich die Richter ausdrücklich auf Gunnar Myrdals Arbeit.

Zwar konnte sich Alva in den USA nicht wie in Schweden sozialpolitisch engagieren, aber untätig blieb sie trotzdem nicht: Sie schrieb das Buch *Nation and Family*, das erst 1941 herauskam und in dem sie erneut die schwedische Familienpolitik diskutierte – diesmal unter Berücksichtigung der amerikanischen Verhältnisse.

Als die Myrdals 1940 unter dem Eindruck der deutschen Besetzung von Dänemark und Norwegen nach Schweden zurückkehrten, veröffentlichten sie wieder ein gemeinsames Buch, es trug den Titel *Kontakt mit Amerika*. Darin stellten Alva und Gunnar Myrdal die große Demokratie im Westen der nationalsozialistischen Diktatur entgegen, verglichen die sozialen, wirtschaftlichen und kulturellen Möglichkeiten der USA mit der Barbarei, die Europa unter der braunen Herrschaft drohte. Dabei zeichneten sie am Ende ein geschöntes, ja geradezu ideales Bild der US-amerikanischen Gesellschaft.

Wie abgehoben Alva Myrdal mitunter konkrete Probleme diskutierte, wie sehr sie die Welt aus Büchern und der Sicht ihrer intellektuellen Kreise betrachtete, zeigt folgendes Beispiel. Besonders beeindruckt schilderte sie das amerikanische Schulwesen, das so wenig elitär und so wenig autoritär sei, die Persönlichkeit der Schüler in den Mittelpunkt der pädagogischen Arbeit stelle, wozu auch psychologische Berater gehörten: »Die Absicht ist einzig und allein, mit liebevoller Hilfsbereitschaft das empfindliche Instrument kennenzulernen, auf dem das ganze Erziehungswesen spielt, nämlich das Kind.« Alva bezog sich im Großen und Ganzen nur auf herausragende Privatschulen. Und auch da stimmte ihr Bild nicht mit den Erfahrungen ihres Sohnes Jan überein, der die Lincoln High School in New York besucht hatte, eine als besonders progressiv geltende Schule.

Jan verbrachte seine Zeit am liebsten in der Bibliothek. »Nach ein oder zwei Monaten versuchten die Lehrer, die Entfaltung meiner Persönlichkeit vorsichtig in Richtung Baseball zu lenken.«

Als der schwedische Junge sich widersetzte und auf sein Recht zur freien Entfaltung seiner Persönlichkeit in der Bibliothek pochte, wurde er zur Schulpsychologin geschickt. Sie versuchte ihm klarzumachen, dass ihm das rechte Gruppenbewusstsein fehle: »Zwei Jahre lang kämpften Lehrer und Psychologen mit Verständnis und Behutsamkeit darum, mich aus der Bibliothek zu vertreiben. Ich blieb Sieger, weil ich stur war. Unangenehm war das Ganze dennoch. Manchmal sogar qualvoll. Schließlich war ich gerade zwölf, und sie waren ein Kollektiv von rücksichtsvollen und gruppenbewußten Amerikanern.«

Ganz offenbar bestand bei Alva Myrdal ein Bruch zwischen ihren Idealen, ihren theoretischen Erkenntnissen und ihren persönlichen Erfahrungen, ihrem privaten Leben. In der Wissenschaft gab es auf alles Antworten und Alva liebte es, Dinge in Zusammenhang zu setzen, zu sehen, wie weit sie denken konnte. Doch in ihrer eigenen Familie vermochte sie ihre Ideale kaum umzusetzen. Für Haushalt und Kinder blieb sie allein verantwortlich, sie organisierte alles sehr gründlich und umsichtig, wobei sie auf die Hilfe von Haus- und Kindermädchen angewiesen war. Die Kinder waren häufig, vor allem in den Ferien, bei den Großeltern oder den anderen zahlreichen Verwandten in Schweden, zeitweilig wohnte auch Alvas Schwester bei der Familie.

Da Alva nur wenig Zeit für ihre Kinder hatte, hat sie es relativ schnell aufgegeben, erzieherisch auf sie einzuwirken, berichtet ihre Tochter Sissela, obwohl Alva andererseits, wie ehemals ihre eigene Mutter, für die Kinder emsig nähte und strickte. Die Töchter und der Sohn konnten meist tun und lassen, was sie wollten, weshalb es oft hieß, sie seien wild und unerzogen. Sie empfanden es als Luxus, wenn die Mutter mal zu Hause war.

Gunnar Myrdal übernahm überhaupt keine Verantwortung für die Kinder. Als Vater habe er vollständig versagt, meint seine Tochter Sissela. Er widmete sich allein seiner Arbeit und erwartete von allen Rücksicht. Zwischen ihm und Sohn Jan gab es häufig Streit, um unbedeutende Kleinigkeiten des Alltags, aber auch um politische Probleme. Alva Myrdal schwieg dazu, sie beobachtete nur hilflos, wie die Probleme zwischen Jan und seinem Vater zunahmen.

Als Gunnar Myrdal 1941 in die USA zurückging, um seine Forschungsarbeit fortzusetzen, verlangte er von seiner Frau mitzukommen. Diesmal zögerte Alva. Sie hatte in Schweden wieder ihre sozialpädagogische Arbeit aufgenommen, die sie sehr befriedigte. Und außerdem hätte sie sich bei einer erneuten Reise nach Amerika von den Kindern trennen müssen, die sich gerade wieder in Schweden eingelebt hatten. Wie Sissela berichtet, stellte Gunnar ihre Mutter vor ein Ultimatum: Er brauche zur

Fortsetzung seiner Arbeit ihre intellektuelle Klarheit und ihre Vitalität. Ohne sie würde er in Depressionen oder manische Arbeitsbesessenheit verfallen. Käme sie nicht zu ihm nach Amerika, würde er sich scheiden lassen. Trotz ihrer Widerstände folgte Alva ihrem Mann ohne die Kinder.

Das Bestimmende sei ihre Folgsamkeit Gunnar gegenüber gewesen, meinte Alva später, sie habe der Ehe einen größeren Wert als der Familie beigemessen, nicht ohne Gewissensqualen und ohne innere Unruhe – das sei der zweite große Fehler ihres Lebens gewesen, nachdem sie damals den zweijährigen Jan in Schweden zurückgelassen hatte.

In der Theorie suchte Alva weiter nach einer Lösung, den Konflikt zu entschärfen, der in der Doppelbelastung der Frau liegt. Über lange Jahre arbeitete sie – neben ihren anderen Tätigkeiten – zusammen mit Viola Klein an einem Buch, das schließlich 1956 veröffentlicht wurde: *Die Doppelrolle der Frau in Familie und Beruf*. Noch immer war es nicht selbstverständlich, dass Frauen außer Haus berufstätig waren und ihr eigenes Geld verdienten. Die Auseinandersetzungen darüber wurden sehr emotionsgeladen geführt. Andererseits wurden überall in Europa Arbeitskräfte gebraucht, um nach dem Krieg die Städte und Dörfer wieder aufzubauen und die Wirtschaft voranzutreiben. So geht es in dem Werk nicht nur um das individuelle Interesse der Frau, sondern auch um das

Wohl der Gesellschaft. Alva Myrdal und Viola Klein lieferten eine umfassende Untersuchung über die Arbeitsbedingungen von berufstätigen Frauen in Europa und entwickelten eine Reihe von gesellschaftlichen Maßnahmen zur Unterstützung von Frauen für die Arbeit außer Haus – vor allem vielfältige Ausbildungsmöglichkeiten für Mädchen, Weiterbildung für Frauen in der Familienphase und Erleichterungen für die Bewältigung von Haushalts- und Kinderversorgung für berufstätige Frauen sowie die Schaffung von frauengerechten Arbeitsplätzen.

Die Autorinnen rechneten vor, dass die Phase der aktiven Mutterschaft nur etwa fünfzehn bis zwanzig Jahre dauere. Deshalb sollten Frauen ihr Leben auch für eine Zeit ohne Kinder planen. Obwohl deutlich angesprochen wird, dass Väter ebenfalls eine verantwortliche Rolle bei der Kindererziehung und im Haushalt übernehmen sollen, ruhe die Hauptlast auf der Frau, der »die Notwendigkeit des Fortbestandes und der Regeneration der Gesellschaft ... eine relativ größere Verantwortung als dem Manne auferlegt«. Aber die Entwicklung der modernen Gesellschaft habe der Frau beide Bereiche – Freude in der Familie, Befriedigung im Beruf – in greifbare Nähe gerückt, »wenn sie nur die Hand danach ausstreckt« – und wenn eine Teilung von Erwerbs- und Familienarbeit für Männer genauso möglich wäre, möchte man aus heutiger Sicht hinzufügen.

Während und nach dem Krieg war Alva Myrdal in

verschiedenen Kommissionen tätig, die sich mit dem Aufbau von Demokratie durch Erziehung, mit Flüchtlingsfragen, mit der Entwicklung des Nachkriegsprogramms der schwedischen Arbeiterbewegung und dem Wiederaufbau der Sozialistischen Internationale beschäftigten. Sie konzentrierte sich auf praktische Fragen, auf konkrete Lösungsmöglichkeiten, arbeitete aber nach wie vor im Schatten Gunnar Myrdals, der 1945 Handelsminister in Schweden wurde. In dieser Zeit machte die Familie skandalträchtige Schlagzeilen: Die Regierung hatte die sofortige Rationierung von Kaffee verkündet. Genau am Tag zuvor hatte Alva ihren üblichen Großeinkauf, Kaffee inklusive, getätigt. Man munkelte nun, ihr Mann habe ihr Bescheid gesagt und die Familie hätte damit privat von dem Regierungsamt des Mannes profitiert. Dass Gunnar sich nie mit Einkaufsfragen befasste, konnte sich wohl niemand vorstellen.

Im Jahre 1946 bekam Alva Myrdal, die durch ihre Tätigkeit als schwedische Delegierte in internationalen Gremien aufgefallen war, ein verlockendes Angebot: Sie sollte Direktorin der UNESCO werden. Doch noch wagte sie nicht, den ersten Schritt zu einer eigenen Karriere zu machen, die Familie womöglich aufs Spiel zu setzen. Als sie ihr Antwortschreiben aufsetzte, bat Gunnar sie hinzuzufügen, dass er Interesse hätte, an der wirtschaftlichen Neuordnung von Europa mitzuarbeiten. Als schwedischer Minister war er wohl nicht sehr glücklich. 1947 bekam er tatsächlich einen entsprechenden Posten, er wurde als Chef der UN-Wirtschaftskommission nach Genf berufen. Nun gab Alva wieder einmal ihre Arbeit in Schweden auf und folgte ihm mit den beiden Töchtern.

Sohn Jan hatte sich bereits selbständig gemacht. Er hatte die Schule abgebrochen, trampte durch Schweden und Europa, verdiente sich sein eigenes Geld und fing an zu schreiben. Aus Rücksicht auf seine Eltern und auf die schwedische Arbeiterbewegung wurden aber bis 1955 in Schweden keine literarischen oder politischen Arbeiten des erklärten Sozialisten Jan Myrdal veröffentlicht – ohne dass seine Eltern direkt für diese »Zensur« verantwortlich gewesen wären.

Für Jan machte dieser Konflikt die Diskrepanz zwischen der sozialistischen Theorie und dem Verhalten der Sozialistischen Partei deutlich, die im Namen der Idee von ihm Anpassung verlangte. »Was die Arbeit meiner Eltern angeht, so hielt (und halte) ich einen Teil davon für wertvoll und richtig. Einen großen Teil davon hielt (und halte) ich aber auch für bedeutungslos, weil er die Gesellschaft nicht verändert hat. Und genau das sollte ich von ihrer Arbeit und der ihrer Freunde nicht sagen dürfen. Jetzt – eine Generation danach«, schrieb Jan Myrdal 1968, nun schon bekannt als politisch engagierter Marxist und Schriftsteller, »ist ziemlich deutlich geworden, daß ich damals recht hatte und sie unrecht. Ihre Arbeit war vernünftig, wohlbegründet und gut – aber sie erreichte die Ziele nicht, die sie sich gesteckt hatten. Die sozialen Verhältnisse blieben unverändert. Und die neue Generation, die jetzt heranwächst, wirft die Taktik und die Arbeitsweise der dreißiger Jahre folglich auf den Misthaufen ... Es ist evident, daß ich meine Meinung über die Führer der schwedischen Arbeiterbewegung und ihre Taktik aus der Anschauung beziehe, die mir noch als Kind zu Hause zuteil wurde. Ich hörte stumm zu ... und behielt meine Gedanken für mich. Als ich versuchte, sie zu äußern, wurde es plötzlich zur politischen Notwendigkeit, mich zum Schweigen zu bringen.«

In Genf spielte Alva Myrdal Ende der vierziger Jahre Hausfrau und Gastgeberin – Rollen, die ihr überhaupt nicht passten und sie nicht ausfüllten. Nun war sie nur noch ein Anhängsel ihres Mannes. Natürlich hätte sie wieder schreiben können, aber das war ihr längst nicht so wichtig wie die praktische Arbeit. Entsprechend schlecht war die Stimmung zu Hause. Die Kinder spürten deutlich die Anspannung ihrer sonst so fröhlichen Mutter, auch die langjährige Haushälterin, die aus Schweden mit nach Genf gekommen war, litt darunter.

Als Alva 1949 erneut ein Posten bei der UNO in New York angeboten wurde, nahm sie sofort an – diesmal ohne jede Rücksicht auf ihre Kinder oder den Mann, bei dem sie die beiden Töchter zurückließ. Gunnar konzentrierte sich weiter auf seine Arbeit und kümmerte sich nicht um die Kinder. Die Haushälterin brach nach Alvas Abreise körperlich und seelisch zusammen. Die erst fünfzehn und dreizehn Jahre alten Töchter fühlten sich allein gelassen. Kaj suchte sich schließlich ein neues Zuhause und zog zu einer Lehrerfamilie, die sich um Kinder der Internationalen Schule kümmerte. Nun war Sissela völlig auf sich allein gestellt. Sie tröstete sich, indem sie Gedichte schrieb, und verliebte sich bald. So hat auch sie den Zerfall der Familie relativ gut überstanden. In der Zeit sei sie erwachsen geworden, berichtete sie später.

Mit ihrem Umzug nach New York leitete Alva ihre eigene Karriere ein, endlich wurde sie ein »freier Mensch«. Sie war Direktorin des Sozialen Amtes im UNO-Sekretariat – dieser dritthöchste Posten in der gesamten UNO machte sie zu der am höchsten plazierten Frau in einer internationalen Organisation.

In New York zeigte sich, welch große diplomatischen und administrativen Fähigkeiten Alva Myrdal besaß. Ihre Aufgaben umfassten internationale Wohlfahrts- und Sozialpolitik, Flüchtlingsfragen, Menschenrechtsprobleme, die Rechte der Frau, die nun zum ersten Mal international in den Vordergrund gestellt wurden. Mit der Familie hielt sie brieflich Kontakt, wie immer in all den Jahren, wenn sie getrennt waren.

Im Jahre 1951 ließ sich Alva Myrdal zur UNESCO nach Paris versetzen, wohl um ihrer Familie wieder etwas näher zu sein. Eine Nachtzugfahrt sei sie dann nur entfernt, wie sie ihrer Tochter begeistert aus New York schrieb – aber ausgenutzt hat sie das nicht. In der UN-ESCO war Alva Chefin der sozialwissenschaftlichen Abteilung, die zur Aufgabe hatte, die wissenschaftliche und kulturelle Zusammenarbeit zwischen den Ländern aufzubauen. In den fünfziger Jahren wurde die Welt und damit auch die Arbeit der internationalen Organisationen vom Kalten Krieg beherrscht. Außerdem drängten die Kolonien der europäischen Mächte in Afrika und Asien nach Unabhängigkeit. Intensiv setzte sich Alva Myrdal jetzt mit dem Elend der Dritten Welt auseinander. 1955 wurde sie zur schwedischen Botschafterin in Indien, Ceylon, Burma und Nepal ernannt. Nun folgte ihr Mann zum ersten Mal ihrem Weg – er arbeitete an einer Untersuchung der Probleme der asiatischen Länder unter wirtschaftlichen, sozialen, kulturellen und politischen Gesichtspunkten.

Auch Tochter Kaj lebte eine Weile mit ihrer Mutter in Asien, war als deren Mitarbeiterin tätig und studierte, später auch in Nigeria. Sie wohnt heute in der Bundesrepublik, war unter anderem bei der Arbeiterwohlfahrt tätig, ist mit einem deutschen Professor verheiratet und hat Kinder. Sissela hatte 1955 geheiratet und war mit ihrem Mann Derek Bok in die USA gegangen, wo sie studierte. Er ist heute Präsident der Universität Harvard, Sissela hat dort eine Professur für Philosophie und veröffentlichte mehrere Bücher. Sie hat drei Kinder. Wie mögen Alvas Töchter nach ihren eigenen Erfahrungen den Konflikt zwischen Mutterrolle und Beruf bewältigt haben? Beide haben jedenfalls nicht darauf verzichtet, berufstätig zu sein.

Als Alva Myrdal 1961 nach Schweden zurückkehrte, fasste sie ihre Erfahrungen in einem Buch zusammen: *Unsere Verantwortung für die armen Völker* lautete der programmatische Titel.

»Zum Bild ihrer Persönlichkeit gehört ..., daß sie in zwei Welten angesiedelt war«, schreibt der 1934 nach Schweden emigrierte deutsche Publizist Ulrich Herz, »der Welt der Politik, in der notwendigerweise Sachen ›von oben‹ betrieben werden, und der ›*folkrörelse*-Welt‹ ihrer Jugend, wo man in kleineren, übersehbaren Gruppen von Gleichgestellten unermüdlich versuchte, in Fragen des Friedens, der Freiheit und der Menschenrechte Druck ›nach oben‹ zu machen. Dieser Zug ihrer Persönlichkeit war erstmalig in den Kriegsjahren und dann in entscheidender Weise durch ihren Aufenthalt in Indien verstärkt worden. Es lag kein Anflug von Heuchelei darin, daß sie diese ›Doppelrolle‹ – Arbeit von oben, Arbeit von unten – wechselweise und gegebenenfalls parallel ausüben konnte.«

Diese »Doppelrolle« sollte auch ihre Friedensarbeit prägen, für die sie schließlich den Nobelpreis erhielt und die sie erst als Neunundfünfzigjährige begann. Im Jahr 1961 wurde sie schwedische Delegierte bei den Genfer Abrüstungsverhandlungen der UNO und zur Sprecherin der kleinen und neutralen Staaten – übrigens wieder einmal die einzige Frau im gesamten Gremium. Zunächst war sie für dieses Thema nicht besonders qualifiziert: »Ich hatte keine Ahnung, hatte als Frau ja nie Militärdienst geleistet und kannte nicht einmal das diesbezügliche Vokabular.« Doch mit der ihr eigenen Energie und Disziplin arbeitete sie sich ein, bestach schon bald durch fundierte Sachkenntnisse und entwickelte eine neue Politik. Sie verlangte Abrüstung in der Hauptsache von den Supermächten und wollte vor allem die Position der neutralen Länder stärken, die keine Atomwaffen besaßen. Ihr Engagement in Genf brachte ihr aber nicht nur Anerkennung, sondern auch Kritik: Sie zappele an den Fäden des internationalen Rüstungskapitals, hieß es, und sie kämpfe in Genf zwar ehrlich und redlich um Abrüstung, vertrete aber eines der hoch gerüstetsten Länder. Doch als Heuchlerin mochte sie niemand anprangern – dazu war ihre Argumentation zu eindeutig und geradlinig. Alva Myrdal hatte sich auch nie als Pazifistin verstanden, sondern immer das Recht der Länder auf ihre Verteidigung betont.

Die Schwedin begriff schnell, wie begrenzt ihre Möglichkeiten in Genf waren: Die Supermächte wollten überhaupt nicht abrüsten, ja sie richteten sich offenbar darauf ein, einen begrenzten Atomkrieg in Europa zu führen, fern vom eigenen Territorium. Alva Myrdal entlarvte das so genannte friedenserhaltende Rüstungsgleichgewicht der Supermächte USA und UdSSR als gi-

Alva Myrdal, ca. 1975

gantische Fehlkalkulation. Sie vertrat den schwedischen Undén-Plan* für atomwaffenfreie Zonen als ersten Schritt nuklearer Abrüstung, der gleichzeitig gewährleisten sollte, dass die Kernenergie friedlich genutzt werden konnte. In späteren Jahren lehnte sie allerdings im Gegensatz zu ihrer Partei auch diese Nutzung der Kernenergie ab, weil nie ausgeschlossen werden könne, dass Material und Technik für kriegerische Zwecke missbraucht würden, und ihr die Gefahren dieser Energiequelle deutlich geworden waren.

Um die aktuellen Auseinandersetzungen um Abrüstung auf eine wissenschaftliche Grundlage zu setzen, Argumente sachlich widerlegen zu können, brachte sie 1964 – zusammen mit ihrem Mann – im schwedischen Reichstag die Initiative zur Gründung eines Internationalen Instituts für Friedensforschung (SIPRI) ein, in dem Wissenschaftler aus aller Welt arbeiten und ihre Ergebnisse der internationalen Abrüstungsdiskussion zur Verfügung stellen sollten. Zur Feier der hundertfünfzig Jahre ununterbrochenen Friedens in Schweden stellte der Reichstag die Mittel für dieses Institut bereit. Gunnar Myrdal übernahm den Vorsitz des Verwaltungsbeirats und des Wissenschaftlichen Beirats. SIPRI ist heute eine international bedeutende und anerkannte Institution.

---

* Benannt nach dem damaligen schwedischen Außenminister Undén, der Alva Mvrdal als Delegierte nach Genf geschickt hatte.

In den sechziger Jahren schufen sich die Eheleute Myrdal in Schweden wieder ein Zuhause, kauften sich im mittelalterlichen Stadtkern von Stockholm ein altes Haus. Gunnar Myrdal lehrte an der Stockholmer Universität Nationalökonomie und Alva saß von 1962 bis 1970 als Abgeordnete im schwedischen Reichstag. Ab 1967 war sie sogar als Ministerin für Abrüstung Mitglied der schwedischen Regierung. Wieder gab es Konflikte mit Sohn Jan, der die Doppelzüngigkeit der schwedischen Regierung im Vietnamkrieg anprangerte: Einerseits werde gegen die Politik der USA Stellung bezogen, andererseits nichts getan, um die schwedische Rüstungsindustrie daran zu hindern, Waffen zu liefern, die gegen die vietnamesische Befreiungsfront eingesetzt würden. Mit Jan könne sie seit Vietnam beim besten Willen nicht mehr diskutieren, meinte Alva Myrdal 1982 in einem Zeitungsinterview.

Nachdem sie 1973 die Regierung verlassen hatte und pensioniert wurde, fasste sie nach einem mehrjährigen Forschungsaufenthalt im kalifornischen Santa Barbara ihre enttäuschenden, desillusionierenden Erfahrungen bei den Abrüstungsverhandlungen in einem Buch zusammen, das 1976 erschien. In *Falschspiel mit der Abrüstung* brandmarkt sie all die Unterlassungen der Politiker, Wissenschaftler, Forscher und der Wirtschaft, die um der eigenen Interessen willen so gewissenlos das Leben der Menschheit aufs Spiel setzen.

Auch nach ihrer Pensionierung blieb Alva Myrdal aktiv. Weil die Kriegsgefahr keineswegs gebannt war, schrieb sie weiter, wenngleich pessimistischer geworden, hielt Vorträge, um ihrem Ziel der Gleichheit und Freiheit ein Stück näher zu kommen. »Und Aufgeben ist des Menschen nicht würdig«, bekannte sie als Trägerin des Albert-Einstein-Friedenspreises 1980 in New York.

Immer stärker betonte sie, dass die Bevölkerung durch die Organisationen der Arbeiterbewegung und durch die Friedensbewegung mobilisiert werden müsste. Wie notwendig der Druck durch die Friedensbewegung auf die Regierungen sei, unterstrich sie in ihrer Rede nach dem Empfang des Nobelpreises: »Unser einziges Druckmittel ist die Macht der öffentlichen Meinung.« Tatsächlich war die Verleihung des Nobelpreises an Alva Myrdal mehr als die Ehrung einer Person – es war eine politische Unterstützung der weltweiten Friedensbewegung, die viele Argumente und Forderungen der Schwedin aufgegriffen hatte.

Am Ende ihres Lebens konnte Alva Myrdal auf eine eindrucksvolle Karriere zurückschauen, aber sie fragte sich immer selbstkritischer, ob sie ihre Karriere nicht zu sehr auf Kosten der Kinder gemacht habe.

Die Konflikte in der Familie gerieten Anfang der achtziger Jahre in die schwedische Öffentlichkeit. Sohn Jan, mit dem die Eltern seit zwanzig Jahren keinen persönlichen Kontakt mehr hatten, veröffentlichte zwei Romane, *Barndom* (Kindheit) und *En annan värld* (Eine andere Welt), die überall autobiographisch verstanden wurden, von ihm aber als beispielhafte Fiktion gemeint waren. Die Vorwürfe, die der Ich-Erzähler seinen Eltern macht – sie hätten ihn als Kind nicht verstanden, nicht geliebt –, wiesen Jans Eltern, beide schon über achtzig, tief betroffen, heftig zurück: »Jan lügt.« Sie erwogen sogar, ihre eigenen Erinnerungen aufzuschreiben, konnten dies dann aber wegen ihres fortgeschrittenen Alters und schlechten Gesundheitszustandes nicht mehr verwirklichen. Sie verwarfen auch die Idee, die Briefwechsel mit ihren Kindern zu veröffentlichen – sie verbleiben im Privatbesitz der Familie. Die Briefe hingegen, die sich Alva und Gunnar – mitunter sogar täglich – geschrieben hatten, wenn sie nicht an einem Ort lebten, sind im Stockholmer Archiv der Arbeiterbewegung aufbewahrt, können aber erst ab dem Jahr 2000 eingesehen werden.

In ihren letzten Lebensjahren litt Alva Myrdal durch einen Hirntumor an Aphasie – dem Verlust des Sprechvermögens und des Sprachverständnisses. Die Krankheit entwickelte sich langsam, und für Alva Myrdal war die Vorstellung, zum Schweigen verdammt zu werden, entsetzlich – hatte doch ihr ganzes Leben daraus bestanden, laut auszusprechen, was sie dachte, Stellung zu beziehen, zu erklären, Vorschläge zu machen.

Die Krankheit traf Alva Myrdal zu einem Zeitpunkt, als sie begonnen hatte, offen über die Selbstzweifel zu sprechen, die sie zusehends belasteten. Zu ihrer wichtigsten Gesprächspartnerin wurde Tochter Sissela, die immer noch in den Vereinigten Staaten lebte. »Wie wird das eigene Schicksal in der Wechselwirkung mit anderen geformt? Wie werde ich ich selbst?«, schrieb Alva Myrdal in einem ihrer letzten Briefe an ihre Tochter. Sie wollte Stellung beziehen sowohl gegen eine unkritische Bewunderung ihrer Person als auch gegen zu harte Angriffe. Nach ihrem langen Leben könne sie jetzt »wie in einem fünfzig oder sechzig Jahre zurückreichenden Rückspiegel … die völlig widersinnigen Verschiebungen« sehen, »die zwischen dem stattgefunden haben, was ich wurde, und dem, was ich hätte planen können, ja eigentlich planen müssen«. Sie betrachtete ihr Leben nicht als vorbildhaft und vor allem nicht als perfekt, sie war nicht ohne Schuld. Was sie genau damit gemeint hat, bleibt ihr Geheimnis, sie konnte nicht mehr sprechen.

Alva Myrdal starb am 1. Februar 1986 in Stockholm an den Folgen des Hirntumors. In ihren letzten Jahren hatte sie mit ihrem Mann in einer Wohnanlage für alte Menschen gelebt, wo sie auch starb. Der Mann und die beiden Töchter waren bei ihr, der Sohn nicht.

Am Schluss hatte Alva Myrdal nur noch einzelne Worte stammeln können: »Verzeih mir«, sagte sie immer wieder zu ihrer Tochter Sissela.

Nach dem Tod der Mutter setzte sich Sissela daran, anhand von Tagebuchaufzeichnungen und Briefen den Lebensweg ihrer Mutter nachzuempfinden. *Alva – Ein*

Frauenleben ist eine sehr einfühlsame Biographie der Alva Myrdal, in der die Tochter die Person ihrer Mutter kritisch würdigt. »Alva Myrdals Leben basierte auf dem Glauben, daß es möglich sei, sich selbst und die Probleme der Menschen so zu erklären, daß neue Bereiche für phantasievolle Lösungen erschlossen werden können. Wenn sie es schaffte, eine Schwierigkeit drastisch und ausführlich genug zu beschreiben und dann praktische Schritte zur Bewältigung vorzuschlagen, wie könnten die Menschen sich dann weigern zu handeln?«

»Das Leben ist viel wunderbarer, als uns die Wissenschaft erkennen läßt«

Barbara McClintock (1902–1992),
Nobelpreis für Medizin 1983

Von Renate Ries

Als die blauen Prüfungshefte ausgeteilt sind, beginnt Barbara sofort, die Fragen zu beantworten. Es ist ein Examen in Geologie, ihrem Lieblingsfach in der Schule. »Alles lief glänzend, doch als ich schließlich meinen Namen notieren wollte, konnte ich mich nicht an ihn erinnern. Ich wußte mir nicht zu helfen ... Ich konnte doch niemanden nach meinem Namen fragen. Alle würden denken, ich sei ein komischer Kauz. Ich wurde immer nervöser, bis mir endlich – es dauerte etwa zwanzig Minuten – mein Name wieder einfiel.«

Barbara McClintock lacht, als sie viele Jahrzehnte später diesen Vorfall aus ihrer Collegezeit erzählt. Im Herbst 1978, die Entdeckerin der »springenden Gene« ist sechsundsiebzig Jahre alt, gibt sie Evelyn Fox Keller, einer Professorin für Mathematik und Geisteswissenschaften, das erste einer Reihe von Interviews. Fox Keller möchte die Lebensgeschichte der Forscherin aufschreiben. Noch ist die Genetikerin, die sehr zurückgezogen lebt, in der Öffentlichkeit eine Unbekannte.

Sie empfängt ihre Biographin nicht zu Hause, sondern in ihrem Labor, dem Zentrum ihres Lebens. Seit dreißig

Jahren steht die nur ein Meter fünfzig große, knochige Wissenschaftlerin noch vor dem Morgengrauen auf, macht Gymnastik, frühstückt und geht dann zu Fuß zu den Cold-Spring-Harbor-Laboratorien auf Long Island, New York. Bereits um sieben Uhr sitzt sie dann in der Bibliothek, liest die neuesten wissenschaftlichen Zeitschriften und fotokopiert interessante Artikel. Von dort führt ihr Weg in das Labor, wo sie im Herbst und Winter schon manches Mal sechzehn Stunden am Tag verbracht hat, nur unterbrochen durch kurze Essenspausen. Sie trägt meistens eine bequeme Hose und ein einfaches, sorgfältig gebügeltes Hemd. Ihre Füße stecken gewöhnlich in derben Halbschuhen, die Haare sind kurz geschnitten.

Sie sei zu verschieden von anderen Frauen, betont Barbara McClintock gegenüber Evelyn Fox Keller, zu sehr Einzelgängerin, ihre Lebensgeschichte sei zu untypisch, um von denkbarem Nutzen für andere Frauen zu sein. Nur widerstrebend hat sie deshalb eingewilligt, über ihr Leben zu erzählen. Barbara McClintock hat nie geheiratet, nie irgendeines der herkömmlichen Ziele von Frauen verfolgt. Ihr ganzes Leben hat sie nach eigenen Gesetzen gelebt. Sie hat erforscht, was sie interessierte, hat sich versenkt in ihr Tun und dabei Zusammenhänge gesehen, lange bevor andere sie erkennen konnten. Woher kam ihre innere Unabhängigkeit und die Fähigkeit, allein sein zu können?

»Meine Mutter legte gewöhnlich ein Kopfkissen auf den Fußboden, gab mir ein Spielzeug und überließ mich mir selbst. Sie sagte, ich hätte nie geschrien und verlangte nach nichts.« So schildert Barbara McClintock ihre früheste Kindheit. Die Eltern geben der dritten Tochter einen neuen Vornamen, als sie erst vier Monate alt ist. Statt des sanften »Eleanor«, wie sie ursprünglich heißen sollte, wählen sie nun »Barbara«. Der neue Name klinge kräftiger, meinen Sarah und Thomas Henry McClintock.

Ihre Mutter hat es schwer zu dieser Zeit. Gegen den Willen ihres Vaters Benjamin Handy hatte die attraktive und energische junge Frau 1898 den Medizinstudenten McClintock geheiratet. Die dreiundzwanzigjährige Sarah stammte aus einer angesehenen Familie, ihre Vorfahren waren schließlich an Bord der »Mayflower« gewesen, die 1620 die ersten Siedler nach Amerika gebracht hatte. Bei Thomas Henry hingegen waren erst seine Eltern aus Großbritannien eingewandert und nach den strengen Maßstäben von Sarahs Vater daher Fremde. Zudem hatte der Bräutigam seine Ausbildung an der Medizinischen Hochschule in Boston noch nicht abgeschlossen. Konnte er überhaupt eine Familie ernähren?

Benjamin Handy, dessen Frau schon in dem Jahr nach Sarahs Geburt gestorben war, unterstützte das junge Paar nicht. Sarah setzte deshalb ihre kleine Erbschaft ein, um die Schulgebühren für ihren Mann zu bezahlen, der kurz darauf sein Examen bestand. Noch im Oktober des Jahres 1898 kam in Hartford, Connecticut, wo die

McClintocks ihr Zuhause einrichteten, ihre erste Tochter Marjorie zur Welt. Im Jahr 1900 folgte das zweite Mädchen, Mignon, und zwei Jahre später Barbara, die am 16. Juni 1902 geboren wird. Als eineinhalb Jahre später noch der einzige Sohn Malcolm Rider, den alle Tom nennen, zur Welt kommt, weiß Sarah Handy die Situation kaum noch zu meistern. Die vier Kleinen beschäftigen sie rund um die Uhr und das Geld bleibt knapp. Barbara wird immer wieder für längere Zeit zu Verwandten nach Massachusetts geschickt. Später behauptet Barbara stolz, sie habe sich dort sehr wohl gefühlt und »überhaupt kein Heimweh« gehabt. Als sie im schulpflichtigen Alter wieder nach Hause zurückkommt, weigert sie sich, ihre Mutter zu umarmen. Barbara wächst als sehr unabhängiges und selbstgenügsames Kind auf.

1908 zieht die Familie in einen Teil von Brooklyn, New York, der damals noch recht ländlich ist. Die finanzielle Lage entspannt sich und die McClintocks können die Sommer in der unberührten Natur von Long Beach verbringen. Barbara steht früh auf und geht mit dem Hund am Meer spazieren. Sie liest begeistert und sitzt oft allein am Strand, um nachzudenken. Ihre Mutter ist darüber beunruhigt. »Sie fand es falsch«, erinnert sich Barbara McClintock.

Trotzdem unterstützen die Eltern Barbara – genau wie jedes ihrer Kinder – darin, den eigenen Weg zu finden und zu gehen. Die Interessen der Sprösslinge haben Vorrang. Die Schule wird in Barbaras Familie nur als »ein kleiner Teil des Heranwachsens« angesehen. Barbaras Vater vertritt eine außergewöhnliche Ansicht und macht sie den Schulbehörden klar: Für seine Kinder gibt es keine Hausaufgaben, sechs Stunden Schule am Tag seien mehr als genug. Seine Kinder müssen nicht einmal den Unterricht besuchen, wenn sie nicht wollen. Barbara bleibt manchmal monatelang der Schule fern. Als sie Eis laufen möchte, erhält sie von den Eltern die besten Schlittschuhe geschenkt. Jeden Tag ist sie daraufhin im Prospect Park auf dem Eis. Wenn ihr Bruder aus der Schule heimkommt, spielt Barbara mit ihm und seinen Freunden auf der Straße Baseball, Football oder Volleyball. Ihr ganzes Leben lang hält sie sich körperlich fit: Noch mit über achtzig Jahren ist sie so flink auf den Beinen, dass jüngere Kollegen Mühe haben mitzuhalten.

Freundinnen hat das Mädchen nicht. Die Eltern sehen, dass Barbara anders ist als ihre Geschwister, lassen sie aber gewähren. »Barbs war einfach Barbs«, wie ihre Schwester später sagt. Die Mutter beginnt sich erst Sorgen um Barbs zu machen, als diese erwachsen wird. Ihr Hang zum Sport macht nämlich einer anderen, noch ungewöhnlicheren Neigung Platz: Schon als Teenager will Barbara »immer allen Dingen auf den Grund gehen«. Doch zu viel Wissen, so fürchtet Sarah McClintock, mache ein junges Mädchen nicht gerade zu einer, die leicht heiratet oder geheiratet wird.

Der Erste Weltkrieg bricht aus und Dr. McClintock geht als Sanitätsoffizier nach Europa. Wieder ist die

Mutter in der Sorge um die Familie allein gelassen. Während Marjorie und Mignon wunschgemäß heiraten, versagt der Einfluss der Mutter bei ihren jüngeren Kindern. Tom geht zur See. Und Barbara? Sarah McClintock fürchtet, ihre Tochter könnte eine Außenseiterin – womöglich gar eine Wissenschaftlerin – werden.

Sarah schätzt ihre Tochter richtig ein: Barbara ist zu sehr nach der Mutter geraten, um nicht ihre eigenen Vorstellungen zu haben und auch durchzusetzen. Sie will eine Universitätsausbildung bekommen, und »wenn sie sich diese selbst geben müßte«. Zunächst bleibt ihr nichts anderes übrig, denn ohne Geld kann sie nicht studieren. So arbeitet sie nach dem Abschluss der High School sechs Monate in einer Stellenvermittlung. Am Nachmittag und Abend sitzt sie in der Bibliothek und büffelt. Als jedoch im Sommer 1919 ihr Vater aus dem Krieg zurückkehrt, schlägt er sich auf die Seite der bildungshungrigen Tochter. Nur wenige Tage nachdem die Eltern Barbara ihre Unterstützung zugesagt haben, schreibt sie sich an der Universität Cornell in Ithaca, New York, im College für Landwirtschaft ein.

Dass amerikanische Frauen die Universität besuchen, ist zu dieser Zeit keine Ausnahme mehr. Im Jahre 1920 ist der Anteil der Frauen, die eine wissenschaftliche Ausbildung erhalten, sogar höher als fünfzig Jahre später. Doch die meisten Studentinnen stammen aus sehr wohlhabenden Familien oder gehören zur oberen Mittelschicht.

Unter den Universitäten gelten Chicago und Cornell als besonders aufgeschlossen und ziehen deshalb hoch motivierte junge Frauen an. Als Barbara McClintock ihren ersten akademischen Abschluss, den *Bachelor of Science*, macht, vergibt Cornell im College für Landwirtschaft fast jeden vierten dieser akademischen Grade an eine Frau.

Verwundert und hocherfreut sehen Mutter und Schwestern, wie das Studentenleben die eher eigenbrötlerische Barbara verändert: »Das College war ein Traum.« Sie lernt die verschiedensten Menschen kennen und freundet sich besonders mit einigen jüdischen Mädchen an. Sie treffen sich regelmäßig in zwei Zimmern einer Studentenunterkunft. Zu dieser Zeit schickt es sich nicht, dass jüdische und nichtjüdische Studenten privat miteinander verkehren, doch Barbara lernt sogar Jiddisch zu lesen. Sie ist beliebt und wird im ersten Jahr zur Sprecherin der weiblichen Anfängerklasse gewählt.

Doch dann fällt Barbara wieder in ihre Außenseiterrolle zurück. Der Grund hierfür, so erklärt sie später, ist die Einladung einer Studentinnenverbindung zu einem Treffen. Als Barbara merkt, dass diese Aufforderung nur für sie gilt, aber nicht für ihre jüdischen Freundinnen, sagt sie ab. Diese Benachteiligung und Abgrenzung will sie nicht unterstützen. »Es war so schockierend, daß ich nie richtig darüber hinwegkam«, sagt Barbara in späteren Jahren über dieses »Schlüsselerlebnis«. Danach habe sie beschlossen, lieber noch unabhängiger und nur nach ihren eigenen Regeln zu leben.

Auch in ihrem Äußeren zeigt sie diese neue, kompromisslose Haltung. Nach einem »langen philosophischen Gespräch mit dem Friseur« fallen ihre Haare. Der Zeit voraus, sorgt der Haarschnitt am nächsten Tag für Aufsehen auf dem Campus. Einige Jahre später beschließt Barbara, dass sie nicht länger in hinderlichen Frauenkleidern oder Röcken im Maisfeld arbeiten will. Sie trägt von nun an Knickerbocker. Für Modefragen interessiert sie sich nicht, sie lehnt es ab, »den Torso zu schmücken«. Zwar geht Barbara in den ersten zwei Jahren – wie alle Studentinnen – zu den üblichen Verabredungen. Sie kennt einige Künstler näher, aber sie weiß, dass eine Beziehung mit einem Mann nie lange dauern würde. »Ich war nicht dafür geschaffen, eng zu jemandem zu gehören – nicht einmal zu Familienmitgliedern. Es war nicht notwendig. Ich hatte nicht dieses starke Bedürfnis, mit jemandem eng verbunden zu sein. Ich fühlte es einfach nicht. Und ich konnte nie verstehen, warum Menschen heiraten. Ich habe nie die Erfahrung gemacht, so etwas zu brauchen.«

Der Unterricht im College für Landwirtschaft ist kostenlos, doch weil Barbara nicht weiß, wie lange sie sich das Leben in Ithaca leisten kann, und auch aus Übereifer, belegt sie eine Unmenge von Kursen. Lehrgänge, an denen sie dann keinen Spaß hat, gibt sie sofort wieder auf. Am besten gefällt ihr ein Praktikum in Zytologie, der

Wissenschaft vom Aufbau und der Funktion der Zelle. Hier sieht sie zum ersten Mal mit dem Mikroskop in das Innere von Pflanzenzellen. Als erstes Untersuchungsobjekt in botanischen Anfängerkursen dient in der Regel – auch heute noch – eine zerquetschte Wurzelspitze. In dem fixierten und gefärbten Präparat sind in manchen Zellen Chromosomen zu sehen, die Träger der Erbinformation.

Um 1920 nehmen die Wissenschaftler bereits an, dass die Chromosomen »Faktoren« tragen, deren Informationen für die Vererbung von Eigenschaften wesentlich sind. Die Genetik, die Lehre von der Vererbung, ist noch sehr jung. Zwar hatte der Augustinermönch Gregor Mendel bereits 1865 beschrieben, welche Gesetzmäßigkeiten bei der Weitergabe von Erbanlagen bestehen. Die Regeln, die er aus den Kreuzungen rot und weiß blühender Erbsen ableitete, gerieten jedoch zunächst in Vergessenheit. Erst 1900 – zwei Jahre vor Barbara McClintocks Geburt – wurden die »Mendelschen Gesetze« wieder entdeckt.

Die »Mendelschen Faktoren«, die man mit der Vererbung der Eigenschaften in Verbindung bringt, werden seit 1909 Gene genannt. Doch was Gene eigentlich sind und woraus sie bestehen, kann zunächst niemand sagen. Die Vermutung, dass die Gene etwas mit den Chromosomen zu tun haben, wird dann jedoch zwischen 1910 und 1916 im »Fliegenzimmer« der Columbia-Universität in New York bestätigt. Dort züchten der Biologe

Thomas Hunt Morgan und seine Mitarbeiter die zwei Millimeter kleine Fruchtfliege Drosophila. Sie versuchen Fliegen mit verschiedenfarbigen Augen oder unterschiedlich geformten Flügeln zu kreuzen und das Ergebnis in Verbindung zu bringen mit der Vererbung der Geschlechts-Chromosomen. In diesem Labor wird die Wissenschaft von der Zytogenetik geboren: Es ist diese Verbindung von Zytologie und Genetik, in der Barbara McClintock eine Meisterin werden wird.

In Barbaras Universität Cornell hat die Zytogenetik Anfang der zwanziger Jahre noch wenig Platz. Dort wird auch nicht die Fruchtfliege untersucht, sondern vor allem Mais. Mais ist zu dieser Zeit die Pflanze, über deren »Vererbung« – beispielsweise von Farbe und Form seiner Körner – am meisten bekannt ist. Ansonsten weiß man nur, dass Mais zehn weibliche und zehn männliche Chromosomen besitzt, die nach der Befruchtung die genetische Ausstattung einer Zelle bilden.

Noch als Studentin gehört Barbara zu den Ersten, die sich die Mais-Chromosomen genauer ansehen. Sie macht dies im Auftrag eines Zytologen, um Geld zu verdienen. Mit größter Sorgfalt und außerordentlichem Geschick fixiert und färbt sie Zellen, um die Präparate dann mit dem Mikroskop zu untersuchen. Doch ein Chromosom sieht aus wie das andere. Das bringt Barbara auf die Idee, eine neue Färbetechnik auszuprobieren. Innerhalb weniger Tage findet sie einen Weg, die verschiedenen Chromosomen in bisher nie gesehener Schönheit und Klarheit sichtbar zu machen – angeblich nicht gerade zur übergroßen Freude ihres Arbeitgebers, der dies schon seit langem vergeblich versucht hatte. Nun können die verschiedenen Chromosomen voneinander unterschieden, ja sogar durchnummeriert werden.

Diese Entdeckung hat Folgen: »Mais konnte nun für detaillierte zytogenetische Analysen benutzt werden, wie es bisher für keinen anderen Organismus möglich war«, schreibt Marcus Rhoades, ein berühmter Maisgenetiker, in einer Würdigung zu Barbara McClintocks vierundachtzigstem Geburtstag. »McClintock brachte in den folgenden Jahren eine Reihe von bemerkenswerten Veröffentlichungen heraus, die sie klar als der führende Zytogenetiker auswiesen.«

Mit knapp fünfundzwanzig Jahren beendet Barbara McClintock ihr Studium als Doktor der Botanik und wird 1927 zur Dozentin ernannt. Sie hat bereits ein ehrgeiziges wissenschaftliches Ziel vor Augen, dem sie sich in Cornell weiter widmen will: Bei der Fruchtfliege ist gezeigt worden, dass es Gene gibt, die auf bestimmten Chromosomen in Gruppen zusammenliegen, und dass diese Gruppen gemeinsam vererbt werden. Barbara will beweisen, dass dies für Mais ebenso zutrifft.

Es gibt jedoch ein großes Problem: »Zu dieser Zeit gab es zwei Arten von Genetikern. Die einen züchteten nur, während die anderen ausschließlich Chromosomen untersuchten.« Weil die »Züchter« keine Studentinnen in ihrer Abteilung arbeiten ließen, beherrscht Barbara diese Art der Arbeit nicht. Vergeblich sucht die ehrgeizige junge Frau jemanden, der sich auf diesem Gebiet auskennt und mit ihr zusammenarbeitet. »Die Genetiker konnten das nicht verstehen. Aber nicht nur das, sie erklärten mich wegen meines Vorhabens für ein wenig verrückt.« Ob sie dadurch entmutigt war? Barbara McClintock sagt später: »Für mich war es so offensichtlich, daß man diese Frage untersuchen müßte, daß es nichts gab, was mich hätte aufhalten können.« So verlässt sie sich auch bei der züchterischen Seite ihrer Forschung auf sich selbst.

In dieser Zeit kommt Marcus Rhoades nach Cornell, ein Student, der sich bereits mit genetischen Untersuchungen der Fruchtfliege beschäftigt hat und jetzt mit Forschungen am Mais den Doktortitel erwerben möchte. Er informiert sich bei vielen Wissenschaftlern in Cornell – auch bei Barbara McClintock. »Er kam zu meinem kleinen Tisch in dem großen Labor, in dem auch eine Menge anderer Leute arbeiteten, und fragte mich, was ich untersuchen würde. Als ich es ihm erklärte, wurde er sehr aufgeregt, ging überall herum und erklärte den anderen die Bedeutung dessen, was ich herauszufinden versuchte. Als Folge davon wurde ich wieder in die Herde aufgenommen.«

McClintock und Rhoades werden Freunde. Endlich – so scheint es – hat sie jemanden gefunden, mit dem sie ihre Überlegungen diskutieren kann. Rhoades bleibt nicht der Einzige. George Beadle[*], ein junger Student aus Nebraska, stößt zu ihnen. Nach Cornell kommt er, wie viele andere Studenten, um bei Rollins A. Emerson zu lernen, dem damals besten Maisgenetiker. McClintock, Rhoades und Beadle bilden bald den Kern einer Gruppe von hoch motivierten Studenten, die eigene Seminare ohne Professoren veranstalten, um wissenschaftliche Fragen zu erörtern.

Für Marcus Rhoades ist Barbara McClintock ein Genie, die Quelle schöpferischer Einfälle innerhalb der kleinen Gruppe. Intelligenz und Scharfsinn bescheinigen ihr alle Kollegen, doch Rhoades erklärt auch, warum einige sie als äußerst schwierig empfanden: »Barbara konnte Dummköpfe nicht leiden.« Sie wurde ungeduldig, wenn jemand ihr nicht folgen konnte oder die Bedeutung ihrer Arbeit nicht verstand. Und auf diese Arbeit stürzt sich Barbara immer wieder mit »ungezügeltem Enthusiasmus«.

Ein Bild von 1929 zeigt die kleine Frau mit der knabenhaften Figur und den zerzausten Haaren neben ihren Kollegen Emerson, Rhoades, Beadle und Burnham. Den fünf Menschen sieht man an, dass sie oft im Freien sind. Maisgenetik ist auch harte Arbeit auf dem Feld, wo vom Frühjahr bis zum Herbst die Maispflanzen angebaut,

---

[*] George Wells Beadle (*1903) erhielt für biochemische Erbforschungen 1958 den Nobelpreis für Medizin gemeinsam mit dem Genetiker Joshua Lederberg und dem Biologen Edward Lawrie Tatum.

Barbara McClintock (re. außen) im Kreis ihrer Kollegen an der Cornell-Universität 1929: Charles Burnham, Marcus Rhoades, Rollins Emerson (v.l.n.r.) und George Beadle

Kreuzungsexperimente durchgeführt, das Aussehen der Pflanzen protokolliert und die Maiskolben geerntet werden müssen, um deren Merkmale im Labor genauer zu untersuchen.

Am meisten macht den Wissenschaftlern die Hitze des Sommers zu schaffen. Dann beginnt die Arbeit auf dem Acker bereits am frühen Morgen, wenn es noch kühl ist, und zieht sich über den ganzen Tag hin. Die jungen Pflanzen werden bewässert und etikettiert. Wenn die Pollen reif sind, müssen Barbara und ihre Kollegen mit äußerster Vorsicht die natürliche Befruchtung der Maispflanzen durch den Wind verhindern. Denn nur, wenn sie verschiedene Pflanzen gezielt kreuzen, können sie aus den Experimenten Rückschlüsse auf Vererbungsregeln ziehen. Mais ist für solche systematischen Kreuzungen besonders gut geeignet, weil bei dieser Pflanze männliche und weibliche Blüten getrennt sind. Die männlichen Blütenstände entstehen an der Spitze der Pflanze, während die weiblichen in den Blattachseln entspringen.

Zur Reifezeit des Pollens trägt Barbara wie jeder Maisgenetiker einen Beutel um die Hüfte, in dem Papiertüten zweier verschiedener Größen, ein Bürohefter und Farbstifte stecken. Bei jeder Pflanze zieht sie dann eine der kleineren Tüten über die weiblichen Blütenstände, heftet das Papier zusammen und beschriftet es mit einer Nummer oder einem Kürzel für die bekannten Erbeigenschaften. In die großen Tüten sammelt sie dann Pollen und bestäubt damit die jungfräulich erhaltenen weiblichen Blüten ausgewählter Pflanzen.

Barbara könne die Biographie jeder einzelnen Pflanze schreiben, mit der sie gearbeitet hat, bemerkt einmal ein Kollege. Für sie ist es tatsächlich nicht nur wichtig, sondern außerdem ein großes Vergnügen, jedes Gewächs persönlich zu kennen.

Je größer ihre Aufmerksamkeit für das Detail, die einzigartige Charakteristik einer einzelnen Pflanze, eines einzigen Korns, eines einzigen Chromosoms, so ist ihre Überzeugung, desto mehr könne sie über die generellen

Prinzipien lernen, nach denen eine Maispflanze organisiert ist.

Das Kennenlernen einer Pflanze beschränkt sich nicht auf das reine Beobachten. Barbara entwickelt ein »Gefühl für den Organismus« wie kein anderer Wissenschaftler auf ihrem Gebiet. Als Marcus Rhoades sich wundert, dass sie eine Zelle im Mikroskop anschaut und dabei so viel sieht, was anderen verborgen bleibt, antwortet sie: »Wenn ich eine Zelle betrachte, steige ich in diese hinab und schaue mich um.« Dabei würden die Objekte ein Teil von ihr und darüber vergesse sie sich selbst – wie damals in der Geologieprüfung.

Die größte Freude der Wissenschaftlerin ist es, immer wieder neue, überraschende Dinge zu entdecken. Oft kann sie das Ergebnis der Kreuzungsexperimente kaum abwarten. Die Chromosomen sind besonders gut in Zellen der männlichen Maisblüte sichtbar, wenn sich diese entwickelt. Dann werden sie fixiert, um sie genauso wie die Maiskörner im Winter in Ruhe untersuchen zu können. Doch Barbara schaut sich die Präparate häufig am gleichen Tag an. Stundenlang sitzt sie danach im Labor, wertet ihre Beobachtungen aus und versucht sie mit den Kreuzungsdaten in Verbindung zu bringen. Es sind keine komplizierten Rechnungen, mit denen sie die vielen Ergebnisse auf einen Nenner bringt, aber sie sind langwierig und erfordern ebenso viel Sorgfalt und Geduld wie die Planung der Versuche.

Nach einem langen Tag auf dem Feld ist ihr aber oft

auch nichts lieber als ein schönes Tennisspiel, um »dabei den Ball genauso entschlossen zurückzuschlagen, wie sie ein Chromosom jagte«, sagt ihre Schülerin Harriet Creighton später.

Die neunundzwanzigjährige Studentin Harriet ist gegen Ende des Sommers 1929 nach Cornell gekommen. Bereits am ersten Tag wird sie Barbara McClintock vorgestellt, die sie in ihre Obhut nimmt. Am Ende dieses Tages ist Harriets weiterer Weg zum Doktortitel vorgezeichnet. Zwei Jahre später veröffentlicht sie zusammen mit Barbara McClintock eine Arbeit, in der beide zeigen, dass der Austausch von genetischer Information von einem Austausch von Chromosomenbruchstücken begleitet sein kann. Sie liefern damit endlich den schlüssigen Beweis dafür, dass die Chromosomen die Gene tragen. Nur wenige Monate später werden ihre Aufsehen erregenden Ergebnisse offiziell bei der Fruchtfliege bestätigt.

Auf dem »Sechsten Internationalen Kongress für Genetik« 1932 in Ithaca stellen die beiden Frauen ihre Ergebnisse vor. Hier erfahren auch McClintocks Untersuchungen von Gengruppen auf Chromosomen internationale Anerkennung. Ein Zufall will es, dass Barbaras Eltern aus erster Hand von dem großen Erfolg der Tochter erfahren: Sie sind auf dem Weg nach Europa, wo sie ihren Urlaub verbringen wollen. Als sie auf dem Schiff eine Unterhaltung mit einem schottischen Genetiker beginnen, der auf der Heimreise von Ithaca ist, hören sie mit Freude – und sicher auch mit Stolz – aus dem Mund des Wissenschaftlers, dass ihre Tochter allen Zweiflern zum Trotz den richtigen Weg eingeschlagen hat.

Harriet ist die erste Mitarbeiterin McClintocks und wird auch ihre einzige Mitarbeiterin bleiben. Die fruchtbare Zusammenarbeit endet 1934, denn Harriet schlägt einen Weg ein, der damals für Frauen in der Wissenschaft typisch ist: Sie verlässt Cornell, um Lehrerin an einem Frauencollege zu werden. In den Universitäten gelangen Frauen wie sie in der Regel nicht über die Stufe des Assistenten oder gelegentlich des Dozenten hinaus. Selbst wenn sie einen Wissenschaftler heiraten, ist eine selbständige Arbeit in dessen Labor nicht immer problemlos möglich.

Für Barbara McClintock kommen alle diese Möglichkeiten nicht in Frage. Sie hegt zwar »überhaupt keinen Gedanken an Karriere«, aber sie ist fest entschlossen, ihre wissenschaftliche Arbeit weiter zu verfolgen. Und genau deshalb ist sie auf eine angemessene Stelle angewiesen. Doch die gibt es für sie in Cornell nicht – trotz der fachlichen Anerkennung, der Unterstützung und Zuneigung vieler ihrer Kollegen. Erst sechzehn Jahre später wird in Cornell die erste Frau als Assistenzprofessor in einen anderen Bereich als die Hauswirtschaft berufen werden.

Schon 1931 hat Barbara das erste Mal daran gedacht, die lieb gewonnene Universität und mit ihr enge Freunde

wie die Ärztin Esther Parker zu verlassen, in deren Haus
Barbara zur Erholung nach einer Krankheit kurz nach
dem College längere Zeit gelebt hat. Dann aber verschafft ihr ein Forschungsstipendium noch zwei Jahre
die Freiheit, ungebunden zu forschen, wo sie möchte.
Barbara kauft einen kleinen Sportwagen und fährt zwischen den Universitäten von Missouri, dem California
Institute of Technology in Pasadena und Cornell hin
und her. Es ist eine unbeschwerte Zeit. Einer ihrer
Freunde sagt, sie sei zu dieser Zeit wie ein Kind gewesen, weil sie es morgens nicht abwarten kann, aufzustehen und zu ihrer Arbeit zu kommen.

Am California Institute of Technology, wo Barbara
den Winter 1931/32 verbringt, trifft sie alte Freunde:
Thomas Hunt Morgan, der dort seit 1928 ein Genetikla-
bor aufbaut, und einen seiner neuesten Mitarbeiter, den
frisch gebackenen Doktor George Beadle. Morgans Einladung nimmt Barbara an und wohnt in dessen Haus. Ihre Arbeit im Labor ist so erfolgreich, dass sie auch den
nächsten Winter in Pasadena verbringt.

Auf die Empfehlung von Morgan, Emerson und Le-
wis Stadler, einem weiteren berühmten Kollegen, erhält
Barbara McClintock 1933 ihr zweites Stipendium: Das
»Guggenheim Fellowship« ermöglicht ihr, nach
Deutschland an die Universität Freiburg zu gehen. Etli-
che von Barbaras Freunden und Bekannten sind Juden.
Politisch naiv wie viele Amerikaner, weiß die Einund-
dreißigjährige aber trotzdem nicht, was sie in Hitler-

Deutschland erwartet. Verwirrt sieht sie mit an, was um sie herum geschieht. In ihren Briefen, die Barbara manchmal täglich an Harriet Creighton schreibt, beklagt sie kalte, regnerische Tage, beschreibt sie ihre Unfähigkeit, mit der Arbeit voranzukommen, und ihre Einsamkeit. Sie bricht ihren Aufenthalt in Deutschland ab und taucht kurz vor Weihnachten unerwartet und verstört wieder in ihrem Labor in Cornell auf. »Es war eine sehr, sehr traumatische Erfahrung.« Genaueres erzählt sie selbst ihrer Biographin nicht.

Die Weltwirtschaftskrise hat inzwischen auch Amerika verändert, die Nation schwer getroffen. Selbst für viele von Barbaras männlichen Kollegen gibt es kaum Stellen an den Universitäten. Während Rhoades und Beadle als Mitarbeiter von Emerson und Morgan beschäftigt sind, hat Barbara McClintock, die etliche Jahre mehr an Erfahrung besitzt, keine Aussicht auf eine reguläre Stelle. Sie ist zwar weltweit anerkannt, wird von den Kapazitäten ihres Faches unterstützt, bekommt aber dennoch keine feste Anstellung. Irgendwie muss sie sich jetzt durchschlagen; sie will wieder einmal Cornell verlassen.

Im letzten Moment halten Emerson und Morgan sie davon ab. Sie beantragen bei der Rockefeller-Stiftung 1800 bis 2000 Dollar im Jahr für Barbara McClintock, damit auch sie in Emersons Labor arbeiten kann. Der Antrag hat Erfolg. Im Oktober 1934 erhält sie das Geld zunächst für ein und nach Ablauf der Frist für ein zweites Jahr. Im Alter von dreiunddreißig Jahren arbeitet Barbara also immer noch auf Abruf in Cornell. Obwohl sie nach Emersons Worten viel fähiger ist als die meisten Männer auf ihrem Gebiet und ihre eigenen Forschungsaufgaben bearbeitet, ist sie formal nur seine schlechter bezahlte Assistentin. Das meiste Geld gibt sie für ihr Auto aus, mit dem sie zu den weit entfernt liegenden Versuchsfeldern fährt. Kleidung hat sie seit Jahren nicht gekauft. Immer wieder versuchen Barbaras Freunde, ihr eine angemessene, sichere Stelle zu vermitteln. Zu ihrer großen Beschämung ersucht sogar ihr Vater die Rockefeller-Stiftung um Hilfe.

Erst 1936 kann Lewis Stadler, der an der Universität von Missouri ein Zentrum für Genetik aufbaut, die Verwaltung dazu bringen, Barbara McClintock eine Assistenzprofessur anzubieten. Der Rang entspricht weder ihrer wissenschaftlichen Reife noch ihrem Ruf und sie bekommt nicht viel mehr bezahlt als ein Stipendiat. Aber es ist das erste feste Angebot für die Wissenschaftlerin. Letztlich hat sie keine andere Wahl, Barbara akzeptiert.

In Missouri untersucht sie erfolgreich, welche Veränderungen Röntgenstrahlen bei Chromosomen hervorrufen. Doch schon nach wenigen Monaten wird ihr klar, dass sie hier am falschen Platz ist. Weil die Stelle speziell für sie geschaffen worden ist, ist sie kein ordentliches Mitglied der Fakultät und damit nicht in den Gremien vertreten, in denen die wichtigen Entscheidungen fallen. Sie bleibt wieder einmal Außenseiterin. Zwar wird sie

1939 zur Vizepräsidentin der Genetischen Gesellschaft von Amerika gewählt, doch an Barbaras einsamer Stellung innerhalb der Universität ändert dies nichts.

Schon vor ihrer Ernennung in Missouri galt sie als schwierig. Sie vertrat die unbequeme Meinung, dass sie als Frau die gleichen wissenschaftlichen Möglichkeiten bekommen sollte wie ihre männlichen Kollegen. In Missouri verstärkt sich ihr Ruf, schwierig zu sein, denn Barbara setzt sich einfach über Regeln hinweg, die in der Universität hochgehalten werden. Sie baut zum Beispiel ihren Mais weiter in Cornell an und kommt erst gegen Ende des Sommers, wenn der Mais geerntet ist und die Vorlesungszeit beginnt, nach Missouri zurück. Doch wenn die Maiskolben später reif sind, verschiebt sie ihre Rückkehr einfach. Falls sie denkt, dass ein Student an einer anderen Universität besser aufgehoben ist als in Missouri, rät sie ihm zu gehen. Und außerdem sagt Barbara jedem unverblümt, was sie von seiner wissenschaftlichen Leistung hält. Für einige Herren war das sicher nicht schmeichelhaft.

Ein Vorfall sorgt auf dem ganzen Campus für Tratsch: Als sie eines Sonntags ihre Schlüssel vergessen hat, klettert sie an der Hauswand hoch und steigt durch ein Fenster ein. Ihr unkonventionelles Verhalten stempelt sie endgültig als Sonderling ab. Nach ihrer Ansicht benimmt sie sich ganz natürlich und sie meint, dass solche Verstöße gegen die allgemeine Ordnung einem Mann wohl nachgesehen würden.

Barbara McClintock erkennt, dass es für sie in Missouri keine Aufstiegschancen gibt. Sie erfährt vom Dekan, dass ihre Stelle außerdem nur so lange sicher ist, wie ihr Förderer Stadler an der Universität bleibt. Im Juni 1941, nach fünf Jahren, verlässt sie Missouri endgültig.

Vorübergehend denkt die Forscherin daran, eine neue Karriere in Angriff zu nehmen, etwa Meteorologie zu studieren, um nicht länger »über sich selbst zu brüten«. Doch dann schreibt sie ihrem alten Freund Marcus Rhoades, der gerade eine neue Stellung an der Columbia-Universität in New York angenommen hat. Sie erfährt, dass der alte Kollege – da es in der Stadt an entsprechenden Möglichkeiten fehlt – in Zukunft seinen Mais in Cold Spring Harbor anbauen wird. Dieses Laboratoriumsgelände der Carnegie-Stiftung liegt vierzig Meilen östlich von Manhattan. Kurz entschlossen lädt sie sich daraufhin bei Milislav Demerec ein, einem Genetiker, der seit 1923 in Cold Spring Harbor arbeitet. Barbara gefallen die parkähnliche Gegend an der Bucht und der Strand. Sie genießt die stimulierende Atmosphäre des Sommers, wenn Wissenschaftler aus aller Welt allein oder mit ihren Familien herkommen, um in entspannter Umgebung zu forschen und zu diskutieren. Sie zieht zunächst wie viele ihrer Kollegen in eines der Sommerhäuser. Doch als der Herbst beginnt, ändert sich die Atmosphäre. Ein Bekannter nach dem anderen reist ab. Zurück bleibt nur eine kleine Mannschaft mit sechs bis acht Wissenschaftlern.

Im Dezember 1941 bietet Demerec, der inzwischen Direktor der Genetischen Abteilung geworden ist, der neununddreißigjährigen Barbara eine Stelle für ein Jahr an. Doch sie zögert. Und auch als er ihr wenige Monate später eine unbefristete Stelle vorschlägt, sagt sie nicht sofort zu. Cold Spring Harbor ist zwar ein bedeutendes Zentrum für genetische Forschungen, sie würde genügend Geld und einen Platz haben, ihren Mais anzubauen, sie könnte im eigenen Labor ihre Ideen verwirklichen, ohne durch Lehr- oder Verwaltungsaufgaben belästigt zu werden. Doch Barbara McClintock wäre die einzige dort dauerhaft arbeitende Maisgenetikerin. Was sie in Cornell und in kleinerem Maße auch in Missouri hatte, gibt es in Cold Spring Harbor nur während der Sommermonate: gleich gesinnte Wissenschaftler, mit denen sie ihre Gedanken austauschen, plaudern und spaßen kann. Barbara fürchtet die Langeweile. Doch erneut fehlen Alternativen, hat sie keine Wahl. Sie nimmt das Angebot schließlich an und stürzt sich in die Arbeit.

Als die Vereinigten Staaten in den Zweiten Weltkrieg eintreten, geht die Forschung in Cold Spring Harbor weiter wie bisher. Es wird nur noch ruhiger. Benzin ist knapp und es kommen immer weniger Sommergäste. Barbara experimentiert mit Indianermais, einer Getreidesorte mit verschiedenfarbigen Körnern, und erhält ständig neue Resultate. Doch nach zwei Jahren überwältigt sie das Gefühl des Eingeschlossenseins. Dankbar nimmt sie die Einladung George Beadles an, der sie im Januar 1944 bittet, nach Stanford in Kalifornien zu kommen. Beadle hofft auf Barbaras Hilfe. Sie soll die Chromosomen des Pilzes *Neurospora* identifizieren, Beadles neuen viel versprechenden Untersuchungsobjekts.

Während Barbara die Reise vorbereitet, wird sie im Frühjahr zum Mitglied der Amerikanischen Akademie der Wissenschaften gewählt, eine der größten Auszeichnungen für einen Wissenschaftler in den Vereinigten Staaten. Sie ist die dritte Frau, der diese Ehre widerfährt.

Im Alter von zweiundvierzig Jahren scheint Barbara auf dem Höhepunkt ihrer Karriere angelangt zu sein. Niemand ahnt, dass die Kreuzungsexperimente, die sie im Sommer 1944 beginnt, ihr zu ihrer größten wissenschaftlichen Entdeckung und zum Nobelpreis verhelfen werden. Auf das Glückwunschschreiben einer befreundeten Genetikerin zu ihrer Aufnahme in die Akademie antwortet Barbara: »Ich war verblüfft. Juden, Frauen und Neger sind es gewöhnt, diskriminiert zu werden, und erwarten nicht viel. Ich bin keine Feministin, aber ich freue mich immer, wenn unlogische Barrieren durchbrochen werden.«

Barbaras Aufenthalt in Kalifornien, wohin sie Mitte Oktober 1944 reist, ist äußerst erfolgreich. George Beadle bemerkt später, dass »Barbara in den zwei Monaten in Stanford mehr dazu beitrug, die Zytologie von *Neurospora* aufzuklären, als alle anderen zytologischen Genetiker zuvor bei allen Formen niederer Pilze.« Noch gegen Ende des gleichen Jahres wird sie zur Präsidentin der »Genetischen Gesellschaft von Amerika« gewählt, eine Position, die vor ihr noch keine Frau innehatte.

Als Barbara McClintock nach Cold Spring Harbor zurückkehrt, macht sie sich daran, die Ergebnisse des letzten Maisversuches auszuwerten. Im Winter zieht sie aus den Körnern der vergangenen Saison eine Reihe von Sämlingen. Wie erwartet wachsen neben grünen auch weiße, hellgrüne und blassgelbe Pflänzchen. Solche Farbwechsel werden durch Änderungen des Erbgutes, Mutationen genannt, hervorgerufen, die Barbara bereits in vielen Experimenten untersucht hat. Doch etwas ist bei diesen Pflanzen anders: Die Blätter sind auffällig häufig gescheckt. Auf weißen Blättern treten zum Beispiel blassgelbe, grüne Flecken oder Striche auf. Barbara weiß, dass es solche Erscheinungen bei anderen Pflanzen häufig gibt; sie lassen gesprenkelte Blüten, gefleckte Blätter, Früchte oder Stämme entstehen, was einige dieser Pflanzen zu beliebten Ziergewächsen macht. Warum solche Mutationen auftreten, kann niemand sagen.

Das Phänomen, das sie beobachtet hat, lässt Barbara nicht los. Sie fühlt, dass sie auf etwas sehr Wichtiges gestoßen ist, und lässt sofort »alles andere fallen«, um die Spur zu verfolgen. Gefleckte Körner werden ihre bevorzugten Studienobjekte. Da die Änderungen im Erbgut während der Entwicklung der Pflanze mit einer gleichmäßigen Rate auftreten, vermutet sie, dass eine Kontrolle der für die Fleckenbildung verantwortlichen Gene erfolgen muss. Im Jahre 1945 hält kaum jemand so etwas für denkbar.

Nach zwei Jahren Arbeit erkennt Barbara, dass es tatsächlich ein Kontrollsystem gibt: Ein erstes »kontrollierendes Element« aktiviert das zweite, das in der Nähe eines Farbgens sitzt und bei diesem Gen zu einer Mutation führt. Barbara kann noch nicht wissen, dass sie das erste einer Reihe solcher Systeme gefunden hat. Die entscheidende Frage ist aber noch offen: Wieso sind die Mutationen nicht dauerhaft? Mit jeder neuen Generation von Maispflanzen wächst der Berg an ungewöhnlichen Daten, die in keines der bisher existierenden Denkmodelle passen. Ihre Untersuchungen werden immer komplizierter.

Nach unzähligen weiteren Kreuzungsexperimenten zieht Barbara 1948 aus ihren Ergebnissen die geniale Schlussfolgerung: Gene, die als kontrollierende Elemente arbeiten, können innerhalb eines Maischromosoms, ja sogar von einem Chromosom zum anderen Chromosom wechseln und sich immer wieder an neuen Orten einnisten. Die Forscherin hat die *jumping genes* entdeckt, die springenden Gene. Sie können die Struktur der Chromosomen drastisch verändern und so Mutationen vielfältigster Art verursachen. Die Mutationen bleiben deshalb nicht stabil, weil die beweglichen Elemente den Ort, an dem sie das Erbgut verändert haben, wieder verlassen können. »Sie führte ihre Arbeiten alleine und zu einer Zeit durch, als ihre Zeitgenossen noch nicht in der Lage waren, die Allgemeingültigkeit und Bedeutung ihrer Entdeckungen zu erkennen«, wird es später in der Laudatio des Nobelpreiskomitees heißen.

Was es bedeutet, seiner Zeit voraus zu sein, erlebt Barbara, als sie nach sieben Jahren einsamer Forschung endlich ihr Konzept den Kollegen in einem Vortrag vorstellt, und zwar 1951 auf dem sommerlichen Cold-Spring-Harbor-Symposium. Nach Barbaras Erläuterungen zu den »transponierbaren Elementen« geht ein Murmeln durch die Zuhörer, einige kichern und andere beklagen sich offen, dass es unmöglich sei, ihre Ergebnisse zu verstehen. Nicht wenige, so sagt Barbara in Interviews, nennen sie damals »überdreht« oder sogar »komplett verrückt«. Wie kann eine einzige Person all die Ergebnisse produziert haben, die sie hier vorträgt? Außerdem widersprechen ihre Erkenntnisse der allgemeinen Vorstellung von dem starren, unveränderbaren Gerüst der Erbinformationen. Nach Jahren liebevoller und harter Arbeit hat sie ihr einzigartiges Werk präsentiert, doch die gewohnte und ihr so wichtige Anerkennung der Kollegen bleibt aus.

Nachdem sie 1953 erneut ihre Ergebnisse in einer Fachzeitschrift publiziert und wieder unbeachtet bleibt, schreibt Barbara McClintock nur noch die von ihrem Arbeitgeber geforderten Berichte für die Jahreshefte,

»weil es sowieso keiner liest«. In ihrer Rede anlässlich des Nobel-Banketts erzählt McClintock, dass sie – von seltenen Ausnahmen abgesehen – nicht mehr eingeladen wurde, Lesungen zu halten, Seminare zu leiten, in Forschungsausschüssen mitzuwirken oder andere Pflichten eines Wissenschaftlers zu übernehmen. »Statt mir persönlich Schwierigkeiten zu bereiten«, behauptet sie, »erwies sich diese lange Zwischenzeit als ein Genuß. Sie gab mir die völlige Freiheit, ohne Unterbrechungen zu forschen ...«

Viele Genetiker widersprechen später: Barbara McClintocks Arbeiten seien von Anfang an verstanden, anerkannt und sofort Thema von Universitätskursen geworden. Der langjährige Direktor von Cold Spring Harbor, James Watson[*], sagt später, dass es kurz nach der Entdeckung der springenden Gene »zu einer andauernden Prozession der besten Genetiker der Welt nach Cold Spring Harbor gekommen sei, die von Barbara ihre Geschichte hören wollten«. Ihre Texte sind jedoch sehr schwer verständlich, und Fragen zur Erklärung ihrer Ergebnisse schmettert sie häufig ab. Der Kölner Genetiker Peter Starlinger erklärt diese Ungeduld damit, dass Barbara McClintocks Art und Weise, wie sie Zusammenhänge auffasst, sich von der der meisten anderen Men-

---

[*] James Dewey Watson (*1928) schuf zusammen mit Francis Crick die theoretischen Grundlagen des Watson-Crick-Modells der Erbsubstanz Desoxyribonukleinsäure (DNS). 1962 erhielt er zusammen mit Francis Crick und Maurice Wilkins hierfür den Nobelpreis für Medizin.

schen unterscheide, und das komplizierte eben auch ihre Artikel.

In den fünfziger Jahren untersuchen die Genetiker bevorzugt Bakterien und Bakterienviren, einfache Organismen, an denen sie die Grundprinzipien des Lebens erkennen wollen. Was für das Bakterium *Escherichia coli* gilt, stimmt auch für den Elefanten, ist das Credo, das in Sommerkursen in Cold Spring Harbor verkündet wird.

1953 können James Watson und Francis Crick die Struktur der Erbsubstanz DNS aufklären. Das Gen, so sagt Watson später, war danach nicht länger »eine mysteriöse Einheit, deren Verhalten nur durch Züchtungsexperimente untersucht werden konnte«. Die Art und Weise, wie McClintock geforscht hatte, gilt bald als überholt. Im Zeitalter der Ultrazentrifugen und Elektronenmikroskope interessieren sich immer weniger Studenten für die Arbeit mit Lichtmikroskop und Pinzette.

Mehr als einmal schreibt Barbara an Marcus Rhoades, ob er ihr helfen könne, von Cold Spring Harbor wegzugehen. Am Ende bleibt sie aber doch. Beim Cold-Spring-Harbor-Symposium 1956 beendet sie ihren Vortrag mit der Feststellung, dass es nicht überraschend wäre, wenn kontrollierende Elemente auch bei anderen Organismen gefunden würden. Sie sollte Recht behalten.

In den siebziger Jahren erkennen Molekularbiologen, dass bewegliche Elemente daran beteiligt sind, wenn Gene zwischen Bakterien übertragen werden und diese resistent gegen Antibiotika machen. Immer mehr wankt das Dogma von der Beständigkeit des Erbgutes. Ende der siebziger Jahre – erst dreißig Jahre nach der wichtigsten Entdeckung Barbara McClintocks – stürzt es völlig. Nun weiß man, dass unserem Organismus eine minimale genetische Ausstattung genügt, um wahrscheinlich über hundert Millionen verschiedener Antikörper zu bilden. Die Gene werden im Erbgut einfach verschoben und jeweils neu kombiniert. Durch den Austausch von Chromosomenstücken können harmlose Gene außerdem zu Krebs auslösenden Genen werden. Diese neuen Erkenntnisse bestätigen Barbara McClintocks Thesen und verhelfen ihr zu einer späten Anerkennung.

Die Wissenschaftlerin, der während ihres ganzen Lebens niemals eine angemessene Anstellung angeboten wurde, sammelt ab dem Jahr 1978 zahlreiche Preise und Auszeichnungen ein, die teilweise mit erheblichen Summen dotiert sind, bevor ihr dann mit einundachtzig Jahren als erster Frau alleine der Medizinnobelpreis zuerkannt wird. Sie erfährt es zu Hause aus den Radionachrichten, weil sie kein Telefon besitzt. Im Labor jedoch klingelt der Apparat den ganzen Tag. Barbara habe den Hörer meistens nur abgenommen, in die Luft gehalten und wieder aufgelegt, berichtet ihre Kollegin Susan Gensel. »Sie wollte das alles nicht. Sie wollte ihre Arbeit tun.«

In einer offiziellen Erklärung schreibt Barbara McClintock, sie sei überwältigt gewesen, als sie die

Nachricht von der Entscheidung des Nobel-Komitees gehört habe. Bei einer Pressekonferenz antwortet sie auf die Frage eines Journalisten, was sie empfinde, sie sei vor allem überrascht, den Preis jetzt für eine Leistung zu erhalten, die sie vor vielen Jahren erbracht habe.

Auch nach der Nobelpreisverleihung geht Barbara McClintock weiter Tag für Tag in ihr Labor, um Studienmaterial zu sichten. Die Wissenschaftlerin empfängt auch befreundete Forschergruppen in Cold Spring Harbor und überlässt ihnen manchmal Maiskörner aus ihrer genetischen Schatztruhe. Doch vorher schaut sie sich jeden Bewerber genau an. Die Angst sitzt tief, dass die Kollegen ihr Material nicht richtig behandeln oder ihre Arbeit nicht verstehen könnten.

Barbara McClintocks Lebenswerk ist ein Mosaikstein zum Verständnis dessen, was »das Geheimnis des Lebens« genannt wird. Sie staunt darüber immer noch, fast ehrfürchtig. Denn ihrer Meinung nach überschreitet die Komplexität eines Organismus bei weitem das menschliche Vorstellungsvermögen. »Was wir als wissenschaftliche Erkenntnis bezeichnen, ist eine Menge Spaß«, sagt sie einmal, »man erhält viele Wechselbeziehungen, aber nicht die Wahrheit. Das Leben ist viel wunderbarer, als uns die Wissenschaft erkennen läßt.«

Am 2. September 1992 stirbt Barbara McClintock in einem Hospital in Huntington, nahe Cold Spring Harbor, an einer Grippe. Bis zwei Tage vor ihrem Tod soll die Neunzigjährige noch an sieben Tagen in der Woche jeweils zwölf Stunden im Labor gearbeitet haben. Besonders gerne diskutierte sie bis zuletzt über neue Forschungsprojekte.

In einem Buch, das ihre wissenschaftlichen Weggefährten zu ihrem 90. Geburtstag verfasst haben, werden Barbara McClintock und ihr Lebenswerk folgendermaßen gewürdigt: »Es ist in Zukunft möglich, dass sie als zentrale Figur in der Biologie des zwanzigsten Jahrhunderts gesehen werden wird. Sowohl zeitlich, als auch intellektuell bildet ihre Karriere den Übergang von den Naturbeobachtern und Embryologen des letzten Jahrhunderts über die Genetiker dieses Jahrhunderts zu den Biologen des nächsten Jahrtausends.«

Ich bedanke mich herzlich bei Prof. Hans Saedler, Max-Planck-Institut für Züchtungsforschung, Köln, und bei Prof. Peter Starlinger, Institut für Genetik der Universität Köln, die mir Fragen zu Barbara McClintock und ihrer Arbeit beantwortet haben.
Renate Ries

»*Ein Lob der Unvollkommenheit*«
Rita Levi-Montalcini (*1909),
Nobelpreis für Medizin 1986

Von Charlotte Kerner

Vor dreieinhalb Millionen Jahren lebte Lucy auf der Erde. Unsere etwa ein Meter große Vorfahrin, deren Knochen in Afrika gefunden wurden, hatte einen Schädel nicht größer als eine Kokosnuss. Sie war nicht mehr Affe und noch nicht Mensch. An Lucy erinnert Rita Levi-Montalcini im Vorwort ihrer Autobiographie. Denn die Neurobiologin fasziniert bis heute, wie wir wurden und was wir sind. Im Großen wie im Kleinen, im Gang der Evolution wie auch im persönlichen Leben. Das Werden des Menschen aus einer Zelle zu einem funktionierenden Organismus, der aus Billionen unterschiedlichster Zellen besteht, ist das zentrale Thema ihrer Forschung. Rita Levi-Montalcini wurde zur Entdeckerin des »Nervenwachstumsfaktors«.

In der norditalienischen Stadt Turin, der Hauptstadt des alten Königreiches Italien, schenkte Adele Montalcini am 22. April 1909 Zwillingen das Leben. Die Eltern gaben den beiden Mädchen die Namen Paola und Rita. Sie hatten noch eine fünf Jahre ältere Tochter, Nina, und einen Sohn, Gino, der bei Ritas Geburt bereits sieben war.

Adamo Levi und seine Frau führten, so erinnert sich

Rita Levi-Montalcini, eine glückliche Ehe, die Eltern stritten fast nie. Die Welt, in der sie aufwuchs, sei intellektuell anregend, liebevoll und sicher, wenn auch nicht freizügig gewesen. Die strenge Ordnung der Viktorianischen Zeit, die Frauen den Reifrock und die Wespentaille diktierte, prägte noch das Zusammenleben in der Familie. Ihr Oberhaupt war unumstritten Adamo Levi, ein Ingenieur und begabter Mathematiker, der die Oper liebte. Zur Mutter, einer talentierten Malerin, fühlte sich Rita stärker hingezogen, und doch war es der Vater, der ihre Kindheit und Jugend und letztlich ihren Lebensweg entscheidend prägte.

Der Vater und Rita hatten keine einfache Beziehung, während Paola sein unumstrittener Liebling war. Schon als Rita ganz klein war, entwickelte sie eine Abneigung gegen Bärte, und des Vaters Oberlippe zierte einer dieser Schnauzer mit hochgezwirbelten Enden, die um die Jahrhundertwende in Mode waren. Es war ein Bart, wie ihn Viktor Emanuel II. getragen hatte, dessen Bronzestandbild das Mädchen von der Wohnung im vierten Stock aus sehen konnte, wenn im Winter die Bäume ihre Blätter verloren hatten. Beim väterlichen Gutenachtkuss drehte Rita jedes Mal den Kopf zur Seite. »Sie kann nicht küssen«, stellte Adamo Levi enttäuscht fest, »sie küßt eher die Luft als ihren Vater.« Er nannte diese unnahbare Tochter »ein schüchternes Pflänzchen«.

Scheu und ohne Selbstbewusstsein sei sie als Kind tatsächlich gewesen, bestätigt Rita Levi-Montalcini in ihren

Lebenserinnerungen. Sie fürchtete sich vor Gespenstern, die plötzlich in der Dunkelheit auftauchen konnten, und vor Erwachsenen, besonders vor dem Vater mit den ernsten, hellblauen Augen. Bevor er wütend wurde, flatterten seine Nasenflügel leicht, »ein Warnsignal, das mich als Kind erzittern ließ«.

Auch die enge Gemeinschaft mit der Zwillingsschwester Paola, die sie wegen ihrer künstlerischen Veranlagung zutiefst bewunderte und als Einzige näher an sich heranließ, konnte ihre Ängste nicht vertreiben. Wenn Rita nicht mit Paola zusammen war, blieb sie gern allein. Sie suchte sogar die Einsamkeit, eine Eigenschaft, für die Adele Montalcini Verständnis aufbrachte, denn Rita ähnelte Adeles Mutter.

Die schwierige Tochter verabscheute die Nachmittagsspaziergänge, die auf Anordnung der Mutter Kindermädchen und Erzieherinnen mit ihr unternahmen, um eine »Hand voll Sonne« zu tanken. Bei den Parkbänken traf Rita die Mädchen aus der Nachbarschaft. Sie war die schlechteste beim Seilspringen, Hüpfen und Ballspielen, doch am meisten störte Rita, dass die Spielkameradinnen aus den großbürgerlichen, katholischen Piemonteser Familien nicht nur ihren Namen und den Beruf des Vaters wissen wollten, sondern auch fragten, welcher Religion sie angehörte. Beim ersten Mal »war ich ein wenig verloren, denn ich hatte nur verschwommene Vorstellungen. War ich Jüdin, Israelitin oder weiß der Teufel was? Weil wir weder in die Kirche noch in die Synagoge gingen, war ich nicht sicher, was ich antworten sollte.« Der Vater antwortete auf ihre Frage ernst, aber klar: »Ihr Kinder seid Freidenker.«

Die jüdische Tradition wurde nur in der Großfamilie gepflegt. Zum Passahfest* versammelten sich die Levis und Montalcinis am schön gedeckten Tisch, was Rita sehr beeindruckte. Weniger Gefallen fand sie an den langen Erzählungen aus der Haggadah** in hebräischer Sprache. Und wenn schließlich Gott gedankt wurde für die zehn Plagen, mit denen er die Ägypter gestraft hatte, rief Adamo Levi jedes Mal aus: »Welch ein Haß!«, und der Streit begann. Obwohl er seine jüdische Abstammung nie verleugnet hatte, sei ihr Vater »im tiefsten Sinne weltlich« gewesen, ein Humanist, für den Wissenschaft und Kultur viel mehr bedeuteten als Reichtum und Macht. Probleme packte er energisch und voller Elan an. Er konnte sich fürchterlich aufregen, weshalb seine Eltern und Geschwister ihn auch »Damino, den Schrecklichen« nannten. Seinen vier Kindern ließ er keine religiöse Erziehung angedeihen, sie sollten sich mit einundzwanzig selbst für oder gegen einen Glauben entscheiden.

Einige Kindermädchen waren in Glaubensfragen viel aktiver. Cincirla zum Beispiel wollte Rita in die katholische Kirche locken und versprach ihr, wenn sie sich von

---

* Das achttägige Passahfest erinnert an den Auszug der Kinder Israels aus Ägypten.
** Ein Teil der mündlichen Lehre des jüdischen Schrifttums.

einem Priester mit Weihwasser taufen ließe, käme sie nach dem Tod sicher in den Himmel. Das beeindruckte Rita zwar, doch fragte sie nach: »Und Mutter und Vater, kommen sie mit?« Als das Kindermädchen den Kopf schüttelte, entschied Rita: »Ich bleibe bei ihnen.« Cincirla stellte daraufhin die Bekehrungsversuche ein.

Immer bewusster nahm Rita im Laufe der Jahre wahr, welch unterschiedliche Stellung Vater und Mutter in der Familie hatten. Der Wille des Vaters bestimmte alle großen, meist aber auch die kleinen Entscheidungen. Wenn er die Strohhüte der Töchter nicht mochte, mussten sie die geliebten Stücke wegpacken. Widerspruch duldete er nicht, immer steckte seine Frau zurück. Adamo Levi blickte zwar nicht auf Frauen herab, aber ihren Platz sah er nur in der Familie.

Die Grundschule, die Rita besuchte und in der Mädchen und Jungen getrennt unterrichtet wurden, lag nahe bei der Wohnung. Es war auch keine wie sonst in ihren Kreisen übliche Privatschule. Die Kinder sollten nicht nur mit den Privilegierten, sondern auch mit Angehörigen der Arbeiterschicht und unteren Mittelklasse in Kontakt kommen. Rita hat diese vier Jahre als »angenehm« in Erinnerung. Angesteckt durch die patriotischen Gefühle, die der Erste Weltkrieg in Italien bei einer von ihr verehrten Lehrerin auslöste, wollte sie später einmal Rote-Kreuz-Schwester werden und Verwundete pflegen.

Als der Wechsel auf eine Mittelschule anstand, entschied Adamo Levi, dass seine Töchter nur die höhere Mädchenschule besuchen sollten. Von dort war zwar ein Wechsel an die Universität unmöglich, aber das kümmerte ihn nicht, schließlich wartete auf Paola, Rita und Nina eine Karriere als Hausfrau und Mutter, und genau darauf bereitete die Mädchenschule bestens vor.

Dem väterlichen Entschluss musste sich auch Rita fügen, obwohl ihr immer klarer wurde, dass sie genau das nicht wollte. Die Zurücksetzung der Mutter durch den übermächtigen Vater nahm sie immer bewusster wahr und fürchtete ein solches Schicksal. »Meine Erfahrungen in Kindheit und Jugend, welche untergeordnete Rolle Frauen in einer von Männern beherrschten Gesellschaft spielen, hatten mich überzeugt, daß ich nicht zur Ehefrau tauge«, erinnert sie sich. »Babys zogen mich nicht an, und ich war ohne diesen Mutterinstinkt, der in kleinen und heranwachsenden Mädchen so hoch entwickelt ist.« Auch noch im Jahre 1987 erklärt die Achtundsiebzigjährige in einem Interview: »Ich glaube, ich habe nie ein Kind auf den Arm genommen. Auch meine Neffen, die ich anbete, begann ich erst zu lieben und zu verstehen, als sie fünf, sechs Jahre alt waren, als sie angefangen hatten, sich auszudrücken.«

Während die heranwachsende Rita »schwierige Jahre« durchlebte, tat sich Zwillingsschwester Paola leichter. Ihre künstlerische Veranlagung konnte sie auch an der Mädchenschule entwickeln. Danach fand sie einen Ausbildungsplatz in einem Atelier und wurde eine bekannte

Malerin. Nina dagegen heiratete und verwirklichte sich als Hausfrau und Mutter.

Als Teenager flüchtete sich Rita, die zwar gegen das Bestehende rebellierte, aber ihren Weg noch nicht kannte, in die Lektüre von Virginia Woolfs Büchern und besonders in Selma Lagerlöfs *Gösta Berling*. So wie diese Vorbilder wollte sie sein und sie träumte davon, eine italienische Saga à la Lagerlöf zu schreiben, denn »die Schriftstellerei schien einer der wenigen Bereiche zu sein, der einer Frau als Ausdrucksmöglichkeit zugestanden wurde«.

Ein tragisches Ereignis führte Rita schließlich aus der Sackgasse heraus, in der sie sich wähnte. Das Kindermädchen, Giovanna, die schon vor der Geburt der Zwillinge ins Haus Levi-Montalcini gekommen und im Laufe der Jahre für Rita fast eine zweite Mutter geworden war, erkrankte unheilbar an Krebs. Daraufhin beschloss die Neunzehnjährige, Medizin zu studieren, von dem naiven Glauben und Wunsch getrieben, mit ihrer Hilfe könne der geliebte Mensch wieder gesund werden. Giovanna starb, doch Rita blieb bei ihrer Entscheidung. War es nicht sogar eine konsequente Entwicklung, von der Rote-Kreuz-Schwester zur Ärztin?

Rita trat schließlich vor den Vater, um ihm ihren Entschluss mitzuteilen. Sie sei nun zwar schon drei Jahre von der Schule weg, aber sie wolle alles nachholen, erklärte sie ihm. Diesmal hielt sie seinem strengen Blick stand. Adamo Levi bezweifelte, dass sie den Anforderungen des Studiums gewachsen sei, das zudem nicht zu einer Frau passe, aber er wollte ihr nicht im Wege stehen.

Rita begeisterte auch ihre eineinhalb Jahre jüngere Cousine Eugenia, die eine ähnliche Schulbildung durchlaufen hatte, für diesen ehrgeizigen Plan. Auch Eugenia fand eine Zukunft, die nur aus Familienpflichten und Einladungen bestand, nicht sehr erstrebenswert. Und so kam es, dass die beiden Mädchen ab dem Februar 1929 acht Monate lang zusammen büffelten, um als externe Kandidatinnen die Hochschulreife abzulegen. Sie fanden zwei Professoren, die ihnen in Privatkursen Latein und Griechisch und den Mathematikstoff beibrachten. Die restlichen Fächer bewältigten sie allein. Das Examen verlief sehr gut, nur in Geographie versagte Rita. Sie sah, wie die Lehrerin notierte: »Die Kandidatin hat gezeigt, daß sie nicht die leiseste Ahnung vom Golfstrom hat.« Alptraumhafte Tage folgten, bis endlich ein Telefonanruf des Lateinprofessors die Ungewissheit beseitigte: Eugenia und Rita hatten bestanden. Der Weg zum Medizinstudium stand den beiden jetzt offen. »Ich glaube nicht, daß ich jemals wieder eine solche Freude empfunden habe«, erinnert sich die Forscherin später.

Im Rückblick auf ihr Leben ist sie dem Vater sogar dankbar, dass er durch seine Entscheidung für die Mädchenschule dafür verantwortlich war, dass sie erst so spät zum Studium der griechischen und lateinischen Klassiker kam, denn »sonst hätte ich Philosophie belegt«. Ein unvollkommener und keineswegs geradliniger Weg führte sie zu dem Beruf, in dem sie vollkommene Erfüllung finden sollte.

Der Vater hat seine Tochter als erfolgreiche Wissenschaftlerin nie kennen gelernt. Nach einem Schlaganfall und einer nachfolgenden Komplikation starb er schnell und unerwartet im Jahre 1932, als Rita gerade im zweiten Semester Medizin studierte. Adamo Levi hat sich gegen den Tod gewehrt. Er wollte im Sessel sitzend und nicht liegend sterben und rezitierte Dantes *Göttliche Komödie*, bis er das Bewusstsein verlor. Er starb im Kreise der Familie. Noch fünfundfünfzig Jahre später, während sie diese Erinnerungen niederschreibt, denkt Rita Levi-Montalcini beklommen an den letzten Kuss, den sie dem toten Vater auf die Stirn drückte, und mit Bedauern an die Küsse, die sie ihm als Kind niemals geben konnte. Ihre Autobiographie widmete sie nicht nur der Zwillingsschwester Paola, sondern auch »dem Andenken unseres Vaters, den sie bewunderte, als er lebte, und den ich nach seinem Tod liebte und verehrte«. Sie war ihm ähnlicher, als sie früher geahnt hatte.

Sechs Jahre lang studierte Rita Levi-Montalcini an der Universität Turin, deren »düsteren, feierlichen Hörsaal« im anatomischen Institut sie 1930 zum ersten Mal betreten hatte. Sieben Mädchen besuchten im ersten und zweiten Semester die Kurse, »keine von uns war sehr attraktiv. Ein Mädchen, das keinerlei Anmut besaß, erhielt den Spitznamen ›Greta Garbo inkognito‹ . Erleichtert stellte ich fest, daß nicht ich gemeint war.« Vormittags besuchte sie Vorlesungen, nachmittags musste sie mikroskopieren oder Leichen sezieren. Unter den Studenten galt es als »unmännlich«, beim Präparieren Gummihandschuhe anzuziehen, obwohl die Gefahr bestand, sich zu schneiden und zu infizieren. Rita machte dieses Spiel nicht mit. »Ich, die privilegierte Trägerin von zwei X-Chromosomen, trug ein feines Paar Gummihandschuhe, die bis zum Ellbogen reichten.«

Auch als Studentin blieb Rita verschlossen. Als sie mit fast achtzig Jahren einen Studienkollegen zufällig wieder traf, meinte dieser, sie sei jetzt viel umgänglicher und angenehmer als damals in der Studienzeit. »Als Sie jung waren«, sagte er, »waren Sie unmöglich, eine Art Tintenfisch, der immer bereit war, Tinte zu verspritzen, wenn ihm jemand zu nahe kam.« Rita Levi-Montalcini musste ihm Recht geben. Sie sah plötzlich das grimmige Gesicht vor sich, das sie als Studentin häufig aufgesetzt hatte, und erinnerte sich an ihre Kleider, die eine fast nonnenhafte Strenge ausstrahlten. Sie brauchte die Gleichaltrigen nicht, weder Freundinnen noch Verehrer, sie hatte ihre Familie und die Arbeit.

Doch einige wenige Studienkollegen standen ihr näher und blieben dann auch »lebenslange Freunde«. Zu ihnen gehörten Salvador Luria und Renato Dulbecco, die siebzehn und elf Jahre vor ihr den Nobelpreis für Medizin und Physiologie erhalten haben – sicherlich kein Zufall, denn alle drei waren bei dem Histologen Giuseppe Levi durch eine harte Schule gegangen.

Unter Anleitung von Levi, einem großen, aufbrausenden Mann mit rotem Haarschopf, den alle »Levipom« nannten – *pom* bedeutet im Italienischen Tomate –, lernte die Studentin Levi-Montalcini zunächst Gewebepräparate von einem tausendstel Millimeter Stärke herzustellen. Doch sie hatte nicht »die grünen Finger«, mehr Achtung erwarb sie sich beim Herrn Professor beim Anfärben von Nervenzellen.

Nach dem zweiten Studienjahr drängte Professor Levi der Studentin ein Thema auf, das alle anderen Kommilitonen abgelehnt hatten. Sie sollte untersuchen, »wie und durch welche Prozesse die Windungen im Gehirn eines menschlichen Fötus geformt werden«. Rita Levi-Montalcini ahnte, dass dieses Projekt zum Scheitern verurteilt war, auch aus einem ganz praktischen Grund. Wo und wie sollte sie Anfang der dreißiger Jahre, als Schwangerschaftsabbrüche verboten waren, an »Forschungsmaterial« kommen? Trotzdem mühte sie sich ab, transportierte tote Früh- und Fehlgeburten – eine wahrlich makabre Fracht – von der Frauenklinik ins anatomische Institut, die öffentlichen Verkehrsmittel wagte sie schon bald nicht mehr zu benutzen. Wie erwartet kam bei ihren Untersuchungen nichts heraus. Rita war schließlich überzeugt, dass Levi sie von nun an in die Kategorie Studenten einordnen würde, von denen er immer sagte, sie gingen ihm nur »auf den Wecker«.

Doch eine Notoperation, die sie einen Monat ans Bett fesselte, erzählt Rita Levi-Montalcini in ihrer Autobiographie, brachte die Wende zum Besseren. Professor Levi besuchte die Studentin, wie er es immer tat, wenn einer seiner Schüler oder Assistenten krank wurde. Als sie ans Institut zurückkehrte, gab er ihr – ohne weiteren Kommentar – eine neue Aufgabe.

Seit 1928 hatte Levi mit voller Hingabe das Wachstum von Nervenzellen *in vitro*, also in einer Glasschale, untersucht. Er hatte erkannt, dass sich hier Möglichkeiten eröffneten, nicht nur das Wachstum von Zellen, sondern auch ihre Spezialisierung zu begreifen. Rita Levi-Montalcini beschäftigte sich von nun an mit sensorischen Nerven, den Nerven, die Reize weiterleiten und empfangen. Das erste Mal seit Beginn ihres Studiums war sie voller Begeisterung, lernte die Leidenschaft des Forschers kennen, aber auch, wie wichtig die kritische Distanz zu den eigenen Ergebnissen ist. Mit Professor Levi, der sie mit seiner Energie und Kompromisslosigkeit an den Vater erinnerte, entstand nun ein Lehrer-Schüler-Verhältnis, das einunddreißig Jahre lang, bis zum Tode des »Meisters«, nie mehr getrübt wurde und ihre wissenschaftliche Laufbahn stark beeinflusste. Und es war auch diese in Turin erlernte Art von Gewebestudien, auf die sie später bei der Entdeckung des Nervenwachstumsfaktors zurückgreifen konnte.

Im Jahre 1936 schloss Rita Levi-Montalcini mit »summa

cum laude« ihr Medizinstudium ab und ließ sich danach zur Nervenärztin, also in den Fächern Neurologie und Psychiatrie ausbilden. Noch immer war sie unentschlossen, ob sie lieber als Ärztin oder Forscherin arbeiten sollte. Im selben Jahr verabschiedete Benito Mussolini in Italien ein Manifest zur Rassenfrage, das zehn italienische Wissenschaftler mitunterschrieben. Die Judenhetze begann, Verordnungen folgten, die den »Nichtariern« den beruflichen Aufstieg und die akademische Karriere verbauten. Rita Levi-Montalcini wurde ihrer Assistenzstellen am anatomischen Institut und der neurologischen Klinik enthoben. Ihr wurde das Recht aberkannt, jemals als Ärztin zu arbeiten.

Persönliche Angriffe erlebte sie nicht. Voller Verachtung sah sie, wie Professoren Doktorarbeiten vergaben, in denen die Minderwertigkeit der Nachkommen aus Ehen zwischen Ariern und Juden wissenschaftlich nachgewiesen werden sollte. Ab dem März 1939 konnte sie die Universitätsinstitute nicht mehr betreten, ständig musste sie fürchten, denunziert zu werden oder »arische« Freunde zu gefährden. Im Jahre 1939 nahm Rita Levi-Montalcini deshalb das Angebot an, am neurologischen Institut in Brüssel zu arbeiten. In die belgische Hauptstadt war vorübergehend auch die ältere Schwester Nina mit ihrem Mann und den drei Kindern geflohen.

Im Jahre 1939 verließ Rita Levi-Montalcini nicht nur Italien, sondern auch einen engen Freund aus der Studienzeit, Germano R. Raising. Er hatte sie seit Jahren verehrt und zuletzt auch von Heirat gesprochen, obwohl sich die Angriffe gegen die Juden verstärkten und Mussolini seit dem 17. November 1938 die Ehe zwischen Ariern und Nichtariern verboten hatte. Rita Levi-Montalcini lehnte den Antrag Germanos, den auch ihre gesamte Familie schätzte, ab. In ihren Augen schlossen unterschiedliche Temperamente und Herkunft eine Heirat aus. Außerdem habe sie »die Vorstellung zu heiraten nie sonderlich begeistert«, erzählt sie im hohen Alter der Schriftstellerin Natalia Ginzburg. »Um ehrlich zu sein, ich glaube, ich habe mich niemals in irgend jemanden verliebt. Nur einmal habe ich mich von einem Professor angezogen gefühlt, aber der war zum Glück schon verheiratet ... weil es für beide ein Irrtum gewesen wäre.«

In Brüssel erreichten sie in den Jahren 1939 und 1940 tagtäglich Briefe des Freundes Germano, der inzwischen erkrankt war. Rita Levi-Montalcini sah ihn erst auf seinem Sterbebett in Villadossola wieder, wohin sie von Belgien aus geeilt war. Den Sinn seiner letzten Worte verstand sie nicht mehr, hörte aber den Namen Galeazoo Ciano heraus, der Schwiegersohn Mussolinis. »Der Gedanke an die Verfolgung, die unserer Familie bevorstand, bekümmerte ihn bis zu seinem letzten Atemzug.«

Nachdem deutsche Truppen 1940 Belgien besetzt und der Duce im gleichen Jahr den Eintritt Italiens in den Zweiten Weltkrieg verkündet hatte, kehrte Rita Levi-Montalcini endgültig nach Italien zurück. Die Familie –

die Mutter, der Bruder Gino, der Architekt geworden war, Paola und sie selbst – entschied sich gegen eine Flucht in die Vereinigten Staaten, auch weil die Geschwister überzeugt waren, der Duce werde sich nicht lange halten. Nina und ihre Familie waren inzwischen in die Schweiz gegangen.

In den ersten Kriegsjahren lebte es sich nicht schlecht in Norditalien. Anfangs konnte Rita noch heimlich Patienten betreuen, obwohl die Faschisten ein Arbeitsverbot für alle Juden verhängt hatten. Allerdings machte sich eine immer pessimistischere Stimmung voll von Misstrauen breit.

Im Herbst 1940 erhielt sie Besuch von Rodolfo Amprino, einem alten Studienkollegen, der sich »piemontesisch barsch« nach ihren Plänen erkundigte. Als sie schwieg, forderte er sie auf, nicht den Mut zu verlieren und irgendwie weiterzuarbeiten. Er erinnerte sie an den spanischen Neuroanatomen Cajal, der in der Mitte des 19. Jahrhunderts in der verschlafenen spanischen Stadt Valencia unter ebenfalls schlechten Bedingungen sein weltberühmtes, grundlegendes Werk über das Nervensystem der Wirbeltiere geschrieben hatte.

»Sein Ratschlag hätte auf keinen fruchtbareren Boden fallen können. Rodolfo hatte eine Saite in mir berührt«, schreibt die Nobelpreisträgerin in ihren Erinnerungen, »die seit meiner frühen Kindheit geklungen hatte: der Wunsch, eine Abenteuerreise in unbekannte Länder zu unternehmen. Noch verlockender als unberührte Wälder war der Dschungel, der sich in jenem Moment vor mir auftat: das Nervensystem mit seinen Milliarden von Zellen, die Kolonien bilden, von denen keine ist wie die andere, und die in ein scheinbar unentwirrbares Netz neuronaler Schaltkreise eingebunden sind.«

Nach diesem Besuch richtete sich Rita Levi-Montalcini in ihrem Schlafzimmer, in dem das Bett ein Drittel des Raumes ausfüllte, ein kleines Labor ein. Sie wollte die Entwicklung des Nervensystems studieren und dabei ihre Fertigkeiten in der Mikrochirurgie und ihre Kenntnisse der Färbetechniken aktivieren. Die Mutter, Paola und Gino unterstützten sie, indem sie Besucher von dem Geheimlabor fern hielten. Der Bruder baute für sie eine gläserne, temperaturgeregelte Kiste mit zwei Öffnungen, in die sie die Arme stecken konnte, um unter dem Mikroskop und bei 38 Grad Celsius die Hühnerembryonen zu operieren. Vor dem Fenster, das auf einen langen Balkon mit Blick auf den Hof hinausging, stand der Tisch mit dem Glaskasten, auf zwei weiteren Tischen befanden sich Mikroskope und an der Wand gegenüber lagerte sie die Gewebeproben. »Das sperrigste, weil bewegliche Stück war der gute, alte Levi, der sich meinen Untersuchungen anschloß, nachdem er im Sommer 1941 aus Belgien nach Italien zurückgekehrt war. Mit seinem großen Leibesumfang und seiner geringen Wendigkeit drohte er bei jeder Bewegung die sezierten Embryonen, die ich vorsichtig ins Regal gesetzt hatte, in einem Handstreich zu zerstören.« Zu ihrem Stolz wurde Professor Levi »mein erster und einziger Assistent«.

Zu den Untersuchungen, die sie in ihrem kleinen Labor begann, hatte Rita Levi-Montalcini die Lektüre eines Artikels angeregt, den ihr Giuseppe Levi zwei Jahre zuvor gegeben hatte. Der Verfasser, Victor Hamburger, war ein Schüler des berühmten deutschen Biologen Hans Spemann, der 1936 den Nobelpreis für Medizin erhalten hatte. Hamburger hatte untersucht, wie die Entfernung der aussprossenden Gliedmaßen bei Hühnerembryos das Wachstum verschiedener Nervenzellen hemmt und Spezialisierungen verhindert. Sein klarer Stil, die strenge Analyse beeindruckten die Forscherin nicht minder als die Umstände, unter denen sie diese Veröffentlichung auf einer Zugfahrt in die Berge gelesen hatte: Sie saß auf dem Boden eines Waggons ohne Sitze und Fenster und ließ die Beine seitlich aus dem Zug baumeln, die Sonne schien und es roch nach frisch gemähtem Heu. Die Lektüre des Artikels sollte noch weit reichende Folgen haben.

Bei jedem Fliegeralarm schaffte Rita das wichtigste Mikroskop und die am besten geratenen, gefärbten Gewebeschnitte in den Keller. Doch als die Bombardierungen stärker wurden, verließen die Levi-Montalcinis Turin. Die Familie fand bis zum Herbst 1943 Unterschlupf in einem Landhaus in den nahen Astigiano-Bergen. Auch dort baute sie das kleine »Privatlabor à la Robinson Crusoe« wieder auf, diesmal in einer Ecke des Raumes, der als Ess- und Wohnzimmer diente. Bruder Gino sah nun, dass seine Schwester die Eier, aus denen sie die Hühnerembryonen herauspräpariert hatte, zum Kochen weiterverwendete. Er aß nie wieder ihre Rühreier und Omelettes.

Mit einem Fahrrad fuhr Rita alle Bauernhöfe der Umgebung ab, um genügend Eier für ihre Experimente zusammenzubekommen. Sie fragte natürlich immer zuerst nach, ob denn auch ein Hahn auf dem Hof sei. Für ihre Kinder, so log sie, brauche sie unbedingt befruchtete Eier, die seien um vieles nahrhafter. Schwierigkeiten bereiteten ihr auch die Stromausfälle, die oft den Brutkasten außer Funktion setzten.

In dieser Zeit untersuchte die Wissenschaftlerin, wie umwelt- und genetisch bedingte Einflüsse im ersten Entwicklungsstadium des Hühnerembryos die Entstehung der verschiedensten Nervenzellen kontrollieren. Sie gewann damals ein ganz neues Verständnis des Nervensystems – wohl auch, weil sie bewusster in der Natur lebte, dabei die Lebenszyklen der Tiere und die Jahreszeiten beobachtete, mutmaßt sie später. Nicht mehr starr und fest schien alles zu sein, sondern dynamisch. Einzelne Nervenzellen verhielten sich in ihren Augen fast wie Lebewesen, waren plastisch und formbar, Systeme, die sich in Aufbau und Funktion der Umwelt anpassten.

Und während sie staunte und forschte, geriet um sie herum Europa, die ganze Welt aus den Fugen, wurde gekämpft, verfolgt und gemordet. Wie konnte sie da ruhig weiterforschen? »Mir half die wohlbekannte Eigenschaft des Menschen, die Realität zu leugnen«, sagt sie in ihrem Lebensbericht. »Ohne diesen eingebauten Mechanismus der Selbstverteidigung wäre dieses Leben nicht erträglich.«

Den Rassismus erlebte Rita Levi-Montalcini damals, wie auch in der heutigen Zeit, als ein »Phänomen der Barbarei, aber es ist wie Wasser auf den Federn einer Gans, nämlich nicht einmal der Beachtung wert. Wenn ich jemanden verachte, existiert er für mich nicht«, sagt sie 1987 in einem Interview.

Im Herbst 1943 marschierten Hitlers Truppen in Italien ein und das Versteck in den Bergen wurde unsicher. Die Levi-Montalcinis flohen nach Florenz, wo sie mit falschen Ausweisen und von Freunden in einer Wohnung versteckt und gedeckt das Ende des Krieges erwarteten. Täglich hatten sie Kontakt zu Bekannten, die als Partisanen kämpften, und die neuesten Entwicklungen erfuhren sie durch den englischen Radiosender BBC. In Sizilien waren die Alliierten schon gelandet, und im August 1944 vertrieben amerikanische und englische Truppen endlich die deutschen Invasoren aus Florenz.

Im September desselben Jahres begann Rita Levi-Montalcini, die nach langer Zeit des Eingesperrtseins wieder etwas Nützliches tun wollte, als Schwester und Ärztin in einem Flüchtlingslager zu arbeiten. Dorthin kamen die Menschen aus dem Norden, wo immer noch Krieg herrschte. Aber auch im Lager erwartete viele der

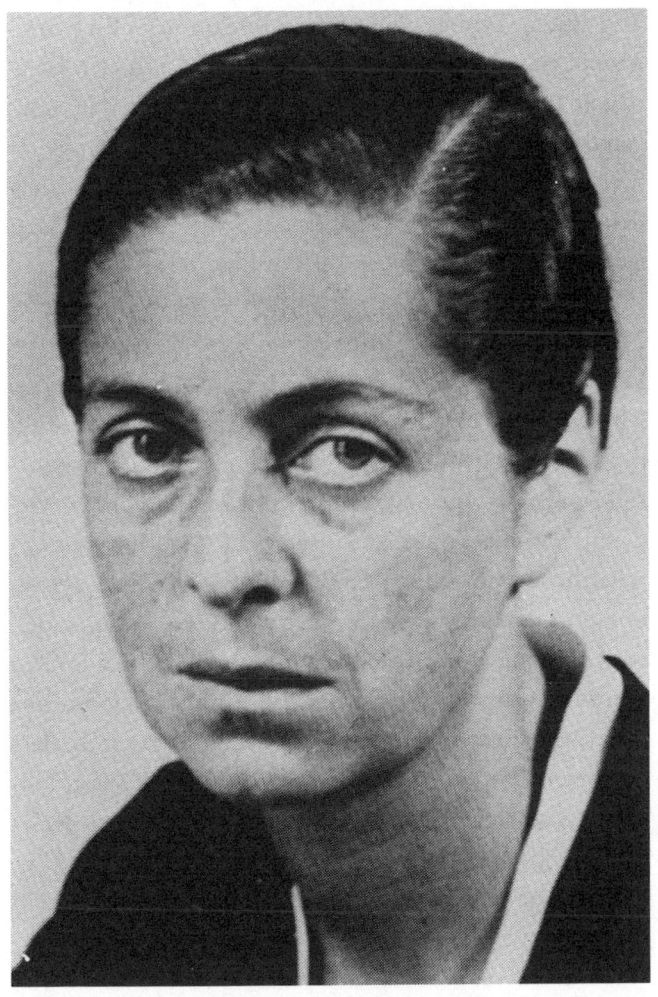

Rita Levi-Montalcini nach ihrer Rückkehr aus Brüssel, 1940

Tod durch Typhus und andere Infektionen. Rita Levi-Montalcini wurde nun zum ersten Mal mit der Ohnmacht des Arztes konfrontiert. Sie fand nie den »Abstand«, der es ihrer Einschätzung nach erst möglich macht, dem Leiden anderer zu begegnen, ohne auf beiden Seiten Gefühle zu zerstören. So wurde ihr klar, dass sie weniger zur Ärztin als zur Forscherin taugte.

Nach dem Ende des Zweiten Weltkrieges im Mai 1945 kehrte die Familie in die alte Heimatstadt zurück und Rita wurde wieder Assistentin am anatomischen Institut der Universität Turin. Sie hatte Eingewöhnungsschwierigkeiten. Der Enthusiasmus, wie sie ihn in ihrem Geheimlabor erlebt hatte, kam nicht auf, und ihre wissenschaftliche Ausbildung empfand sie plötzlich als vollkommen unzureichend. Sie begann Biologie zu studieren, aber nur, weil sie sich Physik und Mathematik nicht zutraute. Frustriert verglich sie ihre Forschung mit den außerordentlichen Ergebnissen, die zum Beispiel dem Biologen Thomas Hunt Morgan im Jahr 1933 den Nobelpreis eingebracht hatten, oder sie schielte nach Amerika, wo der Studienkollege Salvador Luria an der Universität von Indiana Erfolge feierte. Selbstzweifel quälten sie. War sie wieder in einer Sackgasse?

An einem Sommertag im Jahre 1946 wurde sie von Professor Levi in sein Zimmer gerufen. Er zeigte ihr einen Brief von Victor Hamburger aus den USA, dem Autor, dessen Artikel sie gelesen und dessen neurobiologische Experimente sie während des Krieges in ihrem kleinen Labor wiederholt hatte. Hamburger hatte von ihrer Arbeit erfahren, denn Rita Levi-Montalcini hatte inzwischen einige Ergebnisse in einer belgischen Fachzeitschrift publiziert. Der aus Deutschland emigrierte Hamburger lud sie zu einem Forschungssemester nach St. Louis ein. Sie nahm an, aber erst für das nächste Jahr, sie wollte noch ein begonnenes Projekt beenden.

Als die Reise in die Vereinigten Staaten bevorstand, fühlte sich die siebenunddreißigjährige Forscherin – nach den schmerzlichen Erfahrungen des Krieges und nach den wieder aufgenommenen Studien – auf der Höhe ihrer schöpferischen Fähigkeiten, wenn nicht »in der Blüte meines Lebens«, schreibt sie in ihrer Autobiographie. Die Zukunft stand ihr offen, »ich sollte nicht enttäuscht werden«.

Zwei Wochen dauerte die Reise von Genua bis New York, zu der Rita Levi-Montalcini im September 1947 aufbrach. Auf dem polnischen Schiff *Sobieski* fuhr Renato Dulbecco mit, der auch ein USA-Stipendium erhalten hatte. Nach zwei Tagen Touristenprogramm in New York, Empire State Building inklusive, fuhr sie mit dem Zug nach St. Louis und mit einem Taxi vom Bahnhof direkt in die Washington-Universität. Der Campus mit seinen von wildem Wein überwucherten Backsteingebäuden, mit den Rasenflächen, auf denen Studentengruppen saßen, und mit den von Bäumen gesäumten Wegen gefielen ihr auf Anhieb, genau wie der von einer Eisenkonstruktion gekrönte Eingang zum Rebstock Building. Dort war das Zoologische Institut untergebracht, wo sie Victor Hamburger treffen sollte. Nicht nur wegen seines Rufes fühlte sie sich anfangs Hamburger gegenüber »im Nachteil«. Er war so viel größer und sprach so viel besseres Englisch als sie mit ihrem starken Akzent. Hamburger beobachtete ernst und gleichzeitig amüsiert, wie sie mit ausladenden Handbewegungen ihre Antworten unterstrich. Nach einer langen Unterredung war Rita Levi-Montalcini sicher, am richtigen Platz zu sein. Das Verhältnis zu Victor Hamburger gestaltete sich von Anfang an unproblematisch. Auch er wurde ein wichtiger, lebenslanger Freund.

In ihrem »neuen Leben« quälten Rita Levi-Montalcini anfangs »schlaflose Nächte«, sie zweifelte wieder an ihrer Arbeit. Doch schon bald, im Spätherbst 1947, »von einem Tag auf den anderen und auf eine vollkommen unvorhersehbare Weise fand ich wieder das Vertrauen und die Begeisterung für die Möglichkeiten der experimentellen Neuroembryologie, die ich vollkommen verloren glaubte«. Sie verglich verschiedene, gut geratene Darstellungen von Nervenbläschen und Rückenmarksanlagen von Hühnerembryonen in unterschiedlichen Entwicklungsstadien. Sie beobachtete zielgerichtete »Wanderungen« von Zellen und regelrechte »Schlachten«, in deren Verlauf Kerne von Nervenzellen verschwanden und Zellen degenerierten, Nervenfasern in die Muskeln eindrangen. Was steckte dahinter, ein Plan, ein genetisches Programm, Instinkt? Jedenfalls war sie nun sicher, dass es die Möglichkeit gab, solche Prozesse zu beobachten. Sofort stürmte sie in das Zimmer von Victor Hamburger, der in ihre Begeisterung einstimmte. Alleine zurück in ihrem Labor, legte Rita Levi-Montalcini eine Schallplatte mit ihrer Lieblingsmusik, einer Bach-Kantate, auf.

Von nun an untersuchte sie gezielt die Frage: Wie bekommen einzelne Körperzellen Anschluss an das zentrale Nervensystem? Sie kehrte nicht nach Italien zurück, sondern blieb in St. Louis. Sie wollte ihre Forschungen weiter betreiben und inzwischen hatte sie sich hier gut eingelebt. Ihre Mutter, Adele Montalcini, hatte nicht nur damals ihrer Tochter zugeredet, Hamburgers Einladung in die USA anzunehmen, sondern auch diese neue Entscheidung, die Rita sehr schwer fiel, in hunderten von Briefen voll unterstützt und immer mitgetragen. So wurden aus den geplanten zehn bis zwölf Monaten mehr als fünfundzwanzig Jahre.

Anfang der fünfziger Jahre war bereits bekannt, dass eingepflanzte, fremde Gewebe das Wachstum von Nervenzellen anregen können. Rita Levi-Montalcini verpflanzte Krebszellen aus Mäusen in die Hühnerembryonen und tatsächlich begannen die Nervenzellen zu wuchern. Aus der Art und Weise, wie dies geschah – nämlich ohne direkten Kontakt von Geschwulst und Nervenzellen, aber mit einer gemeinsamen Blutversorgung –, schloss die

Wissenschaftlerin, dass der Tumor wahrscheinlich eine hormonähnliche Substanz absonderte, die über das Blut zu den Nervenzellen gelangte und das Wachstum ankurbelte und lenkte.

Um ihre Hypothese zu beweisen, entschloss sie sich 1952, nicht mehr mit Hühnerembryonen, sondern mit einfacheren Gewebekulturen zu arbeiten, die Levi in Turin erprobt hatte. Damals hatte ihm die Deutsche Herta Mayer assistiert, die inzwischen in Rio de Janeiro am Institut für Biophysik die Methode der Gewebezüchtung weiterentwickelt hatte. Rita Levi-Montalcini stand mit der Kollegin seit 1939 in Briefkontakt und so kam ein fünfmonatiger Forschungsaufenthalt in Brasilien leicht zustande. Nach vielen Fehlschlägen und Zweifeln konnten die beiden Forscherinnen einen »Wachstumsfaktor« biologisch nachweisen: Aus einem einzelnen Nervenknoten, einem sympathischen Ganglion, waren in einem Nährmedium unzählige Nervenfasern nach allen Seiten in einem dichten Kranz ausgesprossen. Was Rita Levi-Montalcini im Mikroskop sah, erschien ihr wie »ein faseriger Heiligenschein«, wie Sonnenstrahlen. Das war der »Wendepunkt unserer Forschung … nun konnten wir uns an die Isolierung des Nervenwachstumsfaktors wagen«. Sie war in Hochstimmung, genau wie die Stadt, in die bald der Karneval Einzug hielt. Im Januar 1953 kehrte sie, nachdem sie die Entdeckung mit einer Reise nach Peru zum Macchu Pichu und nach Ecuador gefeiert hatte, an die Washington-Universität in St. Louis zurück. Victor Hamburger hatte einen jungen Biochemiker, Stanley Cohen, für das Team angeworben. Der einunddreißigjährige »Stan« und die dreizehn Jahre ältere Kollegin arbeiteten vom Winter 1953 bis zum Sommer 1959 zusammen. »Rita«, sagte Cohen einmal zu ihr, »du und ich, wir sind gut, aber zusammen sind wir wunderbar.« Sie isolierten in diesen Jahren den *nerve growth factor*, kurz NGF genannt, und identifizierten diesen Botenstoff als ein Eiweiß aus zwei identischen Ketten zu jeweils 118 Aminosäurebausteinen.

Den Nervenwachstumsfaktor, das wurde später immer klarer, senden Körperzellen aus, die einen Anschluss an das Nervensystem wünschen. Der NGF »ebnet« der Nervenfaser quasi den Weg bis zu einer Kontaktstelle, auch Synapse genannt, wo über chemische Stoffe das Nervensignal auf die Zelle übertragen wird. Wenn wir uns mit einer Stecknadel in die Fingerspitze stechen und schon nach 30 Millisekunden »Aua« rufen, werden zum Beispiel solche – aufgrund des NGF gewachsene – Nervenverbindungen aktiv, ohne dass wir sie willentlich steuern.

Dreißig Jahre nach der Entdeckung des NGF erhielten Stanley Cohen und Rita Levi-Montalcini im Jahr 1986 gemeinsam den Nobelpreis für Medizin und Physiologie, der ihre Pionierarbeit auf einem Gebiet würdigt, dessen große Bedeutung sich erst viel später aufgetan hatte. »Der Nobelpreis ist eine große Ehre«, sagte die

Forscherin am 14. Oktober 1986 einem Reporter. »Aber es gibt einfach kein größeres Erlebnis als den Moment der Entdeckung selbst.« Die Fünfundsiebzigjährige förderte mit dem Preisgeld von fast 300 000 Mark den wissenschaftlichen Nachwuchs in ihrem Spezialgebiet. Ihr eigenes Leben veränderte die Auszeichnung nicht mehr. »Ich werde weiterarbeiten wie bisher.«

Bis heute wurden viele »Wachstumsfaktoren« isoliert, sie halfen zum Beispiel, die Entstehung von Tumoren und Missbildungen oder das geregelte Wachstum von Organen besser zu begreifen. Nachdem inzwischen auch der NGF durch gentechnische Methoden in beliebigen Mengen herstellbar ist, wird ein möglicher therapeutischer Einsatz bei Erkrankungen diskutiert, die auf Nervenuntergänge zurückzuführen sind, etwa bei der Altersdemenz, der Alzheimerschen Krankheit, oder Schüttellähmung, auch Parkinsonsche Krankheit genannt. Die Grundlagenforscherin Rita Levi-Montalcini sagt dazu: »Auf diesem Gebiet sind zumindest bei Tierversuchen einige positive Resultate erzielt worden«, aber »es gibt nichts Verheerenderes, als Hoffnungen zu schüren.«

Anfang der sechziger Jahre war Rita Levi-Montalcini über fünfzehn Jahre von der geliebten Familie und ihrem Heimatland getrennt gewesen. Obwohl sie inzwischen die amerikanische als zweite Staatsbürgerschaft angenommen hatte und seit 1958 Professorin an der Washington-Universität war, wollte sie gerne wieder für längere Zeit in Italien leben. Um diesen Wunsch mit ihrem Beruf vereinbaren zu können, beschloss sie, in Rom eine Forschungseinheit aufzubauen und dort eine Zusammenarbeit mit ihrer amerikanischen Universität zum Nervenwachstumsfaktor zu beginnen. Zu ihrer Freude sagten die zuständigen Behörden beider Länder zu. Ab 1961 begann ihr Leben als »Pendler zwischen zwei Kontinenten«, sechs Monate lebte sie in St. Louis, sechs Monate in Rom.

Wenn sie in Italien war, vermisste sie nicht nur ihre unzähligen amerikanischen Freunde und alten Kollegen, sondern auch das herzliche »Hi, Doc« der amerikanischen Studenten. Rita Levi-Montalcini gewöhnte sich nur schwer an die »Unterwürfigkeit«, mit der Angestellte und Doktoranden eine Professorin behandelten, und an die starren Regeln und Rituale, die das akademische Leben in Europa noch prägten und die erst mit der Studentenbewegung Ende der sechziger Jahre langsam verschwanden.

Die Wochenenden verbrachte sie gerne bei der geliebten Mutter in Turin, mit der sie sich »ohne Worte« verstand. Adele Montalcini starb im Jahre 1963. Nach dem Tod der Mutter zog Paola zu ihrer Zwillingsschwester nach Rom. Jede nahm intensiv am Leben der anderen teil – sie hatten eine große Gemeinsamkeit: Paola, die Künstlerin, und Rita, die Wissenschaftlerin, hatten sich gegen die Gründung einer Familie entschieden, sich voll auf ihre Arbeit konzentriert, und »weder sie noch ich«, schreibt Rita Levi-Montalcini, »haben jemals unsere Wahl bereut«. In den Sommerferien reisten die Schwestern gerne zusammen in die Hauptstädte Europas und Amerikas, besuchten Museen und Kunstgalerien.

Den alten Lehrmeister Giuseppe Levi sah Rita Levi-Montalcini 1965 an einem Januarabend in einem Turiner Hospital zum letzten Mal. Nachdem sie ihm alles über ihre Arbeit erzählt hatte und sich verabschiedete, meinte der krebskranke Levi, dass dies ihr »letztes Lebewohl« sein würde. Er starb zwei Wochen später mit zweiundneunzig Jahren, als seine ehemalige Schülerin bereits wieder in St. Louis war.

Im Jahre 1969 wurde Rita Levi-Montalcini Direktorin des Institutes für Zellbiologie in der italienischen Hauptstadt, das der nationale Forschungsrat einrichtete. In ihrem Labor waren ungefähr die Hälfte der Wissenschaftler Frauen. Nach ihrer Pensionierung als Universitätsprofessorin im Jahre 1977 zog sie ganz nach Italien zurück und 1979 gab sie ihren Direktorenposten auf, forschte aber als Gast am Zellbiologischen Institut weiter. »Die lebenslange Verbindung zwischen mir und dem Nervensystem«, die sie mit ihren ersten Studien in Amerika besiegelt hatte, »ist niemals zerbrochen, noch habe ich diese Verbindung jemals bereut«, schreibt die Wissenschaftlerin in ihrem Lebensbericht. Noch immer kann sie sich wundern über das Nervensystem und das menschliche Gehirn, das noch so viele Rätsel aufgibt.

Das Gehirn des heutigen Homo sapiens ist, verglichen mit Lucys kümmerlichen grauen Zellen, wahrlich eine perfekte Denkmaschine. Doch ist das ein Grund, überheblich zu sein? Unser Gehirn entwickelte sich nicht aufgrund eines perfekten Bauplanes, sondern durch zufällige Veränderungen, Mutationen, und in einem noch nicht durchschauten und faszinierenden Wechselspiel zwischen Umwelt und biologischen Anlagen. Das Gehirn macht uns sehend und sprechend, aber auch zum Spielball von Gefühlen und Komplexen, es brachte »nicht nur Einstein, sondern auch Hitler« hervor. Dazu seien Insekten niemals fähig, weder »im guten noch im bösen«, stellt Rita Levi-Montalcini fest, aber »ihre Nachkommen werden vielleicht auch noch in Hunderten von Millionen Jahren existieren«. Beim Menschen, der vermeintlichen Krone der Schöpfung, lässt sie das zumindest offen.

Erfolg und Erfüllung fand Rita Levi-Montalcini in ihrem persönlichen Leben besonders in der Arbeit. Doch ihre Intelligenz, die Sorgfalt und Genauigkeit in der Arbeit erklären nicht allein den Medizinnobelpreis. »Viel wichtiger«, behauptet sie, »sind totale Hingabe und die Neigung, Schwierigkeiten zu unterschätzen. Das führt dazu, daß man sich auf Probleme stürzt, die andere, kritischere und scharfsinnigere Leute, tunlichst umgehen.« Sie glaubt nicht daran, dass sich ein Mensch entscheiden muss zwischen »Vollkommenheit im Leben« oder »Vollkommenheit in der Arbeit«, zwei Lebensziele, die der

irische Dichter und Literaturnobelpreisträger William Butler Yeats in seinem Gedicht *Die Wahl* als unversöhnliche Gegensätze sieht. Dieses Yeats-Gedicht stellt Rita Levi-Montalcini ihrer Autobiographie zwar voran, doch sie zieht einen anderen Schluss aus ihren achtzig gelebten Jahren: »Unvollkommenheit, und nicht Vollkommenheit in der Erfüllung einer gewählten oder zugewiesenen Aufgabe entspricht mehr der menschlichen Natur.« Ihrer Lebensbilanz, die 1988 als Buch erschienen ist, hat sie deshalb den Titel *Ein Lob der Unvollkommenheit* gegeben.

La grande Signora della Scienza, die große Dame der Wissenschaft, wie man sie heute nennt, wirkt, verglichen mit der ernsten Studentin, die sie einmal war, geradezu mondän. Menschen, die Rita Levi-Montalcini heute treffen, schildern sie als »kleine, energiegeladene Frau«, die die »elementare Kraft eines Vulkans besitzt«. In der Heimat nimmt sie kein Blatt vor den Mund, prangert öffentlich die Missstände im italienischen Forschungssystem an und schimpft über die »Machtübernahme der Mittelmäßigkeit«.

Sie beobachtet mit Freude, dass Frauen in der Wissenschaft mehr Chancen haben als in ihrer Jugend, aber noch gelte es nicht nur juristische Grenzen, sondern auch überkommene Vorstellungen niederzureißen. Doch

Rita Levi-Montalcini, ca. 1986

die kleinen Fortschritte machen Rita Levi-Montalcini optimistisch: »Es heißt, daß Vererbung das Schicksal archaischer Gesellschaften war. In diesem Sinne waren zwei X-Chromosomen über endlose Generationen hinweg das Schicksal der Frauen, ohne Rücksicht auf Talent und persönliche Neigungen. Aber die Tore zur Freiheit sind jetzt weit geöffnet. Und ich, die ich in meiner Jugend vor verschlossenen Toren stand, ich blicke voller Liebe auf die lange Reihe meiner jüngeren Schwestern, die sich aufmachen, jenen Weg zu begehen, der uns damals versperrt war.«

Wie erstaunlich aktiv die achtzigjährige Rita Levi-Montalcini noch ist, bekam auch ich zu spüren. Denn natürlich wollte ich die Nobelpreisträgerin in Rom besuchen und mit ihr sprechen. Monatelang blieben Anfragen unbeantwortet, ging niemand ans Telefon. Schließlich erreichte mich doch noch ein Brief aus Rom. Rita Levi-Montalcini bedauerte die späte Antwort, der Grund: »Ich war in den letzten Monaten sehr häufig von Rom weg mit einem sehr vollen Terminkalender.« Zu einem Gespräch war sie »sehr gerne« bereit und schlug »frühestens die zweite Novemberhälfte 1989« vor. Ich schrieb ihr zurück, dass dies leider zu spät sei, das Buch wäre dann bereits in Druck.
Ch. Kerner

Das Testament von Alfred Nobel

Ein Jahr vor seinem Tode verfügte der 1833 in Stockholm geborene Schwede Alfred Bernhard Nobel in einem Testament, dass sein Vermögen von 35 Millionen Goldmark in eine Stiftung überführt wurde. Er rief die »Nobelpreise« ins Leben, die seit dem Jahr 1901 aus den Zinserträgen finanziert werden. Nobel, der selbst Chemiker war und das Dynamit entwickelt hat, glaubte, dass wissenschaftliche Errungenschaften den »wirklichen Wohlstand« fördern, und hoffte, dass »der einzige Krieg, den die Menschheit in Zukunft führen wird, der Krieg gegen Mikroben sein wird«. Literatur war für Nobel, der selbst Poesie und Prosa zu schreiben versuchte, eine Bereicherung des menschlichen Geistes.

Den Besten, die in diesen ihm wichtigen Bereichen tätig waren, wollte Nobel durch die Preise eine Arbeit ohne finanzielle Not ermöglichen. »Ich finde es wichtiger«, sagte er einmal, »sich um die Mägen der Lebenden zu kümmern, als den Ruhm der Verstorbenen durch Denkmäler zu ehren.«

Der Wortlaut des Testaments:

»Über mein ganzes übriges, realisierbares Vermögen wird auf folgende Weise verfügt: Das Kapital, von den Nachlaßverwaltern in sicheren Wertpapieren angelegt, soll einen Fonds bilden, dessen Zinsen jährlich als Preisbelohnung an diejenigen verteilt werden sollen, die im verlaufenen Jahre der Menschheit den größten Nutzen erwiesen haben. Die Zinsen werden in fünf gleiche Teile geteilt, von denen ein Teil an den fällt, der auf dem Gebiete der Physik die wichtigste Erfindung oder Entdeckung gemacht hat; ein Teil an den, der die wichtigste chemische Entdeckung oder Verbesserung gemacht hat; ein Teil an den, der im Bereiche der Physiologie oder Medizin die wichtigste Entdeckung gemacht hat; ein Teil an den, der in der Literatur das Vorzüglichste in idealer Richtung geschaffen hat; und ein Teil an den, der am meisten oder am besten für die Verbrüderung der Völker und die Abschaffung oder Verminderung der stehenden Heere sowie die Anordnung und Förderung von Friedenskongressen gewirkt hat. Die Preise für Physik und Chemie werden von der Schwedischen Akademie der Wissenschaften, die für physiologische oder medizinische Arbeiten vom Karolinischen Institut in Stockholm, die für Literatur von der Akademie in Stockholm und die für die Vorkämpfer des Friedens von einem Ausschuß von fünf Personen, die vom Norwegischen Storting gewählt werden, ausgeteilt. Es ist mein ausdrücklicher Wille, daß bei der Preisverteilung keinerlei Rücksicht auf die Zugehörigkeit zu irgendeiner Nationalität genommen wird, so daß also der Würdigste den Preis bekommt, ob er nun Skandinavier ist oder nicht.«

Paris, den 27. November 1895
Alfred Bernhard Nobel

Nobelpreisträgerinnen 1903-1998

Die vollständige Liste der neunundzwanzig Nobelpreisträgerinnen ist nach Fachgebieten und dem Jahr, in dem einer Frau der Nobelpreis zugesprochen wurde, geordnet. Der Hinweis *Band I, Band II* verweist auf die Ausgabe, in der das Porträt erschienen ist. *Band I:* »Nicht nur Madame Curie ...«, Weinheim: Beltz & Gelberg 1990. *Band II:* »Madame Curie und ihre Schwestern«, Weinheim: Beltz & Gelberg 1997.

Nobelpreis für Physik

1903 *Marie Curie* (7.11.1867–4.7.1934)
Französische Physikerin polnischer Herkunft
Thema: Erforschung der Erscheinung der Radioaktivität
Porträt Band II

1963 *Maria Goeppert Mayer* (28.6.1906–20.2.1972)
amerikanische Physikerin deutscher Herkunft
Thema: Schalenstruktur der Atomkerne
Porträt Band II

Nobelpreis für Chemie

1911 *Marie Curie*, s. unter Nobelpreis für Physik
Thema: Entdeckung von Radium und Polonium

1935 *Irène Joliot-Curie* (12.9.1897–17.3.1956)
Französische Physikerin
Thema: Künstliche Herstellung neuer radioaktiver Elemente
Porträt Band I

1964 *Dorothy Crowfoot Hodgkin* (12.5.1910–29.7.1994)
Britische Chemikerin
Thema: Röntgenographische Analyse der Struktur wichtiger biochemischer Substanzen zum Beispiel des Vitamins B_{12}
Porträt I

Nobelpreis für Physiologie und Medizin

1947 *Gerty Theresa Cori* (15.8.1896–26.10.1957)
Amerikanische Biochemikerin österreichischer Herkunft
Thema: Funktion der Enzyme und Kohlehydratstoffwechsel
Porträt Band I

1977　*Rosalyn Yalow* (*19.7.1921)
Amerikanische Physikerin und Nuklearmedizinerin
Thema: Methode zur Bestimmung der Peptid-Hormone
mittels Radioimmunessay
Proträt Band II

1983　*Barbara McClintock* (16.6.1902–2.9.1992)
Amerikanische Biologin
Thema: Entdeckung der springenden Gene
Porträt Band I

1986　*Rita Levi-Montalcini* (*22.4.1909)
Italienische Neurobiologin
Thema: Entdeckung des Nervenwachstumsfaktors
Porträt Band I

1988　*Gertrude B. Elion* (23.1.1918–21.2.1999)
Amerikanische Biochemikerin
Thema: Untersuchung des Stoffwechsels gesunder und kranker Gewebszellen, die eine medikamentöse Behandlung vieler Krankheiten, z.B. der Leukämie, ermöglicht hat.
Porträt Band II

1995　*Christiane Nüsslein-Volhard* (*20.10.1942)
Deutsche Entwicklungsbiologin
Thema: Entdeckung der Prinzipien der frühen Embryonalentwicklung.
Porträt Band II

Nobelpreis für Literatur

1909　*Selma Lagerlöf* (20.11.1858–16.3.1940)
Schwedische Schriftstellerin
Porträt Band II

1926　*Grazia Deledda* (27.9.1871–15.8.1936)
Italienische Schriftstellerin
Porträt Band I

1928　*Sigrid Undset* (20.5.1882–16.6.1949)
Norwegische Schriftstellerin
Porträt Band II

1938　*Pearl S. Buck* (26.6.1892–6.3.1973)
Amerikanische Schriftstellerin
Porträt Band I

1945　*Gabriela Mistral* (7.4.1889–10.11.957)
Chilenische Lyrikerin
Porträt Band I

Friedensnobelpreis

1991 *Aung San Suu Kyi* (*19.6.1945)
Birmesin, Mitbegründerin und Symbolfigur der Demokra-
tiebewegung in Burma
Porträt Band II
1992 *Rigoberta Menchú* (*9.1.1959)
Gualtemaltekin und Quiché-Indianerin,
Vorsitzende des Komitees für die Einheit der Bauern, seit
1986 Mitglied im Rat der UN für die Rechte der Indios
Porträt Band II
1997 *Jody Williams* (*9.10.1950)
amerikanische Politikwissenschaftlerin, geboren in Brattle-
boro, Vermont; sie lebt heute in Putney, Vermont. Den
Preis teilte sie sich mit der 1992 entstandenen International
Campaign to Band Landmines (ICBL). Diese Organisation,
die sich für eine weltweite Ächtung von Landminen
einsetzt, hat Williams mitbegründet, organisiert und durch
öffentliche Auftritte bekannt gemacht.
Literatur zum Weiterlesen:
Shawn Roberts, Jody Williams: *After the Guns Fall Silent;
The Endurin Legacy of Landmines* (1995)
Ekkehard Launer: *Zum Beispiel Landminen*, Lamuv-Verlag
1997

Quellenverzeichnis

Die folgenden Literaturlisten führen wichtige Werke auf, erheben jedoch keinen Anspruch auf Vollständigkeit.

Werke von Grazia Deledda

Elias Portolu. Stuttgart/Berlin: Maschler 1906; München: Winkler Verlag 1989 (u.d.T. Die Maske des Priesters)

Der Efeu, Eine sardische Familientragödie. Berlin-Ost: Verlag Das Neue Berlin 1988

Schilf im Wind. Zürich: Coron-Verlag 1968 (Neuübersetzung); München: Winkler Verlag 1989; Nördlingen: Greno Verlag 1987 (u.d.T. Schweres Blut)

Marianna Sirca. München: Winkler Verlag 1989

Cosima. Die Jugend einer Dichterin. Mainz: Matthias Grünewald Verlag 1942

Die offene Tür. Stuttgart: ComMedia & Arte Verlag Bernd Mayer 1989

Texte über Grazia Deledda

Irene Kruse, Nachwort zu Der Efeu, a.a.O., S. 229–237

Mario Losano, Nachwort zu Die offene Tür. Leipzig: Reclam Verlag 1964, S. 82–92

Olga S. Opfell, Sardinian Legend – Grazia Deledda. In: The Lady Laureates – Women Who Have Won the Nobel Prize. Metuchen/N.J. & London: The Scarecrow Press 1978, S. 80–93

Giuseppe Ravegnani, Leben und Werk von Grazia Deledda. In: Schilf im Wind (Coron-Verlag), a.a.O., S. 27–44

Ute Stempel: Zeittafel u. Nachwort. In: Marianna Sirca, a.a.O., S. 205–221

Kjell Strömberg, Kleine Geschichte der Zuerkennung des Nobelpreises. In: Schilf im Wind (Coron-Verlag), a.a.O., S. 9–13

Gertraude Wilhelm, Die Literaturnobelpreisträger. Ein Panorama der Weltliteratur im 20. Jhdt. Düsseldorf: Econ Verlag 1983, S. 99–102

Liddy Woelfel, Grazia Deledda und ihre Welt. In: Cosima, a.a.O., S. 161–167

*

Bücher von Jane Addams

Twenty Years at Hull-House. New York: Macmillan 1945

The Second Twenty Years at Hull-House. New York: Macmillan 1930

Peace and Bread in Time of War. New York: Garland 1972

Jane Addams/Emily G. Balch/Alice Hamilton, Woman at The Hague. New York: Garland 1972

Texte über Jane Addams

Mary Jo Deegan, Jane Addams and the Men of the Chicagoe School, 1892–1918. New Brunswick, Oxford: Transaction Book's 1988

John C. Farell, Beloved Lady. A History of Jane Addams' Ideas on Reform and Peace. Baltimore: Johns Hopkins Prints 1967

Lida Gustava Heymann, Erlebtes – Erschautes. Deutsche Frauen kämpfen für die Freiheit, Recht und Frieden 1850–1940. Meisenheim am Glan: Hain-Verlag 1972

Horst Karasek, 1886, Haymarket. Die deutschen Anarchisten von Chicago. Berlin: Wagenbach Verlag 1975

Olga S. Opfell, Peace and Bread – Jane Addams. In: The Lady Laureates – Women Who Have Won the Nobel Prize. Metuchen/N.J. & London: The Scarecrow Press 1978

*

Texte von und über Irène Joliot-Curie

Pierre Biquard, Frédéric Joliot-Curie. Paris: Editions Seghers 1961

Eugénie Cotton, Les Curies. Paris: Editions Seghers 1963

Eve Curie, Madame Curie, Frankfurt/Main: S. Fischer Verlag 1937

Irène Curie, Marie Curie, ma mère. In: Europe, No. 108 (Dezember 1954)

Marie et Irène Curie, Correspondance (1905–1934). Paris: Presses Universitaires de France 1974

Lise Meitner, Irène Joliot-Curie. In: Physikalische Blätter, H. 6 (1956)

Olga S. Opfell, Triumph and Rebuff – Irène Joliot-Curie. In: The Lady Laureates – Women Who Have Won the Nobel Prize. Metuchen/N.J. & London: The Scarecrow Press 1978

Souvenirs et Documents. Publiés par l'association Frédéric et Irène Joliot-Curie. Paris, o. J. (Broschüre im Selbstverlag)

*

Werke von Pearl S. Buck (Auswahl)

Ostwind, Westwind (East Wind – West Wind). München: Heyne Verlag 1981

Die gute Erde (The Good Earth). Berlin: Ullstein Verlag 1986

Söhne (Sons). München: Heyne Verlag 1980

Das geteilte Haus (A House Devided). München: Heyne Verlag 1975. (Die drei letztgenannten Romane bilden eine Trilogie m.d.T. Das Haus der Erde.)

Die Mutter (The Mother). Wien: Zsolnay Verlag o.J.

Die Verbannte, auch u.d.T. Die Frau des Missionars (The Exile). München: Heyne Verlag 1982

Der Engel mit dem Schwert (Fighting Angel). München 1984

Eine Liebesehe (Portrait of a Marriage). München: Knaur Verlag 1981

Geliebtes, unglückliches Kind (The Child Who Never Grew). München: Heyne Verlag 1983

Und weiter führt der Weg nach Westen (The Townsman – urspr. u.d. Pseudonym John Sedges erschienen)

Und fänden die Liebe nicht (Come, my Beloved). Berlin: Ullstein Verlag 1987

Das Mädchen Orchidee (Imperial Woman). Berlin: Ullstein Verlag 1987

Über allem die Liebe (Letter from Peking). Berlin: Ullstein Verlag 1987

Mein Leben, meine Welten (My Several Worlds). Bergisch Gladbach: Bastei Lübbe 1976

Zuflucht im Herzen (A Bridge for Passing). München: Knaur Verlag 1982

The Time is Noon. London: Methuen & Co.

All Men Are Brothers. London: Methuen & Co. 1933

The Chinese Novel. London: Macmillan & Co. 1939

Texte über Pearl S. Buck (Auswahl)

Theodore F. Harris (Hrsg.), Pearl S. Buck – Von Morgen bis Mitternacht. (Pearl S. Buck. A Biography). München: Scherz Verlag 1962

For Spacious Skies, Journey in Dialogue by Pearl S. Buck with Theodore F. Harris. New York: John Day Co. 1966

Paul Doyle, Pearl S. Buck. New York: Twayne Publishers 1965

Olga S. Opfell, A Divided Heart – Pearl S. Buck. In: Women Who Have Won the Nobel Prize. Metuchen/N.J. & London: The Scarecrow Press 1978, S. 107–121

Dody Weston Thompson, Pearl S. Buck. In: American Winners of

the Nobel Literary Prize, hrsg. von Warren G. French u. Walter
E. Kidd. Norman: Oklahoma Press 1968, S. 85–110
Nicht alle Werke von Pearl S. Buck wurden vollständig ins Deutsche übertragen. Alle hier zitierten Texte, die nicht auf Deutsch erschienen sind, wurden von der Verfasserin übersetzt.

⁂

Bücher von Gabriela Mistral

Gedichte. Darmstadt, Berlin, Neuwied: H. Luchterhand Verlag
1958 und Zürich: Coron-Verlag o.J. (c) Mit frdl. Genehmigung
d. Literarischen Agenturen Joan Daves, New York, und Liep-
man AG, Zürich (representing the estate of Gabriela Mistral for
Doris Dana). Für d. Übers. v. Albert Theile (c) Luchterhand Literaturverlag, Frankfurt/Main – daraus: Texte u. Gedichte S.
112, 113, 114f, 115f, 119, 120, 122, 123f, 125, 128f, 130, 132f, 134
Spürst du meine Zärtlichkeit? Zürich: Verlag Die Waage 1960 Liebesgedichte. Göttingen: Lamuv Verlag 1988

Texte über Gabriela Mistral

Jorge Edwards, Leben und Werk von Gabriela Mistral. In: Ge-
dichte (Coron-Verlag), a.a.O., S. 27–46
Hjalmar Gullberg, Verleihungsrede, ebd., S. 19–23
Pablo Neruda, Ich bekenne, ich habe gelebt. Memoiren. Deutsch v.
Curt Meyer-Clason. (c) Luchterhand Literaturverlag, Frank-
furt/Main 1974, 1989 – daraus Zitat S. 124f
Olga S. Opfell, Poems at Floodtide – Gabriela Mistral. In: The La-
dy Laureates – Women Who Have Won the Nobel Prize. Metu-
chen/N.J. & London: The Scarecrow Press 1978, S. 122–134
Hans Rheinfelder, Gabriela Mistral – Motive ihrer Lyrik. Mün-
chen: Verlag der Bayerischen Akademie der Wissenschaften 1955
Federico Schopf, Vorwort. In: Liebesgedichte, a.a.O., S. 7–30
Kjell Strömberg, Kleine Geschichte der Zuerkennung des Nobelpreises. In: Gedichte (Coron-Verlag), a.a.O., S. 9–15
Albert Theile, Nachwort. In: Gedichte (Luchterhand Verlag),
a.a.O., S. 241–270
Kurt Wais, Zwei Dichter Südamerikas – Gabriela Mistral und Ró-
mulo Gallegos. Berlin-Frohnau: Luchterhand Verlag 1955, S. 9–48
Gertraude Wilhelm, Die Literaturnobelpreisträger. Ein Panorama
der Weltliteratur im 20. Jhdt. Düsseldorf: Econ Verlag 1983, S.
243–246

⁂

Texte über Gerty Theresa Cori

Carl Ferdinand Cori, The Call of Science. In: Annual Review of Biochemistry 38 (1969), S. 1–20

Bernardo A. Houssay, Carl F. and Gerty T. Cori. In: Biochimica et Biophysica Acta 20 (1956), S. 11–16

Severo Ochoa, Gerty T. Cori, Biochemist. Science 128 (4.8.1958), S. 16

Olga S. Opfell: Cycle of Courage – Gerty Cori. In: The Lady Laureates – Women Who Have Won the Nobel Prize. Metuchen/N.J. & London: The Scarecrow Press 1978, S. 183–193

*

Texte über Maria Goeppert Mayer

Joan Dash, Maria Goeppert Mayer. In: A Life of One's Own. Three Gifted Women and the Men They Married. New York: Harper & Row 1973, S. 229–346

Robert G. Sachs, Maria Goeppert Mayer – Two-fold Pioneer. In: Physics Today (Februar 1982), S. 46–51

Olga S. Opfell: Madonna of the Onion – Maria Goeppert Mayer. In: The Lady Laureates – Women Who Have Won the Nobel Prize. Metuchen/N. J. & London: The Scarecrow Press 1978, S. 194–208

Margaret W. Rossiter, Women Scientists in America – Struggles and Strategies to 1940. Baltimore: Johns Hopkins University Press 1982

*

Texte von und über Dorothy Hodgkin

Guy Dodson, Jenny P. Glusker and David Sayre (Ed.), Structural Studies on Molecules of Biological Interest – A Volume in Honour of Professor Dorothy Hodgkin. Oxford: Clarendon Press 1981

Dorothy Hodgkin, Briefe an den Autor vom 18.4.89, 4.5.89 und 16.8.89

Les Prix Nobels en 1964. Stockholm: P.A. Norstedt & Söner 1965

Olga S. Opfell: Wizard With Crystals – Dorothy Crowfoot Hodgkin. In: The Lady Laureates – Women Who Have Won the Nobel Prize. Metuchen/N.J. & London: The Scarecrow Press 1978, S. 209–223

*

Werke von Nelly Sachs

Gedichte (Hrsg. v. Hilde Domin). Frankfurt/Main: Suhrkamp Verlag 1977

Fahrt ins Staublose. Gedichte. (c) Suhrkamp Verlag Frankfurt/Main 1961 – daraus Gedichte S. 219, 221, 229

Späte Gedichte. Frankfurt/Main: Suhrkamp Verlag 1968

Suche nach Lebenden (Hrsg. v. Margaretha u. Bengt Holmquist). Die Gedichte der Nelly Sachs, Bd. 2, (c) Suhrkamp Verlag Frankfurt/Main 1971 – daraus: »Hölle ist nackt aus Schmerz«, S. 231

Und das Leben hat immer wie Abschied geschmeckt. Frühe Gedichte und Prosa. Stuttgart: Akademischer Verlag 1987

Verzauberung. Späte szenische Dichtungen. Frankfurt/Main: Suhrkamp Verlag 1970

Zeichen im Sand. Die szenischen Dichtungen der Nelly Sachs. Frankfurt/Main: Suhrkamp Verlag 1966

R. Dinesen/H. Müssener (Hrsg.), Briefe der Nelly Sachs. Frankfurt/Main: Suhrkamp Verlag 1984

Texte über Nelly Sachs

Ehrhard Bahr, Nelly Sachs. München: C.H. Beck Verlag 1980

Franz J. Bautz, Geschichte der Juden. München: C.H. Beck Verlag 1989

Walter A. Berendsohn, Nelly Sachs – Einführung in das Werk der Dichterin jüdischen Schicksals. Darmstadt: Agora Verlag 1974

Les Prix Nobel en 1966. Stockholm: P.A. Norstedt & Söner 1966

Henning Falkenstein, Nelly Sachs. Berlin: Colloquium Verlag 1984

J. Hermand/F. Trommler, Die Kultur der Weimarer Republik. Frankfurt/Main: S. Fischer Verlag 1988

＊

Texte über Betty Williams und Mayread Corrigan

Rob Fairmichael, The Peace People Experience. Belfast: Peace People 1987

Ciaran McKeown. The Passion of Peace. Belfast: The Blackstaff Press 1984

The Observer, 16.10.1977

Die Welt, 28.10.1976

＊

Texte von Alva Myrdal

Abrüstung. In: Politik für Nichtpolitiker, Bd. 1 (Hrsg. Hans Jürgen Schultz). Stuttgart: Kreuz Verlag 1969

Falschspiel mit der Abrüstung. Reinbek: Rowohlt Verlag 1983

Politische Probleme des Friedens. In: Frieden – Vorlesungen auf dem 13. Evangelischen Kirchentag Hannover 1967. Stuttgart: Kreuz Verlag 1967

Alva und Gunnar Myrdal, Ansprachen anläßlich der Verleihung des Friedenspreises. Frankfurt/Main: Börsenverein des Deutschen Buchhandels e.V., 1970

Dies., Kontakt mit Amerika. Stockholm: Bermann-Fischer 1944

Alva Myrdal/Viola Klein, Die Doppelrolle der Frau in Familie und Beruf. Köln: Kiepenheuer und Witsch Verlag 1970

Texte über Alva Myrdal

Stellan Andersson, Alva Myrdal. Stockholm: Arbetarörelsens Arkiv 1988

Sissela Bok, Alva – Ett Kvinnoliv (Alva – Ein Frauenleben). Bungay, Suffolk: Richard Clay Ltd. 1988

Ulrich Herz, Alva Myrdal. In: Liebhaber des Friedens (Hrsg. H. J. Schultz). Stuttgart: Kreuz Verlag 1982, S. 114–126

Erwin Schuhmacher, Der Friedenspreis für Friedensforschung. In: Börsenblatt für den Deutschen Buchhandel, Nr. 75 (18.9.1970)

✣

Texte von und über Barbara McClintock

Evelyn Fox Keller: A Feeling for the Organism – The Life and Work of Barbara McClintock. San Francisco: W.H. Freeman and Company 1983. (Für den Buchbeitrag wurden die daraus entnommenen Zitate von Barbara McClintock von der Verfasserin noch aus der Originalausgabe übersetzt.)

Nina V. Fedoroff, Springende Gene beim Mais. In: Spektrum der Wissenschaft 8 (1984), S. 36

Barbara McClintock, Rede auf dem Nobel-Bankett. In: Les Prix Nobels 1983. Stockholm: P.A. Norstedt & Söner

✣

Texte von Rita Levi-Montalcini

Rita Levi-Montalcini, In Praise of Imperfection – My Life and Work. New York: Basic Books Publishers 1988. (Diese Autobiographie war Grundlage des Beitrages. Die meisten Zitate stammen daraus und wurden von der Verfasserin ins Deutsche übersetzt.)

Rita Levi-Montalcini/Pietro Calissano, Der Nervenwachstumsfaktor. In: Gehirn und Nervensystem – Woraus sie bestehen, wie sie funktionieren, was sie leisten. Spektrum der Wissenschaft (1988), S. 54–62

Texte über Rita Levi-Montalcini

Reiner Klingholz, Botschaften aus der Zelle – Medizinpreis für zwei Pioniere der Neurobiologie. In: DIE ZEIT (24.10.1986)

Gisela Kretzschmar, Nicht nur Madame Curie – Fünf unbekannte Nobelpreise für Frauen. Rundfunkmanuskript, Köln 1987, S. 31–40

Zwei Frauen, zwei Intellektuelle, zwei Jüdinnen – Mit der Medizinnobelpreisträgerin Rita Levi-Montalcini unterhielt sich die Schriftstellerin Natalia Ginzburg. In: die tageszeitung vom 23. April 1988, S. 18–20 (enthält ins Deutsche übersetzte kurze Auszüge aus der oben erwähnten Autobiographie)

Allgemeine Literaturhinweise

Kjell Espmark, Der Nobelpreis für Literatur – Prinzipien und Bewertungen hinter den Entscheidungen. Göttingen: Vandenhoeck & Ruprecht 1988

Gisela Kretzschmar, Nicht nur Madame Curie ... zwd-Report über Nobelpreisträgerinnen für Medizin, Physik und Chemie. In: zweiwochendienst, Ausgabe Frauen und Politik, 2. Jahrgang, Nr. 15/87, S. 12–14, und Nr. 17/88, S. 18–20, Bonn 1988

Les Prix Nobel. Stockholm: P.A. Norstedt & Söner (Jahrbuch der Nobelstiftung seit 1901 bis 1988)

Nobel Foundation Directory 1988–1989, Stockholm 1989 (enthält die Daten aller NobelpreisträgerInnen seit 1901)

Olga S. Opfell, The Lady Laureates – Women Who Have Won the Nobel Prize. Metuchen/N.J. & London: The Scarecrow Press 1978

Nils K. Stähle, Alfred Nobel und die Nobelpreise, produziert von: Die Nobelstiftung – Das Schwedische Institut, Stockholm 1989

Hans Jürgen Schultz (Hrsg.), Liebhaber des Friedens. München: dtv 1989

Gertraude Wilhelm (Hrsg.), Die Literatur-Nobelpreisträger. Ein Panorama der Weltliteratur im 20. Jahrhundert. Hermes Handlexikon. Düsseldorf: Econ Taschenbuchverlag 1983

Bildnachweis

S. 9, 97 Musée du Laboratoire Curie, Paris; S. 38, 93, 129, 207, 280, 407 © The Nobel Foundation, Stockholm; S. 19, 177 aus: Hermes Handlexikon, Die Literatur-Nobelpreisträger, Düsseldorf: Econ Verlag 1983; S. 70, 77 Courtesy of the University of Illinois Library, Jane Addams Memorial Collection; S. 147 Courtesy of Clara E. Sipprell © 1965 by Twayne Publishers, Inc.; S. 160 aus: Reino, Gabriela Mistral, Valparaíso; S. 205 aus: Fortune Magazine, October 1948; S. 222 © 2. Phy. Institut, Universität Göttingen; S. 229 © Courtesy AIP Niels Bohr Library, Stein Collection; S. 244 Ullstein Bilderdienst; S. 285 © Jürgen Neffe, Hamburg; S. 308, 318 © Riwkin, Stockholm; S. 337 © Wolfgang Kunz, Hamburg; S. 351, 370 Arbetarrörelsens Arkiv, Stockholm; S. 391 Courtesy of Marcus Rhoades; S. 431 aus: Rita Levi-Montalcini, In Praise of Imperfection. My Life and Work. New York: Basic Books, Inc. 1988; S. 442 © Mats Herrström, Skurup

Wir danken allen Archiven, Verlagen und Nachlassverwaltern für die freundliche Genehmigung zum Abdruck. In einigen Fällen ist es uns nicht gelungen, die heutigen Rechteinhaber zu ermitteln. Wir bitten diese, sich mit dem Verlag Beltz & Gelberg in Verbindung zu setzen.

AutorInnenverzeichnis

Heike Brandt, geboren 1947 in Jever, Diplompädagogin. Sie arbeitete zehn Jahre in einem Berliner Kinderbuchladenkollektiv. Seit 1986 ist sie als Übersetzerin, Rezensentin und Rundfunkautorin in Berlin tätig. Im Verlag Beltz & Gelberg erschienen von ihr die Biographie *Menschenrechte haben kein Geschlecht – Die Lebensgeschichte der Hedwig Dohm* und der Roman *Katzensprünge*

Irene Ferchl, geboren 1954 in Friedrichshafen am Bodensee. Sie studierte Germanistik, Geschichte und Kommunikationswissenschaft in Stuttgart, wo sie heute noch lebt. Sie arbeitet als freie Kulturjournalistin, schrieb verschiedene Beiträge für Anthologien und ist Herausgeberin des 1987 erschienenen Buches *»Der Droste würde ich gern Wasser reichen« – Gedichte über Anette von Droste-Hülshoff*.

Christiane Grefe, geboren 1957 in Lüdenscheid, politikwissenschaftliches Studium, Absolventin der Deutschen Journalistenschule. Danach arbeitete sie als freie Journalistin in München mit den Schwerpunkten Medien und Ökologie. 1987/88 war sie Mitglied in der Dossier-Redaktion der ZEIT. Sie lebt als freie Autorin in München. Ihre bisherigen Buchveröffentlichungen sind *Allergie-Leiden an der Umwelt* (1984) und *Das Brot des Siegers – die Hamburger-Konzerne* (1984).

Jürgen Neffe, geboren 1956, studierte in Aachen Biologie. Dort promovierte er über Insulinrezeptoren und arbeitete bereits als freier Mitarbeiter für verschiedene Tages-, Wochen- und Monatszeitungen. 1985 ging er nach Hamburg, wo er die Zeitschrift *GEO-Wissen* mitbegründete. Heute ist der für das Magazin *Spiegel* tätig.

Petra Oelker, geboren 1947 im Emsland, Ausbildungen zur MTA und Sozialpädagogin, einige Ausflüge in andere Studiengänge, danach verschiedene Berufe an verschiedenen Orten. Seit 1980 arbeitet sie als Journalistin u.a. bei der *Hamburger Rundschau* und der *tageszeitung*. Sie lebt in Hamburg und ist Redakteurin bei der Frauenzeitschrift *Brigitte*. Im Verlag Beltz & Gelberg erschien von ihr die Biographie *Nichts als eine Komödiantin. Die Lebensgeschichte der Friederike Caroline Neuber*.

Susanne Paulsen, geboren 1962 in Husum, studierte Biologie. Nach verschiedenen Praktika bei Presse, Funk und Fernsehen wurde sie freie Wissenschaftsjournalistin. Sie lebt in Kisdorf/Holstein und schreibt für Zeitschriften u.a. für GEO. In *Madame Curie und ihre Schwestern. Frauen, die den Nobelpreis bekamen* verfasste sie das Porträt über Rosalyn Sussman Yalow.

Judith Rauch, geboren 1956 in Homburg/Saar, wurde nach ihrem Biologie-Diplom Journalistin und war u.a. Redakteurin der feministischen Monatszeitschrift *Emma*. Zur Zeit lebt sie in Tübingen und arbeitet in Stuttgart als Reporterin für die Zeitschrift *Das Beste*. In *Madame Curie und ihre Schwestern* verfasste sie das Porträt über Christiane Nüsslein-Volhard.

Renate Ries, geboren 1959 in Mainz, ist Diplombiologin. Sie war Redakteurin der Zeitschrift des Deutschen Krebsforschungszentrums und hat als Sachbuchautorin und freie Wissenschaftsjournalistin gearbeitet, u.a. für *GEO, DIE ZEIT* und die *Süddeutsche Zeitung*. Seit 1999 ist sie verantwortlich für die Pressearbeit der Klaus Tschira-Stiftung und des European Media Laboratory in Heidelberg. Zusammen mit Claudia Metzger veröffentlichte sie *Die ungebrochene Macht der Seuchen*, Basel: Birkäuser Verlag 1996. In *Madame Curie und ihre Schwestern* verfasste sie das Porträt über Mutter Teresa.

Sabine Seifert, geboren 1957 in Berlin-Ost, aufgewachsen in Köln. Nach dem Studium der Germanistik und Geschichte wurde sie Kulturredakteurin in der Hamburger Lokalredaktion der *tageszeitung*. Ein Journalistenstipendium (»Journalistes en Europe«) brachte sie 1987 nach Paris, wo sie heute als freie Kulturkorrespondentin für verschiedene deutsche Zeitungen und Rundfunkanstalten tätig ist.

Irene Stratenwerth, geboren 1954 in Göttingen, studierte Pädagogik und arbeitet heute als freie Journalistin, TV- und Buchautorin in Hamburg. Sie veröffentlichte u.a. *Wahn&Sinn. Verrückte Lebenswege von Frauen*, Klein Verlag, 1997 und Piper Verlag, 1999, *Stimmenhören. Botschaften aus der inneren Welt*, Kabel Verlag, 1998. In *Madame Curie und ihre Schwestern* verfasste sie das Porträt über Bertha von Suttner.

Anna Maria Stuby, geboren 1937 in Moers, arbeitet als Anglistin an der Universität Hannover. Auf dem Gebiet der *Women's Stu-*

dies schrieb sie Artikel zum Komplex Sirene – Melusine – Ophelia (Zusammenhang von Weiblichkeit, Wassertod, Wahnsinn), zur feministischen Literaturtheorie und verfasste Porträts einzelner Frauen in der Wissenschaftsgeschichte. Sie ist außerdem Mitherausgeberin der Zeitschriften *Gulliver* (English-GermanYearbook) und *Feministische Studien*.

Danksagung

Die Kölner Journalistin Gisela Kretzschmar hat zum ersten Mal den Titel »Nicht nur Madame Curie ...« für ein Rundfunkfeature verwendet. Recht herzlichen Dank, dass wir diese gute Idee verwenden durften.